2019—2020 上海服务业发展报告

2019—2020 ANNUAL REPORT ON SHANGHAI SERVICE INDUSTRY DEVELOPMENT

上海市商务委员会　编著
Shanghai Municipal Commission of Commerce

上海科学技术文献出版社
Shanghai Scientific and Technological Literature Press

图书在版编目（CIP）数据

2019—2020 上海服务业发展报告 / 上海市商务委员会编著.
—上海：上海科学技术文献出版社，2020
 ISBN 978-7-5439-8196-6

Ⅰ.① 2… Ⅱ.①上… Ⅲ.①服务业—产业发展—研究报告—上海—2019-2020 Ⅳ.① F726.9

中国版本图书馆 CIP 数据核字 (2020) 第 200210 号

责任编辑：祝静怡

2019–2020 上海服务业发展报告
2019–2020 SHANGHAI FUWUYE FAZHAN BAOGAO
上海市商务委员会　编著
出版发行：上海科学技术文献出版社
地　　址：上海市长乐路 746 号
邮政编码：200040
经　　销：全国新华书店
印　　刷：常熟市人民印刷有限公司
开　　本：787mm×1092mm　1/16
印　　张：22.75
字　　数：419 000
版　　次：2020 年 12 月第 1 版　2020 年 12 月第 1 次印刷
书　　号：ISBN 978-7-5439-8196-6
定　　价：88.00 元
http://www.sstlp.com

编审委员会

顾　　问：许昆林
主　　编：华　源
副 主 编：申卫华　刘　敏　诸　旖　孔福安　周　岚
　　　　　张国华　施金根　赖晓宜　李　泓

编委成员：包闻杰　朱文群　刘　炜　肖　刚　陈　昊
　　　　　陈晓明　居新平　盛弘彦　濮磊华（按姓氏笔画）

组织编写：黄　宇　盛弘彦　俞　玮
编写成员：俞　玮　马薇薇　滕　玥　单佳灵　李　娴
　　　　　诸红亮　杨震华　杨　珞　叶庆双　仲国栋
　　　　　席　园　张轶佶　廖　涛　赵洁瑾　朱茜茜
翻　　译：沈　祎
研究单位：上海市商务发展研究中心
合作单位：上海市各区商务（经济）委员会

前　言

2018—2019年，上海市全面贯彻落实党的十九大和十九届二中、三中全会精神，深入落实习近平总书记考察上海重要讲话精神和中央经济工作会议精神，全力以赴抓推进、抓落实、补短板。为全面反映2018—2019年度上海市商务发展情况，加快推进政府职能转变和信息公开，上海市商务委员会组织编写"2018—2019上海商务发展系列报告"。本书作为上述系列报告之一，上海市商务委员会有关处室、上海各区商务委员会、部分企业提供了基础素材，上海市商务发展研究中心承担具体的编撰工作。本书在分析2018—2019年上海服务业发展状况与趋势的基础上，汇总2018—2019年上海推进服务业的政策支持重点，对生活性服务业、部分生产性服务业、服务业管理和创新、上海各区服务业发展情况等进行了介绍。

2018—2019年，上海市服务业发展规模持续扩大，增速保持平稳，成为拉动经济增长的主要动力。2018年，第三产业增加值实现22 842.96亿元，比上年增长8.7%，增速分别高出第二产业和全市经济6.9个和2.1个百分点。第三产业增加值占上海市生产总值的比重为69.9%，对全市经济增长的贡献率达到80.7%。2019年，第三产业增加值实现27 752.28亿元，比上年增长8.2%，增速分别高出第二产业和全市经济7.7个和2.2个百分点。第三产业增加值占上海市生产总值的比重为72.7%，对全市经济增长的贡献率达到89.7%。2018年和2019年，上海服务业产业结构继续优化升级，服务业重点领域平稳增长，高附加值的现代服务业比重进一步上升。2018年金融业实现增加值5 781.63亿元，比上年增长5.7%；信息服务业增加值2 387.87亿元，比上年增长18.5%；电子商务交易额达到2.89万亿元,比上年增长19.3%;战略性新兴产业中,服务业增加值3 084.31亿元,增长11.3%。2019年,金融业实现增加值6 600.60亿元,比上年增长11.6%;信息服务业增加值2 863.12亿元,比上年增长15%;电子商务交易额达到3.32万亿元,比上年增长14.7%;战略性新兴产业中,服务业增加值3 422.79亿元,增长13.3%。商业发展稳中有进,对外贸易回稳向好。2018年,商品销售总额11.95万亿元,比上年增长5.6%;社会消费品零售(以下简称"社零")总额1.27万亿元;口岸货物进出口8.53万亿元,增长7.7%;货物进出口3.4万亿元,增长5.5%;举办各类展览会1 032个,总展出面积1 879.55万平方米。2019年,商品销售总额12.08万亿元,比上年增长1.1%;社会消费品零售总额1.35万亿元。口岸货物进出口8.43万亿元,下降1.2%;货物进出口3.4万亿元,增长0.1%;举办各类展览会及活动1 043个,总面积1 941.67万平方米。2018—2019年,商业对经济增长的贡献稳步提升,"压舱石"和"稳定器"的作用增强。2018年商业增加值突破5 000亿元,2019年达到5 482.09亿元,增长9.6%,商业增加值占第三产业增加值比重达19.8%,占全市生产总值比重达14.4%。2018年和2019年,上海商业分别实现税收2 361.1和2 229.5亿元,其中2019年上海商业税收总额占全市和第三产业税收占比分别达到16.3%和22.7%。

2018—2019年,上海聚焦内贸流通创新发展,现代市场体系建设进一步完善。供应链创新与应用试点全面启动。成立供应链体系建设创新联盟,20家企业入选全国试点,居各省市前列。快消品领域供应链效率提升35%,农产品领域降低蔬菜损耗率超过30%,汽车、钢铁、医药等重点行业供应链发展达到国际先进水平。大市场、大平台建设持续深化。全年商品销售总额12万亿元,平台经济交易额突破2万亿元,其中千亿级平台6家、百亿级平台19家。城市配送物流服务体系不断完善。出台《快递末端综合服务站通用规范》等行业标准,全市建成快递物流转运中心31家,自动化分拣线20条,布局超过2.5万组智能快递柜,全年业务量近30亿件,全国城市排名第一。

2020年上海将迎来全面建成小康社会和"十三五"规划收官之年。面对国内外风险挑战明显上升的复杂局面,上海服务业将着力发展新兴服务业、高端服务业、精细服务业、特色服务业,呈现较强韧性和内生活力,以自身高质量发展的确定性有效应对外部环境的不确定性,为上海全面推进三项重大战略任务和"五个中心"建设,做好"六稳"工作贡献重要力量。2019—2020年预计增幅8%左右,增加值占全市比重72%左右。一是服务业的支撑力、竞争力和引领力全面增强,上海服务业将紧扣质量再升级,围绕升能级、优结构、增动力、引投资、扩空间、强辐射,建立符合全球城市功能要求的现代服务业体系。二是商品消费市场危机并存、趋势向好。按照上海市"十三五"规划"建设国际消费城市"的目标和市委、市政府全力打响"上海购物"品牌的部署,上海将在消费贡献度、消费创新度、品牌集聚度、时尚引领度、消费满意度上实现跨越;依托围绕长三角区域一体化、中国国际进口博览会(以下简称"进博会")等国家战略机遇和发展平台,继续挖掘消费潜力、创新出台促消费政策措施、推动项目落地、激发市场活力、增强创新动力。三是商贸业不断挖掘新潜力、展现新魅力,新一轮网点规划引领,迈向更高质量发展,信息革命迅猛发展,技术进步驱动消费变革,高品位步行街和后街加快建设,重塑世界级商业地标,老字号重振行动持续推进,国潮品牌崭露头角,夜间经济潜力持续释放,拓展消费新领域。

2020年,上海服务业将聚焦"消费提质",打造国际消费城市。贯彻落实全力打响"上海购物"品牌三年行动计划和促消费29条,开展国家级国际消费中心城市培育建设试点工作,把加快发展"五个经济"作为对冲疫情影响的重要着力点,制定出台更大力度的促消费政策,充分释放被疫情抑制的消费潜力。聚焦内贸流通创新发展,现代市场体系建设进一步完善。供应链创新与应用试点全面启动,大市场、大平台建设持续深化,城市配送物流服务体系不断完善,区域市场一体化走深走实。聚焦创造高品质生活,商务服务保障民生能力进一步提高。深入落实市委、市政府和商务部关于强化生活必需品市场供应保障工作要求,进一步落实"菜篮子"责任制,切实保障主副食品供应量足价稳、优质安全、便利惠民。

编　者

2020年8月

Preface

In 2018—2019, Shanghai, under the guidance of the 19th CPC National Congress, the Second and Third Plenary Sessions of the 19th CPC Central Committee, has followed through the advice of President Xi Jinping's important speeches and the policies issued by the Central Economic Work Conference. With an aim to comprehensively covering the commercial development of Shanghai from 2018 to 2019, and accelerate the transformation of government functions and increase transparency of government decision-making process, the Shanghai Municipal Commission of Commerce hereby present the *Reports on Shanghai Commercial Development 2018—2019*. Reports on Service Industry of Shanghai(the Report), as one of the above-mentioned series, is based on datas collated by relevant departments of Shanghai Municipal Commission of Commerce, district-level commercial management committees and local companies. Undertaken by the Shanghai Municipal Commercial Development Research Center, the Report aims to offer an overall view of the city's service industry and development trend from 2018 to 2019. The Report also includes policies regarding the promotion of service sector of Shanghai the city's innovative practices in livelihood, production as well as management of the service sector in all districts.

In 2018—2019, Shanghai's service sector continues to expand in scale and maintain a steady growth rate, serving the main driver for economic growth. In 2018, the added value of the service sector reached 2 284.296 billion yuan, an increase of 8.7% over the previous year, 6.9 and 2.1 percentage points higher than that of the manufacturing sector and the city's overall economy. The added value of the service sector accounts for 69.9% of Shanghai's total GDP output, and its contribution rate to the city's economic growth reaches 80.7%. In 2019, the added value of the service sector reached 2 775.228 billion yuan, an increase of 8.2% over the previous year, 7.7 and 2.2 percentage points higher than that of the manufacturing sector and the city's overall economy. The added value of the service sector accounts for 72.7% of Shanghai's total GDP, and its contribution to the city's total economic growth reached 89.7%. In 2018 and 2019, optimization of the service sector continued, key areas of industry grew steadily, and the proportion of modern service industry with high added value further increased. In 2018, the added value of the financial industry was 578.163 billion yuan, an increase of 5.7% over the previous year; the added value of the information service was 238.787 billion yuan, an increase of 18.5%; the transaction volume of e-commerce reached 2.89 trillion yuan, an increase of 19.3% over the previous year; Among the newly emerging industries with strategic importance, the added value was 308.431 billion yuan, an increase of 11.3%. In 2019, the added value of the financial industry reached 660.06 billion yuan, an increase of 11.6% over the previous year; the added value of information service reached 286.312 billion yuan, an increase of 15% over the previous year; the transaction volume of e-commerce reached 3.32 trillion yuan, an increase of 14.7% over the previous year. Among the newly emerging industries with strategic importance, the added value of the service sector reached 342.279 billion yuan, an increase of 13.3%. Shanghai's commercial sector has witnessed steady progress, and foreign trade has lowly recovered. In 2018, the total sales volume of goods was 11.95 trillion yuan, an increase of 5.6% over the previous year; total retail sales of consumer goods was 1.27 trillion yuan; import and export of goods at ports was 8.53 trillion yuan, an increase of 7.7%; import and export of goods was 3.4 trillion yuan, an increase of 5.5%; 1 032 exhibitions were held in the city with a total exhibition area of 18.7955 million square meters. In 2019, total sales volume of goods is 12.08 trillion yuan, an increase of 1.1% over the previous year, and the total retail sales of consumer goods was 1.35 trillion yuan. Import and export of goods at the port was 8.43 trillion yuan, down 1.2%; import and export of goods was 3.4 trillion yuan, an increase of 0.1%; 1043 exhibitions and activities were held, with a total area of 19.416 7 million square meters. From 2018 to 2019, the contribution of the commercial to economic growth had steadily improved, and the role of "ballast" and "stabilizer" had been enhanced. In 2018, the commercial added value exceeded 500 billion yuan, reaching 548.209 billion yuan in 2019, an increase of 9.6%. The commercial added value accounted for 19.8% of the added value of the service sector and 14.4% of the city's total GDP. In 2018 and 2019, tax revenue from the city's commercial sector reached 236.11 billion yuan and 222.95 billion yuan respectively. In 2019, total tax revenue from the commercial sector accounted for 16.3% and 22.7% of the city's total and the service sector, respectively.

In 2018—2019, Shanghai focused on the innovative development of domestic trade circulation and further improved the city's modern market system. The pilot project of supply chain innovation and application was launched. An innovation alliance for the supply chain system was established, and 20 enterprises were selected into the system, ranking top among all provinces and cities. The efficiency of the supply chain in the field of fast moving consumer goods(FMCG) sector had increased by 35%, the degradation rate of vegetables in the domestic circulation of agricultural produce was reduced by more than 30%, and the development of supply chain in key industries such as automobile, steel and medicine were setting the pace of respective industries internationally. The construction of large market and platforms were continued. The total sales volume of goods in the whole year was 12 trillion yuan, and transaction volume of platforms exceeded 2 trillion yuan. Among them, there were in all, 6 platforms had exceeded 100-billion-yuan threshold, 19 had exceeded the 10-billion threshold. Urban distribution system was constantly improving. Industry standards such as "general specifications of integrated service station for courier service providers " were issued. A total number of 31 logistics transfer centers, 20 automatic sorting lines, and more than 25 000 sets of intelligent delivery lockers were built. The annual delivery total had reached nearly 3 billion pieces, ranking the first in China.

In 2020, Shanghai will usher in the year of building a moderately prosperous society in all respects. It also marks the end of the 13th Five-Year-Plan Period. In the face of the complex situation of increasing risks and challenges both at home and abroad, Shanghai's service sector will focus on the development of newly emerging service, high-end service, and customized service, showing strong resilience and internal vitality, and effectively coping with the uncertainties of external environment. The city aims to comprehensively accelerate "three major strategic tasks" and the construction of "five centers" for Shanghai, the city will profusely contribute to "six pillars". From 2019 to 2020, the city's service sector is expected to grow 8%, and the added value will account for about 72% of the city. First, the support, competitiveness and leading power of the service will be enhanced in an all-round way. Shanghai's service sector will closely focus on high-quality upgrading and establish a modern service industry system that meets standards of global cities, focusing on upgrading energy level, optimizing sector structure, increasing power, attracting investment, expanding space. Second, in the consumer market, crisis and opportunities coexist. According to the goal of "building an international consumption city" in the 13th Five-Year-Plan Period, and the development of "Shanghai shopping" center, Shanghai will achieve leapfrogging development in consumption, its innovation, brand aggregation, fashion industry and customer satisfaction; capitalize on development platforms such as the Yangtze River Delta regional integration and China International Expo, Shanghai will continue to make great strides. The city will continue to tap consumption potentials, introduce policies and measures to promote consumption, promote the implementation of projects, stimulate market vitality, and enhance innovation momentum. Third, the commercial sector will constantly tap new potentials. With the rapid development of information revolution, technological progress has driven consumption changes, the construction of high-level pedestrian shopping streets and backstreets will be accelerated, the world-class commercial landmark spots will be reshaped, the revitalization of time-honored brands will be continued, night-time economy will be enhanced and new areas of consumption have been expanded.

In 2020, Shanghai's service sector will focus on "improving consumption quality" to build an internationally well-known city driven by consumption. The city will implement the three-year action plan to launch the "Shanghai shopping" brand and 29 items to promote consumption. Pilot work of cultivating and building a national level international consumer city will be launched. Efforts to accelerate the development of the "five economies" will be strengthened as an important measure to hedge against the impact of the COVID-19 global pandemic. Consumption policies will be issued to tap consumption potentials suppressed by the pandemic. Focus on the innovation and development of domestic trade circulation will be strengthened to improve the modern market system. The pilot project of supply chain innovation and application will be launched in an all-round way, the construction of large market and large platform will be continue the urban distribution logistics service system will be improved, and the regional market integration will be deepened. Focus on creating high-quality life, business service to ensure people's livelihood will be enhanced. The city will thoroughly implement the requirements of the municipal-level Party committee, the municipal government, and the Ministry of Commerce on strengthening the market supply guarantee of daily necessities. Meanwhile, the city will further implement the "vegetable basket" accountability system and ensure that the food supply is sufficient, stable, high-quality, safe, and convenient for residents.

The Editorial Board
August, 2020

目 录

前言 …………………………………………………………… 1

第一篇 总论

第一章 2018—2019年上海服务业发展总体概况 ………… 3
第二章 2019—2020年上海服务业发展环境分析 ………… 13
第三章 2019—2020年上海服务业发展趋势预测 ………… 17
第四章 2019—2020年上海服务业政策关注重点 ………… 24

第二篇 生活性服务业

第五章 商贸服务业 ………………………………………… 31
　第一节 零售业发展态势 ………………………………… 31
　第二节 批发业发展态势 ………………………………… 40
　第三节 餐饮业发展态势 ………………………………… 42
第六章 其他生活性服务业 ………………………………… 45

第三篇 生产性服务业（部分）

第七章 电子商务和平台经济 ……………………………… 57
　第一节 电子商务发展态势 ……………………………… 57
　第二节 平台经济发展态势 ……………………………… 63
第八章 现代物流业 ………………………………………… 67
第九章 商务服务业 ………………………………………… 71
　第一节 会展业发展态势 ………………………………… 71
　第二节 拍卖业发展态势 ………………………………… 77

第四篇 服务业创新和管理

第十章 服务业创新发展 ········· 83
第一节 商业创新转型 ········· 83
第二节 长三角区域市场一体化发展 ········· 96

第十一章 服务业管理 ········· 100
第一节 2018—2019年度重大活动 ········· 100
第二节 主副食品流通市场管理 ········· 119
第三节 药品流通市场管理 ········· 125
第四节 商务诚信管理 ········· 127

第五篇 服务业布局

第十二章 各区服务业发展 ········· 139
第一节 浦东新区 ········· 139
第二节 黄浦区 ········· 144
第三节 徐汇区 ········· 164
第四节 长宁区 ········· 175
第五节 静安区 ········· 190
第六节 普陀区 ········· 198
第七节 虹口区 ········· 206
第八节 杨浦区 ········· 216
第九节 闵行区 ········· 226
第十节 宝山区 ········· 237
第十一节 嘉定区 ········· 242

第十二节 金山区 …………………………………… 250
第十三节 松江区 …………………………………… 263
第十四节 青浦区 …………………………………… 268
第十五节 奉贤区 …………………………………… 275
第十六节 崇明区 …………………………………… 281

附录1 2018—2019年上海服务业大事记 …………… 286
附录2 2018—2019年服务业主要政策法规一览表 …… 310
附录3 2018—2019年上海服务业发展主要数据 ……… 332
附录4 案例索引 …………………………………… 340

Contents

Preface ··· 1

Part Ⅰ General Introduction

Chapter 1 Developments in Shanghai's Service Sector from 2018 to 2019 ·· 3

Chapter 2 An Analysis on the Business Environment for Shanghai's Service Sector in 2020 ·· 13

Chapter 3 An Outlook on the Shanghai's Service Sector in 2020 ············ 17

Chapter 4 Focus of Shanghai's Service Sector policies in 2020 ············· 24

Part Ⅱ Livelihood Service

Chapter 5 Business Service ··· 31

■ Section 1 Development Trend of Retail Industry ························ 31

■ Section 2 Development Trend of Wholesale Industry ················ 40

■ Section 3 Development Trend of Catering Industry ····················· 42

Chapter 6 Other Livelihood-related Service ································ 45

Part Ⅲ Producer Service(part)

Chapter 7 E-commerce and Platform Economy ···························· 57

■ Section 1 Development Trend of E-commerce ·························· 57

■ Section 2 Development Trend of Platform Economy ····················· 63

Chapter 8 Modern Logistics Industry ··· 67

Chapter 9 Business Service ·················· 71
   ■ Section 1 Development Trend of Exhibition Industry ·················· 71
   ■ Section 2 Development Trend of Auction Industry ·················· 77

Part Ⅳ Innovation and Management of Service Sector

  Chapter 10 Innovation and Development of Service Sector ·················· 83
   ■ Section 1 Business Innovation and Transformation ·················· 83
   ■ Section 2 Development of Regional Market Integration in the Yangtze River Delta ·················· 96
  Chapter 11 Service Sector Management ·················· 100
   ■ Section 1 Major activities in 2018—2019 ·················· 100
   ■ Section 2 Management of Food Circulation Market ·················· 119
   ■ Section 3 Administration of Medicine Circulation Market ·················· 125
   ■ Section 4 Business Integrity Management ·················· 127

Part Ⅴ Service Sector in Districts

  Chapter 12 Development of Service Sector in All Districts ·················· 139
   ■ Section 1 Pudong New Area ·················· 139
   ■ Section 2 Huangpu District ·················· 144
   ■ Section 3 Xuhui District ·················· 164
   ■ Section 4 Changning District ·················· 175
   ■ Section 5 Jing'an District ·················· 190
   ■ Section 6 Putuo District ·················· 198

■ Section 7　Hongkou District ·· 206
■ Section 8　Yangpu District ··· 216
■ Section 9　Minhang District ·· 226
■ Section 10　Baoshan District ··· 237
■ Section 11　Jiading District ··· 242
■ Section 12　Jinshan District ··· 250
■ Section 13　Songjiang District ·· 263
■ Section 14　Qingpu District ··· 268
■ Section 15　Fengxian District ··· 275
■ Section 16　Chongming District ·· 281

Appendix 1：Events of Shanghai's Service Sector from 2018 to 2019 ······ 286
Appendix 2：A List of Policies and Regulations of Service Sector from
　　　　　　2018 to 2019 ·· 310
Appendix 3：Key data of Shanghai Service Sector Development from
　　　　　　2018 to 2019 ·· 332
Appendix 4：Case Study ·· 340

第一篇

总 论

第一章 2018—2019年上海服务业发展总体概况

2018—2019年,上海市全面贯彻落实党的十九大和十九届二中、三中全会精神,深入落实习近平总书记考察上海重要讲话精神和中央经济工作会议精神,按照全国商务工作会议和十一届市委六次全会的部署要求。坚持稳中求进工作总基调,积极践行新发展理念,以供给侧结构性改革为主线,全力以赴抓推进、抓落实、补短板,全市经济运行总体平稳、稳中向好、好于预期,创新驱动发展、经济转型升级成效进一步显现,民生保障持续加强。上海服务业呈现出总体平稳、结构优化、稳中提质的良好态势,为全市经济社会发展做出了新的贡献。2018—2019年上海服务业发展呈现出以下主要特点。

一、 服务业持续增长,对总体经济的贡献保持领先

1. 服务业增速保持平稳,继续引领经济增长

2018—2019年,上海市服务业发展规模持续扩大,增速保持平稳,成为拉动经济增长的主要动力。2018年,第三产业增加值实现22 842.96亿元,比上年增长8.7%,增速分别高出第二产业和全市经济6.9个和2.1个百分点。第三产业增加值占上海市生产总值的比重为69.9%,对全市经济增长的贡献率达到80.7%(图1.1)。2019年,第三产业增加值实现27 752.28亿元,比上年增长8.2%,增速分别高出第二产业和全市经济7.7个和2.2个百分点。第三产业增加值占上海市生产总值的比重为72.7%,对全市经济增长的贡献率达到89.7%。

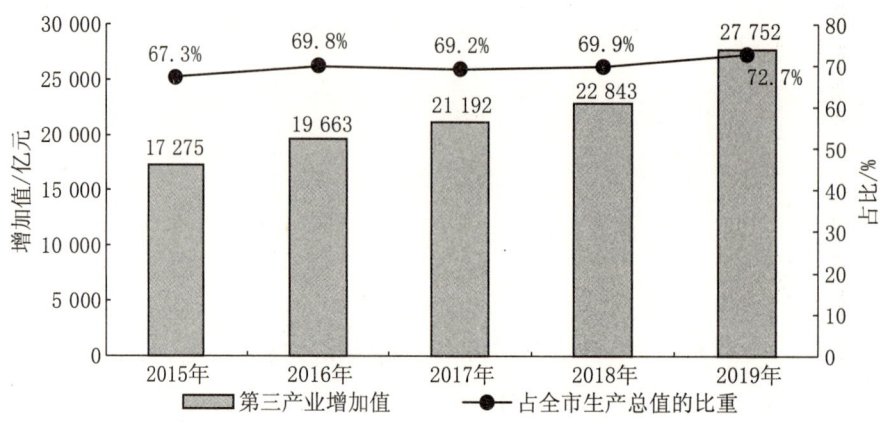

图 1.1　2015—2019 年上海市第三产业增加值及其占全市生产总值比重

2. 服务业结构持续向好,新兴产业发展势头良好

2018 年和 2019 年,上海服务业产业结构继续优化升级,服务业重点领域平稳增长,高附加值的现代服务业比重进一步上升。2018 年金融业实现增加值 5 781.63 亿元,比上年增长 5.7%;批发和零售业实现增加值 4 581.49 亿元,比上年增长 3.3%;交通运输、仓储和邮政业实现增加值 1 533.36 亿元,比上年增长 10.4%。服务业中的新业态保持良好发展态势。信息服务业增加值 2 387.87 亿元,比上年增长 18.5%,电子商务交易额达到 2.89 万亿元,比上年增长 19.3%。新产业发展势头良好,战略性新兴产业实现稳定增长。2018 年战略性新兴产业增加值 5 461.91 亿元,比上年增长 8.2%,其中,服务业增加值 3 084.31 亿元,增长 11.3%,战略性新兴产业增加值占上海市生产总值的比重为 16.7%,比上年提高 0.3 个百分点(图 1.2)。

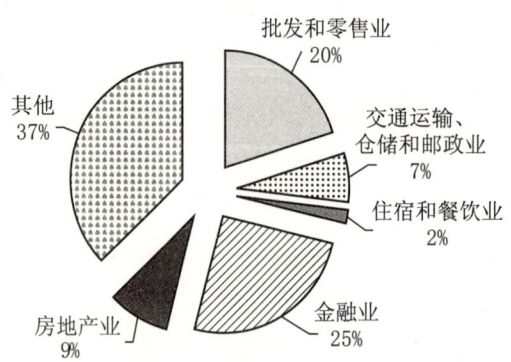

图 1.2　2018 年上海市第三产业增加值构成

2019 年金融业实现增加值 6 600.60 亿元,比上年增长 11.6%;批发和零售业实现增加值 5 023.23 亿元,比上年增长 2.4%;交通运输、仓储和邮政业实现增加值 1 650.44

亿元,比上年增长 3.6%。服务业中的新业态保持良好发展态势。信息服务业增加值 2 863.12 亿元,比上年增长 15%,电子商务交易额达到 3.32 万亿元,比上年增长 14.7%。新产业发展势头良好,战略性新兴产业实现稳定增长。2019 年战略性新兴产业增加值 6 133.22 亿元,比上年增长 8.5%,其中,服务业增加值 3 422.79 亿元,增长 13.3%,战略性新兴产业增加值占上海市生产总值的比重为 16.17%,比上年提高 0.4 个百分点(图 1.3)。

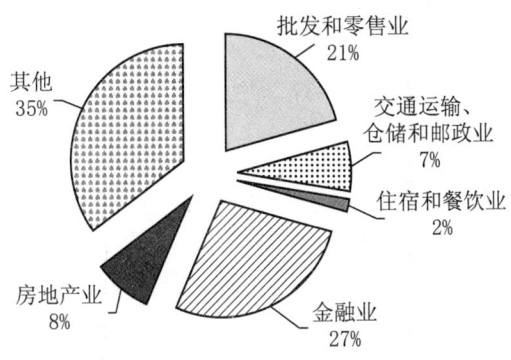

图 1.3　2019 年上海市第三产业增加值构成

3. 强化城市核心功能发展,科技创新能力持续提高

国际经济、金融、贸易、航运中心建设齐头并进。2018 年,商业发展稳中有进,对外贸易回稳向好。商品销售总额 11.95 万亿元,比上年增长 5.6%;社会消费品零售总额 1.27 万亿元;电子商务交易额 2.89 万亿元,增长 19.3%。口岸货物进出口 8.53 万亿元,增长 7.7%;上海市货物进出口 3.4 万亿元,增长 5.5%,高新技术产品出口占全市比重为 42.0%。举办各类展览会 1 032 个,总展出面积 1 879.55 万平方米。金融市场交易总额达到 1 645.78 万亿元。2019 年上海商品销售总额 12.08 万亿元,比上年增长 1.1%;社会消费品零售总额 1.35 万亿元;电子商务交易额 3.32 万亿元,增长 14.7%。口岸货物进出口 8.43 万亿元,下降 1.2%;上海市货物进出口 3.4 万亿元,增长 0.1%,高新技术产品出口占全市比重为 41.2%。举办各类展览会及活动 1 043 个,总面积 1 941.67 万平方米。金融市场交易总额达到 1 934.31 万亿元。股票、期货、外汇、黄金等金融市场交易量位居世界前列。

科技创新资源持续汇集,成果不断涌现。2018 年,用于研究与试验发展(R&D)经费支出相当于生产总值的比例为 4% 左右。年内共认定高新技术企业 3 653 家;全市科技小巨人和科技小巨人培育企业共 1 798 家,技术先进型服务企业 305 家。2018 年,全市认定高新技术成果转化项目 656 项,认定数量创 5 年新高。全市专利申请受理15.02万件,其中发明专利占比41.8%;专利授权量9.25万件,其中发明专利占比23.1%。截至2018年末,全市有效发明专利11.5万件,比上年末增长14.5%。2019年,用于研究与试验发展(R&D)的经费支出约1 500亿元。年内共认定高新技术企业5 950家;全市科技小巨人和科技小巨人培育企业共2 155家,技术先进型服务企业216家。2019年,全市认定高新技术成果转化项目822项,比上年增长25.3%,认定数量创历史新高。全市专利申请受理17.36万件,其中发明专利占比41.1%;专利授权量10.06万件,其中发明专利占比22.6%。截至2019年末,全市有效发明专利12.98万件,比上年增长12.9%。有效发明专利五年以上维持率为80.9%,位列全国第三位;每万人口发明专利拥有量达53.5件,增长12.7%。

二、 商贸业发展稳中有进,市场消费平稳增长

1. 商业增速稳中有升,商业对经济增长的贡献继续提高

一是消费市场增速稳中趋稳,消费对经济发展的基础性作用进一步显现。2018年和2019年,上海分别实现社会消费品零售总额1.27万亿元和1.35万亿元,分别比上年增长7.9%和6.5%,增速略有下降。扣除价格因素,2018年和2019年上海社会消费品零售总额实际增长分别为6.2%和6.1%,分别比2017年下降0.9和1个百分点。在拉动全市经济增长的"投资、出口、消费"这三大需求中,消费增速明显高于投资和出口。2016年以来,在出口持续较大波动、投资增长空间有限的情况下,消费增长最为平稳,已经成为上海城市经济繁荣发展的"稳定器"和"压舱石"。2019年,上海社会消费品零售总额总额占全国的比重为3.3%,规模稳居全国城市首位。从增速上看,上海实现社零增长6.5%,分别比北京、江苏高2.1、0.3个百分点,比浙江低2.2个百分点。

二是商品流通规模持续扩大,国际贸易中心集聚度、吸引力进一步提升。2018年和2019年,上海分别实现商品销售总额11.95万亿元和12.1万亿元,分别比上年增长5.6%和1.1%。电子商务和平台经济继续保持快速增长。2018年和2019年,上海分别实现电子商务交易总额2.89万亿元和3.3万亿元,分别比上年增长19.3%和14.7%。其中,B2B交易仍是电子商务主力,2018年和2019年B2B交易额分别达到1.86万亿元和2万亿元,分别增长14.1%和7.8%;2018年,网络购物交易额首次突破1万亿元,2019年达到1.32万亿元,增长27%,占全市电子商务交易总额的比重提升至39.7%。2018年和2019年,上海市分别实现平台经济交易额2.36万亿元和2.7万亿元,比上年增长16.7%和14.4%。

三是商业对经济增长的贡献稳步提升,"压舱石"和"稳定器"的作用增强。2018年商业增加值突破5 000亿元,对全市经济增长贡献率保持领先。2019年商业增加值实现5 482.09亿元,增长9.6%,商业增加值占第三产业增加值比重达19.8%,占全市生产总值比重达14.4%。2018年和2019年,上海商业分别实现税收2 361.1亿元和2 229.5亿元,其中2019年上海商业税收总额占全市和第三产业税收占比分别达到16.3%和22.7%。

2. 消费需求继续升级,商业转型成效明显

一是居民消费提档升级趋势明显。2018年,上海市场穿、烧类消费增长强劲,比上年分别增长15.4%及13.7%。2019年,上海市场吃、用、穿类消费平稳增长,同比分别增长8%、7.1%和6.8%。用类商品规模庞大,占社零总额比重高达52.3%。居民消费提档升级趋势明显。时尚、品质、节能、智能等升级类产品受到市场欢迎。2019年,化妆品类商品实现零售额830.2亿元,比上年增长21.8%,增速比上年加快8.6个百分点;通信器材类和日用品类分别实现零售额744.6亿元和874亿元,分别比上年增长21.3%和20.6%,增速分别较上年加快9.3个和9.1个百分点;2019年,受提前消费、中美贸易摩擦等影响,汽车类商品零售额为1 883亿元,比上年下降2.8%。

二是线上线下商业良性互动,实体商业转型成效显现。网络零售等无店铺业态在2017年发展放缓之后,增幅重新回升。2018年和2019年上海无店铺业态零售额分别比上年增长13.8%和13%,增幅分别比2017年提高了4.4个和3.6个百分点。与此同时,实体商业销售增幅与无店铺零售增幅呈现反向态势。2019年上海实体商业增长5.2%,增速比2018年下降了1.7个百分点,比2017年下降了2.6个百分点。线上线下商业的增速差扩大,从2017年的1.6个百分点扩大到2019年相差7.8个百分点。

据上海市商务发展研究中心(上海市商业信息中心)监测,实体零售业态进一步分化,部分业态转型升级成效明显。2019年,在实体商业业态中,无店铺、专业专卖店、购物中心、便利店和百货店业态呈现正向增长,增速分别为13%、6.7%、5%、4%和2%;大型综合超市和标准超市对整体增速负向拉动,零售额分别下降9.2%和1.5%。

三是新兴商圈发展较快,区级商业快速增长。2019年,上海商圈建设呈现出由"市级商业中心、区级商业中心、社区级商业中心、特色商业街区"共同组成的多中心、多层级、网络化的商业网点层级体系。其中,市级商圈增长7.2%,增幅比2018年降低了1个百分点,依旧保持平稳增长的态势。14个市级商圈中,实现增长的商圈为8个,增长面近6成。区级商圈普遍活跃,零售额增长8.9%。

随着经济增长、市政交通发展、人口导入和商业设施建设稳步推进,郊区、社区商业快速繁荣。2019年,杨浦区社会消费品零售总额(以下简称"社零")增速最高,达到9.9%;闵行区、金山区、宝山区和嘉定区紧随其后。从总体情况来看,郊区增速增长明显,2018年和2019年增速分别比2017年提高2.3个和1.1个百分点,而中心区增幅则分别比2017年下降3.3个和1.8百分点,增幅有所回落。

四是新增商业设施面积仍然较大,购物中心数量和面积继续扩张。由于商业投资规模连续多年保持高位,2019年继续下滑,但在建和竣工的商业面积仍然较大。2019年,上海市商业固定资产投资竣工面积达331.96万平方米,据此估算,2019年末上海商业设施总面积已达8 400万平方米左右。

三、重点服务业均衡增长,呈现持续平稳发展

1. 金融业保持较快增长

2018年,实现金融业增加值5 781.63亿元,比上年增长5.7%。截至2018年末,全市中外资金融机构本外币各项存款余额121 112.33亿元,比年初增加8 654.40亿元;贷款余额73 272.35亿元,比年初增加5 736.67亿元。2018年金融市场交易总额达到1 645.78万亿元,比上年增长15.2%。上海证券交易所总成交额264.62万亿元,比上年下降13.6%。全年通过上海证券市场股票筹资6 113.96亿元,比上年减少19.3%;发行公司债17 780.87亿元,增长19.0%。上海期货交易所总成交金额81.54万亿元,比上年下降9.3%。中国金融期货交易所总成交金额26.12万亿元,增长6.2%。银行间市场总成交金额1 262.83万亿元,比上年增长26.6%。上海黄金交易所总成交金额10.66万亿元,增长9.2%。全年保险公司原保险保费收入1 405.79亿元,比上年下降11.4%。

2019年,实现金融业增加值6 600.60亿元,比上年增长11.6%。截至2019年末,全市中外资金融机构本外币各项存款余额132 820.27亿元,比年初增加11 679.94亿元;贷款余额79 843.01亿元,比年初增加5 609.84亿元。2019年金融市场交易总额达到1 934.31万亿元,比上年增长16.6%。上海证券交易所总成交额283.48万亿元,比上年增长7.1%。全年通过上海证券市场股票筹资5 145.33亿元,比上年减少15.8%;发行公司债34 986.49亿元,增长37.9%。上海期货交易所总成交金额112.52万亿元,比上年增长19.3%。中国金融期货交易所总成交金额69.62万亿元,增长1.7倍。银行间市场总成交金额1 454.31万亿元,比上年增长15.2%。上海黄金交易所总成交金额14.38万亿元,增长33.2%。全年保险公司原保险保费收入1 720.01亿

元,比上年增长22.4%。

2. 信息服务业实现快速发展

2018年,上海市实现信息产业增加值3 508.30亿元,比上年增长13.7%。其中,信息服务业增加值2 387.87亿元,增长18.5%。加快布署新型城域物联专网,至年末,神经元感知节点数量超过35万。全市千兆光纤用户覆盖总量达900万户,比上年末增加495万户。家庭光纤用户数达644万户,比上年末增加65万户。家庭宽带用户平均接入带宽达139M,固定宽带用户感知速率达31.86 Mb/s,移动通信用户感知速率达25.63 Mb/s。截至2018年末,第四代移动通信网络(4G)用户数达3 252万户,比上年末增加863万户。年内完成5G百站规模试验网建设,组建上海5G创新发展联盟。开展i-Shanghai服务优化升级,按新标准新增600处场所,累计开通2 600处。截至年末,城域网出口带宽16 092 GB,比上年末增加4 780 GB;互联网国际出口带宽3 565 GB,比上年末增加1 548 GB。IPTV用户数达397万户,比上年末增加80万户。

2019年,上海实现信息产业增加值4 094.60亿元,比上年增长10.1%。其中,信息服务业增加值2 863.12亿元,增长15%。截至年末,千兆接入能力覆盖家庭数达到959万户,比上年末增加59万户。光纤到户能力覆盖家庭数达959万户,比上年末增加3万户。家庭宽带用户平均接入带宽达181M,比上年末增加42M。4G用户数达3 583万户,比上年末增加331万户。城域网出口带宽21 860 GB,比上年末增加5 768 GB;互联网国际出口带宽4 777 GB,比上年末增加1 213 GB。IPTV用户数达557万户,比上年末增加159万户。全国首次跨省5G视频通话实现互联,年内完成建设16 672个5G宏基站,14 614个5G室内小站,实现5G网络中心城区和郊区重点区域全覆盖。

3. 交通运输业增速回升

2018年,上海市实现交通运输、仓储和邮政业增加值1 533.36亿元,比上年增长10.4%。全年各种运输方式完成货物运输量107 386.82万吨,比上年增长10.4%。旅客发送量21 496.62万人次,增长3.1%。全年上海港口货物吞吐量73 047.94万吨,比上年下降2.7%;集装箱吞吐量4 201.02万国际标准箱,增长4.4%。集装箱水水中转比例达46.8%,其中,国际中转比例为8.8%。上海浦东、虹桥两大国际机场全年共起降航班77.16万架次,比上年增长1.5%;进出港旅客11 763.43万人次,增长5.1%。其中,国内航线进出港旅客7 665.00万人次,增长3.7%;国际及地区航线进出港旅客4 098.43万人次,增长8.0%。全年上海港接待国际邮轮靠泊406艘次。其中,以上海为母港的邮轮378艘次。邮轮旅客吞吐量275.29万人次,比上年下降7.4%。

2019年,上海市实现交通运输、仓储和邮政业增加值1 650.44亿元,比上年增长

3.6%。全年各种运输方式完成货物运输量109 608.51万吨,比上年增长2.1%。旅客发送量22 237.84万人次,增长3.4%。全年上海港口货物吞吐量达到72 031.32万吨,比上年下降1.4%;集装箱吞吐量4 330.26万国际标准箱,增长3.1%。集装箱水水中转比例达48.3%,其中国际中转比例10.8%,分别比上年提高1.5和2.0个百分点。上海浦东、虹桥两大国际机场全年共起降航班78.5万架次,增长1.7%;进出港旅客达到12 179.14万人次,增长3.5%。其中,国内航线进出港旅客7 985.70万人次,增长4.2%;国际及地区航线进出港旅客4 193.44万人次,增长2.3%。

4. 旅游业发展持续向好

2018年,上海市实现旅游产业增加值2 078.64亿元,比上年增长8.1%。截至2018年末,全市共有星级宾馆206家,旅行社1 639家,A级旅游景区(点)113个,红色旅游基地34个。全年接待国际旅游入境者893.71万人次,比上年增长2.4%。其中,过夜旅游者742.04万人次,增长3.2%。全年接待国内旅游者33 976.87万人次,增长6.7%。其中,外省市来沪旅游者16 209.12万人次,增长4.4%。全年入境旅游外汇收入73.71亿美元,增长8.2%;国内旅游收入4 477.15亿元,增长11.2%。

2019年,上海实现旅游产业增加值2 309.43亿元,比上年增长7.6%。截至2019年末,全市已有星级宾馆195家,旅行社1 758家,A级旅游景区(点)113个,红色旅游基地34个。全年接待国际旅游入境者897.23万人次,比上年增长0.4%。其中,过夜旅游者734.69万人次,减少1.0%。全年接待国内旅游者36 140.51万人次,增长6.4%,其中外省市来沪旅游者17 186.41万人次,增长6.0%。全年入境旅游外汇收入83.76亿美元,增长13.6%;国内旅游收入4 789.30亿元,增长7.0%。

5. 房地产开发投资基本平稳

2018年,上海市实现房地产业增加值1 992.52亿元,比上年增长4.8%。全年完成房地产开发投资额比上年增长4.6%。其中,住宅投资增长3.4%;办公楼投资增长7.9%;商业营业用房投资下降8.9%。商品房施工面积14 672.37万平方米,下降4.5%;竣工面积3 115.76万平方米,下降8.0%。商品房销售面积1 767.01万平方米,增长4.5%。其中,住宅销售面积1 333.29万平方米,下降0.6%。全年商品房销售额4 751.5亿元,增长18.0%。其中,住宅销售额3 864.03亿元,增长15.8%。全年存量房买卖登记面积1 547.11万平方米,下降1.1%。

2019年,上海市全年完成房地产开发投资额比上年增长4.9%。其中,住宅投资增长4.1%;办公楼投资下降0.5%;商业营业用房投资下降0.9%。商品房施工面积14 802.97万平方米,增长0.9%;竣工面积2 669.67万平方米,下降14.3%。商品房销售面积1 696.34万平方米,下降4.0%。其中,住宅销售面积1 353.70万平方米,增长

1.5%。全年商品房销售额 5 203.82 亿元,增长 9.5%。其中,住宅销售额 4 457.16 亿元,增长 15.4%。全年二手存量房买卖登记面积 2 099.00 万平方米,增长 36%。

四、发展基础进一步巩固,发展质量显著提升

1. 进博会推动商务进一步高质量发展

聚焦服务国家战略,全市各区、各部门齐心协力、创新实践,以一流的城市环境、一流的服务保障确保了首届进博会圆满成功。制定城市保障总体方案和 19 个专项方案确保完成 124 个团组、316 位副部级以上外国政要、26 位论坛重要嘉宾以及 1 051 人次内宾接待任务,定制 45 条参观路线和 68 场投资促进活动,餐饮、公众组织、现场服务等。首创"6 天+365 天"一站式交易服务平台、四大采购商联盟和 18 个分团在内的"2+4+18"交易组织体系,累计成交突破 60 亿美元,占比超过 10%,居全国首位。

2. 现代市场体系逐步成熟

聚焦内贸流通创新发展,现代市场体系建设进一步完善。供应链创新与应用试点全面启动。成立供应链体系建设创新联盟,20 家企业入选全国试点,居各省市前列。快消品领域供应链效率提升 35%,农产品领域降低蔬菜损耗率超过 30%,汽车、钢铁、医药等重点行业供应链发展达到国际先进水平。大市场、大平台建设持续深化。全年商品销售总额 12 万亿元,平台经济交易额突破 2 万亿元,其中千亿级平台 6 家,百亿级平台 19 家。城市配送物流服务体系不断完善。出台《快递末端综合服务站通用规范》等行业标准,全市建成快递物流转运中心 31 家,自动化分拣线 20 条,布局超过 2.5 万组智能快递柜,全年业务量近 30 亿件,全国城市排名第一位。

3. 服务业营商环境进一步优化

聚焦稳规模提质量优结构,积极妥善应对中美经贸摩擦。构建全方位监测、精准研判、政策协同和企业服务等"四位一体"的长效应对机制和重大事件报告制度。自贸协定优惠关税应用服务系统上线运行,重点企业 10 个工作日内予以出口退税、承保费率下降 10%。全力优化公平竞争的跨境贸易环境。牵头成立跨境贸易专项工作组,货物整体通关时间压缩 1/3 以上,进口、出口边境合规成本分别下降 58% 和 43%,在世界银行《2019 年营商环境报告》中跨境贸易排名由 97 名大幅提升到 65 名。

4. 开放型经济新体制加快构建

聚焦打造对外开放新高地,全面开放新格局进一步形成。深化自贸试验区重大制度创新。对标国际高标准投资贸易规则,推动全国版负面清单缩减至 48 条,自贸区负面清单缩减至 45 条,54 项开放措施落地项目超过 2 700 个。外资企业设立商务

备案与工商登记"一口办理"改革,减少企业重复填报事项达45%。加快推进"一带一路"建设。亚太示范电子口岸网络成员拓展至11个经济体19个口岸,全年对沿线直接投资、承包工程、货物进出口增速均明显高于全市平均水平。

5. 服务保障民生能力进一步提高

生活服务重点行业提质发展。出台家政服务系列地方标准,培训家政持证上门服务人员4万名,累计8.5万名。新建早餐示范门店41家,2 400家早餐门店开展跨企业跨品种的"共享早餐"服务。规范家电维修,持证上门服务覆盖率超过85%。主副食品流通体系加快健全。新建改建标准化菜市场62家,新增社区智慧微菜场575家,超额完成市政府实事项目,累计分别达到869家和1 978家。上海市外延蔬菜生产基地增加到38个,总面积达到8 667公顷。持续开展食用农产品、药品等重要产品追溯体系示范项目建设,发布首批100家二维码信息追溯示范企业名单。

第二章 2019—2020年上海服务业发展环境分析

随着2018年世界经济进入回落状态,2019年世界经济增长的动能在减弱,不确定性在增加。2019年适逢中华人民共和国成立70周年,也是决胜全面建成小康社会第一个百年奋斗目标的关键之年。从国内背景看,尽管我国在产业结构转型升级以及挖掘改革开放动力等方面遇到了一定的制度性瓶颈和障碍,但正如习近平主席指出的:"中国经济发展健康稳定的基本面没有改变,支撑高质量发展的生产要素条件没有改变,长期稳中向好的总体势头没有改变。"随着全市"五个中心"建设的全力冲刺,"四大品牌"的加快打响,营商环境大幅改善,开放100条不断落地,长三角一体化的持续推进,以及中国国际进口博览会(以下简称"进博会")带动溢出效应持续释放,将进一步深化上海服务业的改革开放,释放服务业发展的巨大潜力,在新一轮扩大开放中推动上海经济结构调整和贸易转型升级。

一、世界经济不确定性增加,国内经济稳中有变,不改上海服务业发展的有利环境

2019年,世界经济动荡调整,变革不断加剧,贸易保护主义逐渐蔓延,发达国家与新兴经济体正在寻求世界经济联结与循环的新平衡。全球债务水平持续高涨,发达经济体债务总额已从2008年的113万亿美元(相当于GDP的2倍)增加到2018年的167亿美元。但随着美、欧、日、中四大央行的资产负债表显著扩张,加息缩表都将告一段落,全球货币政策重现宽松,融资环境有所改善。预测世界经济将延续上年扩张趋势趋弱的势头,增长动能有所减弱,主要经济体进一步分化。

当前世界经济复苏艰难曲折,我国经济发展正经历增速换挡、结构调整、动力转

换的关键期。在周期性、结构性和政策性力量的共同支撑下,有助于对冲外部压力。一是我国货币政策开始逆周期调节,预计 2019 年将进一步降准 3 次左右,上海融资成本进一步降低。二是需求侧稳定支撑仍在,消费有望企稳回升。三是规模空前的减税将进一步有利于稳实体、稳投资、稳消费。经济基本面总体向好趋势不改,但稳中有变更趋明显。

综合来看,上海在积极化解风险挑战的同时,将进一步增强经济内生动力,构建更高层次的开放型经济新体制,为上海服务业发展提供良好的大环境。

二、 自贸试验区开设新片区,服务贸易创新发展,树立服务业创新新标杆

2018 年 11 月,习近平主席在首届进博会开幕式上赋予上海三项新的重大任务,其中之一即增设中国(上海)自由贸易试验区(以下简称"自贸试验区"或"自贸区")的新片区。这将成为中国在更高层次、更宽领域,以更大力度推进全方位、高水平开放,深度融入经济全球化的重要载体。新片区的"新"和"特",将从制度上创新,形成对外开放的新体制、新功能、新产业、新经济,不断扩大服务业与服务贸易的开放程度,提升服务业和服务贸易的发展水平,提升上海的城市能级与核心竞争力。

具体来说,新片区将有几点值得期待。一是优化营商环境,加快建立与国际通行规则有效接轨的制度体系,构建开放型经济体制。二是扩大跨境服务贸易领域开放,完善跨境支付、境外消费、自然人移动等模式下服务贸易市场准入制度。三是提升贸易便利化服务水平,发展数字贸易、现代航运服务业与金融服务业等开放措施。四是引入更多的新技术、新产业、新业态,构建更开放、更灵活、更具竞争力的人才体制,吸引更多海内外人才的集聚。五是在电信、教育、文化、医疗卫生等领域推出一批扩大开放新措施,努力打造产城融合、开放创新、智慧生态、宜业宜居的现代化新城,以高质量发展彰显高水平开放的成效。

三、 打响上海"四大品牌",加速推进"五个中心"建设,进一步推动服务业扩大开放

2018 年,上海市委提出打响"上海服务、上海制造、上海购物、上海文化"四大品牌,为上海品牌建设注入新动力、活力,形成"四大品牌"协调发展的新格局。"四大品牌"是一个有机整体,全力打响四大品牌,要实现从"数量"到"质量"的转型,将上海建

设"五个中心"的国家战略细化落地,加快构筑新时代发展战略新优势,提升上海服务能级,在服务全国发展大局、集聚配置全球要素资源和代表国家参与全球合作竞争中追求卓越。

2018年7月,上海发布了"扩大开放100条"行动方案,加强与"五个中心"建设互促共进,提升上海城市能级和核心竞争力。《行动方案》聚焦五大领域,即:以更大力度的开放合作提升上海国际金融中心能级;构筑更加开放的现代服务业和先进制造业体系;打造司法保护和行政保护协同的知识产权保护高地;建设服务全国的进口枢纽口岸;营造国际化、法治化、便利化的营商环境。对上海服务业发展提出了更高的要求,也提供了更多的机遇。一要进一步放宽服务业外资市场准入限制,优化营商环境;二要扩大货物贸易和服务贸易规模,优化贸易结构,巩固上海国际贸易中心核心功能;三要提升对全球创新资源的集聚能力,营造国际一流的创新创业生态,助力科技创新中心建设;四要有序推进各项金融开放创新措施,健全金融法治环境,推进更高水平的金融服务业对外开放,加快金融中心建设速度;五要加强现代航运服务业的对外辐射能力,提升全球航运资源配置能力,进一步建设航运中心。

四、长三角一体化再迈征程,打造世界级城市群框架,有效提升服务业能级

2018年发布的《长三角地区一体化发展三年行动计划(2018—2020年)》,内容覆盖12个合作专题,聚焦交通互联互通、能源互济互保、产业协同创新、信息网络高速泛在、环境整治联防联控、公共服务普惠便利、市场开放有序等7个重点领域。提出到2020年,长三角地区要基本形成世界级城市群框架,基本建成枢纽型、功能性、网络化的基础设施体系,基本形成创新引领的区域产业体系和协同创新体系。11月,中央提出将长三角一体化上升为国家战略,推进更高起点的深化改革和更高层次的对外开放。2019年政府工作报告明确提出"将长三角区域一体化发展上升为国家战略"。长三角一体化真正按下了"快进键",各个领域的合作驶入快车道。

未来,长三角区域有望在供应链、产业链、价值链、服务链、创新链等经济要素端实现跨界无缝衔接,在医疗、教育、养老、文化等社会民生端实现全面提质升级,从而形成经济发展协同一体,城市功能多元并包,资源要素高效联通的一体化世界级城市群,这也为服务业提供了更为广阔的市场需求与发展机遇。上海要进一步发挥经济中心城市和改革开放排头兵的作用,突破地区所有制、部门所有制,打破突破现存的各种行政、规章壁垒,为各地参与全球资源配置提供便利,聚焦开放合作平台建设、供

应链创新与应用、商贸业创新发展、农产品市场一体化建设、区域物流标准化建设、市场环境优化等方面，推进空间布局一体化、科技创新一体化、产业发展一体化、市场开放一体化、生态环保一体化、基础设施和公共服务一体化，加快构筑新时代发展战略新优势，提升上海服务能级，在服务全国发展大局、集聚配置全球要素资源和代表国家参与全球合作竞争中追求卓越。

五、中国国际进口博览会成功举办，溢出效应明显，服务业推动城市能级和核心竞争力

2018年召开的首届中国国际进口博览会（以下简称"进博会"），激荡思想、凝聚共识，取得了举世瞩目的成就。举办进博会，是推动上海新一轮对外开放的重要载体，为加快建设国际经济、金融、贸易、航运、科技创新"五个中心"核心功能，全力打响"四大品牌"，全面提升上海城市能级和核心竞争力，提供了难得机遇。尤其是对服务业的"溢出效应"，给各个产业植入服务基因，将世界领先的金融、物流等服务融入产业发展过程，正是我国打通产业壁垒、实现全产业链转型升级的关键所在。一是有利于进一步扩大进口贸易规模，创新进口贸易模式，加强综合服务、专业贸易等线下展示交易平台建设，促进服务贸易、数字贸易创新发展。二是有利于扩大优质商品和服务供给，推动商旅文联动发展，优化消费环境。三是有利于新产业、新业态、新商业模式的加速落地，推动战略新兴产业跨越式发展和传统产业转型升级，加快引进国际高端医疗、教育、养老服务，提升上海服务供给的整体质量。四是有利于利用制度创新优势，深化国际贸易、国际投资、市场监管、国际金融等领域的改革和开放，推动服务领域国际投资的进一步开放；五是有利于进一步提升城市精细化管理水平，夯实城市运行、交通组织、智慧公安、大气环保、应急管理等城市治理长效机制。

第三章 2019—2020年上海服务业发展趋势预测

2020年上海将迎来全面建成小康社会和"十三五"规划收官之年。面对国内外风险挑战明显上升的复杂局面,上海服务业将着力发展新兴服务业、高端服务业、精细服务业、特色服务业,呈现较强韧性和内生活力,以自身高质量发展的确定性有效应对外部环境的不确定性,为上海全面推进三项重大战略任务和"五个中心"建设,做好"六稳"工作贡献重要力量。

一、服务业的支撑力、竞争力和引领力全面增强

2019—2020年,在国际环境错综复杂、国内经济下行压力较大的趋势下,上海服务业仍将保持良好的发展态势。服务业作为上海经济社会发展不可或缺的重要力量和城市经济活力的重要体现,2019—2020年预计增幅8%左右,增加值占全市比重72%左右。上海服务业将紧扣质量再升级,围绕升能级、优结构、增动力、引投资、扩空间、强辐射,建立符合全球城市功能要求的现代服务业体系。

1. 重点领域提质升级,服务业支撑作用增强

上海服务业将聚焦"4+2+3"共9个重点发展领域:围绕打造"五个中心"核心服务功能,进一步强化金融、商贸、科创、生产性服务等来提升能级;加快新兴服务、信息服务等知识密集型服务业发展来优化结构;激发生活服务、文化创意、旅游会展等服务业市场活力来增强动力。以"上海服务"推动和实现"上海制造""上海购物""上海文化",全力提升上海"四大品牌"影响力。

(1) 金融服务领域。2019年是上海国际金融中心建设的决胜之年,也是市地方金融监管局组建后履行职能的第一年。根据中央交给上海的"三大任务",上海将在

上交所设立科创板并试点注册制,深化自贸试验区新片区金融改革创新,积极推进长三角金融一体化,打造上海金融发展新的增长极,助力国际金融中心建设,更好地服务全国经济社会发展。加快推进金融对外开放,继续用好国家新推出的一批开放政策,积极争取银行业、证券业、保险业等对外开放新举措在上海落地,大力吸引国内外金融机构落户,加快资产管理中心和金融科技中心建设。维护好金融安全稳定,做好扫黑除恶治乱"回头看"收尾和整改工作,继续深入推进网贷专项整治,切实做好重点风险个案处置,净化金融行业生态。展望2020年,金融业依托国家战略将保持健康高速发展,预计2019—2020年上海金融服务业将实现11%左右的增长。

(2) 商贸服务业领域。2019—2020年将继续推进深化市场化改革、扩大高水平开放。围绕"越办越好"总要求和主场外交定位,精心筹办进博会,进一步提高配置全球高端资源要素能力。持续放大进博会溢出效应,强化进口商品和服务集聚功能,探索保税展示交易常态化模式,加快提升城市能级和核心竞争力;推进实施《长三角地区市场创新发展三年行动计划(2018—2020年)》,加快将长三角建成全国区域市场一体化示范区;聚焦"消费提质",打造国际消费城市。贯彻落实全力打响"上海购物"品牌三年行动计划和促消费29条,开展国家级国际消费中心城市培育建设试点工作;重点围绕自贸试验区新片区规划建设、长三角区域一体化发展国家战略和办好中国国际进口博览会等国家战略支撑,不断增强商务发展新动能;围绕促进"一带一路"贸易畅通,做实做强八大功能性平台,继续扩大与沿线国家经贸往来,大力推进"一带一路"数字商务发展,建设服务"一带一路"的市场要素配置功能枢纽。展望2020年,全市商品销售总额与上年持平,社会消费品零售总额增长6%左右,电子商务交易额增长14%左右。

(3) 科学研究与技术服务领域。2019—2020年,上海将全力打造科技创新活跃增长极,加快建设具有全球影响力的科技创新中心。把金融科技服务作为重点方向,把握技术和产业发展新趋势,积极抢占金融科技发展制高点。加快区块链技术应用向数字金融、物联网、智能制造、供应链管理、数字资产交易领域延伸。加强区块链核心技术研发,将推动区块链技术与支付产业、智慧城市等深度融合,促进更多新技术、新业务、新模式在沪率先应用。上海将实施"技术转移服务机构培育计划",大力发展专业化、社会化、多模式科技服务机构,支持技术转移服务机构在技术评估、技术概念验证、技术投融资、国际技术转移等方面形成独特服务模式、特色服务产品,做强上海科技服务品牌。深入实施"浦江之光"行动,支持和鼓励更多科创企业上市,集聚更多法律服务、信用评级、保荐等中介服务机构,加快打造服务全国科创企业的重要投融资平台。

(4) 生产性服务业领域。2019—2020年上海将通过数字化、互联网化改造加快提升服务能级,创新服务模式,同时也将发展产业电商、供应链服务、企业级SaaS应用等产业互联网领域新兴生产性服务业态,为推动企业服务市场的快速崛起,赋能传统产业在数字经济时代的价值提升与产业链融合创新提供更大支撑。上海生产性服务业将打造新业态和新模式:即企业从提供单一产品向提供"制造+服务""产品+服务"转变,依托互联网、物联网、人工智能等新技术在制造过程中加大交互式服务投入,促进制造过程更为集成化,并向服务型制造转型。上海独创的"双推"工程,将作为上海推进产业互联网与实体经济融合创新的助推器,推进生产性服务新兴业态的加速发展。

2. 新兴领域加快培育,服务业结构持续优化

从供给侧看,2019—2020年将有一批重大产业项目落户上海,涉及集成电路、人工智能、生物医药、航空航天、智能制造、新能源和高端智能装备、新材料、金融服务、商业零售、商务服务等重点领域,将为上海强化高端产业引领功能、推动经济高质量发展注入新的强大动力。展望2020年,信息服务、科研服务、数字经济等服务业新增长点将保持高增速,高端服务业、特色服务业进一步呈现爆发增长势头。

(1) 软件和信息服务业领域。软件和信息服务业是新一代信息技术的灵魂,引领着新一轮科技创新的群体突破。2019—2020年上海将加快培育基于移动互联网、大数据、云计算、物联网等新技术的信息服务。软件和信息服务业是上海实施"三大任务、一大平台"国家战略、推进"五个中心"和"四大品牌"建设的重要助力。预计2019—2020年,全市软件和信息服务业将增长19%左右。

(2) 文化服务业领域。2019—2020年,上海将对标国际一流,打响"上海文化"品牌,激发城市文化创新创造活力,提升城市软实力和吸引力。依托"文化上海云",实现"中心城区10分钟、郊区15分钟的公共文化服务圈"的目标。着力深化整合文化创意产业内涵,优化产业结构布局,彰显影视演艺的文化品牌效应,打造高端设计资源集聚地。用好红色文化、海派文化、江南文化资源,扩大公共文化服务供给,提升文化服务和产品质量,引领上海迈向"人文之城"。

(3) 跨界融合领域。以5G、大数据、虚拟现实、人工智能等为代表的新科技革命,正推动着文化与科技、金融、商贸、制造、旅游、农业等各行各业的跨界融合发展。上海文化与其他产业的融合联动发展,也将成为各种业态开拓市场、扩大影响的必然选择,也是上海文化创意产业做强做大、提升能级的必由之路。"文化"+"会展",2019—2020年上海将继续举办长三角文化博览会,强化"创新驱动、跨界联动、市场运作、国际合作"的办展理念,进一步促进长三角文化跨界融合,将上海打造成为立足

长三角吸引全国、全球优秀文化产业合作交易交流的中心。"文化"＋"商圈",上海将针对剧场密度居国内最高的"环人民广场演艺活力区",全力打造传统艺术的传承创新地、国际戏剧的展示交流地、原创剧目的孵化展演地、演艺跨界融合的示范引领地,打造成为上海最具标识度的文化名片。

二、 商品消费市场危机并存、趋势向好

消费是上海城市经济持续繁荣发展的"稳定器"和"压舱石",2019—2020年,上海消费的基础性作用将得到进一步巩固。按照上海市"十三五"规划"建设国际消费城市"的目标和市委、市政府全力打响"上海购物"品牌的部署,上海将在消费贡献度、消费创新度、品牌集聚度、时尚引领度、消费满意度上实现跨越;依托围绕长三角区域一体化、进博会等机遇和发展平台,继续挖掘消费潜力,创新出台促消费政策措施、推动项目落地、激发市场活力、增强创新动力。展望2020年,上海消费市场挑战与机遇并存,总体将保持平稳向好发展,影响上海消费市场发展主要有以下几个方面的因素。

1. 一揽子政策措施为扩大消费提供保障

2018年末以来,国家和上海市密集出台一系列促消费政策措施,随着这些政策逐步落实,将进一步形成促进消费的叠加效应。《进一步优化供给推动消费平稳增长 促进形成强大国内市场的实施方案(2019—2020年)》《关于加快发展流通促进商业消费的意见》《关于促进消费扩容提质加快形成强大国内市场的实施意见》《关于上海推动夜间经济发展的指导意见》《关于支持海派特色小店发展的若干意见》等一系列政策措施对推动流通创新发展,优化消费环境,促进商业繁荣,激发消费潜力,更好满足人民群众消费需求,促进消费市场提质升级产生了重大推进作用。

2. 长三角深化合作为上海拓展消费腹地

2019年,由国家发改委牵头,会同国家有关部委和上海市、江苏省、浙江省、安徽省拟定的《长江三角洲区域一体化发展规划纲要》将出台。同时,上海也将制定落实《上海市贯彻落实长江三角洲区域一体化发展规划纲要实施方案》。规划纲要和实施方案的落地,将引导长三角市场联动发展,推动跨地域跨行业市场互联互通、资源共享,统筹规划商品流通基础设施布局,推动内外贸融合发展,畅通长三角市场网络,形成市场统一开放、规则标准互认、要素自由流动的发展环境,进一步深化跨区域合作,扩大市场规模、增强辐射能级,打造消费增长新动能,拉动消费向更高更深层次发展。

3. 进博会溢出效应促进消费提质升级

首届进博会吸引了3 600多家境外企业参展,展出展品超过20万件,其中,5 000

余件展品首次进入中国。进博会的成功举办,一方面扩大了高品质个性化消费品和服务供给,为构筑"上海购物"品牌和国际消费城市提供有利条件。另一方面,进博会为上海提升国际新锐消费风尚引领度创造机会。以进博会为平台,新兴品牌和时尚潮牌加速进入上海,开设新品发布平台和首店、旗舰店,有望助推上海实现进口商品集聚优势向品牌集聚优势、品类集聚优势、价格优势、首发优势转化。

4. 强消费措施引领消费市场纵深发展

为全面应对新冠疫情对消费市场的巨大影响,上海市制定出台了更大力度的促消费政策,加快发展夜间经济、免退税经济、平台经济、品牌经济、首发经济等"五大经济",充分释放被疫情抑制的消费潜力。夜间经济进一步拓展夜经济集聚区功能,免退税政策扩大境外旅客购物离境退税网点覆盖面;平台企业不断丰富线上消费场景和内容,打造"小而美"的网络新品牌,精准匹配网络消费新需求;各大电商平台打造全球新品网络首发中心等。各项强消费措施聚焦"消费提质",成为消费市场纵深发展的新引擎。

5. 城市发展新阶段为消费拓展新空间

2019—2020年,上海迈向"十四五"发展新阶段,中心城区将结合旧区改造、历史保护建筑活化,注入商业内涵,融合创造新的消费形态;重点片区建设、重点项目建设带动产生新的需求,自贸区新片区扩区对产城融合和商业配套提出进一步需求,为上海商业的发展提供了新的增长空间。北外滩、虹桥枢纽、临港新片区、滨江沿线等区域结合区域特色,推动商业新模式、新业态的创新发展,消费空间和消费环境得到进一步的扩展和优化。

6. 新冠疫情促进了在线消费、新消费增长

2019年末—2020年初爆发新冠疫情,从有利因素看拓展了新型消费增长空间。无人超市、无人柜、机器人应用加速,"线上经济""无人经济""居家经济"等新型消费模式迎来快速发展机遇,生鲜电商、社区拼团、直播、短视频带货等新消费模式快速崛起,线上平台及微信购物群的建设和维护将成为新的线下实体店标配,促进了实物消费的线上线下融合;疫情进一步培养居民健康的消费理念,扩展了绿色消费、健康消费等新消费内容。

7. 宏观经济的不确定性制约消费提质扩容

新冠疫情影响下,尽管促进了在线消费、新消费增长,但对整体消费市场的潜在增速将产生中长期的负面影响。从需求方面看,一是海外疫情蔓延传导国内经济下行和就业压力加大,居民收入减少叠加失业增加将冲击消费信心。二是短期内限制人员聚集的措施带来的影响很难完全取消,甚至可能边际加强,市场反弹力度或不及

预期。从供给端来看,一是海外疫情发酵导致国际运输受阻、进口商品供应短缺,进口消费萎缩。二是商业企业经营风险加大。部分商业企业(多数是小微企业)陷入经营收入滑坡与房租、工资、利息等刚性成本高企的双重夹击,导致现金流紧张,可能面临资金链断裂的破产风险。三是新增供给市场明显收缩。受疫情影响,连锁品牌商实体店开业计划纷纷延期,2020年计划开业的购物中心普遍延期半年以上,市场增量大幅减少。

三、 商贸业不断挖掘新潜力、展现新魅力

1. 新一轮网点规划引领,迈向更高质量发展

为对接上海2035城市总体规划打造卓越全球城市的总体目标,全力打响"上海购物"品牌,引领消费提质升级的新需求,坚持打造高品质、人性化的商业基础服务,着力提升上海商业核心竞争力,2019—2020年上海将启动新一轮商业网点布局规划编制工作。新规划将着眼于长三角一体化战略,提高整体规划的宏观站位;着眼于商业空间的融合,注重商业体系的层次;着眼于商业业态发展趋势,体现业态的前瞻性;着眼于商业空间的布局优化,加强分类管理的针对性;着眼于规划的落地实施,侧重保障机制的可操作性,目标形成网络覆盖更加全面、功能跨界更加融合、分类分级更加合理的新商业网点体系,进一步推进上海向更高质量发展。

2. 夜间经济潜力持续释放,拓展消费新领域

2019—2020年,上海将围绕打造"国际范""上海味""时尚潮"夜生活集聚区的目标,推动"晚7点至次日6点"夜间经济繁荣发展,促进夜购、夜娱、夜健、夜读、夜展、夜游等消费场景集聚,打造夜间融合消费集聚区。一是丰富业态,提升能级,塑造大型夜间消费活动IP。增加文化旅游项目供给,引进培育沉浸式话剧、音乐剧、歌舞剧等各类具有吸引力和知名度的夜间文化艺术项目。二是打造地标,推出一批品牌化、标志性商旅文体一体化项目,进一步拓展夜经济集聚区功能。积极开发夜间动物园、浦江夜游、博物馆夜游、24小时影院、深夜书房等一批常态化、特色化的夜间特色体验项目。三是完善配套,更大力度推动实施夜间交通、市容环境、安全等保障措施,探索试点24小时营业区政策。

3. 高品位步行街和后街加快建设,重塑世界级商业地标

推进特色商业街区建设是全力打响"上海购物"品牌,加快国际消费城市建设的重要手段。2019—2020年,上海将加快推进南京路步行街、陆家嘴商圈、豫园商城改造提升,推动20条特色商业街区建设,加大鼓励发展后街经济,打造一批展现工匠精

神、凸显前店后厂、融合本土生活场景的特色主题街区,重点推动南京路步行街改造提升,打造成为体现中国特色、上海特点、时代特征的"中华商业第一街",即中华梦之街,海派魂之街,时尚潮之街。特色商业街区的发展将体现更丰富的外延和更深厚的内涵,不仅承载时尚商业,也彰显人文底蕴和生态理念,同时融入智慧技术,以"最上海"的购物场景,"最国际"的购物体验,"最时尚"的购物氛围,实现错位互补经营,使步行街成为既有时代特征、中国特色、上海特点,又充分展示世界各国风情的符合国际大都市形象定位的世界级商业地标。

4. 老字号重振行动持续推进,国潮品牌崭露头角

2019—2020 年,上海将结合全力打响"上海购物"品牌中的"老字号重振专项行动",持续推进老字号重振和"一品一策一方案",实施老字号品牌保护工程、传人培养工程、数字焕新工程和国潮出海工程。聚焦老字号发展痛点和难点,做大做强一批具有国际竞争力的知名品牌,做精做优一批具有行业影响力的优势品牌,弘扬保护一批传承技艺和记忆的文化品牌,盘活调整一批经营不善的沉睡品牌,努力营造有利于老字号转型升级的管理体制、市场环境和社会氛围,更好培育和形成老字号持续健康发展格局。2020 年,上海还将加强对本土原创"国潮"品牌的培育和扶持,鼓励零售商与受疫情影响订单不足的外贸企业,尤其是国际品牌代工企业合作,加快本土自主品牌研发和培育,"国潮"品牌迎来发展机遇期。

5. 信息革命迅猛发展,技术进步驱动消费变革

以信息网络技术加速创新与渗透融合为特征的新一轮产业革命在全球范围迅猛发展,随着由此而来的 5G、物联网、云计算、虚拟现实、大数据和人工智能等新技术不断赋能,消费模式加快向平台化、网络化、共享化、智能化方向转型升级。上海将继续推广新技术新产品,拓展信息消费新空间。一是全渠道数字化发展。以徐家汇商城为例,通过商品、客户、交易等信息的无缝链接和全面共享,形成具有商品管理数字化、资源配置一体化、销售信息同步化和运营管控高效化等巨大优势的数字化零售管理系统,经济效益显著提升。二是供应链数字化发展。以盒马为例,通过不断加强自动化、数字化的仓储物流基础设施及技术研发投入,前端零售企业与供应商之间的信息勾连与业务对接便利度大幅提高,智能预测补货、订单集成、库存共享,以及商品配送全程管控得以实现。三是客户管理数字化。结合 APP、小程序等信息技术的发展,商业企业不断加强消费信息的精准投放和消费社交网络的建设。四是顶层设计数字化。通过利用直播、短视频等网络社交工具、微信生态等新消费场景的搭建,降低引流成本和实现用户裂变,以消费者需求意愿集聚为特色的直播导购、社区团购、联合采购模式不断引发网红"爆品"。

第四章 2019—2020年上海服务业政策关注重点

一、聚焦"消费提质",打造国际消费城市

贯彻落实全力打响"上海购物"品牌三年行动计划和促消费29条,开展国家级国际消费中心城市培育建设试点工作,把加快发展"五个经济"作为对冲疫情影响的重要着力点,制定出台更大力度的促消费政策,充分释放被疫情抑制的消费潜力。

1. 做强夜间经济

2019年4月,中共上海市委、市政府出台《进一步优化供给促进消费增长的实施方案》(简称"促消费29条"),为打造消费增长新引擎,市商务委会同九部门出台发展夜间经济"10条措施",在全国首创夜间区长和夜生活首席执行官制度,任命15位夜间区长,85位夜生活首席执行官。丰富夜间业态,推动打造全国首个夜间野生动物园,推出夜间博物馆、深夜书店、周末活力街区等49个各区夜上海特色消费示范项目,发布9个地标性夜生活集聚区。完善配套保障,推动城管、公安、交通等部门出台创新举措:市城管局出台《本市城管执法系统推进夜市经济发展的指导意见》,支持企业推出外摆位,对各区夜间经济重点区域内的企业不按照跨门经营和占道经营进行处罚;市公安局出台《上海公安机关服务和促进本市夜间经济发展八条举措》,聚焦简化活动审批、扩容停车资源、推行智慧安保、强化夜间治安等,推出"一次性许可""一次性报备""双减半"等措施;市交通委、申通集团积极推动地铁13号线于9月20日起常态化在周五及周六实施区段延时运营;市文化和旅游局集中发布百余家夜间开放的文化旅游场所;市绿化市容局举办夏季露天电影进公园活动,累计放映200余场次。丰富业态,促进夜购、夜娱、夜健、夜读、夜展、夜游等消费场景集聚。完善配套,更大力度推动实施夜间交通、市容环境、安全等保障措施,探索试点24小时营业区政

策。提升能级,塑造大型夜间消费活动IP。打造地标,推出一批品牌化、标志性商旅文体一体化项目,进一步拓展夜经济集聚区功能。

2. 做大免退税经济

"免退税经济"作为拉动消费、促进旅游、打响"上海购物"品牌的重要举措,有利于提升上海城市能级和竞争力。《关于进一步优化供给促进消费增长的实施方案》对"免退税经济"提出发展规划。未来还将争取更大力度的免退税政策先行先试,全力支持支持中免集团、中服免税等国内主要免税品企业在沪选址或开展调整转型;积极争取进一步放开国内居民在市内免税店的消费、扩大免税销售额度、平等竞标经营权等政策的落地,鼓励自主品牌进入免税店。"退税经济"方面,将继续争取离境退税政策放开,扩大境外旅客购物离境退税网点覆盖面,提升退税便利度,推动退税代理服务市场化。

3. 创新发展平台经济

国内首发《平台型供应链示范企业评价标准指标体系》,认定并发布一批平台型供应链示范企业认定。支持平台企业不断丰富线上消费场景和内容,打造"小而美"的网络新品牌,精准匹配网络消费新需求。鼓励采取不接触投放、智能柜投放等配送方式,推动无人便利店、智能售货机等创新业态加快发展。在养老、家政、教育、回收等领域建设一批电子商务服务生态圈。深化供应链创新与应用试点,打造一批平台经济龙头企业。提升钻石交易所、宝玉石交易中心等国家级要素平台能级,加快建设宝山钢铁领域平台经济示范区,支持浦东打造"期现联动"产业园。

4. 壮大品牌经济

开通"上海购物"APP,继续提升上海购物节影响力。加快推进南京路步行街、陆家嘴商圈、豫园商城改造提升,推动20条特色商业街区建设。鼓励传统商贸企业继续加快创新转型,持续推进老字号重振和"一品一策一方案",完善《重振老字号打响上海购物品牌"一品一策一方案"调研报告》,制定发布《推进本市国有企业重振老字号品牌的若干措施》,实施老字号品牌保护工程、传人培养工程、数字焕新工程和国潮出海工程。

5. 加快发展首发经济

为巩固国内首店经济绝对优势地位,凸显上海国际消费城市集聚和辐射功能,2019年,上海市商务委修订完善了支持打造全球新品首发地的政策措施,完善商标保护、新品入境、财政扶持等方面支持政策。深化黄浦、静安、浦东、徐汇全球新品首发地示范区建设,举办高水平全球新品发布活动。支持各大电商平台打造全球新品网络首发中心。

6. 优化消费环境

制定促进平台经济规范健康发展的实施意见。根据国内首部地方立法《上海市单用途预付消费卡管理规定》，起草《上海市单用途预付消费卡管理实施办法》《2019年度上海市单用途预付消费卡管理工作要点》，紧密围绕信息对接、风险警示、信用治理三项核心制度，明确2019年预付卡管理12个方面，45项具体工作措施，出台《上海市体育健身行业单用途预付消费卡存量预收资金余额管理实施办法》，细化体育健身行业单用途预付消费卡的监管工作。开展静安、黄浦、杨浦、嘉定等区重点商圈信用示范区建设，做好宝山、闵行等区单用途预付卡监管试点和执法试点。制订发布《上海市线下零售企业开展"七日无理由退货"服务承诺工作指引（试行）》17条措施，规范企业内部管理制度，明确退货流程等事项，并鼓励企业提供高于、优于指引的服务，并扩大"七日无理由退货"服务承诺的行业企业覆盖面。

二、聚焦内贸流通创新发展，现代市场体系建设进一步完善

1. 供应链创新与应用试点全面启动

成立供应链体系建设创新联盟，20家企业入选全国试点，居各省市前列。快消品领域供应链效率提升35%，农产品领域降低蔬菜损耗率超过30%，汽车、钢铁、医药等重点行业供应链发展达到国际先进水平。

2. 大市场、大平台建设持续深化

加快传统市场向集约化专业化、新型市场向平台化生态化、大宗商品市场向服务化国际化转型发展，全年商品销售总额12万亿元，平台经济交易额突破2万亿元，其中千亿级平台6家，百亿级平台19家。开展期现联动、产能预售、提单交易等试点，上海期货交易所标准仓单交易平台上线仅7个月交易额突破800亿元，上海宝玉石交易中心正式升级为国家级交易平台，上海钻石交易所2018年交易额突破57亿美元。

3. 城市配送物流服务体系不断完善

出台《快递末端综合服务站通用规范》等行业标准，全市建成快递物流转运中心31家，自动化分拣线20条，布局超过2.5万组智能快递柜，全年业务量近30亿件，全国城市排名第一位，国内7家快递物流上市公司中5家在沪设立总部。

4. 区域市场一体化走深走实

成立长三角电商发展联盟、时尚产业联盟、重要产品追溯联盟，推广"带托（筐）运输"等物流标准化模式，举办长三角"名品展"、老字号"长三角行"、长三角"2018物流日"活动。青浦区会同昆山、吴江、嘉善携手打造环淀山湖战略协同区。上海口岸与

张家港口岸联手开发"通关＋物流"信息数据交换传输通道,与安徽开展单一窗口数据查询和统计对接,推进更大范围信息共享。

三、 聚焦创造高品质生活,商务服务保障民生能力进一步提高

深入落实市委、市政府和商务部关于强化生活必需品市场供应保障工作要求,进一步落实"菜篮子"责任制,切实保障主副食品供应量足价稳、优质安全、便利惠民。

1. 生活服务重点行业提质发展

《本市生活性服务业重点领域服务质量提升三年行动计划（2017—2019年）》,在市场需求大、民众关注度高的商贸、餐饮、家政、家电维修、美容美发等重点领域,率先启动服务质量提升行动,提出工作目标,确定主要任务,明确保障措施,力争通过三年努力,实现生活性服务业重点领域在服务质量标准体系、从业人员综合素质、服务品牌示范引领、重点行业诚信建设等方面的进一步提升。贯彻落实《国务院办公厅关于促进家政服务业提质扩容的意见》,引导家政行业"四化"发展,推进家政服务业高质量发展,根据《关于开展家政服务业提质扩容"领跑者"行动试点工作的通知》要求,配合开展相关工作,制定出台《家政服务机构管理要求》《家政从业人员基本要求》《家政服务溯源管理规范》地方标准,开展家政持证上门服务工程建设,探索建立家政服务查询追溯机制,培训家政持证上门服务人员4万名,累计8.5万名。新建早餐示范门店41家,2 400家早餐门店开展跨企业跨品种的"共享早餐"服务。规范家电维修,持证上门服务覆盖率超过85%。

2. 加强市场监测

坚持市场运行日报制度,强化信息收集研判,做好主副食品、生活必需品保供调度,防止物价过快上涨。

3. 加强产销对接

充分发挥77个市外主供应基地和50个域外蔬菜基地作用,加快推进6个紧密型生猪外延基地建设,新增30个域外蔬菜基地,落实与山东等地的产销协议,确保猪肉、蔬菜货源充足。加大方便食品、消毒液、洗手液等生活必需品的组织调运,努力保障市场供应。

4. 加强批零对接

推动"叮咚买菜"、大润发、麦德龙、家乐福等生鲜电商、商超卖场与蔬菜集团、上农批等批发市场建立对接机制,确保疫情期间蔬菜、肉蛋奶、米面油等生活必需品供应稳定。

第二篇

生活性服务业

第五章　商贸服务业

第一节　零售业发展态势

近年来,新生代逐渐成为消费主流人群,其生活习惯、消费偏好、价值取向明显有别于上一代。为了满足其多元、个性、分散的消费需求,零售行业不断推出新零售业态、新商业模式,包括加速拓展电商渠道,利用快闪店试水,开发单身经济,实施首店经济,渗透社区等,以寻找新的增长空间,激发更大的商业活力。2019年上海零售市场消费品零售额达到1.23万亿元,比上年增长6.8%。

一、大型综合超市①

2018年,上海大型综合超市实现销售额613.1亿元,其中上海市内零售额为299.0亿元。2019年,上海大型综合超市实现销售额592.8亿元,其中上海市内零售额为282.2亿元。截至2019年末,全市共有大型综合超市门店177家,比上年减少两家门店。2018—2019年大型综合超市发展主要呈现以下特点。

1. 加速全渠道数字化,到家服务成为标配

为应对电商平台挤压,扩大竞争优势,上海大型综合超市逐步完善全渠道零售服务,普遍开拓家服务,通过"线下门店+PC电商、小程序、APP、公众号、入住平台+到家服务",实现线上线下加速融合,并加大在核心目标区域设立前置仓,使尽可能多的高频购买产品在一小时内速达,迎合大众及时消费需求。2019年6月27日,山姆会

---

① 数据来源:上海连锁经营协会。

员商店在青浦迎来上海第二家店,前置仓精选1 000多种高频购买商品,供会员多渠道下单购买,并携手达达、京东到家等实现"产异化商品+一小时速达"全渠道服务。2019年7月18日,沃尔玛和京东联手启动2019全渠道"88购物节",首次引入小程序平台,超4 000万注册用户,促进多品类商品线上线下融合。2019年9月27日,苏宁收购家乐福,开展全渠道布局,将家乐福超市接入苏宁"一小时场景生活圈",其后"双十一"活动中,家乐福通过苏宁实现线上订单204万单,累计销售额31.2亿,同比增长43%。2019年,永辉超市在上海新增9店,开启S2B模式,前置仓辐射3千米,30分钟速达。

2. 打造体验式购物区,加强与消费者互动

2019年,大型综合超市为迎合消费者需求,提升门店客流量,增强超市"可逛性",推动门店改造升级,增设更多生活体验内容。2019年1月20日,沃尔玛浦东北蔡山姆会员店升级,增加了"体验部分",以更生活化的消费场景优化动线和陈列,打造包括应季陈列区、儿童天地、新鲜果蔬区、熟食与烘焙区等多个场景体验式购物区,聘请主厨现场演示山姆产品的烹饪方法,品酒师开设酒类鉴赏课堂。2019年5月,全国首家超级物种品牌体验店在上海BFC外滩金融中心亮相,门店注入生活方式元素,与品牌商联合推出下午茶教学、美食沙龙等活动,工作日推出白领套餐,双休日加入主题集市,尝试乐队表演+售卖,以生活体验和社群运营方式加强与用户之间的黏性,客流销售两旺。2019年12月,家乐福上海古北店改造升级,首家"品鲜工坊"开业,聚集全球各类海鲜,现场烹饪并传授烹饪方法,满足了顾客日益提升的消费需求。

3. 开启直播带货新模式,促进销售新增长

近年来,"宅经济"崛起,进一步推动了直播带货、社群营销等线上新型消费,大量用户涌入直播间,尝试边看直播边购物,越来越多线下企业捕捉到新的消费热点和商机。2020年1月10日,家乐福中国商品副总裁马邱在上海家乐福徐泾店做年货直播,用直播的形式向消费者全景呈现实时铺货、经销状态,稳定消费市场情绪,引导消费;2020年3月10日,家乐福上海古北店参加六店首次线上连线,长达9小时的云直播,为消费者打造了一个食品安全可视化的平台,累计吸引逾20万人次围观。2020年4月1日,永辉超市在源头产地开设直播,主播现场挖笋、现场试吃,直播期间,订单量超过了3 000份,销量超过7 500公斤;2020年4月3日,绿地贸易港集团旗下六大事业部发起了一场"Boss专场直播",其中一场直播带动同品类销售环比增长5倍,直播正逐步成为线下门店开拓销售的常规模式。

案例1　高效掌控全球供应链,深度吸引付费会员
——开市客(Costco)

一、基本情况

开市客(Costco Wholesale Corporation),又名好市多,是美国第二大零售商、全球第七大零售商以及美国第一大连锁会员制仓储式量贩店,于1983年成立于美国华盛顿州西雅图市。2019年8月27日,开市客(Costco)中国大陆地区首家门店在上海闵行区开业。该店毗邻沪常高速公路,占地面积达到2万平方米,室内购物面积将近1.4万平方米,提供商品包括电子产品、汽车百货、家居家纺、运动服饰、玩具、食品酒类等类目,配有听力中心、轮胎养护中心、西式餐饮部等。在开市客的门店陈列中,进口商品占比40%,SKU数固定在4 000以下。开市客实行会员制,非会员用户无法进行购物结算。目前,开市客会员卡分为金星会员和企业会员两种,年费均为299元/年,会员卡全球通用,境外门店卡种也可在中国大陆门店使用。

二、项目特色

1. 试水线上门店,借助大数据选址

上海众多外资品牌进入中国大陆市场的首选地。开市客于2014年设立天猫旗舰店,为开设线下实体店积累经验。据介绍,在开市客天猫旗舰店,最多的订单来自上海,其中闵行、浦东的订单数占比不相上下,所以开市客将首店设立于上海。根据开市客2019年四季度财报电话会议披露,上海店注册会员已超过20万,高于全球单店6.8万名会员的平均水平,创Costco成立35年来的最高纪录。

2. 采取付费会员制模式,精准定位中产阶层

开市客模式的核心之一是付费会员制。通过付费会员制模式,将目标群体锁定城市中产阶层。面向不断壮大的国内中产阶层,开市客通过价格这一零售业永久的驱动力,基于其全球商品流通链路的成本和效率优势,创造好货低价的体验,释放中产阶层重品质亦重价格的群体需求,建立中产阶层高频次、高客单价、高复购率的购买习惯,通过不断扩张会员规模,获得稳定的会员费收入。

3. 严控品类限选单品,塑造低价优质购物体验

开市客上海首店的商品共分为电子产品、汽车百货、办公、五金、园艺、家居家纺、运动服饰、珠宝、书籍、季节性商品、玩具、医美、杂货、蔬菜水果、食品酒类等类目,配有听力中心、轮胎养护中心、西式餐饮部等,另设有奢侈品区域,提供Parada、Chanel、MCM等品牌箱包饰品,以及Chloe、Burberry、Boss等品牌香水。在开市客

的门店陈列中,进口商品占比40%,SKU数固定在4 000以下。Costco以做减法闻名,与其他卖场主打的产品丰富程度不同,Costco每个品类只提供一种产品选择,不仅为繁忙的中等收入消费者节省了决策时间,提高了超市的库存管理效率,也使得开市客对众多供应商拥有更强势的选择权与议价权,从而将产品的毛利率常年控制在14%以下。数据显示,开市客的非食品类百货商品价格低于市场价的30%~60%,食品类低于市场价10%~20%。在开市客首店,部分商品价格甚至低于淘宝价。

4. 自有品牌,降低成本

自有品牌是开市客除会员费以外的另一个重要盈利点,其细分市场的核心竞争力源于自有品牌。开市客于1995年创立了自有品牌Kirkland Signature,主打休闲食品、冷冻生鲜、清洁用品和保健品等。目前Kirkland已经成为全美销量第一的健康品牌,普遍以"大包装、高品质"为特色,定位中高端,设计上迎合中产阶级会员的消费习惯,已经推出数百款明星商品。尽管Kirkland在SKU的占比不到7%,但收入贡献率高达25%。

三、未来发展

2020年2月18日,星河控股集团旗下子公司——上海河裕实业有限公司携手开市客公司旗下独资公司浦东仓储发展有限公司,以8.98亿元联合获取上海浦东新区康桥工业区一地块。据悉,开市客在中国大陆的第二家店将落户浦东该地块,计划2021年初开业。2020年5月,开市客(Costco)超市苏州店的最新规划方案正式公布,第3家门店将落户苏州高新区,计划2年内开业。

二、超市①

2018年,上海标准超市实现销售额161.0亿元,其中上海市内零售额为107.6亿元。2019年,上海标准超市实现销售额145.0亿元,其中上海市内零售额为93.9亿元。2019年末,全市共有标准超市门店1 895家,比上年末减少2.0%。2018—2019年超市发展主要呈现以下特点。

1. 发力社区化O2O服务

在快节奏、快消费时代,社区居民越来越追求生活的便捷性,超市开始注重提高便利性和对社区的服务,社区超市应运而生。2018年8月10日,苏宁完成对迪亚中国收购,迪亚天天在上海的300家门店正式挂牌"苏宁小店"。苏宁小店是苏宁易购

---

① 数据来源:上海连锁经营协会。

旗下定位于服务社区的线下业态,主要通过"门店+APP"模式为消费者提供购物、餐饮、闪送、社区生活等服务。联华超市创新升级新业态,首家社区生鲜门店选址浦东新区竹柏店,于2020年1月开业,引入百联到家APP、扫码购一系列O2O服务模式。2018年底,永辉推出社区新业态"永辉mini"和"永辉生活"。永辉生活是介于社区超市与便利店之间的一种小型门店,面向社区群体,更侧重实体店服务体验。永辉mini店则以大卖场为核心,依托APP平台来提供配送服务,更侧重"到家业务"。

2. 新旧模式迭代,新业态门店"唱主角"

根据连锁经营协会数据,2019年末,全市共有标准超市门店1 895家,比2018年末减少2.0%,比2017年末减少4%。从趋势看,全市标超总体的门店数持续缩减,传统业态、新业态出现明显分化。2019年,农工商超市关闭市内门店46家,传统业态的门店仍经历调整关店潮,但苏宁小店进入全面爆发阶段,新业态模式仍处于扩张期。2019年,上海苏宁小店通过收购迪亚天天,建立线上线下拼团体系、互动机制,进行流量导入分配,整合上游供应商,加快扩张步伐。

3. 双线融合和智慧化转型提速

2019年,传统超市全面升级,植入自助购物、刷脸支付等一系列科技手段。联华超市青浦店通过智能人脸识别,打通人、货、场关键数据闭环,推动新零售数字化平台运营。永辉生活APP覆盖永辉旗下所有业态,小程序已落地超过800家门店,数字化会员超过850万。苏宁小店依托苏宁整体零售生态,以用户体验为导向,打造线上线下融合、精准运营和智能物流相结合的智慧零售模式。收购迪亚天天全部门店之后,苏宁小店对门店进行数字化升级和服务优化,一方面共享线上供应链,另一方面引入线上下单、线下限时配送等双线融合服务模式。

三、便利店①

2018年,上海便利店实现销售额165.4亿元,其中上海市内零售额132.2亿元。2019年,上海便利店实现销售额167.6亿元,其中上海市内零售额131.3亿元。2019年末,全市共有便利店门店5 704家,比上年末增加3.4%。2018—2019年便利店发展主要呈现以下特点。

1. "有人"零售与"无人"零售创新结合

自2017年上海便利店开启"24小时无人值守""非现金结算"等模式后,"自助模式"掀起热潮。截至2019年,上海已有近百家门店铺设了自助收银机,新技术"无感

---

① 数据来源:上海连锁经营协会。

支付"和"半无人"零售创新层出不穷。2019年4月,罗森携"新装备"——新型多功能自动贩卖机亮相国际连锁加盟展,设备集"自动售卖机+货架+冷藏柜"于一体,白天这台设备在店内是一款普通冷藏柜兼货架,夜间设备成为自动售货机,既可方便深夜有紧急需求的客人购物,也可减少便利店夜间用工成本,首次将"有人"零售与"无人"零售创新相结合。2019年8月,全国首家搭载5G网络的"无感支付"便利店在虹口区开业,5G能提供高性能视觉分析和实时计算所需要的超高带宽,实现进店顾客"无排队、无停留、无结账"(简称"即拿即走")的全新购物流程。

2. 加速"第三空间化"转型

近年来,便利店深耕社区,通过延伸餐饮、服务、生活/休闲等配套设施创造社交第三空间,不断提升增值体验。2019年8月,全家推出一家集合购物、洗衣、咖啡、烘焙一体反便利的便利店,"便利店+洗衣房+咖啡厅",让人有更多的时间停留,能在店内完成一小时内的一站式生活服务和购物、休闲体验。12月8日,"罗森+质馆精品咖啡"商务社区型便利店在浦东新区陆家嘴软件园开业,结合便利店+精品咖啡馆的模式,新创平价副牌"小小质馆"。此前,罗森已推出多家"罗森+"概念,已先后尝试罗森+药房、罗森+健身房、罗森+水果店、罗森+足球文化、罗森+摄影展、罗森+节能环保等多元类型。

3. 加码IP营销,贴近年轻消费者

据统计,便利店消费主力军相对于传统超市而言更加年轻化,而年轻消费者的诉求更趋于多样化、个性化,便利店IP主题化的方式便是与年轻消费者沟通的重要途径。便利店做IP主题店,一方面是出于品牌形象的考虑,经常创新,尝试新的模式,会营造出品牌的新鲜感,留给消费者一种"会玩"的形象;另一方面,与热门IP合作,能引起不少消费者打卡及在社交网络讨论,形成自然传播。2019年,好德在浦东开设的"好德&不二家"浦东联名主题便利店,采用的是列车主题,成为年轻人打卡圣地。2019年10月,全家在上海推出"Biang! Biang! 喵"主题店,为全家自创IP门店,而这一IP主题店的设计主要采用的是00后的建议。2019年底,便利蜂soho店变身软萌可爱的"皮卡丘"形象,此前"哪吒""海贼王"等IP形象也已"落户"便客蜂,品牌与IP的合作期间销量增长迅猛。

四、百货店①

根据上海市商务发展研究中心对全市42家重点百货店的销售监测显示,2019年,

---

① 数据来源:上海市商务发展研究中心。

全市39家百货店实现零售额222.2亿元,比上年下降8.2%。2018—2019年百货店发展主要呈现以下特点。

1. 数量逐渐减少,业态转型趋势明显

从数量看,上海百货店自2011年的60余家,到2019年的39家,数量逐年减少。近几年来,百货店陆续在转型调整,有停业、有转业、有升级。比如:继八佰伴后,第一百货商店和东方商厦南京东路店转型升级成第一百货商业中心;东方商厦杨浦店转型为市中心的城市奥莱;虹桥友谊商城2018年11月闭门歇业。2019年,上海仅老佛爷百货一家大型百货店开业,而在4月份,新世界百货南京路店、长宁店相继闭店改造。纯百货业聚客能力远低于其他业态,现存百货业态转型趋势明显。2018年底,东方商厦杨浦店转型城市奥莱的重新开出,增加娱乐、体验业态;淮海太平洋百货成功改造的新天地广场对外试营业,全新蜕变引发了不少行业人士"打卡"。2019年新世界百货南京路店做出重大改造,迎来中国首家"火影忍者世界"主题公园,真冰溜冰场则升级为"新世界冰雪世界",引入真冰冰屋、冰壶休闲体验区等体验场景,增设上海首家"24h公益读书会""世界室内最高攀岩项目"以及最美书店——钟书阁等。上海金汇百货每一层都新开咖啡店、轻餐饮和美容、美甲等体验店,体验业态将提升至15%。百联南方2期友谊商城,转型为潮流乐活生活区,具备可供溜娃、爱宠、运动、演出等功能的超开阔户外广场,汇聚众多网红、首店的零售与餐饮品牌的开放零售区。原第一百货淮海店,变身"TX淮海剧汇",引进包括由周杰伦和刘畊宏打造的健身中心"乐玩活力世界",科技和数字光效展览"光影艺术之旅",蜷川实花打造的打卡圣地"秘密花园主题空间"、电竞爱好者的舞台"黑科技X空间"等。除此之外,南京路永安百货、黄浦区新世界休闲港湾、时装公司西部商场、华联商厦等也在改造升级业态转型中。

2. 构建智能零售,推进"货找人"模式

2019年,是网红直播和社交电商爆发的一年,百货公司加速推行全渠道和数字化方案,构建智慧零售,由"人找货"推进到"货找人",直播、小程序和微信群,成为百货店"货找人"、开启线上营销模式的最好工具,百货商场纷纷将商品搬上云柜台,迎来了新一轮生机。银泰百货在喵街推出多场"线上轰趴"活动,在第一场轰趴中,雅诗兰黛明星眼霜在不到1分钟里被一扫而光;其打造的"千品计划",让"百万单品"变"爆品",收益的首个爆款——曼妮芬文胸,"双十一"期间,仅用17天,就打破在过去6个月的销售纪录,销售额增长24.11%。苏宁百货收购万达百货后,借助苏宁拥有全场景、全渠道优势,依托苏宁大数据,通过苏宁推客、拼购等渠道,抖音、达令家等资源工具,强化社交玩法,深度挖掘用户需求,实时跟踪分析用户消费习惯和变化,将货物推至消费者眼前；苏宁百货打造的王祖蓝领衔300＋网红欢聚一堂、36小时不间断直播等获得了广泛关注，创造了销售奇迹。

五、购物中心[①]

2018年，上海248家城市商业综合体销售总规模为1 741亿元，零售额与餐饮营业总额合计占全市社会消费品零售总额约12.7%，占比较上年同期增长0.4个百分点。截至2019年9月末，上海购物中心数量达到272家，商业建筑面积达到1 912万平方米。2018—2019年购物中心发展主要呈现以下特点。

1. 规模持续扩大，购物中心向郊区延伸

截至2019年9月末，上海购物中心数量达到272家，商业建筑面积达到1 912万平方米，其中2018年和2019年1—9月分别新开业36家和24家，商业建筑面积新增233万平方米和137万平方米，新开业数量继续保持高速发展态势，商业建筑面积的同比增幅略有放缓趋势。购物中心作为各级商圈的主要业态，极大地带动了商圈的繁荣发展，2018年至2019年9月有42%的新开购物中心落户郊区，直接带动郊区商圈规模扩大，也丰富了郊区的消费选择。

2. 焕新自身产品力，积极对接首店经济

上海首店数量增长态势明显，据《中国首店经济发展研究报告》数据显示，上海的首店数量高居全国第一。2018年和2019年1—9月上海共有835家和756家"首店"开张，其中包括43家全球首店和亚洲首店。在首店选址方面，购物中心凭借其独特的商业魅力，成为"首店"落户的重要载体。2018年上海有84.4%的"首店"选择购物中心内开张运营。2019年前三季度，新开业购物中心表现突出，贡献首店数量最多。随着更多品牌"首店"落户上海，"首店"已经成为上海时尚与潮流的风向标。从购物中心引入首店业态来看，郊区的娱乐业态首店非常突出，如青浦万达茂的卡尔飞车万达汽车乐园与梦幻雨林主题乐园、嘉定信业购物中心的嗨马乐动、嘉定大融城的奥斯丁梦想儿童乐园、松江世贸的蓝精灵主题乐园等。

3. 契合消费者需求，打造创新体验式业态

随着消费者的变迁和消费群体行为习惯发生变化，"80后""90后"逐渐成为主要消费群体。大部分消费者在追求时尚前卫消费的同时，对于消费体验呈现出个性化、体验至上、注重精神消费等消费属性。静安大悦城2019年围绕五大活动主题——

[①] 数据来源：上海市商务发展研究中心。

LOVE、SKY、ART、IP、SP实行多元发展、高频布展策略,打造"魔都爱情地标",2019年全年展览及主题活动共计300余场,大型主题展览30余场,观展客流超70万人次,吸引众多消费者消费。万圣节期间上海兴业太古汇通过"不给糖就捣蛋"讨糖行动、VIP狂欢派对、巡游表演、特色市集等丰富体验内容,在购物中心内上演一场魔都限定版"寻梦环游记"。上海港汇恒隆广场精心打造"想YAO音乐节",伴随着港汇恒隆的2.0升级,在南座地下一层全新的美妆新体验空间,打造让女性发掘自我个性、重塑自我,享受全新自我的个性打卡空间。

六、专业专卖店[①]

2019年,上海连锁专业专卖店实现销售额824.4亿元,比上年下降10.1%。其中,上海市内零售额为532.1亿元,比上年下降10.3%。2018—2019年专业专卖店主要呈现以下特点。

1. 家居企业加快布局新零售

家居专业专卖店普遍注重消费者体验感和互动。伴随近年来新零售发展,传统家居企业通过线上线下相结合的方式,拓展网络、电商、微信、小程序等营销渠道,与设计师、装修公司、房地产等建立合作,实现多方面的流量入口。2019年,宜家花费200亿元进行数字化升级并首先在中国全面布局电商;曲美和京东合作开启大卖场改造计划;红星美凯龙获阿里44亿投资。借助阿里系电商、金融科技、物流、云计算等能力,红星美凯龙有望实现消费者数字化运营,营销将更为精准,后端物流配送及供应链管理协同,从而提升专业专卖店整体运营效率。

2. 快时尚经营分化迫切转型

自2018年开始,H&M、Zara和GAP等多家快时尚巨头都面临增长放缓的情况,包括NewLook在内不少快时尚品牌逐步淡出中国市场。2019年9月,美国快时尚品牌Forever21宣布申请破产保护,TOPSHOP重新调整中国市场战略,在2018年"双十一"前夕关闭天猫旗舰店。2019年,H&M投资新兴品牌Arket和& Other Stories,继续结合线下实体店和线上销售渠道,优化H&M的品牌门店组合。优衣库在战略上采用先进技术,开发功能性面料产品,弥补"快时尚质量通病"的短板,同时通过大数据支撑来降低成本。Zara采取"数字化"+"短视频"等社交网站渗透。一方面聘请各年龄段的设计师消费者偏好进行分析,另一方面通过后台数据帮助设计师

---

① 数据来源:上海连锁经营协会。

了解消费者在进行购物时搜索的关键词,从而推断出流行趋势。

七、新零售[①]

2018—2019年,新零售发展主要呈现以下特点。

1. 生鲜新零售角力生长

由于深受年轻消费者喜爱,加之互联网的快速发展和资本追捧,生鲜新零售持续蓬勃发展。线上领域,2019年1月,美团率先在上海低调上线"美团买菜"APP;3月,第一家盒马菜市在上海开业;4月,苏宁菜场宣布进入上海市场;5月,每日优鲜宣布投资10亿元进军上海市场;7月,叮咚买菜宣布日均订单量突破40万单,这些新崛起的"线上菜市"正在掠夺着超市的生鲜市场。线下领域,生鲜超市加速进入社区。一方面,将产品推送到消费者的家门口,让消费者能更方便地进行线下体验式购物;另一方面,线上业务能有效缩短配送时间,保证食物的新鲜,满足消费者对时间效率和生鲜品质的追求。2020年初新冠疫情暴发,生鲜新零售迎来爆发式增长契机。数据显示,2020年春节期间,京东到家粮油副食商品销售额同比增长740%;每日优鲜每天的蔬菜供应量已增长至1 000吨;苏宁易购家乐福买菜业务春节期间订单量同比增长超300%;美团买菜的生鲜粮油等品类的销量在部分地区已经占到了日均销量的60%以上。

2. 跨业合作培育新增长点

疫情趋稳后,新零售平台将重心转移到围绕已沉淀下来的大批用户,进行新业务的开发。盒马探索按照菜谱来卖菜,如针对上海人喜欢吃咖喱土豆而提供"粉"土豆;每日优鲜抓住消费者在疫情中养成并延续的"在家做饭"习惯,与西贝、小南国、广州酒家、云海肴等知名餐饮企业合作,邀请其将自家招牌菜加工为速成菜版,均经过真空包装和零下38 ℃急速冷冻和质检;美团旗下的美团买菜于2020年春节前进入上海市场,启用自研的无人配送车辆,为距离较远的社区配送生鲜。

第二节 批发业发展态势

2018—2019年,全市批发业稳健发展,增速有所放缓。2018年全年实现批发销售额10.79万亿元,比上年增长5.3%,2019年全年实现批发销售额10.85万亿元,比上年增长0.5%。

---

① 数据来源:上海市商务发展研究中心。

一、2018—2019 年发展概况

1. 生产资料批发继续保持龙头地位

2019 年,钢铁等大宗生产资料市场交易规模回升,整体供需形势保持平稳向好态势,价格在波动中上涨,企业效益有所提高。受全球贸易保护主义和单边主义,尤其是中美贸易战影响,制约大宗产品的出口,加剧国内生产资料市场的供需矛盾。据上海市统计局数据显示,2019 年全市生产资料销售达 6.87 万亿元,占批发销售总额 63.3%,继续高位徘徊,重要地位稳固,比上年增长 0.7%,增幅比上年回落 4.7 个百分点,反映了我国经济面临下行压力,经济增速减慢。从商品大类看,相比于上年的"百花齐放",2019 年仅三类商品对拉动生产资料销售增长做出贡献,其中,金属材料类虽增速仅 7.9%,低于上年,但贡献值却高达 4.6%,相比于上年的 2.4% 翻了近一倍。

2. 主副食品市场运行平稳

2019 年全市蔬菜成交量稳中有升,批零价格小幅波动。根据重点监测的上海地区七大农产品批发市场(江桥、江杨、上农批、西郊国际、龙上、七宝商城、中山)数据显示,2019 年,全市蔬菜年成交总量为 330.65 万吨,比上年上升 3.7%;蔬菜批发均价为 4.09 元/千克,比上年上升 12.4%;蔬菜零售均价为 6.19 元/千克,比上年上升 9%。

受非瘟疫情影响猪价上升,猪肉供应总体有保障。2019 年,全市猪肉批发交易总量为 24.50 万吨,比上年下降 1.2%;猪肉批发均价为 26.70 元/千克,比上年上升 59.9%。

根据重点监测的上海地区四大批发市场(上农批、高湖、七宝、江杨)数据显示,2019 年,粳米批发价格平稳,食用油批发价格小幅波动。2019 年普通粳米成交总量 11.76 万吨;全年普通粳米批发均价为 4.30 元/千克,比上年下降 0.5%。受美豆减产和中美经贸摩擦影响,2019 年我国进口大豆数量较 2018 年增长不多,但国产大豆产量增至 1 810 万吨,比上年增长 13%,有效应对了外部风险。全年 5L 桶装豆油批发均价为 30.33 元/桶,比上年下降 4%。

受非洲猪瘟疫情影响,居民鸡蛋消费需求增加,以替代猪肉消费,鸡蛋价格维持高位。根据重点监测的上海中心城区 9 个区 45 家标准化菜市场零售价格数据显示,2019 年,鸡蛋零售均价为 9.82 元/千克,比上年上升 6.3%。

二、2020 年发展展望

作为商品流通的重要环节,批发业的发展对于节约全社会的成本、降低交易成

本、提高流通效率、促进经济增长具有重要作用。随着供应链技术应用被逐步推广，供应链一体化发展理念形成共识，上海将依托长三角发展腹地，推进同行业间的资源整合，同区域间的信息共享，同产业链间的优势互补，为批发业创新发展增添动力。

1. 整合物流，降低物流成本

借助移动互联网、物联网、大数据等信息技术，批发企业不仅在营销、支付、售后服务等方面积极开展线上线下全渠道营销，全方位、全天候满足消费需求，降低消费成本，同时加快物流网、物流商务信息平台建设，整合各类快递物流资源，提高物流效率，降低成本。当前，全社会物流行业集约化程度仍较低，运输成本高、效率不高，而且运输过程中导致物品损坏，物流费用甚至达到货物价值的18%。这些都提高了批发企业的成本，继而转嫁给消费者。未来，上海市批发企业将结合互联网的发展，整合物流，为商家和消费者提供方便、快捷、安全而又价格低廉的物流一体化服务，利用互联网和大数据等技术打通全产业链的信息通路，实现物流各类资源的高效配置，降低物流成本。

2. 有序推动大宗商品市场转型升级

结合自贸试验区大宗商品市场"交易、托管、清算、仓储"四分开市场监管经验，构建行业自律、社会监督和政府监管相结合的平台共治体系。一是依据上海市交易场所管理办法，对大宗商品市场与电商平台分类监管。二是开展仓单公示，建设上海市第三方仓单公示平台，三是加强资金管理。支持大宗商品交易平台对接上期所、上清所等国家级要素市场，落实资金监管。四是促进行业自律，建立上海市大宗商品市场统计监测与风险预警平台，推动大宗商品市场对接上海市商务诚信平台。

3. 进一步加快市场流通体系建设

上海将持续推动"一主一副"（西郊国际、上农批）中心批发市场建设。多措并举，推进农产品流通方式创新，优化提升中心批发市场的服务功能，促进批发零售环节加快对接，畅通流通渠道，培育发展线上线下融合发展的新型农产品流通方式，进一步提升农产品流通效率。完善相关配套的标准及制度要求，强化规范服务及管理，努力降低农产品流通环节的损耗，提高农产品流通水平和商品质量，推动重要产品追溯体系建设，促进推动农产品现代冷链物流建设，更好地满足生活需求。

第三节　餐饮业发展态势

上海现有10万家以上餐厅，餐厅数量和密度位居全国城市第一位；购物中心里餐饮占比已达30%以上，为全国最高。2018—2019年，上海餐饮行业呈现总体增长稳中有进的发展态势，主要发展特点如下。

一、2018—2019年发展概况

1. 总体增长平稳

据上海统计局发布,2019年上海市实现住宿餐饮业增加值458.86亿元,可比减少0.5%,增速比上年收窄2.3个百分点;分别占全市生产总值(GDP)和第三产业增加值1.2%、1.7%。2019年,上海市实现住宿餐饮业营业收入1 190.25亿元,比上年增长4.3%,增速提升0.1个百分点;占全市社会消费品零售总额的8.8%,拉动零售额增长0.4个百分点。据上海市电子商务促进中心监测,2019年网络购物消费前50位企业实现餐饮营业收入798.70亿元,比上年增长39.5%,增速比上年回落44.3个百分点,占网络服务类交易额的11.2%。2019年中式餐饮、快餐、饮料冷饮服务分别实现营业收入比上年增长4.3%、6.4%、4.8%,西式餐饮比上年下降0.5%。

2. 实到外资快速增长

2019年,上海住宿餐饮业外资实际到位金额4.55亿美元,比上年增长365.1%,提升406.2个百分点。全年住宿餐饮业实到外资占全市和第三产业的2.4%、2.6%,比上年占比提升1.8个、1.9个百分点。全年住宿餐饮业实到外资对全市和第三产业增长的贡献率为20.4%、19.9%,比上年贡献率提升19.8个、18个百分点。2019年,住宿餐饮业引进外资合同项目152个,对第三产业引进外资合同金额增长的贡献率高达80.3%,拉动全市和第三产业引进外资合同金额增长2个、2.1个百分点。

3. 早餐服务快速发展

2019年,全市早餐示范门店建设加快。在早餐网点薄弱社区、大型居住社区等区域新建36家早餐示范门店,遍布浦东、徐汇、松江、闵行等10个区。早餐龙头企业在2个大型居住社区分别开设大型早餐门店,缓解当地早餐供应问题。2019年,全市制定连锁便利早餐示范点建设和管理标准,并推出50家连锁便利早餐示范点,遍布浦东、徐汇等12个区。早餐工程中央厨房企业与连锁便利网点加强产品对接,扩大早餐工程覆盖率。2019年,全市完成500家"绿色餐厅"创建目标,累计创建"绿色餐厅"2 500家。

二、2020年发展展望

1. 推动餐饮"老字号"创新经营模式

指导餐饮行业,尤其是餐饮"老字号"企业创新经营模式:一是发展"外卖经济",

变堂吃为主的"单打一模式",为堂吃、外卖、外送"三条腿"走路。二是创新"中华美食",聚焦汤圆、青团、粽子、月饼、重阳糕等传统中华美食,通过提早上市时间、创新推出新品,把中华美食"一季歌"唱成"两季歌"甚至"四季歌"。三是发展"五餐经济",即一日三餐和下午茶、夜宵。四是发展"共享经济",发展"共享早餐",引入走一家吃百家的"共享早餐"概念,有效降低企业成本。五是发展"在线经济",推动餐饮企业与美团点评、饿了么、盒马鲜生等餐饮平台加强合作。筹划开展"上海味道"进"老字号"活动,通过"上海味道"品牌餐饮、食品企业与重点电商渠道、新零售平台交流对接,推动全行业与新零售模式深度融合。

2. 复制推广上海特色小吃馆模式

进博会期间,上海特色小吃馆凭借"企业有特色""产品有特色""环境有特色""服务有特色"的突出优势,成为深受消费者喜爱的"打卡点",吸引中外来宾纷至沓来,既发挥了展馆内餐饮食品供应保障主力军的作用又体现了上海特色餐饮服务品牌,向中外来宾展现了上海特色小吃深厚的文化底蕴。以进博会上海特色小吃馆运营的成功经验为样板,在普陀区高凌集市成功复制,引入大富贵、大壶春、功德林、富春小笼、沈大成等特色餐饮,推动品牌集聚发展,丰富老字号早餐品种,提升经营管理水平,打造上海特色餐饮亮丽名片。

3. 持续完善"上海味道"标准

发布符合中国餐饮文化、上海城市风味的《"上海味道"指南》,为海内外游客推介地道、实用、有趣的"上海味道"美食地标,将《"上海味道"指南》打造成"上海餐饮指南品牌"。不断对标国际标准,筹备举办"2020环球美食·上海味道'名店、名厨、名菜、名点'活动",持续完善"上海味道"评价规范。持续推进绿色餐厅创建工作,推动绿色餐厅团标升级为地标,提升现有绿色餐厅门店质量,并以浦东新区为样板,建设绿色餐厅集聚区。

4. 打响"寻味魔都"美食节品牌

以"寻味魔都"为主题,推出美食嘉年华、魔都吃货节、上海小吃节、厨艺大比拼、环球美食节、边吃边逛打卡等一系列活动,涵盖优惠促销、互动体验、美食评选、技艺展示、榜单发布、地标打卡等内容,并通过电视美食专栏、新媒体直播等将活动过程分享给更多消费者。环球美食节将组织全城数千家国际餐厅,开展美食厨艺、风情酒饮、调酒技能等展示,评选环球美食榜单,举办环球美食直播达人赛等活动。"寻味魔都"系列活动将提振餐饮消费信心,加快餐饮龙头企业发展,展现上海餐饮文化的独特魅力。

第六章　其他生活性服务业

一、家庭服务业发展态势

家庭服务业是以家庭为服务对象,向家庭提供各类劳务,满足居民生活需求的服务行业。上海市委提出全力打响"上海服务、上海制造、上海购物、上海文化"四大品牌,发展家庭服务业是打响"上海服务"品牌应有之义,可以回应人民群众对美好生活的期盼,有更多获得感、幸福感和安全感。《上海市城市总体规划(2017—2035)》提出要建设卓越的全球城市,需要创造与之相匹配的生活服务品质和环境,对家庭服务业发展提出了新的更高要求。

(一) 2018—2019年发展概况

上海市在工商、民政、人力资源与社会保障部门注册登记的家政服务机构共2 392家,实际正常经营的有726家。其中,民政登记的61家,工商登记的485家,人力资源与社会保障局登记的39家,其他61家(社区公益组织)。全市通过各正规家政服务机构登记在册的家政从业人员总数有260 882人,实际在岗的家政从业人员有127 498人。90%的雇主在家政服务公司聘请家政服务员都会和公司签订中介协议和劳务派遣协议。2018—2019年上海家庭服务业发展重点如下。

1. 推进建立溯源管理体系

结合国家精准扶贫发展战略的实施,依托家政服务员登记注册和持证上门服务证等信息系统,与上海对口支援地区、长三角和相关省市精准扶贫地区政府部门对接,引进家政从业人员。做好上海本地富裕人力资源二次开发转行家政业,多渠道、组织化的拓展家政从业人员渠道,从源头上保障从业人员数量及信息的安全可靠。

2019年5月上海市家庭服务行业协会(以下简称"市家协")与江苏省启东市妇女联合会签订劳务合作协议,6月市家协与浙江衢州中专达成人才培养框架协议,7月市家协与安徽蚌埠达成合作协议,8月市家协在江苏盐城成立办事处,发挥各自资源优势,通过精准就业服务引导,帮助劳动力转移到家政服务领域就业,同时增加上海家政服务市场供给,促进行业健康、持续、高质量发展。

2. 推进星(等)级标准体系

建立基础培训和专业培训内容、要求和考核标准,从培训内容、标准、考核程序上加强规范。从根本上提高从业人员的职业技能和综合素质,家政机构管理人员的专业水平和管理理念。结合行业需求开展针对家政企业负责人和家政服务员的相关培训。2018年8月启动诚信建设平台,推出"上海阿姨"星级评定标准,387位家政员通过了企业评定与市家协统一组织星级评定考试,获得了星级"上海阿姨"证书。

3. 推动家政立法相关工作

2018年,课题"推动上海家政立法研究"开展上海家政立法调研,形成了条例草案和立法研究报告,推进上海市家政服务市场的规范化建设。2019年1月的市十五届人大二次会议,确定家政立法纳入2019年民生领域唯一的正式立法项目的起草工作。家政立法定名为《上海市家政服务条例》,起草工作明确促进与规范并举的立法思路,为上海家政服务业的发展提供法规保障,满足日益增长的家政服务需求,让上海老百姓有更多的获得感。

4. 举办第六届家庭服务博览会

2019年11月18日,由市家协、上海市妇女儿童服务指导中心(巾帼园)、上海开放大学联合主办以"上海家政十春秋 提质扩容再出发"为主题的2019家政节暨第六届家庭服务博览会开幕式在上海开放大学举行,来自市家协的会员单位、各区家协、各区办事处、家政老师代表、优秀家政员代表等共400余人参加了开幕式。开幕式上,出席活动的领导和嘉宾共同为2019年上海家政节暨第六届家庭服务博览会启动开幕。开幕式聚焦家协十周年,回顾十年工作报告、十年集锦片和十年事记,现场表彰了"上海家政20强企业""上海家政百佳企业""上海家政百名家政老师""上海家政千名优秀家政员"等奖项,旨在鼓励为家政行业发展做出贡献的杰出企业和在家政行业深耕的一批家政人。

(二)2020年发展重点

1. 贯彻国办发30号文件,结合《条例》的实施,开展提质扩容相关工作

紧紧围绕《国务院办公厅关于促进家政服务业提质扩容的意见》(国办发〔2019〕

30号),做好文件中36条政策解读,上海市政府扶持政策情况和标准宣贯推进工作,组织家政服务机构负责人、机构门店老师和家政服务员培训,使广大服务机构、从业人员了解政策,掌握标准,主动规范行为,促进行业标准化建设。做好协会牵头的3项工作和22项配合工作。配合开展家政培训提升行动。根据《关于开展2019—2020年家政培训提升行动的通知》(发改办社会〔2019〕769号)文件精神,市家协配合相关工作。配合开展家政服务业提质扩容"领跑者"行动。为贯彻落实《国务院办公厅关于促进家政服务业提质扩容的意见》(国办发〔2019〕30号),促进形成示范引领效应,推进家政服务业高质量发展,国家发展改革委、商务部、教育部、人力资源社会保障部、全国妇联决定组织开展家政服务业提质扩容"领跑者"行动试点工作。

2. 打造"上海家政"服务品牌,建设"上海阿姨"专业队伍

持续全面推进,建立完善八大工作体系;"上海阿姨"等级评定进一步深化拓展,优化评定方法,宣贯落实,申报标准化试点,标准化提升服务质量,承接制定信用企业等级评定地方标准和任务,以开展家政服务机构等级划分与评定为指导,培育上海家政服务品牌,建立专业标准委员会;发挥市家协调解委员会的作用,完善"上海家政"服务热线,开展专业讲座培训,提升委员会成员调解能力;与市场监督管理局共同规范《上海家政服务合同示范文本》;正式发布家政员健康标准,推进落实家政从业人员健康服务各项举措;举办2020上海家政节和第七届家博会;开展迎第46届世界技能大赛预热赛——"上海职工劳动和技能竞赛"。

3. 服务大局,勇于担当责任

深化、拓展暖心行动保障春节市场供应,以"保供稳价,安全提质,便捷为民"作为2020年家政服务工作要求,提出四项举措:"我陪爸妈到宾馆过年""上海过年,家人团聚""返乡大巴,接您回家""城乡携手,联动服务";继续服务大局,组织行业内会员单位积极参与持证上门实事项目、精准扶贫工作,承担社会责任。

二、家电维修业发展态势

2018—2019年上海家电维修服务市场全面走向精细化、标准化发展,并取得良好业绩。上海家电维修业在总结前几年行业发展经验和教训的基础上,持续推进了四项重点工作:一是行业全面推进服务标准化建设,着力提高以品牌生产企业为核心的服务体系建设。二是全行业全面实施统一上门服务证并提供实时查询和服务行为的追溯。三是行业内主要企业加强合作,采取联勤联动的方式,安然度过严寒和酷暑

两个家电维修高峰期的考验。四是增强行业服务外延的扩大能力,快速发展新型业务内容,有效提升企业经营规模和盈利能力。

(一) 2018—2019年发展概况

2018年,上海家电维修业第三方服务预估实现营收30.4亿元,同比增长约4.1%,其中,传统维修业务预估实现营收4.6亿元,同比下降6.1%;安装业务预估实现营收6.6亿元,同比增长4.8%;销售业务(含配件销售、新机销售及附加品种销售)预估实现营收14.1亿元,同比下降2.1%;清洗保养业务实现营收5.1亿元,同比增长54.5%。截至2018年底,上海家电维修业各类服务企业约2 050家,与上年相比减少50家,行业退出率为2.4%左右,行业退出率处于近几年来平均水平。其中有资质服务企业为767家左右,与上年相比减少21家,行业服务人员总数略有下降,为16 100名左右。

2019年,上海家电维修业第三方服务预估全年实现营收31.6亿元,与2018年同比上升约3.9%,其中传统维修业务预估实现营收5.5亿元,同比上升19.56%;安装业务预估实现营收5.6亿元,同比下降15.16%;销售业务(含配件销售、新机销售及附加品种销售)预估实现营收13.9亿元,同比下降1.42%,清洗保养业务实现营收6.6亿元,同比增加29.41%。如果加上生产厂商各分公司家电服务产值,预估为62亿元左右,同比上升5.08%,是近几年来业务量上升最高的一年,市场结构性变化明显。2019年上海家电维修业各类服务企业约1 933家,与2018年相比减少117家,行业退出率为5.7%左右,行业退出率处于近几年来最高水平。其中有资质服务企业为708家左右,和2018年相比减少59家,行业服务人员总数略有下降,为15 800名左右。

2018—2019年。上海家电维修业信息化系统稳步发展。由于转型发展的需要,不少企业均从开源节流、加快服务响应速度的实际出发,开发使用较先进的信息平台,如上海百联电器科技服务有限公司持续推进"家电维修公共平台"项目,经过软件升级和呼叫座席双重扩容,使日服务量保持在较高水平。苏宁云商依靠自身的"苏宁易购"平台,大力扩大网上服务提供和销售,提高服务能力和经营规模。各个生产厂家的服务部门也尝试开展电子商务,线上结合维修服务业务销售关联产品。同时上海出现一批P2P家电服务平台,如"悦家电""山山快修""小邻通"等,给市场带来不少活力。值得注意的是,行业内出现一些以清洗、保养家电业务为主体的管家式服务平台,其发展迅速,这也从另外一个方面说明市场的变化和发展方向。

（二）2020年发展趋势

2020年,上海家电维修业将保持总营收规模的稳定,并有5%左右的上升,但业务结构将出现更大的分化,传统维修业务和安装维修业务基本稳定在2019年水平,但销售业务和工程业务随着房产市场的复苏,将有发展的机会,新业态清洗保养服务仍将处于快速发展阶段,预计会有较大增加的机会。小型服务企业退出行业的现象会加剧,大型企业将有更大的市场机会。

三、美容美发业发展态势

随着生活水平的日益提高,美容理念也越来越清晰,消费者对美容美发的需求加快升级,从理发到美发、到染发、到形象设计,从化妆到皮肤护理、到美甲美体、美发美容服务领域,行业服务范围大幅扩展。

（一）2018—2019年发展概况

依据中国美发美容协会对全国338个地级以上城市的行业发展状况进行分级,上海被列入全国美发美容市场最发达的城市之一。上海美发美容行业的从业人员数约23万人,从业人员数和门店数在全国排名第二位,重庆市排名第一位,北京市排名第三位。上海美发美容行业的门店数约2.7万家(美甲美睫业态以个人工作室为主,未计入其中)。依据全国行业连锁化率14.1%的数据推算,上海美发美容行业连锁门店数约3 800家。

2018—2019年全市时尚消费持续增长。依据行业统计数据推算,美发美容行业全市营业收入总额约为500亿元,实现利润总额约为20亿元,其中,美容企业的利润率为4%;美发企业的利润率低于美容企业,为3.6%。国家新的税收政策出台后,大幅度减少企业税金,提升企业的利润率。2018年员工的工资收入状况与国家经济发展的状况相一致,持续保持增长。

1. 重视高技能人才培养,积极参与世界技能大赛

职业技能人才是推动经济发展和社会进步的重要力量,行业高度重视培养素质优良、技艺精湛的技能人才。2017年上海成功获得第46届世界技能大赛举办权;美发美容列为比赛项目。2018年6月,举办"第45届世界技能大赛全国选拔赛(上海赛区)",全国46个代表队约900名选手汇集上海,这是上海成功申办2021年世界技能大赛的一次重要演练,行业协会充分发挥"上海高技能培养基地"和"世界技能大赛训

练基地"的作用,组织专家团队对参赛选手进行训练,上海市有2名选手获得好成绩,成功入选国家队,为行业增光添彩。

2. 坚持合作融合,成功举办"中国职业技能大赛"

2018年11月,"中国职业技能大赛——全国商业行业美发美容职业技能总结赛"在上海举行,来自20多个省市的近400名选手首次参加美发师、美容师的全能比赛项目,开创全国美发美容比赛的创新之举,对于美业的发展具有推动作用。行业协会作为承办方,积极配合主办方精心做好全国大赛各项准备工作,保证全国大赛的顺利进行,得到大赛主办方中国商业联合会的高度赞许。

3. 打造国际时尚之都的靓丽窗口,办好上海国际美发美容节

由上海美发美容行业协会主办的上海国际美发美容节,已经成功举办17届,其中上海国际美发美容美甲邀请赛是影响全国、辐射亚洲的美业技能盛会,是优秀技能人才的练兵场。2018年,1 600多名选手同台竞技,创造历年来参赛人数最多的纪录,推动行业的技能进步。时尚潮流发布也是美发美容节的一项重要活动,吸引众多企业和职业院校的积极参与,紫苏养生机构、葆蒂兰化妆品公司、组合发型顾问公司、上海第二工业大学、上海市商业学校、上海市第二轻工业学校、柯模思培训学校、维纳斯培训学校等推出精彩纷呈的优秀作品,实现美业技术与艺术的完美结合。上海国际美发美容节搭建的"世界品牌、上海发布"平台,更是推广了国内外的新技术、新产品、新项目,为企业带来新商机,推动美发美容行业经济的发展。

(二)2020年发展趋势

1. 服务更加多元化

未来美发美容行业的经营方向将朝着多元化的方向发展,让顾客在店里就能满足各种需求,将商务、休闲、形象设计等融入美发美容行业是大企业发展的一个新特点。

2. 规模化连锁经营

在美发美容业推广和实行连锁经营理念,提供优质的产品和服务,建立良好运作程序,形成良好口碑的经营运作模式势在必行,连锁经营将是未来发展的主流。

3. 专业化、个性化、高附加值

一些规模较小的店将朝着专业化、个性化经营的道路发展。美容专业店的流行使美容专业的服务得到了更好的细化,比如专业美容、专业美发或专业美甲等。

4. 经营规范化,重视管理,重视培训

不少企业已先迈一步,一方面聘请专业的美发美容管理咨询机构参与到企业的

经营中来,帮助企业建立一整套行之有效的管理机制,进而强化企业自身的管理能力;另一方面加强对员工的培养与培训,提高企业自身的素质,这种举措将是今后美发美容行业发展过程中的一个工作重点。

四、 洗染业发展态势

上海洗染业是既传统又新潮的行业,是历史悠久且伴随时代变迁不断提升服务、创新技能的行业。洗染业与人们的生活息息相关,在繁荣市场、服务民生、吸纳就业等方面发挥着重要作用。洗染业近年来蓬勃发展,各企业加大投入和建设,整个行业发展较上年有了新的发展和进步,朝着满足人民日益增长的美好生活需要的目标迈进。

(一) 2018—2019 年发展概况

据统计,上海洗染网点从 1998 年国营、集体总计 371 家,从业人员 2 128 人,营业收入 16 507 万元。经 30 余年改革开放快速发展,2019 年上海洗涤网点已达 3 500 余家,从业人数 10 万人左右,营业收入预计 15 亿元。上海洗染业行业协会拥有 102 家大型企业,含有 3 000 个洗涤网点,其中国有(控股)13 家,占 13%;外资(合资)11 家,占 11%;民营企业 76 家,占 76%。

1. 品牌效应日益凸显

洗染市场竞争的核心是品牌竞争,品牌企业诚信经营的美誉度影响力日益提升。上海洗染业以正章实业公司、正章洗染公司等老字号企业,象王、卡柏公司等著名品牌企业,以及福奈特、乔力雅等全国连锁大型企业等知名度与美誉度较高的品牌企业为引领,不断追求经营理念的完美、服务质量的高效和服务态度完善,不断扩大市场,从而提升经济效益。

2. 跨界经营,多业并举

近年来,加入洗染业的企业越来越多,大卖场、超市、购物中心等商业设施均有设置。其中包括一业为主,多业并举的业态。例如泰笛、E 袋洗、衣巢、女神派等企业等均是多种经营,线上线下融合经营。泰笛不仅定制、洗涤、租赁衣物,还经营鲜花、绿植租赁等项目。女神派则提供衣物定制、租赁、洗涤、保管等一体化经营。

3. 资本整合,合作共赢

洗染企业要做大、做强、做优,除了规范管理,质优高效外,吸引外来资金、资本融合、合作经营是促进企业发展的重要因素。E 袋洗作为我国洗染行业规模最大的互联网洗护平台,拥有家庭用户超2 000万,在上海与多家实体店共同联营。近年来也是先后获得腾讯、经纬、海纳亚洲、百度等累计1.5亿美金投资。女神派2018年获得来自蚂蚁金服、东方富海、经纬中国和北极光创投的B轮融资额3 000万美元。景禧医纺科技有限公司在奉贤的洗涤工厂2018年试营业,总投资1.5亿元,引进3条世界一流的简森洗涤龙,也是获得9 500万元融资额,从而促进企业快速规模化发展。

4. 设施升级,智能洗涤

洗涤企业设施、设备,近年来有较大的更新换代,创新驱动、自动化、机械化、智能化程度越来越高,例如景禧从事医用纺织品的研发、制作、销售、洗涤、租赁、消毒、灭菌、智能配送等服务,是中国第一家通过全球医用纺织品洗涤国际标准RAL—G2992/2认证的医疗洗涤企业,也是中国首家医用纺织品洗涤服务管理中采用RFID自动化全程追溯管理的企业。此外,金茂君悦、仕操、瑞丽等洗涤企业也使用RFID自动化管理系统。2018年女神派正式启用仓储清洗中心,从衣物入库、清洗、消毒、上架、到出库实现全流程RFID自动化租赁平台。上海威士机械有限公司自主研发节约30%水、电、汽的洗衣龙设备,是上海著名商标、名牌企业,2018年快速发展,销售额突破5亿元大关,同比增长50%以上,洗涤机械销售同比增长90%。全年销售洗衣龙80多条,后整理设备100多套,国内市场份额不断扩大,产品同时运销美国、韩国、中国台湾、马来西亚等国家和地区。

(二) 2020年发展趋势

1. 智能装备,节能环保

洗染业占比相对较大的公用纺织品洗涤,多数为中央洗涤工厂,分为宾馆酒店和医疗洗涤,工厂内基本以洗衣龙为主要洗涤装备的大型洗衣工厂将得到快速发展。洗衣龙在节能减排、降低能耗、减少人员、提高效率、降低运营成本等方面均有很大的优势。引进洗衣龙后闲置的工作人员可安排至其他生产工序,节约的场地可用于第二条洗衣龙或用于规划全新的后整理区域。新型洗涤设备在节能减排、环境保护方面的突出表现,将有助于提升企业提升综合竞争力。

2. 电商模式,转型创新

"互联网+"洗衣的电商模式发展迅速,洗染业以服务的过程和结果创造价值,借助电商平台的引流,有助于传统模式转型,推进上海洗染行业升级发展。目前,以传统洗衣为基础的正章、福奈特、卡柏、象王等一大批名牌企业都已触网,有网站直连、微信小程序、自有APP等方式,使用自有物流和平台物流进行全新的体验式服务,O2O电商洗衣服务模式也将不断推陈出新,优胜劣汰,吸引了更多资本进入洗染行业。

3. 自助洗衣,共享经济

自助洗衣又称为共享洗衣机,它自备洗涤剂,消费者只需将清洗的衣物放入洗衣机后,就可以根据屏幕上所显示的金额,选择自己需要的服务内容洗涤,付费后按下启动按钮便可开始清洗衣物。自助洗衣在上海洗染业中已有多家,逐步被消费者所接受,目前的自助洗衣主要有"速比坤",色彩得公司代理的"LG"品牌等,主要是独立门店或者在超市、大学城、租赁公寓及酒店内等地方提供便捷的自助式洗涤服务。未来,自助洗衣、共享洗衣等模式将契合共享经济发展进一步拓展规模。

4. 节能降耗,绿色洗衣

洗染业将不断优化设备制造降耗,使用环保的洗涤耗材,进行绿色环保洗涤经营,企业管理将规范化、标准化、精细化,进一步贯彻执行生态环境部颁发的有关文件,符合废气、污水排放及有机溶剂固体残渣处置等标准规定,大力提倡使用节能降耗的自动化洗涤设备,逐步研发"湿洗"设备,创新环保干洗溶剂来替代有污染的四氯乙烯干洗溶剂,促进行业绿色环保洗涤经营发展。

5. 医疗洗涤,延伸服务

根据国家卫生和计划生育委员会发布中华人民共和国卫生行业标准 WS/T508-2016《医院医用织物洗涤消毒技术规范》,第三方洗消中心正逐步实施,医疗洗涤业将扩大经营范围,创新延伸服务,为未建消毒供应中心的医院,以及消毒供应中心面临新、改、扩建需求的医院提供消毒外包服务。包括各类可重复使用的诊疗器械器具、手术器械、洁净手术衣、手术单品等物品的清洗消毒、检查配装、灭菌、物流配送以及租赁服务等,并开展处理过程的质量控制,出具物品消毒灭菌过程监测结果,实现无菌物品处置全过程可追溯,保证消毒灭菌质量。

五、沐浴业发展态势

2018—2019 年,上海沐浴行业的综合性大中型浴场和大众便民浴室的规模及数量比上年呈减少趋势。大型综合性浴场处在转型升级阶段,大众便民浴室继续减少,足浴行业连锁规模有所扩大,品牌连锁效应开始凸现,非正规足浴店被整顿,SPA 会所养生基本维持在原来水平,保健养生的功能进一步体现。

(一) 2018—2019 年发展概况

据不完全统计,2019 年上海沐浴业营业收入在 180 亿元左右,其中浴场(室)65 亿元左右,占营业收入总额 36%;足浴为 70 亿元,占 39%;SPA 会所为 45 亿元,占

25%。2019年上海沐浴业的消费人次为2.7亿人次左右,其中浴场(室)为1亿人次,占消费人次37%;足浴为1.3亿人次,占48%;SPA会所为4 000万人次,占15%。洗浴业的赢利水平进一步降低,不少大浴场已连年亏损,整个行业已进入微利时期。

上海沐浴行业现除了崇明区有一家集体所有制企业外,其余均为民营独资或股份制模式。在全市5 500多家企业中,沐浴企业1 500家左右,占总数27%;足浴企业3 500家左右,占64%;SPA会所500家左右,占9%。从业人员维持在25万人左右,主要是外来进城务工者,占总数95%以上。上海沐浴行业总体上属劳动密集型、科技含量低的行业,从业人员文化水平普遍不高。在管理者中,大专以上文化程度不到20%,在一般员工中,绝大多数只有初中文化水平,还有不少只有小学文化程度。按摩技师的专业技能水平有所提高,一些品牌的足道企业,还涌现出一批有较高中医推拿理疗、艾灸拔罐类的专业技师。员工收入:一般服务员月工资都超过3 500元,技师的月收入基本都超过6 000元,不少人都达0.8万~1万元,少数能达到1.8万~2万元,店长的月工资大多超过1万元。

(二) 2020年发展趋势

1. 顺应消费需求,改造设施势在必行

综合性浴场由于设施陈旧、市场饱和等原因,数量还会进一步减少,所以上海不少综合性浴场都在对原来的设施设备进行必要改造,增加韩式汗蒸及日式温泉的经营项目。大众便民浴室也充分利用现有资源条件,努力改进浴室环境,增添服务项目。由于各种原因,市中心的浴室数量会逐年加快减少,郊区基本维持在目前的水平略有减少。

2. 足浴企业和SPA会所将会稳步发展

足浴店具有保健功能,好的扦脚师还能治疗脚病,投资不大,风险较低,因此,足浴保健企业在数量上会略有增加,连锁规模也会有所发展。SPA会所将呈小步发展,它是在综合性浴场基础上转型发展的产物。既有沐浴功能,也有餐饮服务,更注重休闲和保健养生功能,环境舒适幽静,私密性比较强,服务技师一般都经过严格培训,综合素质较高。因此,原先不少在综合性浴场消费的中高收入阶层群体逐步转向SPA会所,成为他们进行家庭朋友和商务聚会的理想场所。上海的SPA会所大多数还是买卡消费,会员可以根据买卡的金额享受不同的折扣。让顾客舒心、满意是SPA会所最重要的经营宗旨,也是SPA会所能生存发展的最重要的基石。从目前情况看高端的SPA会所会有所发展,而一些挂着SPA牌子而实则达不到SPA标准的企业将会逐渐被市场淘汰。

第三篇

生产性服务业(部分)

第七章　电子商务和平台经济

第一节　电子商务发展态势

一、2018—2019年电子商务发展概况

1. 电子商务规模继续保持领先

2018年,全市电子商务交易总额累计实现 28 938.2 亿元,比上年增长 19.3%。2019年,全市实现电子商务交易额超 3.32 万亿元,比上年增长 14.7%,继续位列各城市排名首位。其中,B2B 交易额近 2 万亿元,比上年增长 7.8%;网络购物交易额 1.32 万亿元,比上年增长 27%,商品类网络购物交易额 6 066 亿元,比上年增长 27.9%,服务类网络购物交易额 7 122 亿元,比上年增长 26.2%。电子商务示范园区基地建设引领全国,普陀中环商贸区在商务部示范基地年度评估中被评为 A 类,嘉定电子商务产业园、唐镇电子商务创新港、临空经济园、万香国际创新港被评为 B 类。68 家企业获评年度电子商务示范企业。

2. 线上线下融合发展优势明显

上海成为全国消费领域新技术的试验点和孵化场,形成了一批智能盒子、机器人餐厅、刷脸购物等首创型零售典型场景。天使之橙智能售货柜、便利蜂无人零售店等极大提升了商业楼宇和居住社区末端服务能力,无人书柜、无人药店、快捷轻食店不断在上海试水。叮咚买菜及时生鲜配送服务消费模式继续创新迭代领跑全国,基于消费大数据分析处理技术的盒马在全国 22 个城市开设近 200 家门店。

3. 生活服务电商生态圈优势明显

旅游、生鲜、餐饮等电商进一步打造形成满足市民群众全渠道、多元化、个性化需

求的生活服务生态圈。携程拓展餐饮购物、境外通信、货币兑换等综合性旅游服务，交易额同比增长近四成。驴妈妈与中兴通讯、中国联通等达成5G战略合作，实现"5G＋智慧旅游"。美团买菜"手机APP＋便民服务站"模式，"前置仓"社区化选址。淘菜猫轻存储生鲜配送模式，"100个菜市前置仓中心＋社区式配送辐射"平价菜进社区。智慧零售云——云掌柜"悦管家"构建数据驱动的服务共享平台，实现"互联网＋家政服务"的突破。

4. 专业服务和跨境电商平台快速发展，服务特色显著

宝尊电商为50多家国内外著名品牌提供代运营、营销、信息技术等整合服务，占电商代运营行业25%的市场份额，位列行业第一位。珍岛信息通过云计算和大数据技术，为8万多家中小企业提供数字营销、售后客服等一揽子综合服务。小红书创新内容分享、社交导购模式，对接进博会溢出效应推动"买全球、卖全球"。

二、2018—2019年上海电子商务发展的主要特点

1. 服务类消费需求旺盛

以旅游、餐饮为代表的服务类消费，引领着全民的结构性消费升级。2018年，上海市网络购物交易额10 385.6亿元，比上年增长29.7%。其中，服务类网络购物交易额5 681.6亿元，增长32.5%，占网络购物交易总额的比重达到了54.7%。2019年，上海市网络购物前50家企业的服务类网络购物交易额中，住宿旅游类网购交易占比接近60%，交易额达4 231.10亿元，增长24.1%；餐饮服务类网购交易额798.70亿元，增长39.5%，占上海网络购物服务类交易总额比重11.2%。根据汉海信息（美团点评）发布2019年三季度业绩，季度营收达275亿元，同比增长44.1%。在餐饮外卖和到店、酒店及旅游业务方面，美团保持强劲增长，带动总交易额同比增长33.6%至1 946亿元。其中：餐饮外卖业务交易额同比增长40%至1 119亿元，订单量同比增长38.1%。

2. 商品类交易比重保持平稳

2018年，上海市网络购物商品类交易额为4 704.0亿元，比上年增长26.4%，占网络购物交易总额的45.3%。2019年，上海市网络购物前50家企业，商品类交易总额完成4 631.60亿元，比上年增长29.5%，占网络购物交易比重35.1%。从细分行业上看，增长速度最快的是服装类交易，增长75.7%，其次是生鲜农产品类交易，增长49.7%。在全国生鲜电子商务企业排名前20位中，上海企业有9家，交易额比上年增长200%，食行生鲜、强丰等自动售菜模式已覆盖1 500余家智慧微菜场，易果冷链物

流业务量全国第一;本地零售和物流平台"达达—京东到家"已覆盖国内133个城市,搭建了从大卖场、标超、便利店到高端精品超市的多类型、全业态商超矩阵,提供"1小时达"配送服务,大大激活内需新动力;天使之橙、盒马、苏宁Biu店等无人便利店、机器人餐厅、智能售货机,把消费场景进一步延伸到商业楼宇、商场、地铁站、居住社区等百姓消费可能触达的每个地方。拼多多、爱库存等社交电商健康快速发展。

3. 综合类电商平台交易爆发式增长

受"双十一"促销活动影响,综合类电商平台交易额实现大幅增长。上海寻梦(拼多多)2019年交易额2 830亿元,比上年增长102.4%,11月1日至11日期间,拼多多平台售出新款iPhone手机超过40万台,汽车销量突破1 000辆。上海圆迈(京东)全年交易额774.90亿元,增长12.7%,京东集团公布其"双十一"总成交额达到2 044亿元,增长27.9%,创下历史新高。京东物流B2B业务货量增长超270%;冷链业务单量增长215%;个人快递业务增长近8倍。上海苏宁云商全年交易额160.80亿元,增长28.5%,11月11日当天,苏宁全渠道订单量同比增长76%,新增Super会员超百万。上海百联全年交易额74.10亿元,同比增长38.8%。10月30日大促第一天,全站销售同比增长110%,创i百联成立以来单日销售最高纪录。

4. 服务型电商企业发挥中坚作用

随着网络购物交易市场规模的扩大,规模大、供应链能力强的服务型电商企业积极发挥中坚作用,为品牌提供细致化的运营服务、营销服务、仓储物流服务。百丽电子商务(上海)2019年交易额28.20亿元,比上年增长6%,"双十一"期间百丽线上电商平台一天的销售额突破10亿元,成为全国鞋类销量冠军。上海丽人丽妆2019年交易额48.60亿元,增长11.7%,运营的合作品牌包括凡士林、蜜丝佛陀、吕、芙丽芳丝、KATE等。魅力惠2019年交易额19.5亿元,比上年增长103.1%,"双十一"期间近295个品牌参与活动,超40个品牌发布限量跨界、独家商品。上海马克华菲2019年交易额6.80亿元,增长11.5%,"双十一"期间交易排名前三位的商品分别为,羽绒服、夹克、卫衣。

三、2018—2019年促进电子商务发展主要工作

1. 积极开展电子商务示范工程建设

通过电子商务示范工作推进传统流通业态创新发展,积极打造上海新零售创新高地。实施新一轮国家电子商务示范工程,在智慧商业、线上线下融合创新、大数据应用等方面形成示范引领,推动电商领域"会商旅文体"联动,培育消费市场"生力

军",编写示范案例集,开展经验总结推广。推动一批电商平台积极参与商务部品牌消费、品质消费"双品网购节"活动。推动电商平台等开展国家增值税普通电子发票应用示范试点。开展多轮《电子商务法》宣贯,启动上海市电子商务地方配套法规政策研究。引导支持电商企业开展交易、诚信、信息安全等领域行业标准或规范编制发布,在国内率先推进电商行业自治自律建设。

2. 促进形成电商消费新增长点

支持鼓励社区、社交等电商新模式健康快速发展,进一步满足多层次多样化消费需求,形成上海市消费新增长群。推动龙头企业打造全球新品网络首发中心。推动汽车及配套商品电商开展促销活动,推动汽车消费市场升级。支持引导2019年度"618""双十一"等网络购物节庆活动顺利举办。推动"互联网+生活性服务业"创新试验区实现更高水平发展,推动建成养老、家政、洗衣、餐饮、维修、生鲜、再生资源回收等全行业生态圈。

3. 提高电子商务国际化发展水平

扩大市级跨境电商示范园区规模,加快跨境公共服务平台功能完善。对接进口博览会外溢效应,形成优质进口商品消费平台。推动领军电商企业"走出去"开展全球化运营。参与国家商务部与驻沪领馆举办跨国电商对接活动,引进国外优质原产地商品进入本地市场。

4. 推进数字商务创新发展

开展电子商务技术创新应用专项行动,推动电商平台开设一批智慧门店,开展线下商业数字化升级改造,赋能形成本市数字商业行业集群。推广无人零售业态等商业新模式,推动无人便利店、智能售货机创新规范发展,破解居住社区、商业楼宇等终端服务瓶颈。开展人工智能、大数据等新技术推广,在机器人餐厅、虚拟选购体验等方面各形成智慧购物示范场景。推动与行业头部企业开展政企数据共享对接。

5. 推进电子商务与物流快递协同发展

推进落实《关于本市推进电子商务与物流快递协同发展的实施意见》,提高电商消费末端配送智能化、绿色化、标准化、便利化服务保障能力,配合"美丽家园"三年行动计划,加快建设智能快件箱、快递专用车等电商末端配送服务设施及载体,2019年智能快递柜力争超3万组,推进青浦国家快递行业转型发展示范区建设,推动各大快递企业与电商行业开展合作,推动建立智能化电商仓储及物流服务项目。

6. 深入开展智慧商圈建设推广

组织开展首批12家智慧商圈建设发展水平评估。在全市各大商圈全面推广应用《智慧商圈应用指南(2.0版)》,推进步行街、大型商业综合体在消费行为记录分析、购物积分兑换、虚拟现实导购等领域开展数字化改造,推动徐家汇、豫园等形成智慧商圈示范基地。推动建立智慧商业实验室,探索开展商业领域5G试商用平台搭建和应用。

四、2020年电子商务发展重点

2020年,全市电子商务将继续深入贯彻落实中央和市委、市政府关于促进消费稳定增长、扩容提质的决策部署,进一步打响上海"四大品牌",深入实施消费升级行动计划,推进商务领域数字化转型,大力开展新消费行业的创新实践,为经济发展提供新动能,全面推进电子商务高质量发展。一是深入推进数字商务发展,深化商业新技术应用,推动无人零售、行为分析、智能导购、数字营销等智慧商业新模式发展。二是提升平台经济发展水平,支持鼓励社交电商、社区电商等平台新模式健康快速发展,建设一批千亿级、百亿级大宗商品、农产品、网络零售、生活服务电子商务交易平台。三是提高电商领域消费能级,在智慧商业、线上线下融合创新、大数据应用等方面形成示范引领,积极培育形成具有细分特点和商品特色的网购平台群。四是培育国际化发展高地,放大进博会消费升级促进作用,建设国外特色商品精准快速进入国内市场多元渠道。五是加强行业规范健康发展,完成电子商务法地方配套政策法规主体调研,形成地方性法规立法建议;推动开展个人信息保护、平台内容规范、商品知识产权保护等专项治理,促进上海市电子商务规范诚信发展。

案例2 "Z世代"潮流文化的风向标
——得物APP

一、发展历史

得物APP(原名:毒APP)是由上海识装信息科技有限公司推出,集正品运动潮流装备交易、球鞋潮牌鉴别、互动图片社区于一体的综合移动互联网平台。该公司成立于2015年7月,"得物APP"上线仅两年,注册用户数已突破1亿,且85%的用户为25岁以下的年轻人,2019年交易额高达人民币300亿元,在全国零售电商平台中排名第六,2020年交易额预计冲千亿元。目前,该公司估值达50亿美元,是上海最有潜力成长为超级独角兽的互联网企业之一。

二、功能特色

1. 首推"鉴别服务"的购物体验

"得物APP"在传统电商模式的基础上,添加"鉴别真假"和"查验瑕疵"的服务,致力于让消费者"买到真货、买到好货"。平台推出了"先鉴别,再发货"的购物流程,买家用户下单—卖家寄货到得物APP—得物鉴别和质检之后—发货给买家(如有瑕疵告知买家用户)—买家确认收货—得物扣取手续费—打钱给卖家。整套购物流程下来,得物APP官方作为第三方充当鉴定鉴别的角色,最大程度保障了买家用户的利益。在此基础上,得物APP还承诺:因鉴别误差导致的情况先行赔付,假一赔三。为保障鉴别的准确性,得物APP的鉴别为全检而非抽检,每件产品都由多个鉴定师分开鉴定,得到统一结果才会出具鉴别证书,多重鉴别查验不仅保障商品为全新正品,独立的查验环节对存在瑕疵的商品进行排查:拦截明显瑕疵商品,针对存在微小瑕疵的商品与用户提前一对一沟通,确保用户高效地购买到称心如意的商品。

2. 潮流生活社区圈粉年轻消费群体

得物APP初版以资讯APP上线,帮助年轻人了解球鞋文化和潮流资讯;随后,得物APP专注打造国内主流Sneaker互动社区,通过持续沉淀潮流向话题内容,成为中国潮流文化沃土。目前,"得物APP"日活跃用户800万,月活跃用户4 000万,聚集了一大批热爱球鞋、潮品穿搭和潮流文化的爱好者。在潮流生活社区内,有来自世界各地的潮流玩家分享自己的日常生活、每日穿搭、新品开箱,也有圈子功能供年轻人与同好之人交流讨论相关领域的话题。话题讨论集中在球鞋、潮牌、手办、街头文化、汽车腕表和时尚艺术等领域,聚焦年轻人关注的热点话题使APP成为年轻消费者的潮流风向标和发声阵地。

3. 联合国潮品牌培育新消费市场

近年来,诸多优秀国潮品牌纷纷入驻"得物APP",国潮品牌与电商合作程度逐渐加深。入驻得物APP的品牌中除了GUUKA、INXX等国潮代表品牌,不乏人气颇高的ENSHADOWER隐蔽者李逸超、FMACM吴威、RANDOMEVENT洪扬等。一方面,国潮设计理念迎合年轻消费者的口味,越来越多的年轻人开始选择国潮、偏爱国潮,因此吸引优秀国潮品牌的入驻,为平台目标消费群体Z世代年轻人提供了更丰富的潮流商品。另一方面,通过"得物APP"这一平台及潮流生活社区,引导并影响着Z世代年轻人重新审视中国文化及设计的魅力,为国潮品牌培育和扩大市场、逐步走向国际竞争提供条件。

三、未来发展

"得物APP"所代表的新兴消费和潮流文化与上海年轻、时尚、潮流的城市气质相吻合,未来,"得物APP"将继续深耕潮流电商行业,立足全球制定电商行业交易新标准,逐步成为国际标准引领者,提升"上海品牌"的国际影响力。上海识装信息科技有限公司作为全国最大的线上线下全面融合发展的潮流电商公司,将全力打造"识装科技运营及研发总部"项目,为"得物APP"投入更多资源,集聚优秀人才,加强研发创新能力,全力打造集高新技术与智能制造于一体的产业转型升级示范项目,探索完善企业"六大中心"格局,代表上海企业参与国际竞争。

第二节 平台经济发展态势

一、2018—2019年平台经济发展概况

1. 运行概况

2018—2019年,上海平台经济保持良好增长势头。其中,2018年平台经济交易总额达23 570.92亿元,比上年增长16.7%。2019年平台经济交易总额突破2.7万亿元,达到27 207.9亿元,交易规模创下历史新高。其中:千亿级平台9家,百亿级平台10家(不包含线下交易市场)。平台经济交易总额同比增长15.1%,增速比上年(16.7%)回落1.6个百分点。受中美贸易摩擦影响,呈现平台经济交易规模总体保持增长,实物和网络交易额双回落态势。上海平台经济交易规模位居全国中心城市第一位。

2. 运行特点

2018年,平台经济运行呈现"一好、一快、一高"特点。一是平台经济运行稳中向"好"。2018年,全市千亿级平台共7家,百亿级平台共12家(不包含线下交易市场)。伴随互联网与产业融合的不断加深,2018年,上海市通过互联网完成平台交易额17 266.11亿元,增长24.4%,高于平台交易总额整体增速,平台经济运行稳中向好。二是大宗商品交易增长较"快"。2018年,大宗商品平台交易额15 017亿元,增长14.1%,占平台交易额比重63.7%,对平台交易总额增长贡献率达55.2%。受环保限产政策、2018年上半年美元走软影响,全年大宗商品价格大幅攀升。主要钢铁类平台(上海钢联、找钢网、欧冶电商、东方钢铁、中钢银通)交易额5 723亿元,同比增长30%;主要化工类平台(易贸、上海化工品交易市场、塑米信息、欧冶化工宝)交易额1 874亿元,同比增长21.5%;主要有色金属类平台(上海有色金属交易中心,有色金属现货交易中心)交易额6 455亿元,同上年基本持平。2018年全年,大宗商品价格指数("我的钢铁网"监测数据)相比上年增长10.5%。

2019年,平台经济运行呈现"三个超过":一是伴随互联网与产业融合的不断加深,全年平台通过互联网交易金额为20 054.9亿元,比上年增长17%,超过平台交易总额整体增速(15.1%)1.9个百分点。二是平台交易增速超过商品销售总额增速

(1.1%)14个百分点。三是平台交易增速超过社会消费品零售总额增速(6.5%)8.6个百分点。从交易规模看,呈现"一全面两为主":一是四大类平台交易规模保持全面增长。二是以大宗商品类,消费品、服务类两大平台交易额为主,合计占平台交易总额96.9%。对平台交易总额增长的贡献率高达98.6%。从交易增速看,呈现"双升双降":一是消费品、服务平台,专业配套服务平台交易额增速比上年(22.9%、6.6%)分别提升7.7个、2.9个百分点。二是大宗商品贸易平台、跨境电子商务平台交易额增速比上年(14.1%、8.4%)分别回落7.6个、6.2个百分点。

二、2018—2019年平台经济的发展亮点

1. 大宗商品领域

2018年7月,上海发布"扩大开放100条",第26条提出"支持大宗商品现货市场开展提单交易、预售交易和信用证结算等试点,研究推进期现联动发展"产业融合、期现联动成为大宗商品交易发展新的主题,千亿市场的打造将带动万亿产业。

一是上海有色金属交易中心推出"P+N新联盟"。该模式以平台为基础,融合产业链各种资源,与生产、流通、消费、仓储物流、银行、供应链、财务、期货等各类企业协同发展,打造多样化、多层次的服务模式,推进业务转型创新,促进产融结合,实现自身向更高层次发展。

二是互联网巨头赋能传统行业市场。2018年,腾讯与找钢网共推B2B领域交易型SaaS平台,目标对准全领域B2B范围,后其云计算品牌腾讯云携手"化塑汇",联手打造化塑行业第一个AI企业服务平台。2018年底,阿里巴巴投资的云计算、大数据服务公司驻云科技与中国宝武钢铁集团旗下欧冶化工宝签署战略合作协议,双方将基于云计算、大数据、物联网等技术,共同打造针对危化品的智慧物流平台,推动行业用新制造模式来实现数字化工业转型。

三是欧冶云商构建高质量钢铁生态圈。2018年,欧冶云商继续深耕钢厂,巩固平台一手资源优势,大力推进现货资源上欧冶综合平台分销,同时深入挖掘钢厂和用户间的多样化需求,推进产能预售创新模式。此外,欧冶云商不断夯实智慧物流服务体系,创新供应链服务模式,开展互联网化、智能化营销,全力构建欧冶云商"平台+生态圈"。

2019年,大宗商品平台交易额同比增长6.5%。主要钢铁类平台(上海钢联、找钢网、欧冶电商、东方钢铁、中钢银通)实现交易额4 693亿元,同比增长2.8%;主要化工类平台(易贸、上海化工品交易市场、塑米信息、欧冶化工宝)实现交易额2 016.4亿

元,同比下降11.6%;主要有色金属类平台(上海有色金属交易中心,有色金属现货交易中心)实现交易额159.2亿元,同比增长3.9%。受环保限产政策、中美贸易摩擦影响,全年大宗商品价格发展势头放缓。

2. 消费品和生活服务领域

2018年,齐家网、拼多多、美团点评消费和服务平台相继上市,平台模式价值和优势加快凸显。随着互联网和移动支付的普及,互联网生活服务逐渐走进人们的日常生活,将本地线下具有实体店铺的餐饮、生活服务、休闲娱乐等商家服务信息,以"网店"方式呈现给用户,给用户提供了便捷、全面的商户信息,给线下商户提供了更广的推广渠道。

一是拼多多开创"社交+电商"新模式。2018年7月,拼多多在美国上市。国美电器、当当网、小米等品牌先后入驻拼多多,目前已有500余家国内外知名品牌入驻拼多多品牌馆。同时,拼多多深入探索C2M模式,在制造业和农业领域,以产地直发、工厂直供的形式精简产业链,为消费者提供最具性价比的产品。

二是饿了么打造餐饮外卖平台高端版。2018年4月,饿了么在4月被阿里以95亿美元收购。同年10月,饿了么宣布将百度外卖升级为"饿了么星选",主打高端餐饮平台,星选商家从200多万活跃商家中选拔产生。

三是携程创新转型。2018年12月,携程上市15周年。携程已形成大大小小60多条业务线,涵盖了商旅、地面交通、租车、高铁游、金融、攻略等旅游全板块。2018年,携程拥有3亿会员,其中包含2 500万外籍会员,GMV6 900亿元(2017年第三季度至2018年第三季度),甚至已经超越Expedia,排名全球第一位。

2019年,消费品和生活服务平台交易额同比增长30.6%,占平台交易额比重达40%,比上年提升7.4个百分点,对平台交易总额增长的贡献率达72.4%。9家千亿级平台中,消费品和生活服务平台有3家。

3. 专业配套服务和跨境电商领域

2018年,首届中国国际进口博览会成功举办,进一步释放了国内市场潜力,扩大进口空间。11月,国务院决定延续和完善跨境电子商务零售进口政策并扩大适用范围。财政部、海关总署等部门联合发布《关于完善跨境电子商务零售进口监管有关工作的通知》,一方面鼓励跨境电商消费的政策放宽,但另一方面,对买手、代购模式的监管正在趋严,代购行业将逐渐规范化、企业化,进口电商将迎来成熟期。

2019年,专业配套服务平台实现交易额472.10亿元,比上年增长9.5%。跨境电子商务平台实现交易额374亿元,比上年增长2.2%,其中:洋码头全年交易额为92.50亿元,比上年下降1.6%。

三、 2018—2019 年推进平台经济发展的主要工作

1. 开展国家级平台经济发展试点

指导宝山区形成"上海推动钢铁领域平台经济发展实施方案",推动欧冶云商基于实物现货交付,开展产能预售模式创新;推动钢银电商整合钢铁产业链,打造线上线下融合的产业大数据闭环服务生态圈,提升价格指数国际影响力。上报商务部,在国家层面争取增值税专用电子发票、国家级网络货运资质、高新技术企业认定等平台经济相关政策在上海市试点落地。指导上期所标准仓单平台扩大交易规模丰富交易品种。

2. 建立大宗商品市场监管体系

结合自贸试验区大宗商品市场"交易、托管、清算、仓储"四分开市场监管经验,构建行业自律、社会监督和政府监管相结合的平台共治体系。一是严把准入关,依据上海市交易场所管理办法,对大宗商品市场与电商平台分类监管,对冠有"交易"字样的平台,由市政府审批设立。二是开展仓单公示,建设上海市第三方仓单公示平台,欧冶云商已试点开展"订单、提单、仓单"公示。三是加强资金管理。会同市地方金融监管局、上海银保监局以及商业银行开展大宗商品市场出入金核查;支持欧冶云商、有色网等平台对接上海期货交易所、上海清算所等国家级要素市场,落实资金监管。

3. 促进行业自律

市商务委指导钢铁电商领域发布首个团体标准《钢铁电子商务平台用户评级规范》,对交易、仓储加工、运输等平台用户开展信用评级。完善日常监管。会同市地方金融监管局建立上海市大宗商品市场统计监测与风险预警平台;会同上海衍生品协会建立大宗商品市场统计监测与行业评价平台;推动大宗商品市场对接上海市商务诚信平台。

四、 2020 年平台经济发展重点

2020 年至"十四五"时期,上海将形成与国务院等部门《指导意见》相配套的实施意见,鼓励平台进一步拓展服务范围,加强品牌建设,提升服务品质,发展便民服务新业态,延伸产业链和带动扩大就业。加强政府部门与平台数据共享,强化平台经济统计监测,进一步深化对上海市经济景气指数的研究与编制工作。鼓励商品交易市场顺应平台经济发展新趋势、新要求,提升流通创新能力,促进产销更好衔接,促进平台经济规范健康发展。

第八章　现代物流业

一、2018—2019年物流业发展概况

物流业是融合运输、仓储、货代、信息等产业的复合型服务业,是支撑国民经济发展的基础性、战略性产业。2018—2019年,上海物流业增速持续上扬,业务量和业务收入大幅提升,为上海保障城市安全有序运行、服务改善民生发挥了重要作用。

1. 产业运行平稳增长

2018年,上海实现交通运输、仓储和邮政业增加值1 533.36亿元,比上年增长10.4%。2019年,实现交通运输、仓储和邮政业增加值1 650.44亿元,比上年增长3.6%。2018年,各种运输方式完成货物运输量107 386.82万吨,比上年增长10.4%。2019年,各种运输方式完成货物运输量109 608.51万吨,比上年增长2.1%。

2018年,上海港口货物吞吐量73 047.94万吨,比上年下降2.7%;集装箱吞吐量4 201.02万国际标准箱,增长4.4%。集装箱水水中转比例达46.8%,其中,国际中转比例为8.8%。2018年,上海快递业务34.86亿件,快递业务收入1 020.28亿元,同比增长21.6%。

2019年,上海港口货物吞吐量达到72 031.32万吨,比上年下降1.4%;集装箱吞吐量4 330.26万国际标准箱,增长3.1%。集装箱水水中转比例达48.3%,其中国际中转比例10.8%,分别比上年提高1.5和2.0个百分点。2019年,上海快递业务量31.33亿件,快递业务收入1 288.84亿元,同比增长26.3%。

2. 基础设施布局更加完善

一是完善五大重点物流园区。东部沿海三大物流园区(外高桥物流园区、深水港物流园区、浦东空港物流园区)对接国际,以上海自贸试验区保税区域为引领,强化临

港、临空产业与现代物流联动效应,进一步优化国际物流环境,构建开放型经济新体制。西部陆路两大物流园区(西北综合物流园区、西南综合物流园区)联结长三角,突出物流发展与交通区位、产业优势、城市功能的协调融合,着力推动传统物流转型升级。

二是打造商贸服务型国家物流枢纽。青浦加快建设全国快递行业转型发展示范区,集聚快递业务经营许可企业88家,规模以上交通运输企业48家,全国和区域快递总部14家。"物流信息互通共享技术及应用国家工程实验室""快递物流空间数据应用工程中心""上海市跨境电子商务示范园区"等快递物流基础设施落户青浦,助力打造上海商贸服务型国家物流枢纽。

三是加强专业物流基地建设。上海聚焦农产品流通、快递、汽车为代表的专业物流基地布局,实现东西联动、辐射内外、层次合理、有机衔接的行业物流格局,有效保障民生需求。

3. 推进智慧供应链示范城市建设

一是全面启动供应链创新与应用试点工作。组织召开供应链创新与应用试点工作全市相关部门工作部署会议,建立"政企学协"试点工作联动推进机制,形成2019年工作要点。已完成上海市供应链体系建设试点全部试点项目的现场踏勘和专家评审工作,形成验收评估报告,专项资金拨付比例在全国各试点城市中居于前列。

二是开展示范企业认定。印发《市商务委等9部门关于开展本市供应链创新与应用示范企业认定工作的通知》,培育并认定一批整合能力强、协同效率高、行业带动能力强的供应链创新与应用示范企业,以点带面加快形成覆盖上海市重点产业的智慧供应链体系。会同市发展改革委、市经济信息化委、市生态环境局、市农业农村委、人民银行上海分行、市市场监管局、上海银保监局、市金融工作局等有关部门,开展上海市供应链创新与应用示范企业认定工作,初步认定百家供应链创新与应用示范企业。

4. 积极推进上海城乡高效配送试点工作

一是制定城乡高效配送重点工程实施方案。会同市发改委、市经信委、市交通委、市公安局、市邮政局等部门联合制订《上海城乡高效配送重点工程实施方案》,提出以绿色环保为导向,以网络构建为基础,以模式创新为引领,以技术应用为支撑,以共享协同为重点,切实破解制约城乡配送发展的突出问题,推进城乡配送网络化、集约化、标准化绿色发展,更好满足城市经济社会、现代流通发展和居民消费升级的需要。遴选20家经营规模大、配送品类全、网点布局广、辐射功能强的企业为上海城乡高效配送首批骨干试点企业。

二是借力供应链体系建设试点,促进配送环节降本增效。针对流通领域长期存在的物流成本高、效率低、服务不规范等问题,以国家物流标准化试点和供应链体系建设试点为契机,围绕城市物流托盘、周转筐、车辆、服务平台,开展标准化建设。在快消品领域推广全链条、跨区域标准托盘循环共用模式,在农产品领域推广"从田头到门店"全程不倒筐配送模式。建立《上海城市物流标准体系》,形成一套城市物流服务区域联盟标准、团体标准、企业标准。建立与欧洲托盘协会、长江经济带主要城市、全国内贸改革发展试点9城市的多层次物流标准推广合作机制。印发《本市托盘标准化及社会化循环共用推广专项行动计划》,进一步推进单元化物流发展。

三是研究制定电子商务与快递物流协同发展实施方案。为贯彻落实《国务院办公厅关于推进电子商务与快递物流协同发展的意见》,会同市邮政局、市发改委、市经信委、市交通委、市公安局、市规土局等部门联合制定了《上海推进电子商务与快递物流协同发展实施方案》,提出以行业协同撬动两个大市场、提升经济整体效率的创新举措。推进电子商务与快递物流协同发展,推动快递物流转型升级、电子商务提质增效,促进技术标准衔接统一、数据资源规范共享、供应链协同创新,进一步扩大消费、提升用户体验,更好适应和满足网购消费者美好生活需要。

四是开展城乡配送效益效能提升紧缺人才培训。在市人力资源社会保障局支持下,委托市物流协会举办"上海市城乡配送效益效能提升紧缺人才培训班"。培训期间,邀请政府部门领导、相关专家和企业家围绕上海城乡配送体系建设政策导向和举措,上海城市配送发展趋势及成功案例剖析、城市配送的演进过程、城市冷链配送的技术与创新、城市配送的运营效率和成本控制、标准化助推城乡高效配送等专题进行解读、讲授和分享,获得学员良好反响。

二、 2020年物流业发展重点

1. 进一步做好供应链创新与应用试点工作

一是加强供应链安全建设。加强对重点产业供应链的分析与评估,厘清供应链关键节点、重要设施和主要一、二级供应商等情况及地域分布,排查供应链风险点,优化产业供应链布局。探索建立跨区域、跨部门、跨产业的信息沟通、设施联通、物流畅通、资金融通、人员流通、政务联动等协同机制,研究建立基于事件的产业供应链预警体系和应急处置预案,加强对重点产业和区域的风险预警管理。二是加快推进供应链数字化和智能化发展。加大以信息技术为核心的新型基础设施投入,积极应用区块链、大数据等现代供应链管理技术和模式,加快数字化供应链公共服务平台建设,推动政府治理能力和治理体系现代化。加快推动智慧物流园区、智能仓储、智能货柜和供应链技术创新平台的科学规划与布局,补齐供应链硬件设施短板。三是促进稳定全球供应链。积极促进产供销有机衔接、内外贸有效贯通,支持外贸、外资、商贸流通和电子商务企业,加强与贸易伙伴的沟通协调,着力保订单、保履约、保市场,全力支持外贸重点企业、重点项目和重要订单,促进全球供应链开放、稳定、安全。创新和优化招商引资、展会服务模式,持续推进投资促进和招商工作,保障各类经贸活动正常开展。

2. 进一步降低物流成本,提升物流效率

一是优化城市配送车辆通行停靠管理。持续推进城市绿色货运配送示范工程。完善以综合物流中心、公共配送中心、末端配送网点为支撑的三级配送网络,合理设置城市配送车辆停靠装卸相关设施。鼓励发展共同配送、统一配送、集中配送、分时配送等集约化配送。改进城市配送车辆通行管理工作,明确城市配送车辆的概念范围,放宽标准化轻微型配送车辆通行限制,对新能源城市配送车辆给予更多通行便利。二是推进物流基础设施升级改造。推进智能仓建设。根据通用仓等级标准,评估认定本市现有存量仓库,支持存量仓进行标准化、智能化改造。大力推进RFID、机器人、AGV等自动化设备在仓库使用。推动可视化编程物流云仓平台建设,实现货物全程追溯智能化、库存监管可视化、仓库管理科学化。三是提高现代供应链发展水平。深入推进供应链创新与应用试点,总结推广试点成功经验和模式,提高资金、存货周转效率,促进现代供应链与农业、工业、商贸流通业等融合创新。研究制定现代供应链发展战略,加快发展数字化、智能化、全球化的现代供应链。四是加快发展绿色物流。深入推动货物包装和物流器具绿色化、减量化,鼓励企业研发使用可循环的绿色包装和可降解的绿色包装材料。加快推动建立托盘等标准化装载器具循环共用体系,减少企业重复投入。

3. 推动青浦贸易服务型国家物流枢纽建设,打造长三角物流供应链管理中心

一是物流功能项目建设。包括4个扩建改造项目:快递物流总部基地、快递物流智造集群、国际农贸物流集群、公共配套设施;3个新建项目:全球快递博览交流中心、跨境电商产业基地、枢纽功能配套区;1个已完成建设项目:物流商务孵化中心。二是服务平台项目建设。包括全球物流快递价格指数平台、快递物流企业担保交易平台、快递物流人才服务平台等快递物流软实力建设项目。提高总部型物流企业行业竞争力和国际影响力,带动各类物流运输企业实现规范化运营,营造行业竞争有序的可持续发展环境。三是公共配套项目建设。包括快递物流枢纽教育基地、枢纽道路、改建提升工程等。

第九章 商务服务业

第一节 会展业发展态势

一、2018—2019年会展业发展概况

2018—2019年,上海会展业紧紧抓住中国国际进口博览会的机遇持续快速健康发展,保持了展览能级、国际化程度、品牌效应同步提升的发展态势。

1. 展览能级稳步提升

2018年,上海共举办各类展会1 032个,居全球主要会展城市之首。举办规模在10万平方米以上的展览会共42个,其中30万平方米以上的超大型展会6个。2018年,上海展览总面积达1 880万平方米,较"十二五"期末提高了24.3%;特别是2016—2018年这三年,上海展览总面积突飞猛进,净增275万平方米,年均增长7.5%。2019年,上海举办展览主要以10万平方米以上的大型展览为主。其中10万平方米以上规模的展览数量为45个,比上年增加7.1%,展览总面积达到855.92万平方米,比上年增加6.8%,占全市总展出面积44.1%。30万平方米以上规模的展览数量6个,与上年持平,展览规模197.17万平方米,比上年减少1.2%,占比10.2%。

2. 品牌展会不断集聚

上海已成为全球品牌商业展会登陆中国市场的首选城市。在《进出口经理人》(*Imp-Exp Executive Magazine*)发布的"2018年世界商展100强排行榜"中,在上海举办的展览达到了12个,超过德国科隆(11个),首次成为世界上举办大型国际商展最多的城市。2018年上海已拥有国际展览业协会(UFI)认证的展览项目20个,是国

内获得 UFI 认证最多的城市。2019 年,上海市举办展会活动中,经 UFI 认证品牌项目数量位居全国第一,共有 27 个,比上年增长 17.4%。UFI 会员单位中,上海企业有 28 家,占全国总量 17.5%,比上年增长 12%,其中展览场馆单位 3 个。2019 年《进出口经理人》杂志发布的世界百强商展名单中,上海入榜的展会数量有 12 个,举办面积达到 277.70 万平方米,比上年增长 11.1%,入榜展会数量和规模在全球主要会展城市中名列第一位。

3. 国际化程度不断提高

2018 年,上海共举办国际展 300 个,占上海展会总数的 29.1%。国际展展览面积 1 415 万平方米,同比增长 6.6%,占上海展览总面积的 75.3%,较五年前占比提高了 2.4 个百分点。单个国际展举办规模达到 4.7 万平方米,较"十二五"期末提高 22.4%。截至 2018 年,上海市已连续 6 年举办"国际展览业 CEO 峰会",云集全球重要会展企业高管,成为业内公认的全球三大峰会之一。2019 年,上海共举办国际展 310 个,展览面积 1 502.65 万平方米,占全市展览面积的 77.39%。两大国际性权威会展行业组织均已落户,国际展览业协会(UFI)中国代表处和国际展览与项目协会(IAEE)均已落户,并将在国内开展会展项目认证与培训业务。

4. 会展业法制化进程加快

2019 年,上海市会展业地方立法广泛调研,多次征求会展各方主体、市区政府管理部门、部分专家学者和律师意见,历经 13 次修改完善,形成《上海市会展业条例(草案)》(以下简称《条例(草案)》),《条例(草案)》全文共 6 章 50 条,以"促进发展"立法理念贯穿立法全过程、各条款,旨在构建会展业全链条快速健康发展的行业促进体系。目前,已经市人大常委会二次审议通过,经市人大常委会表决,通过后,《条例(草案)》将是全国各省、直辖市层面第一部专门的会展业法律法规,将有助于完善上海市会展业高质量发展的法治环境,助力国际会展之都建设。

5. 进博会综合溢出效应持续放大

从首届进博会开始,上海就积极承接和放大进博会溢出效应,在贸易、投资、开放、消费等融合互动的综合溢出效应也持续扩大,成效显著。2019 年 9 月,上海市制定出台《关于放大中国国际进口博览会溢出带动效应的实施意见》(沪委发〔2019〕25 号),围绕招商引资、贸易升级、产业升级、开放升级、消费升级、城市形象和虹桥商务区枢纽建设,提出 50 项具体举措,进一步助力上海建设"五个中心"、打响"四大品牌"、落实"三项任务",更好地推动高质量发展、打造高品质生活,全面提升城市能级和核心竞争力。

二、2020年会展业发展重点

2020年,上海市要以立法为契机,细化行业管理改革举措,加大释放上海市会展业潜能,确保建设国际会展之都的任务有力有序推进;持续放大进博会溢出带动效应,有效助推上海经济高质量发展,促进上海城市功能提升。

1. 以立法为契机优化会展业营商环境

抓住《上海市会展业条例》(以下简称《条例》)出台的机遇,加强顶层设计、出台落实细则、加大促进服务力度,进一步优化上海市会展业营商环境。凸显规划引领,结合制定"十四五"规划,重点研究提升上海市会展业的溢出带动效应,培育具有国际竞争力的本地会展集团、建立会展业促进发展政策体系。加强行业促进,争取设立鼓励会展业发展的专项资金,支持重大项目引进、吸引国际知名会展企业落户等重要事项;研究支持境外机构在特定会展场馆独立举办对外经济技术展会的相关实施细则。提升便利水平,根据《条例》规定,促成上海市各项与会展业相关的行政审批事项对接市"一网通办"平台,实现"统一受理、一口反馈";出台会展业信息备案实施细则,落实与备案义务对应的展品和人员出入境等各项便利措施;完善重大会展活动市、区两级保障制度,优化城市会展保障模式。规范市场秩序,落实《条例》精神,会同市场监管等主管部门、会展行业协会、专业机构等单位,加快制定会展合同示范文本,加大对会展名称标识、信息发布、展品合法性等规范性条款的执行力度,完善现场纠纷解决机制、加强展会知识产权保护等工作。

2. 形成会展业溢出带动的体系建设

以落实《关于放大中国国际进口博览会溢出带动效应的实施方案》(以下简称《实施方案》)为抓手,研究、落实推动扩大会展业对上海市经济发展的溢出带动效应的相关措施。聚焦一批重点项目,对标《实施方案》,聚焦投资促进、进口集散、商贸流通等重点领域,建立关于放大进博会溢出带动效应的项目数据库,跟踪研判分析,形成年度报告、专报简报等信息报送制度。在此基础上,建立放大上海市会展业溢出效应的有关项目数据库。策划一批对接活动,梳理全年展会情况,策划一批有针对性的重点活动,推动会展业溢出带动效应落实落地。如针对制造类、科技类展会,组织自贸试验区、相关开发区策划项目对接、招商推广等活动;针对进口特色鲜明的展会,组织相关进口平台、贸易集团策划扩大进口集散功能的相关对接活动;针对深化"会商旅文体"联动的要求,围绕国家会展中心打造常态化旅游精品线路等。

3. 提升上海市会展业的高质量发展新动能

以聚集国际知名办展主体和展会、提高上海市会展企业能力、提升会展业发展质量为核心,进一步增强上海市会展业的国际竞争力,提升行业话语权。扩大国际合作,加大与国际知名行业组织的合作,参与其主办的相关国际会议,支持国际展览业协会(UFI)、国际展览与项目协会(IAEE)等已经设立分支机构的国际组织在沪的相关活动。支持市会展行业协会继续办好国际会展业CEO(上海)峰会,进一步扩大上海市会展业的国际影响力。吸引总部落户,通过精准招商、个性化服务,吸引国际知名会展企业在沪设立地区总部,从而吸引更多国际知名展会、行业会议等重要活动在沪举办,增强上海市参与全球会展资源调配的能力。培育品牌企业,培育具有国际知名度和行业影响力的上海市会展企业,支持国有组展企业通过上市融资、收购兼并、走出去办展等方式,提升国际竞争力。支持国家会展中心、新国际博览中心、世博展览馆等展览场馆,通过输出管理等方式提升品牌能级水平。

案例3 承接进博会溢出效应,打造全球国际贸易创新枢纽
——虹桥进口商品展示交易中心(虹桥品汇)

一、发展历史

虹桥进口商品展示交易中心(以下简称"虹桥品汇")由东方国际集团、光明食品集团、东浩兰生集团、百联集团、南虹桥公司等国资共同出资筹建。按照市委市政府提出的进一步发挥进博会溢出效应"建设集保税展示、商品交易、物流仓储、通关服务于一体的虹桥常年保税展示交易场所,打造联动长三角、服务全国、辐射亚太的进口商品集散地的"要求,虹桥品汇已经形成"保税展示与交易结合、保税贸易与一般贸易结合、线上与线下结合、批发与零售结合、商品贸易与服务技术贸易结合、体验和学习结合"的"6+1"运营模式,成为承接和辐射进博会溢出效应的交易服务主平台。

虹桥品汇位于虹桥商务区核心地区,靠近申昆路和宁虹路交界处,距离虹桥枢纽1.5公里,距离国家会展中心3公里,于2018年11月正式启动。项目总体规划面积达60多万平方米,包括保税物流中心、线下展销中心、线上交易中心、消费配套等区域。一期已建成40万平方米,二期约5.2万平方米的保税物流中心已建成运营;二期展示交易中心约26万平方米,其中A栋计划2021年交付使用;二期B栋计划2020年内开工。

虹桥品汇一期位于申昆路2377号北片区,已开设食品健康馆、美妆亲子馆、家居生活馆、进口汽车馆等4个馆,经营面积约8000平方米,已入驻来自70多个国家和地区的100多家的客商,品牌数超过1200个,品种超过1万个,其中70%以上是进博会参展品牌。2019年9月20日,虹桥品汇作为上海购物节开幕式闵行分会场首次亮相。第二届进博会期间,虹桥品汇共接待外商团组30多批次,国内政府和机构来访60多批次,接待采购商200多批次,意向签约近4亿元。进博会延展期间,增设进博展品精品馆和名品闪购馆,引进了宝玉石、钻石鞋、古董车等网红展品,其间累计到店超10万人次,销售超1000万元。

二、经营理念与发展模式

虹桥品汇按照"政府引导、海关监管、国企负责"的原则通过保税仓、线下、线上三大运营平台相互联动,形成"保税展示与交易结合、体验和培训结合、批发与零售结合、保税贸易与一般贸易结合、线上与线下结合"的运营模式,从而助推进博会参展商和海外新、特、优的商品、技术、文化和服务进入中国市场,吸引海内外企业落户,支持国际贸易发展。三大运营平台具体如下。

1. 保税物流中心

保税物流中心全称"虹桥商务区保税物流中心(B型)",2019年开始建设并于当年10月底正式封关投入运作。包含两个丙2类保税仓库和一个海关监管仓库,拥有上海最大的−60℃深冷保税仓库,可应用于高端海鲜的超低温速冻食品储存。该项目与进博会进行全面联动,从而实现进博会展品落地。进博会参展商在展前就将展品入驻保税仓,依托保税展示功能,实现"保转展"。展商可以在展前在线下保税展示交易场所先行展示甚至销售,进博会期间再将展品运至馆内展示。也可以在展后将展品移入保税仓,在保税展示场所实现延展。进博会参展商参展的最终目的是进入中国市场,通过保税展示交易模式,可以大大降低参展商的参展成本,大幅扩大展品的辐射面和知晓度,低成本地接触B端采购商和终端消费者。在保税仓,商家可以方便地实现转口贸易,并享受税金延付的便利。首届进博会延展期间,累计为进口宝玉石提供了保税延展服务(货值约4400万美元),通过保税展示交易模式,实现了古董车、新能源车等明星展品延展。目前,保税仓已与展销中心一期平台形成了保税展示交易联动模式,并为Costco等企业提供保税进口服务。

2. 线下展销中心

通过三种结合模式,与联营品牌和企业合作,打造若干主题品类。一是"展贸"结合,塑造"新品集散地"概念,通过进博会展品延展、文化及服务展览,打造文商旅结合、沉浸式体验为特色的休闲经济新地标。二是"展销"结合,即通过互动体验,激发消费者的消费冲动,通过产品试吃、样品试用,打造现场体验、结合高科技互动的零售消费新地标。三是"批零"结合,建立与渠道商的沟通机制,开辟展商进入中国市场的通路。

为尽快形成集聚效应,虹桥品汇为进博会展商提供了免场地费、免入场费、免条码费等入驻便利;提供统一装修、收银、导购、物业的一站式服务,仅收取少额服务费,使得中小商家可以"拎包入驻"。目前,虹桥品汇入驻商家90%以上实现了首月盈利。此外,虹桥品汇通过品牌活动、品牌营销、直播带货等方式为有潜力的品牌提供品牌塑造的增值服务。在2020年"55购物节"期间,虹桥品汇开展线下促销、线上直播、商贸对接签约会等方式,全面带动进口商品消费。

通过平台"走出去,请进来"扩大影响力,"走出去"即通过临展或与当地政府企业合作的方式,将线下运营模式复制到长三角乃至全国城市,"请进来"即通过商贸对接会、行业峰会等形式将潜在合作方引进平台、入驻发展。目前已经接洽长三角10多个城市以及新疆克拉玛依等内陆城市。此外,虹桥品汇与上海市区的商场、园区合作举办快闪活动,加强联动和推广。

3. 线上平台

虹桥品汇线上平台正在与国内头部电商平台进行深入接洽,合作打造全新跨境购物模式,通过三个突出的特点来打造经营模式。一是突出品牌溯源。分三步实施,第一步要求至少50%的入驻商家提供报关单或海外生产场景照片等素材,第二步通过认证公司对该素材予以认证,第三步通过应用区块链技术,为消费者提供品牌溯源的渠道,从而建立真品、正品的公信力保障制度,增强消费信心。二是突出品牌品质,聚焦特色产品,通过各类政策降低经营成本,实现多方共赢,增强商品性价比。三是突出品牌营销,通过互联网、融媒体、平台合作等渠道,借助短视频等形式发布活动实时场景,将消费场景和消费者置身其中,使其既是受众又是推广者,从而建立独特的市场营销推广体系,让消费者放心、称心、开心。

三、未来发展

未来,虹桥品汇二期A栋以"全球国际贸易创新枢纽"为总体定位,将分别设立名品展销区、医疗器械设备区、智能装备器械区、进博会参展车区、品质生活区、服务贸易区等区域,打通全球优质商品的供应和销售渠道,打造沉浸式、跨界互动的主题场景,形成集合产品展示交易、商务交流、活动发布等功能为一体的全球国际贸易创新枢纽,助力大虹桥地区打造国际开放枢纽。

第二节 拍卖业发展态势

一、2018—2019年拍卖业发展概况

2018年,上海拍卖业总成交额380.18亿元比上年减少24.82亿元,降幅为6.12%,全年举办各类拍卖会4 750场次,较上年大幅增加。2019年,上海拍卖行业拍卖总成交额420.20亿元,比上年增加40.02亿元,增长10.5%,占全国拍卖行业总成交额18%。截至2019年末,全市共有拍卖企业236家,比上年增加26家,上海拍卖企业约占全国拍卖企业总数3%。

1. 消费"刚需",牵引房地产拍卖强增长

房地产一直是上海市拍卖行业的重要业务,也是行业盈利能力最强的业务板块,2019年成交183.84亿元,占行业总成交额的44%,且比上年增长17%。房地产拍卖业务有所增长,一方面是因为上海经济发达,整体投资经营环境良好,社会生产秩序及生活水平稳定,房地产市场相对活跃,是消费"刚需"和投资首选;另一方面是因为房地产业务主要来源是法院司法拍卖,在网拍平台、辅助机构线上线下全方位的服务下,发挥拍卖人多年积累的专业运作能力、客户资源和经验,进一步提高了拍卖的成交率和溢价水平,促进了成交额的整体增长。

2. 经济优化,推动股权拍卖快增长

随着宏观经济调整以及法制完善,一大批公司股权通过拍卖市场寻求"转移"。上海凭借不断优化的营商环境成为投资创业的首选地,通过拍卖方式可以便捷地实现进入上海市场,甚至成为上市公司控股股东。因此,股权拍卖也成为比较重要的业务板块。拍卖企业在其中抓住机遇,凭借专业知识和优质服务,认真做好标的信息传播与推荐、市场行情分析、客户营销等工作,促进了股权拍卖市场的良性运转。

3. 渠道增加,机动车拍卖开辟新思路

2019年,中国机动车市场巨变,新车、二手车交易都明显下滑,上海拍卖行业的二手车拍卖成交额却呈现逆向增长,全年成交23.18亿元,比2018年增长19%。一方面原因是市内几家老牌机动车拍卖企业创新服务、积极开拓、抱团协作,除了传统特色"周周拍"基础上,又深化了线上拍卖通道,增加了市场广度和深度;另一方面,二手车经销商、电商加入到拍卖行业中,为行业贡献了成交额。

4. 积少为多,民品拍卖增长明显

民品、生活用品拍卖一直是拍卖行业的一大特色,虽然单个拍品金额不大,但是

随着参与企业的增加，拍卖规模和频率的增长，民品拍卖的市场在逐步扩大，特别是网络平台为民品拍卖提供了高效便捷的保障，也降低了拍卖企业开展民品拍卖的成本。在市场开拓相对艰难、企业积极转型的过程中，民品拍卖积少为多，为企业锻炼队伍，为行业提升影响，具有积极意义。

5. 多方合力促进司法拍卖增长

2019年，法院司法拍卖成交额增幅显著，其中主要构成是法院自主拍卖并由拍卖机构提供辅助服务，直接委托拍卖所占比例极小，业务增长主要得益于法院、网拍平台、拍辅通、辅助机构共同发力。一是上海法院的基础作用，坚决贯彻落实最高人民法院"三年基本解决执行难"的目标，在保证拍卖质量的基础上，提升上拍率，加强拍卖时效性要求，加快评估，成为全国基本解决执行难的先行者。二是公拍网等网拍平台的赋能，在技术支撑、信息传播、交易结算、市场营销、金融贷款、客户服务等方面提供全方位的支持，配合法院提升司法拍卖质效。三是"拍辅通"系统的助推，创新了标准化、精细化的管理体系，通过内设的"量化考评"模块，促进辅助机构之间形成创优争先的良性发展态势，大大缩短了结案周期，保证了拍卖质量。四是辅助机构积极努力，按照法院要求，按照协会"最高标准、最严要求、做好服务"的精神，围绕司法拍卖严谨务实、精耕细作，发挥自己的专业优势和主观能动性，提升服务能级，保障司法拍卖扎实向前推进。

6. 破产清算成为新增长点

数据显示，破产清算组作为委托人的业务量有了相当量的增长，2018年成交额仅0.9亿元，2019年快速突破，绝对增长3.78亿元，增长幅度超过了预期。一是在经济环境周期性调整中，破产案件比以往增多，客观上造成了委托量的增长。二是破产管理的力度在强化，上海法院建立和完善破产清算服务体系，新增了第二批破产管理人名单库，法院宣告破产后的专项服务，由入库的破产管理人承担，加快了案件处理，破产管理人中有律师事务所、会计师事务所和清算服务公司，履行破产管理人的职责，在制定清算方案中，大多委托拍卖公司对破产财产进行拍卖。三是借助网拍平台的资源赋能，在破产拍卖中能迅速对接买家，保证拍卖质效。

7. 个人委托增长快速

个人委托的拍品类型主要是艺术品、民品、机动车等，2019年成交24.28亿元，增长49%，体现了拍卖企业向市场化、专业化积极运作的实际成果，在政策性业务开拓艰难的情况下，大众化的拍卖成为现实举措，也体现了拍卖面向社会、服务大众的宗旨。

8. 金融机构委托缩水

金融机构委托主要是银行等金融机构的自有资产、抵债资产、债权项目等，业务体量巨大,但是2019年上海拍卖市场的表现欠佳,原因有两个方面。一是金融机构处置方式的变化,参照司法拍卖的模式,调整原先的委托拍卖模式,转而与几大互联网拍卖平台合作,采用"自营"或"自营＋辅助"的模式进行资产处置,直接造成了委托拍卖业务量的减少。二是拍卖机构的主动性不足,在这一领域缺乏开拓创新,没有找到直接有效的切入点。

二、2020年拍卖业发展重点

一是深化"放管服"综合改革各项举措。以企业和群众高效办成"一件事"为目标,加快业务系统适应性改造,完善"帮办员"制度,强化证照信息和归集数据的共享应用,优化网上办事体验;全面落实"证照分离"新举措,在自贸区开展拍卖业务许可的全要素"告知承诺"制度。

二是推动自贸区新片区相关政策出台,协调符合条件的外商独资或中外合资、中外合作拍卖企业在自贸试验区从事文物拍卖业务。

三是推动拍卖行业转型发展。一方面,积极提升艺术品交易份额。以专业艺术品拍卖行为核心,培育艺术品交流收藏市场,构建艺术品交易诚信体系,扩大拍卖在艺术品流通领域的份额。另一方面,大力拓展农产品、鲜花交易等新业务领域。

四是充分运用"互联网＋监管"模式,创新行业监管手段和措施,重点加大对新申办企业,特别是跨业经营企业开展业务和法制培训,加强守法合规经营意识。

五是做好2020年度商务系统相关行业用好用足市服务业发展引导资金政策工作。

第四篇

服务业创新和管理

第十章　服务业创新发展

第一节　商业创新转型

上海市委市政府高度重视商业创新转型,以创新转型思路为引领,指导消费促进工作,全力打响"上海购物"品牌,不断提高上海商业的竞争性,上海商贸业不断实现新的突破和飞越。

一、主要做法及成效

上海商业以供给侧结构性改革为主线,从供需两端发力,增强消费对经济发展基础性作用。市委市政府领导亲自部署、多次专题研究、带队调研协调、推动政策落地；各部门各区凝聚合力,形成特色做法,加快制度创新。上海消费市场保持较快增长态势,2019年全市社会消费品零售总额达到13 497.21亿元,同比增长6.5%。总额继续保持全国各大城市首位。

(1) 加强顶层设计,形成消费促进政策组合拳。报请市委市政府印发《进一步优化供给促进消费增长的实施方案》并组织实施。成立市国际消费城市建设领导小组,指导推动各区各部门结合自身特点出台了一批促进消费的政策措施。部门联动,形成政策叠加效应,如全国首份《市场轻微违法违规经营行为免罚清单》《上海公安机关服务和促进本市夜间经济发展八条举措》《关于推进本市国有企业振兴老字号品牌的若干措施》等,释放政策红利,促进商业创新发展。

(2) 挖掘夜间经济潜力,打造消费增长新引擎。九部门出台发展夜间经济"十条措施",在全国首创夜间区长和夜生活首席执行官制度,任命15位夜间区长,85位夜生活首席执行官。丰富夜间业态,推动打造全国首个夜间野生动物园,推出夜间博物馆、深夜书店、周末活力街区等49个各区夜上海特色消费示范项目,发布9个地标性夜生活集聚区。完善配套保障,推动城管、公安、交通等部门出台创新举措,在支持外摆位、分时段步行街、简化活动审批、推动地铁13号线周末延时运营等方面取得明显进展。

(3) 持续发展首店经济,凸显上海国际消费城市集聚和辐射功能。发挥进博会溢出效应,推动阿里、唯品会等龙头企业打造全球新品网络首发中心。成功举办上海时装周,举办100余场专业时装发布,每季吸引全球1200余个品牌参展,首发新品超过1万件,交易规模破亿元,全球新品发布载体和亚洲最大订货季承载地能级进一步提升。通过贸易型总部、民营总部政策,吸引国内外品牌首店在沪落地,鼓励商贸企业在沪设立总部,形成了从"首发"到"首店"到"总部"的"首店经济"效应。

(4) 着力推动老字号改革创新发展,振兴民族品牌。187个老字号形成"一品一策一方案",在第二届进博会现场新设非遗和老字号展区,118家老字号在知名电商平台开设旗舰店、专营店,35个品牌近2000种单品进驻虹桥和浦东机场。遴选一批消费者喜爱的老字号伴手礼,在中国品牌日和进博会上展示。推动老字号"进机场""进高铁""进社区""进免税店",打造老字号主题街区。

(5) 大力发展免税业,促进消费回流,吸引外来消费。扩大机场免税店经营规模,新开浦东机场卫星厅出境免税店、吴淞口国际邮轮港进境免税店。推动中免集团在浦东陆家嘴滨江金融城恢复设立上海市内免税店。持续发展退税商店,总数超过400家。提升退税便利度,指导7家商业企业在全国率先开展境外旅客购物离境退税即买即退试点。

(6) 成功举办2019上海购物节,有力提振消费市场。围绕"要购物,到上海"的主题,推出了六大板块100多项重点活动。中华老字号博览会、上海酒节、上海购物达人赛等一批品牌活动影响力不断扩大。发布20条上海特色商业街区、2019上海商业优秀创业企业家榜单。创新"十二时辰·狂欢大乐透""玩转购物专线·签到有礼"等线上线下融合活动。多形式、多渠道拓宽宣传活动,形成铺天盖地的浓厚氛围。

(7) 重塑重要商业地标,打造商业繁荣繁华新形象。率先开展全国首批步行街改造提升工作试点,围绕街区形态、商业业态、文化神态、消费生态,推进南京路步行街东拓、世纪广场改造和一批重点商业设施改造提升。聚焦"新、老、首、夜",不断丰富步行街业态和品牌。发展后街经济,做深做厚南京路、淮海路等核心商业街区,打造20条特色商业街区。

（8）推动线下企业七日无理由退货承诺，打造有温度的上海商业。借鉴国际知名商业街无理由退货制度的先进理念，推动上海市线下零售企业开展"七日无理由退货"服务承诺试点工作，目前全市750多家线下实体店积极响应服务承诺倡议，部分企业已实行30天无理由退货服务。指导行业协会制定《本市线下零售企业七日无理由退货服务指引》。

二、下一步工作思路

2020年，上海商业将努力完善行业管理，着力优化和加快转变政府职能，提高新形势下公共服务能力。

一是加强市场运行监测分析。为提升决策支持能力，落实商务部市场监测工作要求，保持上海在全国省市区市场监测工作的领先地位，不断优化样本结构，逐步提高数量质量，努力提升决策支持能力。深化上海城市综合体专项统计监测。不断提升购物中心业态监测的覆盖率，增加反映业态发展特点和趋势的合理指标。做好重大活动和重要节庆监测，研判上海购物节、节假日促销等活动对消费促进的多层次效果。拓宽消费市场运行分析视角，借鉴银联、联通等第三方监测数据，多角度全面分析市场运行分析状况。开展批发零售重点企业的专项调研。以实地走访、座谈研讨等方式深入了解重点商贸企业，把握数据背后的上海特色、市场特点和运行规律。

二是开展新一轮商业网点规划前期研究。就研究方向、整体框架及具体内容进行沟通。对标纽约市及大伦敦区域的商业规划逻辑及举措进行细致研究，提出上海市商业发展趋势、商业布局的观点与建议，提出建立"精细化商圈分级系统"的战略目标和"4+2+X"的商圈分级体系。加强信息引导，编制商业地产市场监测信息报告，摸清市场供求状况，会同市规划资源局，对商业地产供大于求的区域加强土地出让环节的调控。

三是深化"放管服"改革。为优化特许经营和直销行业管理，深化行政审批制度改革，实现商业特许经营备案在委行政服务窗口"一窗通办"。全年受理商业特许经营备案申请300余项，新增备案企业68家，网上调整备案事项103项，撤销备案2家，历年累计备案数578家。妥善处理各类特许经营投诉和信访。根据全国统一部署，开展联合整治保健市场乱象百日行动。对直销备案产品、直销培训员和直销员开展审核登记，对直销企业及其分支机构、服务网点开展信息复核。

四是积极主动服务企业和行业协会。深入基层党员群众、各区商务部门、行业协会和商业企业，对发现的如外摆位、知识产权保护、培育特色小店传承人、统一店招、停业等问题,逐一提出解决方案,健全长效机制。做好连锁经营、百货、购物中心、黄金饰品、交电家电、烟茶糖酒、眼镜、自有品牌等行业协会的日常联系工作。开展商贸领域地方标准的复核工作。精心安排各国家部委和上海市领导的视察调研活动,以及兄弟省市来访活动接待工作。

五是督促落实安全责任。为保持商贸行业安全生产工作稳定、总体可控,提前做好防范处置预案,加强督促检查,妥善应对消防反恐、防台防汛、防暑保供、电梯等特种设备管理等专项工作,全年未发生较大人身伤害事故和物资损失事件。

案例4 推动国际消费中心城市建设,打造高品位步行街
——南京东路步行街改造提升

一、建设背景

南京路步行街区于1999年9月开街,享有"中华商业第一街"美誉,是中国百货业的发源地。东至河南中路,西至西藏中路,南至九江路,北至天津路,总占地面积26万平方米。主街长1033米,宽25米,横跨外滩、人民广场两大重要历史文化风貌区,沿街建有近20栋具有巴洛克式、哥特式、折中主义、装饰主义等风格的建筑,是优秀历史建筑重要集聚地。根据《上海市南京路步行街综合管理暂行规定》(市政府令),黄浦区南京路步行街管理办公室负责步行街日常管理和执法工作,南京路步行街开发办公室负责协调步行街业态调整和招商工作。经过二十年的发展,步行街主街总商业建筑面积86万平方米,店铺数量166个,国际品牌集聚度达到90%以上,中华老字号20多家,年客流量1.5亿人次以上,2018年步行街销售收入达180亿元。

2018年7月,商务部发出《关于推动高品质步行街建设的通知》,提出"按照新发展理念和高质量发展要求,改造提升一批具有国际国内领先水平的高品位步行街"。这项工作恰与打响"上海购物"品牌战略下,重塑商业地标、打造世界级地标性商街商圈的行动契合呼应。当前,上海开展步行街改造提升适逢其时,将成为上海打响"购物品牌"、推动国际消费中心城市建设的重要抓手。

二、改造提升的目标和功能定位

顺应消费升级新趋势,新技术革命大背景,根据李强书记"最上海、最国际、最时尚"的总体要求,南京路"中华商业第一街"需要体现更丰富的外延和更深厚的内涵。更丰富的外延——不仅是中心商业街区,更是世界级城市会客厅和全球旅游文化目的地;更深厚的内涵——商业、文化、生态和科技交融的"内核",不仅承载时尚商业,也彰显人文底蕴和生态理念,同时融入智慧技术。

1. 南京路步行街改造提升的目标内涵

打造成为体现中国特色、上海特点、时代特征的"中华商业第一街",即中华梦之街,海派魂之街、时尚潮之街。

——中华梦之街,是彰显中国对外开放窗口、民族品牌复兴、植根人民为中心、追求幸福生活梦想的街区;

——海派魂之街,是深入品味海派文化、传承历史经典、感受城市魅力的街区;

——时尚潮之街,是引领风气之先、集聚国际潮流品牌、承载新消费新技术新时尚的街区。

2. 南京路步行街改造提升的功能定位

对标国际一流步行街区,遵循"以人为本、经典再现、先锋引领、追求卓越"的规划理念,南京路步行街定位四大功能:城市经典传承地、时尚先锋引领地、美好生活体验地、全球消费汇聚地。

一是城市经典传承地。打造成为中国民族商业、本土品牌重要的展示窗口,传承、展示、振兴、活化、再现中华民族品牌辉煌的重要阵地。打造传承上海市民精致生活方式和社会情态,彰显上海中西合璧、海纳百川城市文化和精神的重要承载地。

二是时尚先锋引领地。集聚更多新消费理念下的新业态模式和主题活动,突出主题店、快闪店、买手店等流行元素,同时举办众多吸引人气、集聚活力的跨界主题活动,打造成为多元年龄群体集聚的新坐标地。

三是美好生活体验地。打造展示新生活、新理念的重要场所空间。集成应用5G、人工智能、VR等新技术,提供多样生活主题范式的体验,打造新商业创新技术集成的体验场。践行"绿色"发展理念,打造生态人文环境。

四是全球消费汇聚地。打造成为展示上海城市魅力的名片,体现长三角地区高质量一体化发展的窗口,上海建设国际消费城市、世界旅游城市的重要承载地,集聚多彩活动国际舞台,承载多维互动的城市会客厅。

三、改造提升的重点内容和方向

对标国际一流商业街区,充分发挥南京路的资源禀赋优势,坚持业态、形态、神态和生态"四态并举",进一步提升业态功能、优化发展格局、丰富文化内涵、完善消费环境,全方位、立体化提升南京路步行街的功能和能级。

1. 丰富商品服务业态,引领促进消费升级

回归商业发展本质,集聚国内外名、优、新、特商品和服务,通过优化供给内容,进一步提高供需匹配程度。一是聚焦"新",增强文化体验休闲功能,发展新业态、新模式,培育新一代消费群体。新世界城等项目改造,重点聚焦年轻消费群体,导入时尚、电竞、文化、娱乐、高档酒吧等业态,并结合人工智能、5G 等引入数字零售、智慧服务等创新业态模式,增加街区活力。积极争取发展市内免税店,打造新的消费亮点。二是聚焦"老",推动老字号创新发展,打造全国老字号集聚高地。挖掘上海城市文化的根基和底蕴,用好历史故事和典故,推动南京路第一医药、朵云轩、茂昌眼镜、蔡同德、老凤祥、邵万生、第一食品等老字号企业进行"一品一策一方案"的调整提升,并通过政策引导集聚全国老品牌和老字号。同时,引入老店开发新产品、新包装的设计中心,针对南京路老字号产品进行创新包装,帮助提升老字号的档次。三是聚焦"首",集聚全球新品潮品,提升时尚引领度。依托新世界休闲港、时装商厦的改造提升,引入国际国内品牌首店、新业态新模式首店,形成新的消费打卡地标。依托世纪广场,集聚全球新品首发、文化剧目首演、时尚活动首秀等活动,打造全球新品潮品首发首选地。四是聚焦"夜",依托南京路后街开发,打造若干主题特色的夜间消费街区,引入音乐酒吧、咖啡厅、特色餐饮等夜休闲业态,增加深夜书店、深夜剧场、深夜影院、电竞俱乐部等夜文化娱乐设施,彰显上海夜间魅力。

2. 完善形态空间布局,重塑城市核心地标

点、线、面相结合,以世贸广场、一百商业中心、世纪广场、中央商场等重点项目为节点,带动支马路、背街的开发,形成分段式主题化消费集聚区。一是实施东拓工程,将南京路步行街向东延伸到四川中路甚至中山东一路,与外滩形成联动,推动"外滩·中央"二期、慈安里、惠罗公司等项目改造升级,打造全新时尚地标。在新改造地块增加商务楼宇面积,进行精准招商,引进商贸企业总部、专业服务业等高能级主体,强化商业商务联动。二是推动重点项目地块开发,加快 160 街坊、170 街坊等重要地块开发,推动世纪广场、中央商场等重要节点项目的提升改造,世纪广场增加发布、休闲、活动功能,引入文化娱乐活动,新品首发活动、品牌营销活动,打造魔都 24 小时活力舞台。三是进行后街开发,结合旧城改造,进行街坊式开发,重点建设六合路、贵州路、福建路、金华路等背街,发展后街经济。并在有条件的街区打造夜间经济集聚区,引入特色餐饮、文化、休闲等设施,支持外摆试点,拓展夜间消费新集聚点。

3. 改善生态环境,传递美好生活温度

一是完善内外部交通组织,根据交通评估,做好公交线路和站点调整、道路指引调整以及解决东拓路段内艾迪逊酒店出入交通问题,优化周边道路交通组织,打造慢行交通系统,增设出租车候客点,完善停车配套。二是优化相关服务配套。完善专业导购、多语种翻译、快摄留影、打包物流、礼品包装、外汇兑换、"即买即退"等便利服务,以及紧急医疗救助站、轮椅租借点、母婴关爱室、包裹寄存站等公共服务配套。三是打造智慧示范街区。开展 5G 应用示范,深化人工智能等新技术的应用,完善智能停车、全域WiFi配套,扩大智慧场景应用。四是优化诚信消费环境。逐步推广线下实体店7天无理由退换货服务,研究发布"商圈商务诚信指数""信用电子证照"等信用产品,推进南京路步行街商务信用示范区建设。提升步行街消费满意度。五是建设绿色生态街区。践行"绿色"发展理念,整体优化街区的景观绿化、城市家具、店招店牌、夜景灯光,发展节能环保楼宇和商场,推动街区可持续发展。

4. 彰显人文神态,再现历史经典魅力

推动南京路步行街区域内36栋优秀历史建筑,遵循修旧如旧原则,探索历史建筑灵活多样的保护更新利用模式。支持永安百货、七重天等修复和保留历史建筑外立面,内部进行重新改造,还原南京路作为商业百货起源地的文化特质,彰显历史底蕴,展示创新活力。推进蔡同德、朵云轩等老字号"一品一策一方案"的改造提升,鼓励老字号开展跨界合作,研发联名系列、文创系列、伴手礼系列等新产品,打造具有上海特色的伴手礼。在南京路引入奇特、有艺术感染力的植入性演出、文化快闪,营造浓厚的海派文化气息。

四、下一步推进重点

一是"开门"做规划,建立机制、完善方案。市级层面加强跨部门协同和市区联动,统筹指导推进南京路步行街改造提升工作,制定配套支持政策,协调解决重大问题。区级层面由黄浦区政府成立步行街商业结构调整联席会议,推进实施项目改造、街区环境提升和公共设施配套等各项工作;广开言路,建立南京东路步行街改造提升专家委员会,由行业专家、行业协会、企业家代表等组成。街区层面完善黄浦区南京路步行街管理办公室职能,筹备建立步行街商家联盟等街区自治组织。

二是加快项目建设,组织实施一批重点改造项目。2019年12月,南京路步行街启动东拓工程,步行街区域由河南中路向中山东一路延伸,市民游客可以从南京路步行街一路逛到外滩景区。预计2020年9月,500多米长的东拓段将正式对公众开放。南京路步行街的中段地标世纪广场,作为市中心难得的开放广场和露天大舞台,也将要进行改造工程,以标志性、多功能性和便民性为特色,建成新品首发地和网红打卡地。此外,全面启动街内23个老字号"一品一策一方案"重振计划。

三是加强跟踪问效,定期对重点项目实施进度进行督查。将步行街改造试点工作列入2019年市政府主要工作任务清单,每月开展跟踪督办,明确重点改造项目、信息平台建设、管理制度创新等工作的时间节点和督查内容,落实工作责任,做好绩效评估,及时向商务部报告试点进展情况。

四是召开推进大会,部署落实试点工作主要任务和举措。由市商务委会同黄浦区政府筹备召开南京路步行街改造提升试点工作推进会,部署试点工作主要任务、具体措施和工作目标,凝聚社会各界对南京路步行街改造提升的智慧和共识,形成市、区、街道政府的工作合力,充分调动步行街各类市场主体参与试点工作的积极性。

五是加强学习交流,主动借鉴国内外知名步行街先进经验。充分学习国际知名步行街建设的经验做法,通过专业论坛、交流互访等多种形式,开展国际交流与合作。借鉴兄弟省市步行街改造提升创新做法,如城市更新、制度创新、政策供给等方面的经验,开展试点城市间工作交流,推进步行街改造提升试点工作。

案例5　周末限时步行街,点亮城市夜经济
——安义夜巷

一、项目简介

为了响应上海夜经济的政策发展,静安嘉里中心精心打造"安义夜巷"项目,并于2019年10月26日正式亮相,标志着静安区首条限时步行街在安义路诞生。安义夜巷位于上海南京西路嘉里中心南北座之间,其路面不宽,全长264米,于每周五晚22点至周日晚24点进行封路,改造成限时步行街,通过举办各类全球新品潮品、商业新业态新模式的首发活动,提升时尚引领度,努力打造成为"全球新品的首发地";通过导入文化体验休闲功能,引入时装秀、文创集市、艺术表演、健身休闲等活动,成为"城市文化的展示地";通过美化街区灯光和街景,引入精酿啤酒节、亲子荧光活动、圣诞亮灯等喜闻乐见的夜间主题活动,成为"上海市民周末打卡地"。

二、项目特色

1. 多部门合力,激活南京西路"后街"

安义路是南京西路商圈的"后街"。经静安区建管委联合区交警部门、商务委等,委托专业机构,对区内多条支马路进行交通与运营评估,位于静安嘉里中心"南里""北里"两幢商务楼之间的市政道路安义路,开设限时步行街的条件最佳。在周末时段限制安义路车流,不会对周边交通造成太大压力;安义路两侧沿线商业夜间本就经营,且均由静安嘉里中心一家单位运营,便于步行街的管理与运营。

2019年10月初,由静安区政府领导牵头,商业、公安、消防、市场监管、文旅、市容绿化等20多个政府部门负责人与静安嘉里中心共同协商,对封路后周边交通如何组织,客流如何疏导,户外设施如何保障安全,商户证照如何备案,食品安全如何保障等等问题一一厘清。

2. 多主题轮动,营造鲜明特色氛围

"安义夜巷"以周周换的主题活动和周周新的现场布置迎接八方来客,通过开设

夜巷花市、夜巷休闲区、夜巷市集、花园舞台、绿动活动区等多个区域,依托不同的节日,举办包括亮灯启幕、季节性主题等特色鲜明的活动,并结合酒店、商户及各知名品牌为本地市民及国内外游客营造沉浸式的空间体验。在每个周末的下午及晚上,定时举办精彩纷呈的娱乐演出、街头表演及各类主题活动,例如2019年10月底"安义夜巷"亮灯启幕,11月主题"你好,深秋",12月主题"拥抱冬日",1月主题"新年,在一起"等。

安义夜巷的公共休闲区也颇有亮点。设计原木色系及可回收的物料进行搭建,以绿色植物为点缀,增添了一份自然与原生态的气息。并采用错落交叉的叠加方式,使空间更具立体感和层次感,与各色摊位相得益彰。社交长桌、花园舞台、邮筒状的分类垃圾桶、地面铺设的绿色草皮等细节也充满小巧思。嘉里中心联合"植治"等六大品牌开启街区花店,为游客营造温馨舒适的游逛环境。运营以来,"安义夜巷"已举办了咖啡文化、秋日丰收、绘画艺术、户外运动等主题,集聚人气效应显著。最高客流6万多人次,商铺销售额超过80万元。

3. 多维创新互融,建构城市生活圈

在秉承"文化艺术""生活方式""社群活动""可持续"这四大品牌基因的基础上,静安嘉里中心通过新业态、新品牌、新场景、新体验等多维创新内容,将不同类型的商业配套有机散布在安义夜巷中。参与夜巷经营的商户主要有三大类,一是嘉里中心自有商户,二是沪上颇有知名度的特色商户,三是专门负责氛围营造的创意绘画和饰品店等。如比利时薯条、阿根廷烤肉这些人气高涨的商户每周都会安排,其他商户则根据每周的主题动态调整。此外,静安嘉里中心更发挥了社群运营的优势,注重文化体验休闲功能导入,引入时装秀、文创集市、艺术表演、健身休闲等,成为上海周末文化消费打卡地,覆盖更广泛的目标客群,为商业注入情感价值,让安义夜巷成为上海市中心的"国际生活圈"。在"安义夜巷"的带动下,2019年嘉里中心商场销售实现两位数增长,同时被评为"静安区夜间经济示范项目"。

案例6 引导消费回流,释放消费潜力
——免税经济

"免税经济"作为拉动消费、促进旅游、打响"上海购物"品牌的重要举措,有利于提升上海城市能级和竞争力。2019年4月19日,上海发布《关于进一步优化供给促进消费增长的实施方案》,对"免退税经济"提出发展规划——加快发展机场、邮轮港等口岸免税店及市内免税店;支持创建离境退税示范街区,扩大退税商店数量规模;

搞好离境退税"即买即退"试点,目前蓬勃发展的"免退税经济"正成为全力打响"上海购物"品牌的助推器。

一、基本情况

2018年,上海免税业的年销售额130亿元,较上年90亿元规模增长44%,约占全国34%,占全球免税业3%。目前上海机场、码头、铁路等主要客运出境口岸均有免税店布局,主要有以下6种类型。

(1)机场免税店。包括浦东和虹桥两大机场店,由中国旅游集团下属中免集团控股的日上免税行有限公司经营,其中浦东国际机场经营面积6 600平方米,虹桥国际机场经营面积1 400平方米,商品品类涵盖烟草、酒类、食品、香水化妆品、服饰精品、旅游用品、电器等七大类约5万多个SKU单品,有529个合作及授权品牌。2018年浦东机场免税销售额116亿元,虹桥机场5亿元。

(2)市内外汇免税店。主要为16周岁以上中国公民回国后提供限额限量一次性购买免税品服务,上海市仅有1家,于1995年10月在静安区江宁路开设,营业面积600平方米,2016年8月搬迁至曹家渡悦达889购物广场,营业面积扩大到4 400平方米,汇集了100多个国际品牌,由国药集团下属的中国出国人员服务总公司上海分公司经营,2018年销售额2亿元。

(3)市内免税店。销售对象限于即将出境的境外人员,免税商店凭出境有效证件及机(船、车)票销售免税品,并在口岸隔离区内将免税品交付购买人员本人携带出境。2001年,中免集团在上海八万人体育场开设了市内免税店,后因无法解决机场隔离区提货点的问题,于2006年关闭。2018年初,中免集团控股日上免税行,解决了机场隔离区内设立提货点的问题,目前已在浦东新区陆家嘴滨江金融城选址恢复设立市内店。

(4)国际邮轮、铁路免税店。主要包括宝山吴淞国际邮轮港、虹口上海港国际客运中心、铁路上海站沪港列车口岸的出境免税店,由中免集团和上港集团合资成立的上海港中免免税品公司经营。2018年,国际邮轮口岸免税购物销售额1.5亿元,铁路口岸免税购物销售额500万元。

(5)机上免税店。主要在上海机场70条国际航线上销售免税商品,由中免集团和东航集团合资成立的上海东航中免免税品公司经营,2018年销售额1.5亿元。

二、近期成效

(1)上海市免税购物规模实现较快增长。2018年,中免控股日上免税行在浦东、虹桥机场口岸6家免税店销售额120亿元,同比增长40%,占全市免税店销售规模的92%。特别是浦东机场去年实现免税销售额116亿元,较上年增长34亿元,规模仅次于韩国仁川机场152亿元、阿联酋迪拜机场140亿元,从2017年世界机场第六位跃居第三位。

(2) 机场免税店规模扩容。机场口岸进出境免税店仍然是上海市免税购物"主战场"。2018年7月,中免集团中标浦东、虹桥两大机场新一轮7年免税商店经营权后(2019—2025年),规划总经营面积将从8 000平方米扩大到1.9万平方米,其中,浦东机场新增经营面积约1万平方米,包括机场卫星厅进出境免税店共9 000平方米,T1和T2航站楼进境免税店扩建后新增1 000平方米。

(3) 本土化妆品牌首进机场免税店。根据海关总署、财政部、国税总局等中央部委调整优化免税店销售国产商品退税流程的政策,积极向中免集团推荐上海市中华老字号和自主品牌,目前伽蓝集团成为上海市首家与中免集团合作开展国产商品退税业务的民营企业,也是中免集团第一个国产化妆品免税渠道供应商,该集团旗下自然堂、美素等品牌将进入中免150家水陆空口岸、供船和机上免税店。

(4) 市内免税店已落地。市内免税店在众多免税业态中,与老百姓关系更为密切。地处曹家渡的中服上海免税店,尽管有着"持护照自入境之日起180天内可一次性购买免税商品"的门槛,但还是人流如注,甚至一度需要采取限流措施。据悉,中服上海免税店开业至今3年多,吸引客流超400万人次,销售额年增幅超20%。

与开在曹家渡的市内免税店为市民提供入境后补购不同,国际通行意义上的市内免税店是指市内免税店购物,在出境口岸提货的免税店。8月23日,陆家嘴市内免税店正式开业,营业面积800平方米,除了为即将离境的境外游客提供"店内购买、口岸提货"的服务,还为即将离境的中国游客提供免税品预定业务,在市内店预定下单,在机场付款提货。

(5) 邮轮口岸进境免税店获批设立。在市财政局等部门的不懈努力下,2018年12月国家财政部批复同意上海吴淞口国际邮轮港设立进境免税店,规模控制总面积1 700平方米,其中两个客运楼各850平方米。2019年4月,深圳免税集团中标邮轮港进境店7年经营权至2026年。11月9日,在第二届进博会期间,深圳免税集团上海吴淞口国际邮轮港进境免税店正式揭牌,面积达1 700平方米,为全国首批邮轮港进境免税店之一。同时,市商务委会同财政、海关等部门,积极向中央有关部委申请,大力支持上海港中免公司扩大出境免税店经营规模,从目前550平方米增加到1 100平方米。

三、下一步推进重点

下一步,将贯彻落实党中央、国务院关于促消费系列政策文件精神,持续落实上海市全力打响"上海购物"品牌三年行动计划,抓紧实施市委办公厅、市政府办公厅近日发布的《关于本市进一步优化供给促进消费增长的实施方案》,争取在以下方面形成突破。

(1) 放开市内免税店国人购物政策限制。根据海关总署相关规定,市内免税店购物对象限境外旅客。建议积极争取国家免税购物政策支持,借鉴韩国允许本国公民在出境前1个月内在市内免税店限额购买3 000美元免税品,出境后在口岸隔离区内提货的模式,允许国内居民旅客出境前在市内免税店限额购物预订、出境后或者进境时在口岸隔离区内提货。

(2) 争取提高口岸进境免税店购物限额。根据财政部、海关总署等有关规定,我国居民旅客入境时携带进境物品有5 000元免税限额,连同在口岸进境免税店免税购物额,总计不超过8 000元。我们建议借鉴日本允许旅客入境时个人携带境外免税购物额度为1.2万元人民币的规定,将总额度从8 000元扩大到1.3万元。

(3) 持续推进我国自主品牌商品进入免税店。建议借鉴韩国免税业政策规定免税店必须设立总面积20%以上或330平方米以上的国产商品销售区的规定,出台免税店必须设立国产商品销售区的政策,并作为机场等口岸管理单位今后新一轮免税店招投标的必要条件。

(4) 放宽市内免税店经营企业资格限制。经国务院1999年批准,仅有中国免税品集团一家企业可以在北京、上海、大连、青岛、厦门等地开设市内免税店,建议允许中国出国人员服务总公司、深圳免税、珠海免税等国内免税品企业参与市内免税店经营,通过适度竞争把国内免税购物的"蛋糕"做大。

案例7 解放思想创新机制,"回力"焕发新活力
——回力鞋业

一、发展概况

上海回力鞋业有限公司(以下简称"回力公司")隶属于上海华谊集团,旗下的"回力"品牌始创于1927年,是我国最早的运动鞋品牌,产品一度风靡全国,并出口欧美、东南亚等几十个国家和地区,代表着上海制造的品质,也承载了几代国人对青春时代的美好回忆。

近年来,在华谊集团的大力支持下,回力公司及时调整品牌战略,优化产品结构,转变经营模式,发挥品牌价值优势,经济效益快速增长,市场占有率显著提高。2017年至今,保持中国本土鞋类单一品牌销量领先,在2018年老字号品牌发展指数TOP100榜单中,回力在全国数千家老字号中排名第8位,消费者创新力指标位列行

业第1位。2019年上海老字号品牌白皮书活力指数第4位、鞋服类行业第1位。

二、发展举措和近期成效

为了擦亮"回力"的金字招牌,华谊集团多措并举,充分调动回力公司的积极性和主动性,通过加强班子建设,提升产品品质,加强品牌推广,引爆粉丝经济,整合线上线下销售,得到市场的认可,实现"回力"的浴火重生。

(1) 配强领导班子,引入市场机制。上海华谊(集团)通过市场化选聘和组织配置相结合的方式为回力公司配备强有力的领导班子。制定回力公司发展总体构想和新三年规划,实施2017—2019三年任期考核,优化考核激励机制,充分调动全体员工的积极性。

(2) 加强创新研发,提升产品品质。近年来,回力公司以优质产品为抓手,有效提升品牌市场形象和品牌占有率。2018年,回力公司推出新品2 601款,其中,一款聘请潮流设计师手工打造的纯皮制"回天之力"鞋,单双售价999元,成为受到追捧的"网红"产品,该系列延伸100～300元定价的9款产品当年实现销售破百万双,利润近2 000万元。近年来,回力已成功开展与百事可乐、万科地产等知名企业持续跨界合作,进一步提升了产品品质形象。

(3) 融合媒体传播,展示品牌形象。应用现代传播观念,实施"多渠道、广传播、深了解、重体验"的品牌宣传策略。除积极参加中国品牌日、进出口交易会、亮相纽约时装周、上海时装周等宣传活动,并在全市传统主流媒体频频露脸外,还十分注重通过微信、微博、直播、抖音等自媒体平台进行对外宣传,提高品牌曝光度。如2017年"双十一"晚间在外滩滨江震旦大厦投放巨幅广告,回力产品单日销量首次超过1亿元。2018年"双十一"再次实现60%的跨越式增长。

(4) 引爆"粉丝经济",开辟营销新路。随着回力产品的丰富、潮流化,不少明星选择穿着回力鞋日常外出和出席活动,为回力抓住90后、00后新崛起的年轻一代消费市场提供了契机。如回力在湖南卫视《快乐大本营》栏目赞助投放3 000双经典"小白鞋",获得展现量5 000万+,点赞数100万+。2019年"6·18"期间,联合上海美术电影制片厂开展"葫芦兄弟"联名发布,微博端话题曝光1.2亿次。截至2019年7月,回力天猫粉丝数达到1 088万,其中90后粉丝占比约70%。

(5) 整合线上线下,构建新零售模式。2014年起,回力公司开始发力电商业务。2015年确定了"电商平台建设+终端直供平台建设"的双轮驱动战略。目前,回力品牌线上经销商店铺已达500余家,覆盖淘宝、天猫、京东、唯品会、拼多多等各大主流电商平台,全年线上销量超过60%。线下门店1 700余家,其中,上海地区门店54家,2019年全国新增64家。回力在市百一店、大丸百货、新世界以及外地大中城市核心商圈开设高端门店超过300家。

三、未来发展

（1）深入开展品牌战略研究，推进品牌宣传。华谊集团已聘请波士顿咨询公司系统开展集团品牌战略规划研究，将为回力公司开展品牌战略定位提供了有力的支撑。计划冠名"回力号"高铁列车，增强品牌影响力；赞助世界冠军团队——上海市跳绳队，有望让回力鞋亮相2019年中央电视台"开学第一课"节目；与腾讯"QQ炫舞""喜茶"等网红品牌开展跨界联名。

（2）结合老字号推广专项行动，推进线下实体店。充分融入老字号品牌汇聚基地、地标景点老字号专营店，积极参与老字号进老街、进机场、火车站等系列推广活动，推进线下实体店建设。

（3）加快提升自主研发能力，推进新品开发。计划打造回力品牌自主设计研发中心，加速形成企业持续发展的核心竞争力。针对不同年龄、消费层次和运动需求的差异化产品，以新材料、新工艺、新功能、新设计推动产品开发，拓展299元、399元等较高附加值的新品，不断提升回力产品的品质和品牌美誉度。

第二节　长三角区域市场一体化发展

2019年，上海深入贯彻落实习近平总书记在首届进博会开幕式主旨演讲中提出的"将长江三角洲区域一体化发展上升为国家战略"的重要指示精神，深入贯彻落实习近平总书记考察上海提出的"加快推进长三角一体化发展"的重要讲话精神，落实《长三角一体化规划纲要》和长三角主要领导座谈会重要精神，在长三角合作办公室的统筹指导下，在兄弟省市的大力支持下，推进长三角商务服务专题工作取得实效。

一、2019年商务领域长三角一体化发展的推进情况

2019年，上海以推进建设具有全球贸易投资枢纽作用的上海国际贸易中心为重要抓手，紧扣"一体化"和"高质量"两个关键，坚持服从服务国家战略、坚持发挥龙头带动作用、坚持项目化清单化推进、坚持多方联动形成合力，主要推进了以下九方面工作。

1. 全力做好第二届进博会城市服务保障

各项服务保障任务有序成功推进。牵头制定城市保障总体方案和22个专项方

案,181项城市服务保障工作、369个节点任务于10月底前全面完成,开展了13场综合演练和230多场专项演练,圆满完成126个外国政府团组、超过200位副部级以上重要外宾、337批重要内宾团组、181位省部级领导的接待任务,各方对上海接待服务水平再次给予充分肯定。上海交易团成交额再上新台阶。搭建"2+4+18+X"四位一体的招商组织体系,共组织采购商20 633家,付费专业观众167 030人,分别较首届增长29.9%和34.8%;累计意向成交金额66.6亿美元,较首届增长10.6%;并顺利完成对15个国家97家企业的指导性采购任务。充分放大进博会溢出效应。加快常年保税展示展销常态化政策落地,建成虹桥商务区保税物流中心(B型)、绿地全球商品贸易港等49个交易服务平台,促进展品变商品。首次召开上海城市推介大会,600多位进博会参展嘉宾出席,进一步向世界传递了我国和上海坚定不移扩大开放的强烈信号,充分展现了上海开放、创新、包容的城市品格。

2. 加快推动长三角一体化开放合作

加强上海、浙江自贸试验区改革联动。正在推动上海与浙江两地签署《推动上海、浙江自贸试验区改革联动的合作框架协议》,加快推进大宗商品期现市场联动、自由贸易账户体系、促进专业人才交流等领域改革联动。支持成立长三角外资协会联盟,为长三角外资企业更好对接国际市场提供渠道和服务。扩大"走出去"综合服务平台的辐射半径,依托"走出去"服务港微信公众号,为长三角地区在内的企业提供重点国别行业投资指南、产业政策和安全形势等动态信息,发布"一带一路"经贸指数报告等,目前关注用户近5万人,超过500万次。

3. 加快推动市场联动机制建设

落实《长三角地区市场创新发展三年行动计划(2018—2020年)》,从推进市场创新发展的角度,聚焦中国国际进口博览会服务保障、开放合作平台建设、供应链创新与应用、商贸业创新发展、农产品市场一体化建设、区域物流标准化建设、市场环境优化等7个方面,提出了各项联动的推进任务。

4. 加快推进供应链创新与应用

召开长三角供应链创新与应用大会,全面启动供应链创新与应用试点,建立"政企学协"联动推进机制。出台鼓励设立民营企业总部意见,发布首批44家民营企业总部名单,已认定137家贸易型总部企业,企业年销售规模近4万亿元,已成为全国范围内具有重大行业影响力的标杆和龙头企业。制定钢铁领域平台经济发展实施方案,积极引导商品交易转型升级。推出长三角仓储布局数据库、长三角供应链发展基金、亚太供应链互联互通平台、应收账款融资服务平台等四大平台,联动长三角打造现代供应链领域新增长点。

5. 加快推动商贸业转型升级

全力打响"上海购物品牌"新亮点,推动出台促消费29条、夜间经济发展10条和海派特色小店发展10条等一系列政策举措,新引进各类首店756家,大力推动长三角老字号焕发新活力,实施老字号"一品一策一方案"。成立长三角老字号企业联盟,推动长三角同根同源的老字号凝聚合力共同发展。组织37项国家级、市级非遗项目和69个老字号品牌设立上海非遗、老字号展示专区,彰显海派文化魅力和老字号创新成果。

6. 加快促进长三角农产品产销对接

实现追溯化、可视化等技术应用,保障供沪蔬菜均衡供应和质量安全,与江苏(徐州、南通等地)、山东等省市共建43个外延蔬菜生产基地。为长三角优质特色农产品入沪流通提供服务,推进生鲜电商企业、农产品零售企业与生产基地对接,进一步提升农产品流通的规格化、包装化、品牌化。

7. 加快推进会展业提升能级

先后举办了中国(上海)国际技术进出口交易会、中国华东进出口商品交易会,上海国际车展吸引了众多长三角展商和观众。推进成立包括南京、杭州、合肥、宁波、苏州、南昌等24个城市在内的"长三角城市会展联盟",启动筹建"长三角国际会展制造和装备产业园",促进长三角各市会展业之间信息互通、项目互动、合作互利。

8. 深化长三角口岸通关一体化合作

目前长三角近70%的货物从上海口岸进出口,加快建设具有国际先进水平的国际贸易单一窗口,推动港航物流信息接入,实现物流和监管等信息的全流程采集。完善推广单一窗口跨区申报功能,完成上海电子口岸与张家港电子口岸系统对接测试,会同安徽省口岸办推进沪皖单一窗口系统对接和数据共享。推进通关物流信息共享、窗口功能融合,为长三角企业提供更好的"通关+物流"服务。

9. 商务领域长三角一体化合作机制进一步强化

联合三省组织编写《2019长三角商务发展报告》,展现长三角商务一体化发展成果和趋势。

二、2020年的工作思路

1. 进一步发挥进博会溢出效应,找准结合点

充分放大进博会溢出带动效应,发挥好49个"6天+365天"平台作用(首批建成的31个平台,已累计引入近800家参展商的2万多种产品,价值90多亿元,进口约

757亿元商品），加大世界各地新品进口力度，推动更多新品落户虹桥商务区，实现"要购物、到上海，要购进口商品、到虹桥商务区"。

2. 进一步聚焦梳理重点项目，打造闪光点

与三省商务部门常联系、多沟通，寻找具有商务工作显示度和企业家、老百姓获得感的抓手共同推进，比如在高质量发展制造业，推进供应链创新与应用，推进长三角一体化信用合作等方面扩展合作空间，实现互利共赢、共同发展。

3. 进一步加强信息对接共享，寻找着力点

与三省商务部门加强信息对接，共享商务运行情况、共同分析前景趋势、共商应对举措，特别是在规划、消费、市场、投资、会展和人才等方面加强信息共享与联动，并形成常态化机制。

第十一章 服务业管理

第一节 2018—2019年度重大活动

一、2018首届中国国际进口博览会

首届中国国际进口博览会(以下简称"进博会")是迄今为止世界上第一个以进口为主题的国家级展会,在国内外产生了广泛关注和热烈反响。五大洲172个国家、地区和国际组织的代表参会,3600多家企业参展,6天展会共计97.6万人入场观展;按一年计,累计意向成交578.3亿美元,首次进入中国的展品5000余件,300多项新产品、新技术发布;进博会同期场内场外共举办了510多场配套活动,形成了一大批丰硕成果。

(一)主要成效

首届进博会是2018年我国四大主场外交活动收官之作。11月4日欢迎晚宴习近平总书记等中外领导人等近400位嘉宾出席;11月5日虹桥国际经贸论坛共计4500名嘉宾出席;开幕式论坛1500多名嘉宾与会,习近平总书记出席并发表题为"共建创新包容的开放型世界经济"的主旨演讲;平行论坛和国际媒体论坛3000名嘉宾与会,20多名外国政要发表演讲,30多位产学研嘉宾参与互动交流,围绕"激发全球贸易新活力,共创开放共赢新格局"有力发出"虹桥声音"。

1. 交通组织顺畅高效

展会期间,累计运送约86万人次进博会客流,轨道交通"三线三站"进出站客流达到49.4万人次,单日最高周边轨交车站进出站客流达到22.5万人次、离场保障出

租车发车3 790车次、接驳巴士运送客流2.6万人次、团队大巴服务1 126车次,每天集约化交通出行比重高于75%,均创下历次展会交通保障新高。推出"进博会交通APP"提供地图和导航服务,总下载用户超过130万,有效引导分流进博会大客流。

2. 内外嘉宾接待周到

市领导会见各国元首、部长外事活动共计126档。圆满完成168个副部级以上外宾团组(含友城团组)、390位副部级以上重要外宾接待任务,其中:一级警卫团组16个,二级警卫团组10个,三级警卫团组13个,国际组织团组9个,非警卫部长级以及其他政府代表团106个,友城团组17个,对口接待境外经贸团组119个。圆满完成219批重要内宾团组、275位省部级领导以及4 689名交易团团部成员接待任务。内外宾接待均创短时间接待数量历史之最。

3. 城市服务井然有序

对接境内外不同人群用餐需求,在展馆内设置100多个供餐点,引入清真餐饮、素食、上海特色小吃等餐饮业态,在临时供餐点创新引入移动餐车、移动厨房等供餐模式,餐饮物流中转总仓共配送约1 000吨餐食,展馆内共计供应餐食67万份。建立"双供应一追溯"制度,对所有进入核心区展馆内食品及原料集中存储到中转库,采取"安检前移、集中检测、全程押运、绿色通道、统一配送"措施,确保"供得上、吃得好、吃得安"。展馆内设立5个现场医疗点、全市开设18家定点医院,提供便捷医疗服务。展会期间实施酒店价格临时管控措施,全市客房供应充足、房价总体平稳,酒店实际入住65.5万间,平均出租率超过70%,同比增长6%。全市纳入监测的124家旅游景区共接待游客约264万人次,较上年同期明显增长,未发生重大旅游投诉事件。

4. 城市运行总体平稳

展会期间,全市重要设施运行稳定,未发生一起重大安全事故、重大疫情和食品安全事件。全面完成700多项绿化提升(426万平方米)和环境整治项目,以及黄浦江两岸20公里岸线景观照明、近100公里架空线落地工程,促进道路环境更加整洁、街容街貌更加美观、空间视觉更加靓丽。5 527名"小叶子"志愿者上岗服务、展现青春风采,其中来自"一带一路"沿线国家和地区4名、香港地区24名、长三角地区29名,成为城市一道亮丽的风景。

5. 交易组织精准有效

构建了"2+4+18"的交易组织体系(其中:"2"是"6天+365天"一站式交易服务线上和线下平台;"4"是大型零售商联盟、综合贸易服务商联盟、跨境电商联盟和展示展销服务联盟等四大采购商联盟;"18"是16个区分团和国资分团、服务贸易分团)。首届进博会上海交易团共组织1.81万家单位(企业),超过15万名专业观众到会采购洽谈。展前充分利用展前对接会和现场配套活动,抓好重点展商、客商成交撮合开展专业化对接、全流程服务。展中促成交促签约,成为精准对接、有效采购的主力军,成交商品多为在国内市场首次"露面"的新品、精品。

（二）主要做法和经验

筹办进博会是一项庞大的系统工程,在全世界没有先例可循。首届进博会的圆满成功,为上海在优化营商环境、加强城市管理方面积累了一定的经验,对上海的服务业发展起到了全面提升的作用。

1. 着力营造高效便利环境

（1）推进更高标准的贸易制度创新。在国家部委的大力支持下,上海提出了为进博会量身打造的20多项支持政策,且全面落地。包括：允许展会展品提前备案、以担保方式放行展品、延长展品有效期至1年、对展品展中销售和现场成交适用中西部国际展会的税收优惠政策、开展保税展示交易常态化制度创新试点等。支持展后销售政策落地,展品展后进入保税监管场所或特殊监管区域视同离境予以核销,将海关签注ATA单证册项下进博会暂时进境展品的首次进境期限延长至1年。支持进博会车辆展品国内留购,支持汽车展品在展后进入海关特殊监管区域,对符合国5排放标准的参展留购汽车免除CCC认证检测项目和费用,便利汽车展品国内留购等。

（2）营造更优良的通关便利环境。口岸监管部门推出多项展品、人员进出便利措施,压缩境外展品通关时限,降低境外企业参展成本;上海海关在口岸和查验场所设置92个进博会物资专用窗口,实现进博会展品随到随办,全国海关24小时不间断视频联网监控值守,第一时间现场解决通关保障问题。上海边检运用"互联网+"创新口岸智能通关模式,大大提升境外旅客通关效率。开发跨境贸易管理大数据平台,实现货物"靠泊即提"。国际贸易"单一窗口"设置进博会专区,实现展品审批无纸化、申报自动化、通关便利化、监控全程化。简化各类展品许可证办理流程,办理时间平均压缩50%以上。为进博会暂时进境展品统一提供银行保函用于办理税款总担保,参展企业免交海关关税担保金或保函。

（3）提供更高水平的展会现场服务。加强知识产权保护、行政执法、市场监管等现场联合监管服务,设立4个现场综合服务站,采取柔性监管方式,及时妥善处置纠纷和突发事件,累计受理现场咨询和投诉类事件222件。为让参展商和采购商无障碍洽谈交易,加大对营商环境政策、法律服务、服务业开放等双语推介力度。注重招募擅长英语并兼顾小语种志愿者,展会期间提供了23万多次语言服务,受到了众多境外参展商欢迎。

2. 着力加强城市精细化管理

（1）高水准、高质量完成场馆改造提升。在国家会展中心"不停展、不闭馆"情况下，仅用4个月就完成了常规需要2年才能完成的场馆改造项目。项目建成后，彰显了大国风范、海派韵味。在兄弟省市大力支持下，顺利完成东阳木雕、苏州刺绣、福建漆画、上海大画等130多件艺术创陈品，既有传统艺术大作，又有当代艺术精品。

（2）精细卓越完成市容环境整治提升。在确保城市正常运行情况下，在较短工期内完成了黄浦江及4座跨江大桥灯光改造，建立黄浦江景观照明智慧照明系统。道路环境全流程、全要素、全方位精细化管理，完成场馆周边219万平方米、全市其他区域207万平方米绿化景观升级。

（3）多措并举打造一流城市服务体验。线上线下多渠道、多形式提供展会服务和城市服务宣传咨询，制作进博城市服务导引微信小程序、上海城市服务指南、上海餐饮攻略等，实现参展信息与城市服务"一键导航"。全市酒店、餐饮、旅游等45个重点窗口行业，共设立进博会社会宣传点位26 530个，举办"迎进口博览会，创文明示范窗口，树上海服务形象"系列活动，开展技能竞赛和专题培训，以热情的服务、真诚的微笑，全力打造上海城市名片。

3. 着力提升溢出带动效应

（1）发挥投资促进效应。除做好展会期间境外经贸团组和全国36个省区市交易团接待外，联合驻沪使领馆、各区制定对接进博会加强投资促进工作方案，发布45条特色参观线路，涵盖智能制造、商贸金融、文化创意、生命健康等多个领域。组织68场层次高、水准高、质量高的投资促进活动，共接待89个国家（地区）200多个代表团共计1 553人次参观特色路线。

（2）发挥进口促进效应。以搭建"6天+365天"一站式交易服务平台为抓手，联动长三角地区为参展商"参展一周、服务一年"，促进展品变商品，助力打造永不落幕的博览会。首届进博会溢出效应显现，上海口岸进口的服装、手表、医药品、医疗器械、化妆品分别占全国69.1%、66.9%、57.5%、54.7%、47.7%，葡萄酒、钻石、乳品、汽车占比超过1/3，实现全球更多优质商品和服务以上海为枢纽，更加便捷地进入我国市场。

（3）发挥消费促进效应。结合"2018上海购物节"，开展各类迎进博会主题营销活动，推出旗舰店、潮牌概念店、夜上海、老字号、特色商街、离境退税等10条"上海购物专线"和200多个上海特色购物地，联动全城商圈开展近200场主题促消费活动。来自国内外的参展商和采购商，成为打响"上海购物"品牌最好的体验者、宣传员，进博会举办当月,上海离境购物退税业务量较上年同期增长近50%。

二、 2019第二届中国国际进口博览会

在中共上海市委、市政府的正确领导下,在商务部和国家进口博览局的指导下,上海成功举办了第二届进博会,上海交易团也圆满完成采购商组织和交易保障工作,实现了"采购商到会数量和意向成交规模均超首届"的预定目标。

(一) 主要成效

1. 专业采购商远超首届

第二届进博会采购商企业数和人数均超过首届。经审核通过定参会的采购商为20 633家,较首届增加4 751家,增长29.9%;付费专业观众为167 030人,较首届增长43 121人,增长34.8%。其中:企业为17 460家,占比为84.6%;企业人数为123 547,占比为74%。

2. 采购规模进一步放大

该届进博会上海交易团各成员单位积极入场对接洽谈,采购踊跃,开展第四天(11月8日)累计采购成交额已超首届,提前完成"双超"目标。同时,采购参展商品的国别扩大到62个国家,部分欠发达国家成交量和国别数量明显提升。

3. 配套活动数量、质量"双提升"

一是从数量上看,场内场外配套活动总计达46场,远超首届进博会的27场,增长70.4%。二是从内容和形式看,有4个类别。包括18场供需双方对接签约类活动;15场研究发布类活动;8场论坛活动;5场政策解读类活动。丰富的论坛活动很有看点,有效扩大进博会影响,促进展会现场成交。

(二) 主要做法和亮点

1. 强化组织保障

上海交易团搭建了由许昆林副市长任团长、尚玉英副秘书长任副团长,市商务委华源主任任秘书长、申卫华副主任任副秘书长的第二届进口博览会上海交易团,秘书处设在市商务委。18个交易分团及时搭建由分管副区长及以上级别领导担任分管团长的组织架构。

2. 创新招商方式

为确保精准对接、有效采购,上海交易团搭建"2+4+18+X"四位一体的招商组

织体系,在首届"6天+365天"交易服务线上线下平台、四大采购商联盟、18个交易分团的基础上,新增X的概念,即上海市重点行业、重要领域的采购商群体。依托侨联、工商联、中小办等社会团体组建外资、民营和中小企业等重点领域采购团,联手市青年联合会组织百名青年企业家参观团等。

3. 提前部署招商工作

上海交易团早谋划、早部署、早动员,一是在2019年5月就组织召开业务培训会,对各成员单位就采购商组织和专业观众注册信息系统使用等重点工作进行培训,提前打好基础。二是多层次、多维度开展专业观众招商活动,不断优化参会的企业和人员结构。其中:国有2 557家,占比为12.4%;民营企业11 975家,占比为58%;外资企业1 624家,占比为7.9%;上述企业中,中小微企业为14 930家,占比为72.4%。

4. 深入开展供需对接

展前、展中积极组织采购商与展商对接。展前上海交易团积极组织境内外采购商参与进口博览会全国招商路演宣介活动,先后举办上海招商路演和品质生活、科技生活两大展区展前对接会,组织上海交易团300余家重点采购商参与了覆盖进口博览会七大展区的4场展前对接活动。展会期间,通过开展各类配套活动,推动供需双方开展深入对接。青浦、闵行、国资等十多个分团先后举办集中签约活动,推动采购成交不断掀起高潮。

5. 广泛开展宣传报道

一是编辑摄制第二届进博会上海交易团宣传片《相约进博·携手共进》,并于11月1日发布。二是上海交易团微信公众号持续升温。截至第二届进博会闭幕日,上海交易团进博会官微总用户数飙升至39 820人。全年推送54条,总点击率537 516次。

6. 拓展"6天+365天"平台

积极承接放大进口博览会溢出效应,在首届31家基础上,新评选出18个"6天+365天"交易服务平台,并举办新一批平台授牌仪式,由上海交易团团长、副市长许昆林授牌。展会期间,"6天+365天"交易服务平台成员单位共举办10场配套现场活动,为进口商品、技术和服务进入中国市场提供多模式、多渠道的服务,已成为对接进博会参展企业的主力军。

7. 搭建"上海交易团之家"

为加强宣传效果,增加各成员单位交流,促进采购对接,上海交易团首次在国家会展中心"四叶草"花蕊部位设立上海交易团常年展示中心,内设"上海交易团之家"。对上海交易团四大采购商联盟及承接溢出效应的成果进行集中展示,展示面积达530平方米。

三、2018 上海购物节

以"要购物,到上海"为主题的 2018 上海购物节是上海连续第 12 次举办上海购物节,也是市委市政府做出全力打响"上海购物"品牌、加快国际消费城市建设部署后的首届购物节,贯穿了国庆黄金周、进口博览会、"双十一"购物节等重要时间节点,聚焦打响"上海购物"品牌、对接首届"进口博览会"、顺应"消费升级"趋势三个方面,突出"消费品牌最新最潮""购物环境最优最好""性价比最高最划算"三大特点。是有史以来历时最长,也是内涵最为丰富、意义最为特殊的一届购物节。

此届购物节精心策划各项活动。首批推出特色购物专线 10 条,新品首发活动 15 项、国别商品活动 13 项共计百项重点活动,覆盖 16 个区、涵盖 2 000 多家企业的 2 万多家网点,为上海市民和国内外消费者打造了全业态、全渠道、全方位、全天候的消费盛宴,不仅让消费者获得更多的体验感、潮流感,也为上海这座国际消费城市增添了更多的商业魅力。据上海市商务发展研究中心(上海市商业信息中心)对全市近 140 家重点商业企业销售监测的数据显示:2018 上海购物节期间,销售额达到 298.1 亿元,同比增长 15.6%,客流量同比增长 16%。2018 上海购物节不仅为消费者打造了购物的嘉年华,更是商业经济转型、社会消费升级的生动缩影。

(一)六大板块轮动、活动精彩纷呈

此届购物节精心打造了新品首发季、国别商品周、商圈嘉年华、特色商街行、消费新体验、行业联盟秀 6 个主题板块 100 项活动。购物节期间,各板块活动轮番登场,为金秋时节送上一道道丰盛的消费盛宴。

1. 新品首发季

世茂广场、LCM 置地旭辉、LuOne 凯德晶萃、世纪汇、船厂 1862 等新商场开业,众多旗舰店、潮店入驻魔都,5 家商场携超 50 家首店落户申城。老店新装的南翔馒头店豫园旗舰店全新发布南翔品牌"上海的味道"战略等,展示手工包捏技艺。上海时装周 2019 春夏发布会,更多充满创意激情的新锐设计师走入公众视野,110 场时装作品首发新发。"蔓楼兰"在百联又一城的新品发布、"华为"新款手机发布,给消费者带来全新体验。

2. 国别商品周

光明食品集团内外联展联销,通过进口博览会搭建全球食品集成分销平台,在第一食品门店开展"2018 光明进口食品节",汇集了 200 余种旗下企业的海外产品。百

联集团依托海外供应链资源,组织了"百联·全球精品惠"主题营销活动,上千款进口商品在百联线上线下平台集中展销。苏宁集团搭建海外优质产品引进桥梁,通过苏宁的"智慧零售"平台将优质好物送到消费者的手中。高岛屋、仲盛世界商城、吴江路也纷纷举办具有日本、西班牙、北欧等国别或地域特色活动,让进不了"四叶草"的市民同样感受进口博览会的氛围。

3. 商圈嘉年华

中华商业第一街——南京东路步行街通过新一轮的升级改造,焕发出新的魅力。沿线的新世城、第一百货商业中心、永安百货等于购物节开幕当晚延长1小时营业时间至晚23点。静安区活力派周年庆久光百货、晶品购物中心、兴业太古汇串起南京西路的精彩,购物节期间销售增幅达34.7%。徐家汇商圈围绕"艺萃徐家汇",让艺术与购物融合,让演出走进商圈。新虹桥—天山商圈围绕"乐购虹桥·喜迎进博"纷纷推出各具特色的营销活动,销售增长12.9%。五角场商圈开展以"新·动五角场,潮·级购物季"为主题的营销活动,同比增长近40%。

4. 特色商街行

瑞虹天地月亮湾紧抓文化艺术跨界消费新热点,以音乐娱乐消费为主轴,打造以"声临其境"的娱乐盛宴,凸显音乐和世界文化的融合。玩转ART愚园引入国际知名艺术家,驻地创作为愚园路量身定制的公共艺术作品,草坪音乐会、街头艺人、时尚市集等串联起了不同时尚生活主题;新开的愚园百货公司让老建筑焕发新生,成为网红店集中地。通阳路灯光夜市美谷节开启深夜食堂模式,将夜间消费营业时间拉长,同时推出美谷有礼活动,将东方美谷优质产品体验与夜间餐饮结合,促进了夜间经济。

5. 消费新体验

豫园中秋家传文化节打造大型中秋主题灯光装置,装点节日氛围,拜月大典、华服巡游再现唐宋中秋民俗之美。环球港旅游文化购物节融合公益元素,取得营销成果与社会价值双丰收,销售额同比增长25.7%。金山生态体验购让更多的市民感受金山优秀的农副产品,全市126台强丰智慧微菜场与建设银行合作推出"一折购"活动,让利消费者。明珠湖鱼鲜推出鱼鲜宴、鱼火锅等宴八方宾客,先后接待游客3万人次。国美家装家电嘉年华,同期整体销售提升20%,市区重点活动门店同期销售提升高达30%。建行热购嘉年华在尚悦湾、大宁音乐广场、徐汇日月光、静安大悦城四大商业地标开展,"兜你玩嘉年华""龙行天下竞速赛""抢鲜一步智能支付""建行办卡区""儿童剧场"让参与者体验了一次运动与购物相融的愉快之旅。银联美好生活365惠及10个商圈,近千家商户,通过百货和美食两大主题营销,为广大消费者提供舒心方便的购物支付体验。

6. 行业联盟秀

第十二届中华老字号博览会"老牌新品,时代匠心"凸显老字号百年匠心传承,着力展示中华老字号企业的新产品、新设计、新风貌、新思维。东方购物频道还与老字号企业开展全媒体合作,通过电视、APP等渠道打造老字号新品线上首发售卖平台。第十四届上海酒节延续"酒的世界 世界的酒"主题,荟萃全球佳酿,搭建国内外知名酒企、酒商的合作桥梁,三天的活动吸引数万观众参与。第十一届汽车销售服务节特设新能源车专场,通过新车型、新技术的展示,推广节能减排和低碳生活。青浦长三角名品展汇聚长三角地区特色名品,枫泾丁蹄、青浦蛙稻米、嘉兴黄酒、黄山茶叶、嘉善陈皮酒、东台发绣、苏北菜籽油等,琳琅满目,让人目不暇接。东方美谷商品集市周8家美妆企业的产品轮番展示,为区域产业的打造进行推广展示。国际黄金珠宝展众多国内外知名品牌珠宝企业参展,独立设计师新品发布,并与相关行业协会合作延伸产业链。"双十一"期间,各商业企业更是线上线下同时发力。i百联"双十一"举办"双食衣·兜来购"惠及老会员、服务新会员,活动从10月下旬延续到11月中旬。龙之梦联袂天猫"双十一"寻宝大作战,至指定店铺扫码,赢取大红包,现场还能抢红包雨。口碑将传统生活服务与互联网智能结合,助力打造智慧门店,"双十一"更是开启购物全民狂欢,一天促成交易13万次。

（二）承接溢出效应、做好服务保障

围绕服务保障首届进口博览会,积极承接进口博览会的溢出效应和放大效应。"2018上海购物节"在推出一批国别商品周活动,推进境外优质商品和服务进商圈、进商街、进商场以外,还面向广大消费者,特别是数十万海内外客商推出了10条"会商旅文体"融合的消费体验特色专线,热情饱满地迎接海内外参展客商,精益求精地做好消费保障工作,讲好"上海购物"故事,做好家门口的全球营销,展示好上海商业文明和商业改革40周年的成果。

1. 规划"上海购物专线",满足个性化消费需求

为打响"上海购物"品牌,服务保障进口博览会,2018上海购物节隆重推出了"上海购物专线"。作为"上海购物"向全球营销和形象推广的重点项目,首批收录了首店、旗舰店、潮牌概念店、奥特莱斯、夜上海、老字号、商业地标、特色商街、特色美食、离境退税10条购物专线,囊括200多个特色购物地。11月3日,在商务部召开的首届中国国际进口博览会新闻发布会答记者问时,市委常委、常务副市长、进口博览会筹委会办公室副主任周波介绍了"上海购物专线",为进口博览会的参展观众提供了购物、休闲场所,满足个性化消费需求,精准、快速、便捷地体验上海购物的乐趣。进

口博览会期间,上海购物专线纸质折页发放至进口博览会观众服务区、接待入驻星级酒店、全市主要商业网点、两大机场、车站码头等重点区域,折页详细标明了购物地标的中英文名称和地址,充分展示上海商业的繁荣和繁华,精准服务海内外宾客和本地消费者的个性化购物需求。同时,购物专线的同名应用小程序更于购物节开幕之日抢先上线,图文并茂展现购物地标的特色亮点、交通指南、营业时间、服务电话等实用信息,服务广大消费者和海内外客商。截至11月11日,小程序拉新转发153 958人次、注册用户达到101 085人,取得了初步的成效。

2. 提升窗口服务,擦亮"上海购物"名片

为迎接首届进口博览会,市区商务主管部门和商业企业积极备战,以购物节为舞台,以最美的窗口形象迎接海内外嘉宾到来。黄浦区、静安区、浦东新区着力发挥自身优势,强化服务意识,提升服务水平,树立窗口形象。黄浦区深入开展"服务质量年"活动,开展以"迎进口博览会·树上海购物品牌"为主题的商业服务质量工作,推进服务优质化和标准化,打造了一批黄浦优质服务品牌、推进"'商业零售、餐饮企业服务质量规范'黄浦区标准"建设,完善服务评估反馈机制,提升服务窗口专业技能。静安区积极推荐进口博览会商业配套服务商,提供进口博览会场内外的餐饮保障,提升窗口服务水平,力保安全生产零事故。率先倡议的线下实体店试点"7天无理由退货"已获得首批80家品牌响应,部分门店自愿承诺,同时将无理由退货时限由7日放宽至一个月。作为上海改革开放的前沿,浦东新区积极筹办"创赢未来·2018浦东商业创新服务大赛",评选出10个创新服务台、12位服务明星,树立优质服务典型模范,呈现浦东商业企业在服务理念、服务内容、服务模式方面的创新成果和独特优势,推动浦东商业服务的创新发展。各区商业企业还积极参加市商务委联合市工商局组织开展的商贸行业迎进博会放心消费创建活动,优化上海消费环境,提升消费环境安全度、经营者诚信度和消费者满意度,确保进口博览会期间海内外来宾能够放心消费。

(三)做好配套工作,营造浓厚氛围

为了扩大购物节的关注度、提升影响力和辐射力,特别是面向进博会期间参展的数十万海内外客商,做好家门口的全球营销,本届购物节开展了内容丰富的配套活动,努力做到全媒宣传、全城动员、铺天盖地。

1. 配套活动互动性强

为了配合做好"上海购物专线"的推广工作,本届购物节以购物专线小程序为平台,分别推出了"玩转购物专线""购物专线攻略大赛""最IN购物地"评选和"2018上

海购物达人赛"4项配套活动,其中3项由中国建设银行独家冠名。"玩转购物专线"分享抽红包、签到抽大奖,截至11月11日,共有25万余人次参与签到;"购物专线攻略大赛"先后收到商业企业、公众号的微信小编、消费者购物攻略75篇,从不同角度诠释了购在上海的不同体验;"最IN购物地"评选,根据消费者签到数量,让消费者以脚投票,评选出了12个心目中的最佳购物地。"2018上海购物达人赛"打造"上海购物48小时"热门话题,通过两天两夜的时间,从购物达人的视角、体验、推介全面介绍吃、住、行、游、购、娱、首店、特色服务等特色购物线路,让更多上海本地人了解上海购物,让更多来上海旅游的顾客体验上海。首次有男选手赢得冠军,购物不仅仅是女性的专利。

2. 宣传工作覆盖面广

该届购物节历时45天,是有史以来最长的一届。为了扩大购物节,特别是进博会期间的宣传力度,在购物节开幕前后和进博会期间分两波掀起购物节宣传高潮,通过朋友圈、造景、广播等继续维持购物节热度,努力做到全媒宣传、全城动员、扩大覆盖面。一是统一对外形象。向购物节全体参与单位印发了购物节海报、参与标识、主视觉和宣传标语,制作了开幕式和进博会两个版本的宣传短视频和购物节活动折页。二是扩充宣传渠道。该届购物节特别加强了在轨道交通、高架等人流往来密集、车流往来繁忙地点的宣传资源投放。除了继续在浦东国际机场航显屏、浦东机场服务台、虹桥火车站电子屏宣传购物节,让国内外旅客一到上海就能感受到"上海购物"的魅力外,还首次定制了轨道交通2号线购物节专列,在人民广场换乘大厅进行了造景,在重要轨交站点电子屏进行了推广,在延安路高架投放了迎风旗广告等。还通过与Metro大都会合作,开设了此款APP上购物节专栏,实现了人流聚集站点的信息弹送。值得一提的是,首次尝试了在东方有线换台广告和调音广告进行了宣传投放,进博会开幕当天的特别报道,恰巧让购物节宣传搭上了宣传的快车,扩大了活动的品牌影响力。三是铺天盖地宣传。继续在《新民晚报》《新闻晨报》等平面媒体公告活动;继续在广播电台进行宣传并制定栏目;继续在公交移动电视、社区道闸和灯箱加强投放;继续通过微信朋友圈、大V转发、网络论坛铺发扩大影响;继续运用网红直播、图文直播传递开幕的盛况;继续发挥"上海消费总动员"官方平台,搭建好微官网、做好内容推送。

3. 企业资源充分调动

除了得到浦东国际机场、虹桥火车站、申通地铁等系统外单位,市商联会、市企管协会、特色商街联盟等行业组织,以及12家支持单位的大力配合外,上海市商业企业更是发挥了主阵地作用,为购物节整体宣传和氛围的营造投入了巨大的资源。在按照要求贴好海报、标识,发好宣传品,放好宣传片,做好微信推送外,百联集团充分调动旗下百货、购物中心、奥特莱斯、商超卖场等各种业态资源,进行购物节造景、布置,营造了浓厚的节日氛围。青浦奥特莱斯还在人民广场造景到期后做了延展,直至购物节结束;永乐电器在购物节期间,所有的户外广告都打上购物节标识,亮明了参与单位的身份。上海联通依靠自身大数据平台,每周对各大商圈客流情况进行检测,提供了数据参考。支付宝开通了"上海购物专线"平台窗口,为专线推广进行助力。

四、2019 上海购物节

2019 上海购物节继续深化"政府搭台、企业唱戏、市区联手、各方参与、合作共赢"的办节模式,练兵进博会窗口服务、献礼中华人民共和国成立 70 周年,组织丰富多彩的主题营销活动,有力促进和扩大了消费。

1. 营造浓郁节庆氛围,显著提振消费市场

2019 上海购物节围绕"要购物,到上海"的主题,通过加强市区联手、政企联动,推出"夜间消费潮、新品首发/新店开业季、商圈商街行、购物专线游、行业联盟秀、消费新体验"六大板块,涵盖全市 2 000 多家商业企业和 2 万余个商业网点。2019 上海购物节创新开闭幕式内容和形式,其中开幕式与南京路步行街开街 20 周年相结合,运用 5G 技术实现南京路步行街世纪广场主会场和 4 个分会场的互动直播,闭幕式首次邀请企业家与购物达人同台互动,交流消费心声。购物节期间的 100 多项重点活动也各具特色,营造出浓厚的节庆氛围。购物节期间全市 100 家大型商业企业营业额(上海市商务发展研究中心数据)同比增长 10.6%,高于同期社零增幅 4 个百分点以上,客流量同比增长 13.7%,高品质商品如电子电器类销售增幅达 22.9%,化妆品销售增幅达 18.7%,消费升级趋势明显。其中,国庆期间总消费规模(银联数据)同比增长 10.2%,消费人次 2 455 万人,同比增长 6.2%。

2. 丰富夜间经济内涵,激发消费增长新动力

全市各区整合"夜食、夜购、夜游、夜读、夜健、夜娱、夜展"等夜间消费资源,频出新招打造夜间经济。本届购物节开幕式上发布了首批 9 个上海地标性夜生活集聚区,打造"一带多圈"夜经济发展格局。国庆期间的"浦江追梦,光耀中华"主题光影灯光秀吸引了大批市民游客,带动周边的外滩中央、新世界大丸百货、益丰外滩源等大型商场销售同比 2 位数增长。黄浦区在南京路步行街为举办庆祝开街 20 周年购物狂欢夜活动,拉动沿街商铺销售提升 30%以上。普陀区联合梅川路智慧口碑街、伯士路中环夜明珠商业街区,推出智慧体验夜市快闪行动。虹口区打造北外滩之夜,上海

酒节吸引了4万人次前来体验。奉贤区发布了"LINE IN 奉贤"夜间品牌。世茂广场携手新华社、中国联通、京东方进行全球首次5G+8K直播报道,节日期间销售额同比增长30%以上。据统计,购物节期间全市夜间(19:00至营业结束)营业额同比增长22.6%。

3. 新品新店集中亮相,引领时尚消费新地标

该届购物节开幕式上发布了2018—2019上海全球新品首发地人气榜单,推出10个新品发布地。购物节期间,老字号与时尚品牌交相辉映,中华老字号博览会汇聚全国214家老字号,特设老字号新品集中发布专区,4天共吸引百家媒体关注,6.5万参观人次,现场销售额529万元。2020春夏上海时装周推出品牌发布会100多场,以"内容+体验+消费"为纽带,促进服装服饰消费较平日客单价增加4%,奢侈品消费客单价增长43%,五星级酒店消费增长21%。老牌商场焕新开业,百联南方购物中心2期、百联曲阳购物中心优化布局,大力引进网红餐饮和娱乐体验项目。豫园老庙景容楼等老字号门店也焕然一新、全新亮相。智慧门店和专业特色店加快落地,苏宁与联通联合在苏宁易购长宁店推出全国首家5G体验馆。网易严选上海第一家实体店落户兴业太古汇。全球首店海尔智家001号体验中心落户普陀。国际品牌加紧布局,美罗城引进全球首家展示adidas logo三叶草蓝形象店;尚嘉中心引进美国EVERLAST上海首家品牌运营店,国庆销售额同比两位数增长,上海环球港引进沪上最大的POP MART旗舰店,国庆销售同比增长20%以上。

4. "商旅文展"深度融合,消费客流规模双提升

20个商旅文融合海派特色商业街区在购物节开幕式上正式推出,彰显上海国际化大都市独特的个性与品位。商圈整体营销成效显著。静安区整合消费信息,发布商圈购物指南,南京西路商圈销售增幅超25%。长宁区集中呈现的购物地标,新虹桥—天山商圈购物节期间销售增长11.2%。商旅文地标引领作用突出。豫园商城优化业态品牌和形象布局,绿波廊以新中式面貌倾力打造"舌尖上的江南"美食广场,文昌街聚集汉字生活馆、文昌祈福店等文创小店,国庆期间除黄金板块外,销售额同比增长60%以上。服务消费亮点纷呈。《我和我的祖国》《中国机长》《攀登者》三部献礼中华人民共和国成立70周年的主旋律影片同日上映,掀起市民观影热潮。2019河马生活节集聚了10多个国家的上千种美食。购物节期间的服务消费增幅高达31.4%,比零售、餐饮的增幅分别高出22.6、18.6个百分点。

5. 集聚长三角名品精品,助力长三角消费联动

举办系列活动,与长三角企业和消费者互动,扩大购物节影响力。青浦区打造长三角名品节,集聚吴江、昆山、嘉善、东台、安徽等长三角地区的近百余家知名企业参

展,提供购物、文化、旅游综合消费体验。松江区汇聚长三角 9 座城市上百种特色小吃,打造九城市美食节,还成立了 G60 科创走廊九城市餐饮行业协会联盟,加强联动。金山区在购物节期间组织长三角及云南地区的老字号企业进行新品首发路演。

6. 展示服务新形象,提升消费市场满意度

为迎接第二届进口博览会,以最美的商业窗口形象迎接海内外嘉宾的到来,市区商务主管部门和商业企业立足岗位、积极备战。在购物节开幕式上,南京路步行街商业企业代表,共同发起"诚信兴商、放心购物"七日无理由退货服务承诺,推行经营者服务首问制,积极践行商业零售和餐饮业服务质量规范,打造"最放心商品、最优质服务"的品质消费示范区,提升中华商业第一街服务品质软环境。浦东新区举办"浦东品质、创赢未来",迎第二届进博会浦东窗口行业服务风采展示活动。发布《商圈消费环境评价规范》浦东新区区级标准,全面体现浦东一流的服务、一流的品质,努力呈现"接待更温馨、城市更安全、环境更美观、社会更和谐、市民更文明"的高品质浦东服务形象。

五、2018 上海时装周

自 2003 年 4 月首次举办以来,上海时装周以秀促展、以展促市,促进时尚产业升级,成为打响上海购物品牌、建设国际消费城市和打造品牌之都、设计之都、时尚之都的有效载体。历经 15 年,上海时装周已从以国际大牌专场为主转为对本土原创设计的扶持,从单一的作品发布平台发展为集合作品发布、商贸展会、主题活动、时尚周末等多元化形态内容,贯穿整个时尚产业链,充满活力和能量的"城中盛事",赢得全球时尚业界的关注与瞩目。上海时装周紧随巴黎、米兰、伦敦、纽约国际四大时装周,成功跻身全球五大时装周之列,并形成自己的鲜明特点。

2018 秋冬上海时装周以"融·本源"为主题,于 3 月 28 日至 4 月 3 日举办,在打磨更专业、更权威、更具影响力的时尚发布平台基础上,将时装时尚融入生活,取之于源,用之于源,为新时代背景下的产品升级、消费升级与全民生活品质升级注入活力。

1. 举办 100 场发布秀

新天地作品发布延续 A/B/C 秀场布局,当季共带来 50 场发布,助力亚洲时尚振兴。备受国际业界瞩目的中国当代先锋时装新势力板块 LABLEHOOD 移师拉法耶艺术中心,上演 20 场先锋作品展示。立足 800 秀阵地,KIDS WEAR 童装专场将带来 20 场国内外童装品牌作品发布。SIFS 国际品牌发布将携蜚声国际的重量级品牌登陆上海。东华大学、上海视觉艺术学院、莱佛士设计学院等沪上知名设计艺术院校

也将进行发布展示,建立产业人才输出的重要渠道。

2. 集聚1 000个品牌

本季时装周发布品牌总数超过1 000个,发布面积达3万平方米。其中,MODE上海服装服饰展吸引来自全球近30个国家和地区的500个品牌,携手Ontimeshow、时堂Showroom Shanghai、DFO Showroom、ALTER SHOWROOM、TUBE Showroom和本季新增的NOT Showroom等,共同促成"亚洲最大时装订货季"的稳固发展。

3. 建立TOP100全球设计师联盟

汇聚全球知名独立品牌设计师,整合集团内外产业链资源,搭建发布和订货平台,将全球设计师资源与中国商业资源、全民消费对接,实现"欧美设计,中国市场,亲民价格,全球同步时尚"。来自荷兰、意大利、丹麦、英国、罗马尼亚的5位国际知名设计师将参加当季的"TOP100外滩时尚盛典活动"。

4. 启动"7+7+365"运营

发展一年两季、以秀演为中心,MODE上海服装服饰展、LABELHOOD时装演示、商贸交流、时尚论坛等辅助推动亚洲最大订货季。搭建365天持续发布的常设平台,形成新的时尚购物"热点",构筑起从专业发布、贸易展示向消费生活延伸的时尚产业生态圈。

5. 首次发布全球时装周活力指数

联合新华社,推出全球时装周活力指数,通过品牌商业价值、产业推动力、媒体传播力、商圈辐射力以及规模影响力等5个维度23个分项指标,综合评价14个全球时装周发展的活力和价值,形成时尚发展理论依据,填补时尚界指数分析空白。

6. 举办"中法时尚之约"活动

会同法国驻华大使馆举办"中法时尚之约·时'商'"论坛、"巴黎时装周——跨文化创造的熔炉"论坛、"中法时尚摄影展",以及"法国黎巴蕾丝展",呈现法国工艺与文化、时尚交织出的精彩火花。

六、2019上海时装周

上海时装周已经成为上海"四大品牌"建设的突破口,展示上海形象的新名片、都市合作的具体内容,并纳入"上海文创50条"重点推进项目。市委十一届四次全会将"上海时装周"列入上海"二个面向"提高城市能级和核心竞争力的重要抓手、上海全球新品首发的重要平台。上海时装周已成为优化营商环境,促进传统商业、工业生产供应链方式改革发展的重要途径，成为上海购物节的重要内容。2019秋冬季上海时装周以"重见"为主题方向。在勇于表达个性观点的同时，不断审视、回望、回归自然及本意，探寻设计作品背后的理念与共鸣。

1."新"潮澎湃，合力共筑全球时尚新品首发地

2019秋冬季上海时装周新品首发平台实现了从一元向多维的裂变，各个发布秀场平台进一步形成细分体系的错位互补。通过引进国内外一流品牌和先进业态，形成新品首发集聚地。时装周进一步树立了上海时装周的品牌影响力和公信力。在一周多的时间里，逾百场时装作品首发、新发在各中心城区的时尚地标呈现。聚焦一批国际最潮新品如：国际知名运动品牌REEBOK、国际品牌Vivienne Tam等，首次将首发从海外移师上海，并将时装周作为其进入亚洲及中国市场的首选平台。当季时装周更注重通过多维度细分新品发布体系，聚焦新锐、跨界、礼服、童装、院校新品等不同细分领域，打造时装品牌的最佳发布舞台，体现城市对全球时尚潮流引领的能力。

2.万"尚"云集，持续打造亚洲最大时装订货季

在上海建设国际会展之都的背景下，进一步实现"买全球、卖全球"，通过品牌驱动和渠道驱动双向驱动，依托上海的赢商禀赋和商贸基因，建立良好有序的商贸环境，推动个性化产品实现商业化发展，提升品牌的市场生存能力，以市场力量推动创新。

（1）打造以MODE服装服饰展为核心，联合时堂、Ontime Show、DFO、Alter、Tube、not六大各具特色的分会场形成完整的时装周商贸体系，集聚千余个来自30多个国家的服装服饰类新品，其中50%为海外品牌，成为海外品牌进入国内市场的首选商贸平台。在全市中心区域的七大时尚地标场所同期展览展示订货交易，形成了以订货为核心，以展示、推广为两翼的格局，进一步夯实亚洲最大订货季迈向深入。

（2）MODE上海服装服饰展进一步通过高端化、多元化、细分化的特色定位，以"买手制"特色为核心，在布展方式、主题设计、品牌细分等方面创新升级。通过进一步整合行业优质资源，打通展示、服务、商务的功能作用，提升细节与品质。进一步促进传统商业模式转型，优化营商环境，实现供需双方更紧密的市场对接。

3.别开"声"面，汇集一批形式丰富的主题活动

上海时装周致力于促进产业深度融合和高质量发展，充分发挥平台活力与国际影响力为行业带来丰富有效的交流互动，集聚一批形式丰富且兼备专业度和大众市场的主题活动在时装周平台进行呈现。

（1）全球最具行业影响力专业媒体"BoF时装商业评论"继续与上海时装周合作，举办第三届"论道"BoF中国峰会，以"摩登创业"为主题来开展峰会对话。

（2）首届BoF中国大奖的决赛评选，通过国际专业评审委员对年轻中国设计人才在商业能力和设计才华方面的综合考量选出获胜者，提供未来全球舞台的商业资源与资金支持。BoF中国大奖与上海时装周平台的结合，也让更多优秀的中国时装设计人才通过上海时装周崭露头角，并扶持有潜力的新秀走上国际舞台，拓展业务，快速成长。

（3）将"可持续"理念引入中国并促使其深度渗透到产业实践之中，再度与全球奢侈品巨头开云集团合作，从"创新材料"的角度探讨如何将可持续发展的理念以创新材料为载体深入到行业的每个角落。

（4）作为全球最著名的时装展会之一——意大利佛罗伦萨PITTI男装展于2019年6月的2020春夏展商，邀请"上海时装周"作为中国国家馆的合作伙伴，呈现中国当代男装设计。这是PITTI首次在展会期间邀请中国来担纲其展会的"国家馆"项目，也是行业内国际重要展会首次邀请上海时装周以国家馆的形式参展。当季上海时装周期间，PITTI展CEO Raffaello Napoleone与上海时装周正式签约合作备忘录，开启"中国国家馆"项目。

4."时尚周末"再塑体验式消费创新

"时尚周末"作为以创意设计和体验消费相结合的大众时尚平台，继续秉承"时尚为人民服务"的理念，将展览、音乐、时装秀、买手圣地、交互文化艺术展等元素的组合，拉近了时装周与大众之间的距离。同期还在商圈推出时尚"快闪店"，展示展销包括服装、配饰、时尚周边等在内的近百款设计师品牌，为大众提供浸入式时尚消费体验。带动时尚产业从B2B走向B2C，引领消费者关注品质消费、时尚消费、文化消费等新兴消费热点，创造大众时尚消费需求，推动"零售＋体验"的时尚融合消费发展，带动黄浦、静安、徐汇、长宁等活动主要区域经济发展。

上海时装周致力于在新零售领域进行探索，尝试推出新零售模式快闪店项目——FUSE新掀店，通过线下线上相融合的"新快闪"模式，链接时尚品牌和商业零售空间，通过多元的场景式营销增强与消费者的互动性和黏连性，借助科技与数字化新零售下单模式，实现"人到家，货到家"。

5.建立新型传播体系，提升全球影响力

当季时装周着力建立新型传播体系，通过与国际业内加强互动，以及邀请时尚领域知名人士参与，布局全球发声。实现上海时装周从"时尚名片"向"时尚客厅"的升级。

（1）进一步整合现有媒体资源，完善媒体矩阵及合作模式，形成全覆盖多方位立体式媒体推广。一是持续加大与国际权威时尚媒体集团的合作。包括与康泰纳仕(VOGUE、GQ)、赫斯特(ELLE、ELLEMEN)、现代传播(周末画报、iweekly)、嘉人等的内容合作,扩大时装周专业性的宣传力度。二是维系门户类媒体的报道互动。与腾讯时尚、腾讯视频、新浪时尚、网易时尚、搜狐时尚等合作,扩大时装周在中国范围的影响力。三是维系与上海本地宣传渠道的积极互动。包括动感101、KFM981、上海发布、上海圈子、上海城市号等跨圈层传播。四是建立与今日头条、新浪微博、企鹅号等资讯APP或自媒体平台账号管理方的合作,以技术推流、大V成团参与等方式促成时装周事件营销。五是加大与创新传播模式的合作。包括户外地标大屏话题传播(震旦国际大楼、上海中心、外滩之窗)、短视频公众号(梨视频、更上海)、细分领域KOL(大饼穿搭札记、磁器、WENJUN、香蕉街拍等)。

(2)海外媒体及买手云集,布局海外发声。邀请集聚一批国际重量级机构负责人、买手与媒体,如:英国时尚协会CEO Caroline Rush、法国Tranoi展CEO David Hadida、英国时尚精品店Browns女装买手总监Ida Peterssosn、北美殿堂级买手店H.Lorenzo主理人Lorenzo Hardar、纽约时尚精品店3NY创始人Sam Desner、Diesel品牌创始人Renzo Rosso、Vogue Business主编Lauren Indvik、Vogue Italia副主编Sara Maino、BoF时装商业评论主编Imran Amed、国际时装博主时装记者Susie Bubble全方位参与本季时装周的活动,进行合作宣传报道,将平台的国际化影响力进一步提升。

案例8 十六载磨一剑,打造城市时尚文化"金名片"
——上海时装周

上海时装周自2003年4月首次举办以来,有效促进了本市时尚产业升级,成为打响上海购物品牌、建设国际消费城市和打造时尚之都的有效载体。历经16年,上海时装周的秀场从临时帐篷转移至新天地、外滩源等时尚地标,品牌发布从以国际大牌为主演变为国际视野与本土设计并重,内容从单纯的品牌发布平台逐步链接贯穿整个时尚产业链,日益成为一张靓丽的城市时尚和文化名片。

(一)发展历程

第一阶段:政府主导,启动举办上海时装周。为了推动时尚产业发展,对标国际大都市,2003年由市政府主导,在举办上海国际服装文化节的同时,启动主办上海时装周。时任市领导担任时装周组委会主任,市政府各相关部门、区政府为组委会成员单位。时装周的举办,在加强国内外合作交流、助推服装服饰自主品牌培育、本土年轻设计师培养等方面,取得了积极成效。

第二阶段:部市合作,加快时装周国际化、市场化发展。2011年,上海时装周升级为商务部与市政府部市合作的国家级商贸品牌项目,由政府主办向政府指导、市场化发展转变。上海时装周与伦敦、巴黎、米兰、东京时装周的合作交流不断深化。2015年在中英两国人文合作机制第三次会议上,被列入"中英文化年"十大合作项目之一,在国务院领导见证下,与伦敦时装周签署战略合作协议。在意大利举办世博会期间,与米兰时装周又签署战略合作协议,还列入中意两国人文合作机制项目,时装周国际影响力逐步扩大。另外,推动时装周与中心城区开展合作,依托市场优势,加快商业落地,带动新天地、上海展览中心、静安800秀、陆家嘴滨江大道、西岸艺术中心等一批时尚地标的崛起。

第三阶段:规划定位,推动时装周高质量发展。《全力打响"上海购物"品牌加快国际消费城市建设三年行动计划》以及《关于加快本市文化创意产业创新发展的若干意见》中,明确时装周要打造成为具有国际影响力的中外时尚设计师集聚平台,时尚品牌国内外发布推广平台和时尚产业"亚洲最大订货季"平台,成为推动时尚产业高质量发展的重要载体。在市领导大力推动以及市场监管部门积极指导下,近日"上海时装周"成为国家注册品牌商标,这标志着时装周发展步入一个新时代,有利于在更高层次、更大范围整合资源。

(二) 组织经验

多年来,各部门、各区政府积极支持时装周发展,主要包括:在市级层面,一是品牌发展专项资金每年给予时装周100万元支持品牌宣传推广。DBS项目获得文化创意资金支持;二是市政府办公厅每年以便函形式协调市委宣传部、市经济和信息化委、市公安局、市政府外办、市市场监管局、市文化旅游局、市绿化市容局、上海海关等部门以及相关区,在时装周活动申报、安全、场地、宣传等方面提供保障。在区级层面,黄浦、静安、长宁、浦东、徐汇等区,积极为时装周发布、展示交易活动提供场地保障,给予适当资金支持,做好活动申报、宣传、安全等配套保障工作。

(三) 未来展望

聚焦市委市政府打响上海市"四大品牌"的战略部署,将加快打造全球新品首发地,建设国际消费城市,使时装周打造成为与全球卓越城市地位相匹配的国际时尚风向标,吸引全球时尚人士、国内外品牌集聚的大平台。近年来,随着上海时装周规模与影响力逐渐扩大,时装周作为城市品牌的发展仍面临着不少困难。如,由于时装周是非常年举办的活动,其活动用地无法得到有效保障;时装周国际活动日益增多,面临问题日趋复杂,亟需在市级层面建立协调机制,保证时装周高质量发展。为此将采取以下措施。

（1）建立上海时装周协调保障工作机制。由市商务委牵头会同相关委办建立协调保障工作机制，在每季时装周筹备阶段听取汇报，协调解决相关问题。

（2）落实场地保障。时装周活动场地主要分布在上海展览中心、新天地太平湖公园等地区。其中，上海展览中心作为时装周"时尚周末"的活动场地，档期紧张，活动面积无法保障；新天地太平湖公园近期也将面临全面改造，上海时装周主秀场将另寻他处。建议相关区与场馆方就活动场地与时装周签订长期合作协议，并提供租金优惠及相关支持保障。

（3）加大宣传力度。在时装周期间，协调相关媒体，对时装周给予重大活动宣传资源支持，通过"全程报道""全媒宣传"，营造"全城盛事"氛围。对南北高架以及延安西路高架预留道旗档期，并给予道旗费用支持。在重点区域保证户外大屏进行媒体宣传，特别是保证外滩之窗（浦东花旗大楼）、上海中心、世贸商城、香港广场等上海标志性建筑户外大屏的宣传档期。

（4）强化政策支持。时装周对外交流日益频繁，涉及海外办展、品牌推广等多个方面，需政府部门配套资金支持。目前商务部门相关资金多与进出口实绩挂钩，且只能支持政府主办的平台，时装周无法享受相关政策。建议上海市文化交流、宣传推广等类的专项资金进一步向时装周倾斜。

第二节　主副食品流通市场管理

一、2018—2019年主副食品流通市场发展情况

2018—2019年，上海市商务委员会为确保上海市主副食品市场供应充足、价格稳定和食品安全，扎实推进以下几方面工作。

（一）推进落实主副食品市场调控工作

（1）积极做好全市猪肉市场保供稳价工作。积极会同市相关部门、各区及相关企业，从上海市场实际出发，在多个方面积极采取行动，尽最大努力，最大限度做好全市猪肉市场的保供稳价工作。目前，上海市猪肉市场供应量有保障，批发价格高位震荡运行，可以基本满足猪肉市场消费需求。

一是加大产销对接推进力度。顺应猪肉消费升级和生猪疫病防控的客观要求，已实现"运猪"向"运肉"转变。为加强大区域内生猪产销衔接，上海市商务委组织召

开了全市生猪供应与流通企业产销座谈会，邀请全国生猪养殖排名前列的温氏、牧原、正大、中粮、新希望、天邦、东方希望、金锣、雨润等21家大型生猪产供销企业，与全市批发市场、连锁菜市场管理公司、超市卖场、精品超市、生鲜电商、社区生鲜、餐饮集团、餐饮集配、团餐盒饭等业态的68家企业进行猪肉产销对接。现场促成市内4家骨干流通企业与东方希望、拾分味道、正大食品、温氏食品等位居全国前列的生猪养殖供应企业签约。为与主产区建立长期稳定供销关系，上海市商务委组织上海市主要批发市场、经营主体赴东北（黑龙江、吉林、辽宁）、西北（甘肃）和西南（云南）等省份，对接规模养殖屠宰企业，全力拓宽猪肉供应渠道，达成了16项采购合作意向，最大限度保障上海市每日猪肉供应量。同时，根据中央要求，切实落实东西部扶贫协作责任，与云南省签订了两地生猪产品稳产保供合作协议，开展三年猪肉供销合作。通过深度产销对接，上海市8家骨干猪肉经营企业与云南8家生猪养殖屠宰企业达成了10项采购意向协议，即将完成2019年采购生猪产品1万吨的计划，2020年计划采购生猪产品10万吨，预计可带动云南省约16万建档立卡户人口增收脱贫，完成精准扶贫、产业扶贫和消费扶贫任务的同时，为全市猪肉市场供应提供支撑。

二是认真实施财政支持政策。在充分调研、听取意见、反复论证基础上，提出了财政支持政策建议。经市政府同意，自8月24日启动猪肉应急保障措施，分三阶段实施。一方面加强政策宣传和引导，另一方面强化过程管理调度和项目审计。通过降低流通成本，激发经营企业的货源组织潜力，增强市场保供信心，促进保供稳价。综合市场反映，源头生猪价格的上涨，传导至批发和零售环节跟涨，带来了市场消费需求的下降。得益于财政支持政策的及时支撑，上海市猪肉货源组织得以扩大至500公里以外的省份。货源的多元化，保障了市场供应量。同时，由于当前供应量可以基本满足当前消费需求，对控制猪肉价格涨幅起到了积极作用，一定程度上也促进了价格稳定。

三是抓紧推进紧密型生猪外延基地建设。落实建立销区补偿产区的长效机制和确保一定自给率的要求。根据市政府专题会议安排，从中长期猪肉市场保供稳价的实际需要出发，正通过建设紧密型生猪外延基地开展跨区合作，增加可控货源规模，提高市场供应自给率，实现保供稳价的目标。其间，不断听取企业实际需求，积极研究相关支持政策，帮助企业衔接各项工作。目前，紧密型生猪外延基地建设工作已在江苏、安徽、河北和贵州等4个省份启动。预计至2022年所有外延基地建成。

四是落实推动各区"平价肉专柜"持续供应。根据市政府部署，持续推进设立"平价猪肉专柜"，保障零售市场供应。全市已有15个区相继在375个标准化菜市场设立了427个"平价猪肉专柜"。各区的"平价猪肉专柜"以限时、限价、限品种的方式每天以进价销售腿肉、夹心肉等品种。

五是加强猪肉市场监测分析。重点对上海市生猪、猪肉批发价及零售品种的市场供应和价格信息加大监测密度。自8月14日起,对全市3个主要猪肉批发市场施行猪肉监测日报制度;9月19日起,将日报监测范围扩大到全市6个猪肉批发市场。目前,已连续对猪肉市场运行情况监测超过100天,密切关注每个市场交易量、交易价格波动情况,及时做好市场运行情况分析及预测预警,为领导决策、措施制定和工作推进提供准确依据。

(2)切实保障重要节日市场供应。提早做好准备,做到"一确保,二落实,三加强",确保市民度过元旦、春节、中秋等节日,以及新中国成立70周年国庆等重要节日。一是确保货源组织。督促要求各区商务主管部门以及全市主要商业企业、大型农产品批发市场精心组织货源,落实应急预案,确保节日期间主副食品供应平稳有序。二是落实产销对接。督促有关企业落实本市与江苏、山东、海南、云南等5省共43个外延蔬菜生产基地的产销对接协议,从源头保障供沪蔬菜数量与质量,组织适销对路、品种丰富、市民喜爱的各类主副食品进沪销售。三是加强价格监测。密切关注本市及全国蔬菜、猪肉等商品生产、批发、零售等环节数量和价格信息,加强主副食品市场的分析研判。编制了年度监测工作方案,扩充监测样本覆盖面,在原有20家批发市场、20家配送企业、7家屠宰企业、4家超市大卖场、9个中心城区的45家标准化菜基础上,又将9家示范性标准化菜市场和3家重点生鲜电商企业(食行生鲜、叮咚买菜、每日优鲜)纳入监测范围。每周编制《上海主副食品流通信息报告》。2019年已编制44期,比较全面系统地反映了上海市主副食品流通情况。四是发挥流通主渠道作用。组织江桥、上农批等市场及时发布供求信息,调运全国各地农产品资源,满足全市主副食品市场供应需求。五是加强各区市场保供稳价责任。指导督促菜市场通过加强蔬菜产销对接、批零对接,设立地产蔬菜自产自销和平价菜、平价肉摊位,外延基地蔬菜直接进社区等措施,保障市场供应,满足市民节日市场消费需求。六是加强发挥社区智慧微菜场作用。发挥食行生鲜、强丰、易小鲜、叮咚买菜、每日优鲜等社区智慧微菜场和新零售模式作用,让市民可以在寒冷天气不出远门,确保节日期间送菜到家门口,方便市民消费。

(二)积极完善农产品市场体系建设

(1)扎实推进市政府实事项目建设。许昆林副市长高度重视市政府实事项目——500家社区智慧微菜场建设工作,赴长宁、静安等区检查指导项目落地。为顺利完成市政府实事项目,上海市商务委围绕目标,抓紧开展工作。一是明确工作方案。研究制定工作方案,从布点设置、运营模式、经营品类、包装标识、追溯完备、基地对接、价格合理、品牌入驻、供应链完善、管理制度等10个方面提出要求。指导各区商务主管部门按照《2019年有关区新建社区智慧微菜场任务分配表》的相关要求,明确了建设任务。二是加强市区联动。上海市商务委会同市绿化市容局、各区政府、各区商务主管部门协同配合,共同推进社区智慧微菜场建设工作。三是建立沟通跟踪机制。建立联络员与工作报告制度,明确各区商务主管部门和项目承建企业的主体责任,协调推进。截至2019年11月,参与项目建设的3家企业(食行生鲜、强丰、微米铺)申报新建完成社区智慧微菜场507个点,覆盖15个区。

(2)加快推进标准化菜市场转型升级和提升能级。根据市领导的指示精神,分管领导带队赴广东省调研,学习广东平价商店方面好的经验和做法,还组织召开全市商务部门专题座谈会,听取菜市场平价菜专柜设立、补贴激励、政策扶持等方面意见建议,交流社区智慧微菜场项目模式、推进难点、建设成效等情况。研究印发《关于本市标准化菜市场设立"平价菜专柜"指导意见》,积极调动具有社会责任感的企业积极性,全面推进本市标准化菜市场"平价菜专柜"建设项目,提升平价菜专柜建设和管理水平,提高市民的满意度。

(3)推进外延蔬菜基地和主供应基地建设。由分管领导带队,组织市供销合作总社、蔬菜集团、高校后勤、上海农产品中心批发市场、卜蜂莲花超市、市果品公司、食行生鲜、淘菜猫、强丰实业、叮咚买菜等10余家企业赴山东枣庄、兰陵、江苏徐州等地开展调研和产销对接活动,实地调研了当地近十家蔬菜生产基地。在山东枣庄举行上海市外延蔬菜生产基地(山东)挂牌仪式,为山东枣庄、临沂、向城等区县的8个"上海市外延蔬菜生产基地"揭牌。与徐州市政府在上海共同召开农产品产销对接会,遴选展示了徐州优质粮油、蔬菜、瓜果等品类共计117个品牌农产品,两地签订了17个合作项目,积极助推两地现代农业发展和乡村振兴。

(4)继续推进长三角农产品区域合作。为进一步推进长三角农产品区域合作、深化产销对接,相继与江苏泰兴、盐城、淮安、安徽宣城等市县考察团进行座谈,围绕长三角农产品产销合作展开深入交流,为长三角名特优农产品精准对接积极打造供销高地;组织麦德龙、大润发、上农批、高校后勤、来伊份、食行生鲜、淘菜猫等30余家批零企业赴江苏淮安参加第二届中国(淮安)国际食品博览会,开展苏沪产销专场对接,促进两地食品企业与采购商精准对接,合作共赢。

(三)组织推进重要产品追溯系统建设

(1)制订工作方案。研究印发《2019年上海市重要产品追溯体系建设工作要点》,明确建设任务,着力推进追溯信息开放共享,加快推进重要产品追溯体系建设工作。

(2) 推进长三角区域合作。一是以首届全国重要产品追溯展览会暨长三角追溯论坛为抓手,组织召开了多场专题推进会,总结重要产品追溯成果,扩大追溯示范引领,提升消费信心。二是加强标准制订。组织召开追溯示范区及追溯认证座谈会,听取相关企业意见并对标准进行完善。加快推进重要产品追溯体系认证团体标准制定工作,组织行业协会、长三角重要产品追溯联盟及相关认证公司完善重要产品追溯体系认证团体标准初稿。三是加强机制建设。组织江苏省、浙江省、安徽省商务厅,南京、杭州、合肥等市商务局,以及三省一市20多家龙头企业,召开第一届第二次长三角重要产品(区块链)追溯联盟暨理事会议,发布《长三角重要产品追溯发展报告》,进一步推动长三角区域内重要产品追溯信息互通共享。

(3) 加强宣传推广。一是通过2019食品安全宣传周"追溯助力放心消费"主题日系列宣传活动,组织上海重要产品追溯示范企业联展,向市民现场展示可追溯产品,传播追溯理念,保障舌尖上的安全;围绕"模式创新、重点突出、机制完善"的要求,推进奉贤东方美谷追溯示范区整体规划建设和发展工作,取得阶段性工作成效。二是举办多场重要产品追溯体系建设宣传培训活动,组织全市86家重要产品追溯示范企业积极参加,对国家相关追溯体系建设政策和食品安全等方面知识进行宣贯,总结重要产品追溯体系建设宣传活动项目经验,积累成果经验,传播追溯理念。三是充分利用建成的上海市重要产品追溯指挥中心,委托第三方开展形式多样的宣传活动,加强示范企业通过建追溯提升管理能级。

(四) 创新开展消费扶贫

(1) 优化消费扶贫机制。会同市合作交流办召开"本市推进消费扶贫工作会议"。进一步动员全市各区、各部门和各有关企业,主动对接扶贫协作和对口支援地区,畅通联结贫困地区的产品与服务,不断推动贫困人口稳定脱贫和产业持续发展。会同市合作交流办向嘉定、松江、闵行、浦东、杨浦、徐汇、长宁等7个区的商务委授予"上海消费扶贫突击队"称号。以上海商务扶贫联盟为基础,正式成立"上海消费扶贫联盟",聚集力量,整体推进。

(2) 强化扶贫产销对接。为落实上海市与贵州两地主要领导的要求,上海市商务委主要领导率领市政府合作交流办、光明食品集团、蔬菜集团、上海消费扶贫联盟等单位组成的上海商务代表团赴贵州开展产销对接活动,召开沪黔特色农产品产销对接会,促进上海猪肉、蔬菜外延基地在黔建设。通过对接,促成光明贵州生猪外延基地建设项目意向,推进贵州蔬菜外延基地建设项目,以及两地电商平台形成共同行动计划。光明食品集团还与贵州省农业农村厅签订了战略合作协议。10月30日,贵州6家单位与上海蔬菜集团签约,成为上海市外延蔬菜生产基地。

(3) 丰富消费扶贫内容。一是沪遵两地共同制定了《农产品流通销售标准指南》,引导并推动当地加快农业供给侧改革,打造全产业链帮扶模式,促进消费扶贫。二是以遵义方竹笋、新疆泽普苹果等单品为突破,帮助贫困地区和对口帮扶地区开展优特产品标准化、包装化、品牌化建设,促进消费扶贫。三是相继在黄浦、静安、浦东和虹口等区标准化菜市场设立76个消费扶贫专柜,将消费扶贫导入社区,充实建档立卡户的钱袋子、丰富上海市民的"菜篮子"。

二、2020年主副食品流通市场管理工作展望

1. 进一步保障丰富市场供应

集中力量,全力以赴,加强市场运行的监测分析预判。重点关注猪肉、蔬菜等重要商品市场保供工作。了解掌握重要农产品市场货源,加快推进猪肉、蔬菜外延基地规划建设。密切跟踪落实沪滇猪肉稳产保供合作任务。提高市场运行调控能力,根据消费特点,努力增加优质服务和服务供给,满足消费升级需求。做好第二届进博会餐饮保障、食品原材料供应保障新模式的经验总结,全力完成第三届进博会保供任务。

2. 进一步加快市场流通体系建设

持续推动"一主一副"(西郊国际、上农批)中心批发市场建设。多措并举,推进农产品流通方式创新,优化提升中心批发市场的服务功能,促进批发零售环节加快对接,畅通流通渠道,培育发展线上线下融合发展的新型农产品流通方式,进一步提升农产品流通效率。完善相关配套的标准及制度要求,强化规范服务及管理,努力降低农产品流通环节的损耗,提高农产品流通水平和商品质量,推动重要产品追溯体系建设,促进推动农产品现代冷链物流建设,更好地满足市民生活需求。

3. 强化重要产品追溯体系建设

一是深入推进本市加快推进重要产品追溯体系建设。二是推广重要产品追溯体系建设的成功经验和有效做法,引领行业创新发展。三是加强追溯系统运行维护管理,确保追溯系统发挥实效。

4. 进一步做好消费扶贫工作

牵头推进消费扶贫工作,更好发挥消费扶贫联盟作用,进一步加强同东西部扶贫和对口帮扶地区的产销对接、产业合作,推动供给侧改革,以消费扶贫专柜等重点工作和项目为抓手,帮助建档立卡户增收,全力以赴打赢脱贫攻坚决胜战役。

第三节 药品流通市场管理

一、2018—2019年上海药品流通行业发展情况

上海药品流通主要包括批发、零售连锁、单体门店、电子商务、医药物流等多种业态模式,形成以国有企业为主导,包括外商独资和中外合资以及民营、私营企业等多种经济成分并存的市场格局。

2018年,国家持续推进医疗体制改革,多项政策集中出台。随着"两票制"全面落地、新的《药品管理法》等法律法规的颁布、医保支付改革及"4+7"城市集采和集采扩围等医改政策的密集出台,上海医药流通行业积极响应,加快结构调整,转变供应链服务模式,2019年行业销售规模达到1594.89亿元,比2018年增长6%。

根据上海市食品药品监督管理局网站数据,上海市药品批发企业124家,与上年持平;药品零售连锁企业52家,比上年增加2家;零售药店3931家,其中零售连锁门店3680家,比上年增加145家,药品零售连锁率达到93.6%,连锁率进一步提高,连锁比例居全国首位。单体药店251家,比上年减少133家。全市医保定点零售门店1295家。2019年,全市药品流通实现商品销售额1594.89亿元,比上年增长6%。其中批发销售729亿元,比上年增长4.7%;对医院终端的销售644.99亿元,比上年增长11.7%;对零售终端的销售92.74亿元,比上年下降3.6%;对居民零售额96.11亿元,比上年增长1.8%,直接出口18.70亿元,比上年下降19.1%;对生产企业销售13.35亿元,比上年下降25.6%。

(1) 批发销售小幅增长,对零售终端批发小幅下跌。2019年,两票制对批发的影响基本消化,批发销售额为729亿元,比上年增长4.7%,其中市内批发销售额为232.74亿元,比上年下降0.7%;对市外批发销售额为496.26亿元,比上年增长7.4%。对零售终端批发销售额为92.74亿元,比上年下降3.6%,其中售给单体药店37.80亿元,比上年增长10.4%;售给零售连锁销售为54.95亿元,比上年下降11.3%。受中美贸易战影响,直接出口销售额18.70亿元,比上年下降19.1%,对生产企业销售13.35亿元,比上年下降25.6%。

(2) 医疗终端销售两位数增长。2019年"4+7"城市药品集中带量采购政策在上海落地实施,医疗终端销售不降反升,用药刚需促使医疗终端销售两位数增长,全年销售额为644.99亿元,比上年增长11.7%,增幅比上年上升10.5个百分点。其中二级及以上医院销售额为437.83亿元,比上年增长11.8%,占医疗机构销售比重为67.9%;

一级及以下医院销售额为207.16亿元,比上年增长11.6%。

(3) 电子商务涨幅领先。2019年,全市实现药品零售总额96.11亿元,比上年增长1.8%,增幅比上年下降1.8个百分点,电子商务销售势头较好,2019年实现电子商务销售5.45亿元,比上年增长23%,主要原因是医疗器械的网上销售增长很好,实现网上销售3.69亿元,占全部电商销售的67.7%。

二、2018—2019年上海药品流通行业发展特点

(1) 销售回暖,创新发展。医药流通企业积极布局新零售,拓展医疗器械和生物制品经营新业务,进军医疗器械工业制造、OEM业务,探索数据服务等,不断开创企业新的增长引擎。通过整合营销渠道优势,积极为供应链上下游提供增值服务。2019年,上药控股与武田中国进口新产品维多珠单抗及维布妥昔单抗达成战略合作,与赛诺菲就即将上市的5个罕见病新产品品规进口及经销业务达成战略合作,与安斯泰来就恩扎卢胺在中国区的上市销售事宜达成战略合作,与卡尔·蔡司签署战略合作协议。国药控股与哈药集团达成战略合作,双方将在产品资源、渠道资源、服务资源、信息资源以及公共关系和政府事务等方面全方位对接。

(2) 兼并重组,做大做强。2019年全市药品流通企业销售排名前10强,销售总额1 220亿元,占全市销售总额的76.5%;前20强企业的销售总额为1 384亿元,占全市销售总额的86.8%。国家实施"两票制"政策后,上药、国药、华润三大医药流通巨头加快本市流通行业的收购整合,完成了上海市大部分区属公司的兼并重组。2019年,龙头企业继续加大在全国药品分销网络上的布局。上药控股完成了对四川国嘉控股权的收购,提升了公司在西南地区的影响力,完成了江苏、黑龙江、吉林等省的省平台建设及网络延伸布局,巩固了全国商业布局的优势。国药控股收购安徽省医药集团100%股权,安徽省医药集团2018年销售达30亿元,是安徽省内位居前列的医药企业,此项收购,也让国药控股在安徽省内企业规模超过百亿元。2019年国药控股还加强了在贵州的网络布局,收购贵州意通医药股份有限公司70%的股权。

(3) 创新优化,转型升级。新模式、新技术促进药品流通行业加快转型升级。在信息技术赋能下,医药流通行业供应链服务能力不断提升。上药控股2019年全国新增医院供应链服务项目46个,覆盖7省1市。累计为全国248家医院提供供应链延伸(SPD)服务,根据每家医院的个性化需求,在整个供应链闭环中提供精益化的物流服务,并不断优化信息系统及物联网技术,提高运营效率。上药云健康打造"益药·电子处方"公共流转平台、"益药·云药房"智能化药品服务仓,由传统的"订单级"批

量送医院模式,升级为"处方级"配送到患者的模式。2019年已为上海市162家社区医院、28.5万名患者,提供134万人次送药到家服务。医药流通企业创新服务模式,国药控股供应链创新服务平台"国药通",目前搭载"全链通"(F2B)、"药零通"(B2B)、"关爱优"(DTP)、"万家通"(B2C)等服务平台,从线上至线下,从厂家至终端,搭建多维度全产业链的医药产业服务平台。

(4) 效率提升,标准专业。流通企业在加快现代物流中心建设的同时,更是聚焦于物流效率的提升、平台的一体化运营、技术创新、信息化建设等。企业不断完善物流服务标准化体系。通过标准化作业规范和管理以及集中统一的运营数据体系来提升客户服务质量。上药控股目前在全国范围内拥有90余万平方米的仓储设施,800辆货运车辆,其中冷链车辆近200辆,物流中心网络覆盖17个省及直辖市。上海物流中心第三方物流收入比上年增长近50%。

(5) "新零售",新增长。2019年,位于浦东新区的国大药房首家"新概念"试点药店开张,汲取美国沃尔格林药店和英国博姿药店先进的设计运用管理理念,整合实施一套全新的商业运行模式,包括门店硬装、运用设计、后台系统、人员培训、品类管理、促销和展示等。第一医药搭建专业运营团队,并相继与京东、天猫、i百联、饿了么、美团、拼多多、平安好医生等知名平台对接合作,拓展B2C、O2O等业务,引导线上线下联动,拓展全渠道经营空间。

三、2020年上海药品流通行业发展重点

2020年,上海药品流通行业将继续探索在自贸试验区建立健全现代医药流通体系,深化药品流通行业国际交流合作,促进虹桥商务区国际医药流通业集聚发展。推动上海国际医药供应链信息平台创新发展,建立与药品进口/生产端、流通端、医疗机构使用端合作机制,推进实现全流程贯通、全流程可追溯,完善医药供应链上下游优质服务体系。完善平台错位发展和服务创新功能。根据《上海中药老字号重振计划》,在行业业加强质量管理、工艺流程管理、流通管理等宣传推广,重振上海中药老字号品牌,做大做强中医药企业,在中医中药结合、中医药服务产品和大健康产品创新领域取得显著成绩。

第四节 商务诚信管理

结合国内贸易流通体制改革与发展综合试点,紧密围绕打响"上海购物"品牌,推

进国际贸易中心和国际消费城市建设等重点工作,着力推进商务诚信体系建设,不断优化营商环境和消费环境,构建新型流通治理模式。

一、首创信用数据交互共享机制

上海商务诚信公众服务平台(以下简称"商务诚信平台")于2016年10月28日正式开通运行,在全国率先实现公共与市场信用信息的交互共享机制,打通了政府与市场的信息壁垒。商务诚信平台建设以助力打响"上海购物"品牌,服务和保障上海提升具有全球影响的卓越城市营商环境为目标,培育各类市场信用子平台37家。已建成的市场子平台覆盖网上零售、大宗商品、在线旅游、物流、家居流通、汽车服务、家政服务等13个商贸流通行业,是各行业中具有代表性、影响力、示范性的标杆企业,如电商领域阿里巴巴、苏宁易购、1号店;在线旅游携程、春秋;钢贸领域找钢网、钢银、欧冶云商;生活服务平台美团点评、云家政等。截至2019年底,根据各市场子平台的需求,推送公共信用信息近90万条,公共与市场信用交互共享机制日趋成熟。

二、推进平台制度安排和机制保障

(1)出台管理办法。2018年初,根据《上海市社会信用条例》以及上海市商务诚信公众服务平台建设的实际情况,市商务委会同市发改委研究发布了《上海市商务信用信息管理试行办法》,进一步规范平台征信、评信和用信机制,为本市商务诚信建设及商务诚信平台长期运营等提供了重要支撑和制度保障。

(2)成立地方标委会。2018年6月28日,上海市商务信用标准化技术委员会正式成立并表决通过标委会章程,这是全国首个在商务信用领域设立、应用标准化手段推进市场流通体制规范运转的地方专业标准化技术委员会,标志着上海商务信用标准化工作在高起点上迈上了更高的台阶。

(3)制定系列标准。制订商务诚信公众服务平台标准体系。从基础层、通用层和专用层等三大方面对商务诚信标准体系进行总体规划和部署。目前已完成各级标准70余项,涵盖网上零售、家具流通、物流、会展、在线旅游等14个行业。其中,已立项地方标准10项。

(4)指导市场自治。指导阿里巴巴、苏宁云商、一号店、携程、春秋、红星美凯龙、找钢网、钢银等20多家平台型企业及相关信用机构联手共同发起成立了全国首个跨领域跨行业的商务诚信联盟,建立定期例会机制,沟通交流近期工作重点。2018年

6月28日,在商务诚信建设推进会上部分企业再次共同发起成立"反炒信"联盟,共同打造"守信激励、失信惩戒"的商务诚信环境。

(5) 实现跨部门合作。2018年12月29日,市商务委会同市司法局、市信息中心共同签署《深入推进商务领域和司法领域信用合作备忘录》,在商务诚信平台和法律服务平台的系统互通、资源共享、监管合作等方面拓展合作空间,在政府事中事后监管、行业转型升级、促消费稳投资、企业"走出去"等多方面加强沟通合作,实现优势互补、共同发展。

三、多维度提供信用查询服务

商务诚信平台正式运行后,同步开通了上海商务诚信网、手机APP终端和微信公众号,同时在子平台开设客户端或建立专线对接,提供社会公众多种查询信用信息的渠道。商务诚信平台开通以来,各终端总计月访问量在1.8万次左右,累计访问量约39万次,29个市场信用子平台日均访问量为4.6万人次。向社会首次推出商务信用报告查询服务。另外,平台推出了部分行业领域诚信指数、中心区十大商圈的诚信指数趋势分析和在线地图信用导航;同时,提供诚信危机警示名单查询,包括经营异常名录、非法集资预警名单、失信被执行人查询、重大税收违法案件查询、政府采购严重违法失信名单查询、严重失信债务人名单、严重关联黑名单、电子商务领域失信黑名单等八大类内容。

四、提高服务政府管理效能

市酒专局对3万余家酒类专卖商户开展事前告知承诺、事中分类监管、事后联动奖惩的全过程信用管理;单用途商业预付卡立法出台,明确了对发卡行为采取事前信用核查、事中信用分类监管、事后联动奖惩的信用监管模式;在质量安全、食品药品安全等领域探索推进信用证明"N证合一""一证通办"工作新机制,授权委托市信用平台为企业开具无违法违规信用报告,主要用于企业上市、招投标、政府采购等领域,切实降低企业和群众办事成本,现已出具近2 000份信用报告;积极对接进博会餐饮安全保障需求,连续两届对国家会展中心周边餐饮门店及全市定点宾馆酒店周边4 215家餐饮企业开展商务诚信状况排摸并推送负面记录企业名单给主管处室用于分类管理,并在进博会上海交易团四大采购商联盟审核资质时进行批量信用核查。

2019年,进一步在政府用信方面积极拓展用信场景,特别是在专项资金审核和授予荣誉称号或推荐名单中加强信用核查。共开展专项资金核查5批次，涉及国家外经贸发展专项资金、上海服务贸易发展专项资金、中小企业国际市场开拓资金，共核查企业1 771家。开展荣誉称号等资质审核10批次，涉及第二届进博会上海非遗老字号展示、餐饮保障，上海商业优秀创业企业家、上海服务贸易全球促进联盟、上海特色商业街区、上海供应链创新与应用示范企业评审、发展货物转手买卖贸易推荐企业，共核查企业1 960家，总计3 731家，有效加强资金使用和行业管理的事前核查，为资金安全高效拨付和行业规范管理提供支持和保障。

五、促进行业治理创新发展

通过以信用为核心的市场治理，提升市场主体特别是平台型企业运用商务信用自我治理能级和发展商务信用经济的创新能级，促进行业公平竞争和创新发展。

行业自律方面，上海市单用途预付卡协会通过网站和微信平台、在企业售卡用卡点发放16 000余块信用铭牌等工作实施信息公开；通过每季对发卡企业的信用数据分析，筛选信用5星级企业38家，4星级企业85家，3星级企业229家和信用警示企业名单，定期向社会公布等工作实施风险控制和预警；通过对信用较好的企业优先入选较高职务、优先宣传、优先推荐上海名牌和各类政府支持项目，对信用较差企业实施约谈、警告、曝光、开除会籍等措施实施奖惩联动。

市场自治方面，上海宝玉石交易中心依托市商务诚信子平台，着力构建商家的商务诚信体系。评价指标包含了商家基本属性、运营能力、顾客评价、输入性信息、金融属性等5个方面的数据，并结合上海宝玉石追溯体系，通过上海钻石交易所、上海宝玉石交易中心等平台，广泛服务于全国的宝玉石经销商，零售商以及消费者。第e物流商务诚信平台，通过海量企业和关键人数据，依托华瀚数据拥有知识产权的若干创新型企业评价模型，为物流企业提供企业综合评价、单项评价和征信服务。阿里巴巴集团企业诚信体系，以企业贸易数据为核心，帮助150万家中小企业汇集社会经济活动中的孤岛数据，并运用大数据技术客观呈现企业诚信状况。红星美凯龙开展长三角商户信用分类管理体系建设，得到商务部肯定并发文在全国复制推广以红星美凯龙为代表的"建立以信用为核心的商户管理模式"的经验做法。携程依托3亿真实用户的海量出行数据以及上海市商务诚信公众平台数据，通过大数据模型算法的精准分析，为携程用户提供量化评估。2019年启动长三角信用一体化项目，将商户信用分类管理模式向长三角50多家商场辐射推广，已覆盖超过1万余商户，为实现跨部门的长三角信息共享、联合奖惩奠定基础。

六、促进市场交易降本增效

提高市场配置信用信息资源效率,引导建立运用市场力量对失信行为进行联合惩戒的机制,辅助经营管理或消费决策,降低交易成本,防范潜在风险。

2017年起,连续召开上海商务诚信推进大会,20多家平台型企业及相关信用机构联手共同发起成立了全国首个跨领域跨行业的商务诚信联盟,依托商务诚信平台,联合发布商务诚信倡议书,并推出首份市场信用奖惩清单,实施"6+5"奖励与惩戒政策,即对诚信企业将在广告宣传、资金支持、运营管理、金融信贷、项目支持和营销支持等方面给予全力支持,充分体现信用价值;对于被列入黑名单、信用评级较差的企业,将在交易准入、资金引导、运营管理、宣传警示、淘汰退出等方面采取惩戒和约束措施,增加企业失信成本。

芝麻信用、正信方晟作为首批综合评信试点单位将评价模型部署在商务诚信平台上,对平台内近10万家企业完成了评价报告并在商务诚信网上可查询,为全国范围内首次为社会提供信用评价公共服务。第e物流、特易资讯、正信方晟、芝麻信用、单用途预付卡行业协会、拍卖行业协会、计算机行业协会等行业协会和专业第三方服务机构开展信用信息应用,专业机构的有机参与,多渠道、多维度勾勒市场主体商务信用画像,为政府监管、市场自治和社会监督提供重要支撑。

七、面向公众研发信用产品

(1)连续发布重点商圈"上海购物"诚信指数。依托市质标院和第三方专业机构,整合商务信用大数据、消费投诉大数据和产品质量大数据,结合消费者问卷调查,全面采集商圈商户商务信用信息,构建由公共信用、市场信用2个一级指标,6个二级指标和18个三级指标构成的评价体系,连续三年发布上海市重点商圈"上海购物"诚信指数,客观评价本市重点商圈及商家商务信用水平,查找关键改进点,为相关主管部门引导行业发展提供决策参考,为消费者提升购物体验提供信息支撑。

(2)发布专业领域信用指数。发挥第三方专业评价机构作用,在钢贸流通、物流、单用途预付卡、酒类流通等领域,试点研制和发布专业领域商务信用指数,为行业发展转型升级、市场交易与消费决策以及优化市场资源配置提供重要支撑。

(3)探索打造"南京路步行街信用商圈示范区"。2018年,商务部印发了《关于开展步行街改造提升试点工作的通知》,在上海南京路步行街等全国11条步行街开展步行街改造提升试点工作。同时2019年初,市委市政府办公厅印发《关于进一步优化供给促进消费增长的实施方案的通知》,明确了打造南京路信用商圈示范区的任务。南京路步行街在改造升级过程中,积极试点探索商圈信用体系建设,结合商务诚信平台的功能延伸,在构建上海市商务诚信体系线上、线下互通共享和智慧监管模式,加强市商务诚信平台信用信息、信用产品和信用服务落地实体商圈,提供消费者更多信用消费的场景,助力推动南京路步行街商圈转型升级和提质增效等方面开展卓有成效的研究,提升步行街商圈"软实力",不断优化营商环境和消费环境,树立国际品牌和声誉。

八、全力营造社会诚信环境

(1)连续举办"诚信兴商宣传月"活动。每年9月召开"诚信兴商月"宣传动员大会,支持以"诚信兴商"暨"创先争优"总结宣传推广会议举办等方式开展应用推广活动。2019年9月16日,召开2019年"诚信兴商宣传月"活动动员会暨推进长三角商户信用管理现场会。活动月期间,对红星美凯龙商户信用分类管理体系建设、百联集团开展线下零售企业开展"七日无理由退货"服务承诺工作、黄浦区推进商业服务质量提升计划、市质标院发布的重点商圈诚信指数等典型案例进行集中宣传,积极推动单用途预付卡发卡企业联网对接工作,举办"最美窗口"服务评比活动,为继续推进线下零售企业七日无理由退货工作制作宣传材料,营造诚信兴商的良好氛围。

(2)推动线下零售企业开展七天无理由退货承诺工作。2019年在全市启动线下零售企业参与七日无理由退货承诺服务,贯彻"企业自愿、行业自律、政府引导、社会监督"原则,制定了《本市线下零售企业七日无理由退货服务指引》17条措施。以静安区试点经验为基础,推广到黄浦区、浦东新区、徐汇区重点商圈,并支持百联集团等重点商业企业逐步扩大行业覆盖面。首批750家零售企业参与了七日无理由退货承诺工作。

(3)研制网上培训平台。对子平台发展和商务诚信应用实施公共宣传、培训和推广。建设上海市商务诚信网上培训平台(a.anystudy.cn),借助网上培训平台、视频内容和线下活动,先后组织了29场子平台网上和线下内部培训、21场子平台相关行业应用网上和线下统一培训、22场街头和商场市民宣传推广活动。

(4)利用多媒体解读政策文件。利用多媒体图文手段对《商务信用信息管理试行办法》进行宣传解读,邀请广告公司专业团队,仔细研究条文内容,精准把握精神实质,用活泼的图解形式进行阐释,并在各类会议,媒体终端上发布,便于广大受众理解和进一步起到对政策文件的宣传解读作用。

案例9　以诚信为支撑，打响"上海购物"品牌
——"上海购物"诚信指数

商务诚信是上海市构建新型流通治理模式的核心要素之一，是实施流通驱动战略，促进资源优化配置，建立现代市场体系的基本前提。自2017年以来，上海市商务委员会组织上海市质量和标准化研究院，充分利用上海市商务诚信公众服务平台积累的公共和市场信用数据，研究建立重点商圈"上海购物"诚信指数（以下简称"诚信指数"）并持续开展测评，旨在反映上海市各大主要商圈商户的整体诚信水平。

一、测评方法

诚信指数测评对象为本市主要的市级商业中心，包括：南京东路商业中心、南京西路商业中心、淮海中路商业中心、四川北路商业中心、徐家汇商业中心、小陆家嘴-张杨路商业中心、豫园商城商业中心、五角场商业中心、中山公园商业中心和中环（真北）商业中心。

诚信指数是由公共信用、市场信用2个一级指标，6个二级指标和18个三级指标构成的评价体系，其中，公共信用包括反映商圈企业基本情况的法定资质指标，反映商圈企业受监管、处罚、抽查等情况的守法行为指标，反映商圈企业履约、消费者投诉处理等情况的履约能力指标。市场信用包括消费者对商圈内企业出售的商品和餐饮等服务质量整体评价情况的商品质量指标；反映服务规范、服务承诺、售后服务和退换货处理情况的服务品质指标；反映商圈企业在经营过程中诱导消费、发票开具、假冒伪劣、优惠落实和明码标价等情况的诚信经营指标。

自2017年起，根据研究建立的诚信指数评价体系，每半年开始一次测评。三年累计采集数据范围与总量主要包括：主要商家5 104家，通过市公共信用信息服务平台采集近40万条公共信用信息；市场监管部门约1.9万条抽查数据；实地访谈和微信方式约16万份消费者调查问卷；网络搜索和大众点评网采集消费者评价等其他信息。

二、成果应用

（一）总体情况

1. 总体评价稳中有升

2017—2019年连续三年测评结果显示，上海市重点商圈"上海购物"诚信指数总体平稳略有上升态势，其中2017年上半年测评结果为86.50，2019年下半年测评结

果为 87.34。

2. 公共信用表现始终保持高水平

公共信用测评结果始终保持高位,且明显高于市场信用测评结果。这在一定程度上表明了企业在加强自身守法、资质等硬条件方面意识高,但商家在市场信用方面的表现与消费者的期望而言,依然发展步伐不够(图 11-1)。

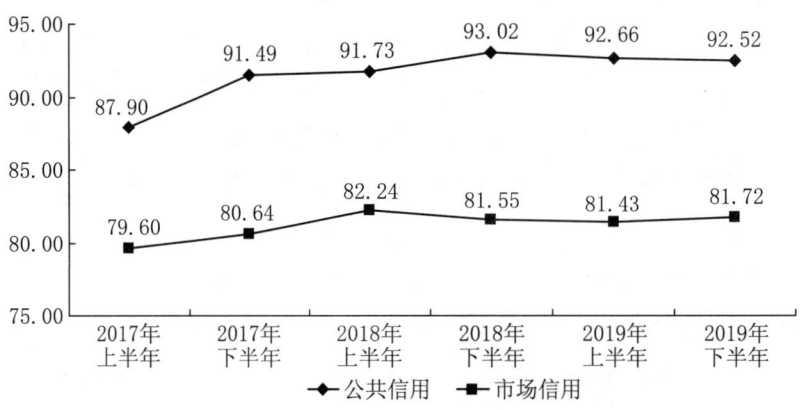

图 11-1　诚信指数一级指标调查结果

3. 南京路、淮海路、徐家汇保持领先

分商圈来看,2017—2019 年排名前三的商圈主要如表 11-1。

表 11-1　商圈排名

年　份	1	2	3
2017 年上半年	南京西路 87.05	五角场 87.01	中山公园 86.94
2017 年下半年	中山公园 87.69	淮海路 87.66	五角场 87.62
2018 年上半年	南京西路 88.58	徐家汇 88.54	淮海中路 88.20
2018 年下半年	南京西路 88.82	南京东路 88.75	徐家汇 88.61
2019 年上半年	南京东路 89.04	南京西路 88.20	徐家汇 88.02
2019 年下半年	南京东路 89.32	南京西路 88.77	淮海中路 88.26

其中南京东路,自 2018 年实施整体改造以来,随着首店、新店的不断涌现以及商家服务意识的不断提升,消费者评价日益提高。

(二) 主要经验

总体而言,上海市各主要商圈商户在法律法规等诚信经营的硬性基本条件方面普遍做得很好,违法失信行为极少。

1. 遵纪守法情况总体良好

根据各商圈企业在法定资质获取、政府主管部门日常监管、法院判决和执行等方面的情况,历年来十大商圈在守法行为方面的评价均超过93,无证无照等违法经营现象极少,总体评价结果优秀。

2. 诚信经营基本情况良好

总体而言,各商家在优惠落实、明码标价、发票开具等诚信经营基本要求方面表现良好,假冒伪劣、诱导消费等不诚信行为很少。

3. 在售商品/服务质量满足要求

一方面,从公共信用信息分析结果来看,被调查商圈的商品质量(服务)监督抽查不合格记录极少。另一方面,根据消费者反馈,商品质量方面评价也较高,制假售假情况极少。这反映出大部分商家都能够注重进货管理,能够提供合适的商品(服务),同时确保商品(服务)符合安全要求。

三、未来展望

为了进一步发挥诚信指数对上海市建设国际消费中心城市的支撑作用,下一步将加强三方面工作。

(一)加强数据深度分析

一是要随着上海市国际消费中心城市建设发展和消费者需求的不断提升,持续深化指数内涵,完善评价指标与内容。二是对于评价过程与结果中反映出来的重点问题领域,要进一步跟踪分析其具体原因,针对性地查找亟须改进的关键点。

(二)加强测评结果有效利用

一是要定期向社会公布测评结果,为消费者决策提供参考,进而倒逼商家提升自身诚信水平;二是要把发现的问题及时向有关主管部门报送,为加强对违法失信行为的监管提供参考。

(三)推进商务信用标准技术支持作用

在实施测评的同时,根据测评的专业和经验积累,项目组同步制定了相应的上海市地方标准,从而确保测评实施的可持续性和一致性。下一步,还将依托上海市商务信用标准化技术委员会,进一步推进商务信用其他领域标准的研制和应用,发挥标准在上海市国际消费中心城市建设中的基础支撑作用。

第五篇

服务业布局

第十二章　各区服务业发展

第一节　浦东新区

（一）2018—2019年浦东新区服务业、商业发展基本数据

2018—2019年浦东新区服务业、商业发展基本数据见表12-1。

表12-1　2018—2019年浦东新区服务业、商业发展基本数据

指标名称	2018年	比上年增长	2019年	比上年增长
生产总值	11 092.84亿元	8%	12 734.25亿元	7%
♯第三产业增加值	8 532.88亿元	10%	9 843.99亿元	8.9%
♯商业*增加值	1 596.68亿元	6.2%	1 635.29亿元	2.0%
商品销售总额	40 871.3亿元	9.1%	41 226.65亿元	0.9%
社会消费品零售总额	2 312.5亿元	5.1%	2 454.75亿元	6.2%
地方税收总额	3 831.01亿元	7.8%	3 754.31亿元	−2.0%
年末户籍人口数	302.94万人	1.33%	307.72万人	1.58%
年末常住人口数	555.02万人	0.39%	556.7万人	0.30%

＊商业口径为批发零售业。

（二）2018—2019年浦东商业服务业经济运行情况及特点

1. 2018年商贸运行指标完成良好

2018年，在经济下行和中美贸易摩擦的影响下，商务委通过及时的措施，确保年

初制定的各项指标顺利完成。

战略招商、精准招商取得成效。外资方面,全年实到外资81亿美元,全市占比达46.8%。新增跨国公司地区总部23家,占全市的51.1%,累计304家。新增外资研发中心6家,累计233家。内资方面,共吸引项目26 695个,完成注册资本3 316.7亿元。其中,1亿元及以上的大项目403个,5亿元及以上的特大项目93个。

内外贸平稳发展。2018年全年外贸进出口额20 582.7亿元,同比增长5.2%,占全市的60.5%。实现商品销售总额40 870亿元,增长9.1%,占全市的34%。旅游会展持续增长。全年浦东旅游业直接营业收入292.6亿元,同比增长17%,接待游客5 693万人次,同比增长10%。主要展馆共举办展览及活动234个,面积884万平方米,同比增长4.4%。

航运枢纽地位持续领先。全年外高桥港与洋山港合计货物吞吐量34 089.5万吨,同比增长3.6%。全年浦东机场货邮吞吐量376.2万吨,占全市的90.2%;旅客吞吐量7 405.4万人次,占全市的62.9%。

2. 2019年商贸流通市场平稳运行

2019年全年浦东新区累计实现商品销售总额41 226.65亿元,同比上年增长0.9%,低于全市0.2个百分点,占全市比重34.1%。由于国家今年减税降费政策的落实,增值税从17%降至13%,商品销售总额增速受到一定影响。

(1) 从23大类商品类别看,化妆品类商品销售增速最快,全年同比增长44.9%;金属类商品实现商品销售规模最大,全年实现1.6万亿元,同比上年增长9.1%;石油类商品受中石油天然气公司改制被收购数据迁出影响(2018年1 017亿元),全年实现商品销售同比上年大幅下滑28.1%;汽车类商品受贸易摩擦影响加大,全年实现商品销售同比上年下滑9.6%。

(2) 从重点批发企业看,新区批发规模排名前10家的贸易企业全年累计实现批发贸易额7 640.93亿元,占新区商品销售总额的18.53%,增速同比上年增长4.8%。苹果电脑贸易2019年全年实现批发贸易额2 417.55亿元,规模超越上汽通用排名新区商贸企业之首,由于受中美贸易摩擦、增值税下调等因素影响,增速同比上年下滑11.8%;上汽通用受贸易摩擦和国产、日系、德系品牌竞争冲击影响,客户正在逐渐流失,2019年全年实现批发贸易额2 299.5亿元,同比上年大幅下滑20.1%;保时捷凭借其新车型的热销以及进一步加强了品牌的吸引力并通过新方式提升了客户体验,在汽车销售寒冬中成功逆袭,2019年全年实现批发销售额727.2亿元,同比上年增长6.4%;中铝国贸受四季度中铝上海转入销售额拉动,2019年全年实现批发销售额689.86亿元,同比上年增长144.3%。

3. 商业消费市场稳中趋暖

2019全年浦东新区累计实现社会消费品零售总额2454.75亿元,占全市比重18.2%,同比上年增长6.2%,增幅较去年同期回升1.1个百分点。

(1) 化妆品消费增速最高,通信器材消费回暖明显。2019年全年浦东新区化妆品类商品累计实现零售额294.35亿元,同比上年增长34.1%,增速排名零售商品类值首位。其中,路威酩轩香水化妆品(上海)有限公司全年实现零售额37.03亿元,同比上年增长73.1%。通信器材类商品2019全年实现零售额102.08亿元,同比上年增长16.1%。其中,苹果贸易受苹果下半年新款手机"双十一"期间销售火爆拉动,全年实现零售额91.5亿元,同比上年增长22.1%。

(2) 新零售市场贡献大。以日上、盒马、迪卡侬、特斯拉、壹佰米(叮咚买菜)等企业组成的新兴零售市场已成为拉动浦东社零增长的主要贡献力量,2109年5家企业全年累计实现零售额357.42亿元,同比上年增长42.8%,拉动新区社零增长的贡献率达74%。

日上免税行保持高速增长。受益于出境游市场的高速增长及境外消费的回流,免税消费需求日趋增长,日上免税行2019年全年实现零售额151.38亿元,排名新区商贸企业零售规模第一,同比上年增长21.5%。

盒马鲜生线上线下一体化高度融合,充分发挥新零售优势,截至2019年底已在全国开设197家自营门店,全年实现零售额66.69亿元,同比上年增长43.64%,其中通过互联网实现零售42.02亿元(占零售总额的近三分之二),同比上年增长27.24%。

迪卡侬依靠新零售,回归消费者本身,通过数字化技术、客户、商品和品牌,以高性价比定价、体验式消费、口碑传播以及线上线下高度整合,相互驱动,形成正向体验环和关系环。2019年全年实现零售额58.83亿元,同比上年增长15.1%。

拓速乐(特斯拉)今年以来大大提升了新生产线的执行速度和资本效率,新车交付量创新高,全年实现零售额41.77亿元,同比上年增长62.5%;

壹佰米(叮咚买菜)2019年在继续保证低毛利的同时,不断做强自身供应链,优化商品品质,提升复购率。目前已在上海、杭州、宁波、苏州、无锡、深圳6个城市开设了近550个前置仓,日均订单量超过50万单,全年实现零售额38.76亿元,同比上年增长6.35倍。

(3) 传统实体零售业稳中有进。经过多轮调整和转型,传统实体零售业趋于稳定,呈现逐步回暖趋势。百货业龙头第一八佰伴全年在基数较大的情况下继续保持平稳增长,全年实现零售额33.66亿元,同比上年增长0.6%;大卖场超市业态中,沃尔玛山姆会员店(北蔡店)2019年完成全面改造升级,新增了周大福专柜、母婴室、山姆厨房等新设施和新体验,全年实现零售额10.51亿元,同比上年增长26.4%;新区36家购物中心全年实现零售额307.96亿元,同比上年增长7.5%,从整体情况看,国金中心在2019年完成了新一轮商户品牌的调整更新,引进加拿大鹅、Moynat、YSL旗舰店等上海首店,全年实现零售额82.67亿元,同比上年增长19.2%,唐镇阳关天地、金桥太茂、尚悦湾等近年新开业的购物中心实现两位数增长,分别较上年同期增长14%、12%、11%,正大广场、96广场、百联世纪受到陆家嘴新开业综合体分流影响,同比出现业绩下滑,分别较上年同期下滑28.4%、12.9%、7.2%;两家奥特莱斯全年将实现快速增长,上海奕欧来奥特莱斯今年在品牌丰富度、广告推广力度、会员黏性上都有显著提升,受此拉动消费全年实现零售额16.3亿元,同比上年大幅增长93%,佛罗伦萨小镇全年实现零售额21.8亿元,同比上年增长8.1%。汽车零售市场由于2019年起上海实施国六排放新标准,受国五国六排放标准切换影响,形成市场观望现象,二手车市场价格贬值,2019年全年实现汽车零售消费585.71亿元,同比上年下降2.6%。二手车市场方面,经过2018年一轮增速回调,二手车交易额回归平稳,全年实现增长0.9%;传统汽车品牌方面,上海大众、宝诚汽车等德系车品牌销售情况良好,全年实现增长;金桥雪莱、五菱、东昌凯帝等通用系品牌持续下滑,全年实现汽车消费同比上年分别下降39.4%、35.7%、30.4%。

(4) 餐饮消费平稳增长。2019年全年浦东新区住宿餐饮业实现消费同比增长5.9%。其中大众化连锁快餐增速最高,麦当劳、肯德基、星巴克全年实现消费分别较上年同期增长17.6%、11.6%、7.5%。

(三) 2020年商业发展形势预判

受新冠肺炎疫情影响,2020国内经济下行压力将进一步加大,商贸流通规模和零售消费市场将呈现先抑后扬的发展趋势,一季度会出现同比大幅下滑的态势,预计2020年浦东将完成社会消费品零售总额同比持平,商品销售总额同比持平。

(1) 新兴零售业态:新零售、免税店、奥特莱斯、化妆品、运动消费市场,仍将是支撑零售额增长的主力。2020年预计国金中心、盒马鲜生、日上免税行、奕欧来、迪卡侬仍将保持两位数快速增长。成为支撑新区零售消费市场平稳增长的主要企业。晶耀前滩、复地活力城、华润时代广场等19年底开业新项目,将为实体商业带来新的增量。

(2) 传统零售实体店以维稳为主。由于新兴零售业态的热度不减,传统零售实体店仍将面临不小压力,预计2020购物中心、百货、大卖场超市等实体企业销售情况将基本与今年持平。

(3)汽车消费有所回暖。2019年是汽车销售的寒冬之年,全年乘用车市场持续下滑,市场形势十分严峻,明年汽车市场回暖还需政策的刺激,新能源车市场仍有较大的发展空间。

(四) 2020年商贸业发展相关举措

一是加快推进重点项目,完善商业网点布局。结合进博会对相关贸易主体开展精准招商;推进啦啦宝都、新田360等商业综合体项目开业及协调工作;推动Costco项目、盒马运营中心等项目的土地上市流程;对一批新出让的商业地块予以产业引导、宣传推介,引进有资金实力、成功案例、先进管理经验的"好人家"开发;对"十四五"期间商业网点布局进行完善,促进各层级商圈差异化、特色化发展,打造有鲜明特色的错位发展的商圈。

二是积极发展首店经济、首发经济。争取引入国际国内品牌首店80家以上,推进金桥啦啦宝都等新开业综合体招引一批首店、旗舰店,协助艺仓引进国际高端品牌定制会所。承办一批有影响力的重要活动——2020年中国零售创新大会、上海时装周2020系列活动等。

三是支持创新业态,发展免税经济。支持日上保税区综合体项目投入运营,协调推进盒马跨境电商等新零售业态发展。争取离境退税即买即退试点网点进一步拓展。

四是激发夜间消费活力,培育特色小店。围绕"一带、五圈、多点"的夜间经济布局,累计推出20个以上浦东夜间经济示范点,使浦东夜间经济做大规模,导入特色夜间消费业态,并引导行业自律。鼓励综合体引进一批融合海派生活场景的特色小店,吸引一批老字号集聚浦东。

(五)"十四五"发展思路

形成与上海全球城市定位相匹配的商业文明,建立商业文化包容多元、购物品牌最新最潮、购物环境最好最优、性价比最高最划算的消费生态,满足国际国内各类消费群体个性化、层次化消费需求,促进形成国内外统一的全球消费市场,真正实现"买全球,卖全球",推动浦东商业由高速发展转向速度和质量并举发展。

重点举措:一是集聚高能级贸易主体,扩大内贸流通市场规模。加强高能级贸易主体的招商稳商工作;吸引和培育各类贸易平台、商品交易平台、跨境电商平台;完善商品销售总额指标统计的制度创新工作。二是持续优化商业布局,提高消费便利度。促进各层级商圈差异化、特色化发展;重点推动小陆家嘴地区升级为世界级地标商圈,围绕交通枢纽打造空港铁路枢纽型商圈;完善并提升大型居住社区(以下简称"大居")和产业园区商业配套。三是培育引导新兴消费,加快商业创新发展。顺应消费升级趋势,推动并引导新零售、品质消费、体验消费、服务消费等新消费规模化发展;积极发展首店、首发经济;争取市内免税店销售对象从境外人士扩大到国内居民旅客。四是培育发展特色商业,丰富消费新内涵。打造一批特色商圈和特色商业综合体,形成特色消费目的地;激发夜间消费活力,依托"夜上海"特色消费示范区建设,进一步扩大示范点范围;培育特色小店,推动老字号集聚浦东并在转型升级中焕发新活力。五是深化"会商文旅"融合,打造消费新名片。依托浦东旅游会展资源,加强购物消费与文化旅游产业和会议展览产业联动,打造一批"会商文旅"联动示范项目,培育一批具有国际国内吸引力的旅游消费品牌活动。

第二节 黄 浦 区

(一) 2018—2019年黄浦区服务业、商贸流通业发展基本数据

2018—2019年黄浦区服务业、商贸流通业发展基本数据见表12-2。

表12-2 2018—2019年黄浦区服务业、商业发展基本数据表

指标名称	2018年	比上年增长	2019年	比上年增长
生产总值	2 270.31亿元	6.6%	2 577.97亿元	6.7%
♯第三产业增加值	2 204.04亿元	6.8%	2 529.20亿元	6.8%
♯商业*增加值	354.79亿元	1.9%	380.24亿元	1.4%
商品销售总额	6 543.06亿元	5.0%	6 789.91亿元	−1.9%
社会消费品零售总额	855.01亿元	5.0%	882.36亿元	1.4%
地方税收总额	214.4亿元	10.6%	214亿元	−1.6%
年末户籍人口数	83.21万人	−1.97%	81.16万人	−2.46%
年末常住人口数	65.38万人	−0.15%	65.08万人	−0.46%

*商业口径为批发零售业。

(二) 2018年黄浦区商业服务业发展情况

2018年,黄浦区商务委认真贯彻落实市商务委和区委区政府各项工作部署,紧密围绕"抓落实、促改革、聚重点、补短板、走前列"总体工作要求,以"建设世界最具影响力的国际大都市中心城区"和"卓越的全球城市核心区"为目标指引,以服务首届中

国国际进口博览会为重点,持续推进打响"上海购物"品牌和"国际消费城市示范区"建设,坚持稳中求进,积极培育增长点、形成新动能,切实推动黄浦经济稳定增长、提质增效。

一是确保进博会相关任务圆满完成。全面完成采购商的组织、成交促进和组织投促活动等各项任务,成交金额逾2.8亿美元,在全市各区中名列前茅,圆满完成5个国家政要团以及7个国家企业团接待任务。被市委组织部评为"进博先锋行动先进基层党组织",被市商务委评为"商务铁军"。二是确保商业市场平稳增长。全区全年共实现社会消费品零售总额855.01亿元,同比增长5.0%,创近年新高;实现商品销售总额6 543.06亿元,同比增长5.0%。商贸流通业共实现税收145.83亿元,同比增长3.0%。三是保障重点项目按时开业。世茂国际广场、凯德晶萃(LuOne)、雪豹商城、中海环宇荟、金钟广场等一批重点商业项目均于年内开业迎客。全年共引进81家首入店、体验店和旗舰店,其中NIKE全球旗舰店、M豆巧克力世界亚洲唯一旗舰店、丝芙兰全亚洲新概念店、Hello Kitty"上海滩时光之旅"等一批优质品牌顶级旗舰店均已落户世茂国际广场,阿迪达斯亚太地区最大品牌中心已落户一百商业中心。四是推动重点商圈加快升级。加紧制定淮海中路商圈形态业态提升总体方案,提出以淮海中路为轴,着力改造提升新天地活力街区和环复兴公园文化体验休闲区的"一轴两圈"总体规划方案。完成南京路步行街改造提升方案初稿并申报,加快编制世纪广场等改造规划方案、南京路步行街东拓方案以及外滩源活力街区实施方案。五是推进涉外经济有序发展。进一步强化黄浦区涉外经济发展政策,制定"1+X"政策体系,并举行政策发布会。外资企业实现税收308.96亿元,同比增长9.7%;外资企业实现区级收入100.11亿元,首次突破百亿元,同比增长18.7%。新增储贤(上海)投资有限公司等4家跨国公司地区总部,合同外资共计达14.81亿美元。六是促进文创产业稳健运行。文化创意业全年共实现税收69.46亿元,同比增长2.3%。文创园区实现税收21.06亿元,亿元园区数量达到6家,较上年翻番。七是落实低端转型持续开展。全年共清退小商铺2 189个,完成全年目标(2 000个)的109.45%,关闭亚龙、福都等3家小商品市场,调整初见成效。八是确保民生项目全面完成。新建改建新永安等3家示范性标准化菜市场并已开始运营,完成9个社区智慧微菜场建设,均提前完成全年任务。在2017年第四季度商务部排名中,黄浦区7家菜市场进入全国前50名榜单,并包揽全国前三名。区动监所荣获市"2018年度动物诊疗行业监管工作先进单位"荣誉称号。

1. 全面对接进博会

深入落实各项工作部署,提高政治意识和大局意识,全面围绕相关要求,稳步推动进博会各项工作。

（1）全力落实组织参展。一是完成组团交易任务。组建进口博览会上海交易团黄浦分团,制定黄浦分团工作方案,设立6个采购商大组,推进黄浦区采购商的组织、信息审查、参观预登记和采购意向摸底等工作。黄浦分团共完成预登记单位1 101家,参观人员登记6 932人。进博会期间,黄浦分团成交金额逾2.8亿美元。二是承接溢出效应。推荐东浩兰生保税服务有限公司入选进博会"6＋365"上海国际进出口商品展示交易平台。研究制定承接进博会溢出效应工作方案,与市贸促会、东方国际、东浩兰生等参与进博会工作的相关企业和机构保持沟通,为主动承接展会溢出效应打好基础。三是强化宣传造势。一方面主动在区企业发展服务平台网站设立进口博览局网站链接,扩大宣传,并利用微信公众号等平台积极宣传进博会。另一方面以召开企业座谈会、上门走访、企业接待为契机,鼓励企业积极利用进博会平台促进发展。

（2）全心做好服务接待。一是举办推介活动。举办"黄浦现代服务业的发展机遇——品牌首店和总部"投资环境推介会,邀请商会、使领馆等150余人参加,大力推介黄浦投资环境。会上发布《黄浦区对接中国国际进口博览会鼓励引进品牌首店暂行办法》,鼓励支持"进博会"签约参展品牌在重点商圈开设首入店、旗舰店、体验店及设立总部,受到与会企业、机构好评,并经媒体广泛宣传取得良好推介效果。举办加拿大大西洋区四省代表团与黄浦企业及东方国际集团对接会,中加企业对接成效显著。二是强化人员保障。年初选拔1名同志赴进口博览局挂职工作,后续又推荐3名同志担任外国政要团中方联络官,全力支持配合进博会筹备举办工作,展现黄浦公务人员良好形象。三是落实参观接待。筹备开展政要团组"客商走进上海看各区"的系列活动,圆满完成奥地利、沙特阿拉伯等5个国家政要团及7个国家企业团接待任务。安排政要团组和经贸团参观外滩滨江高端服务示范区、重点商业街区以及田子坊、八号桥和江南智造创意产业集聚区等3处文创园区。四是优化消费体验。围绕客商在沪期间"吃住行,游购娱"主线,定制"最上海""最时尚""最国际"等三条最具黄浦特色的消费体验路线,做好新天地、外滩源、豫园、大同坊等"夜上海"地标宣传推介工作,吸引参展客商购物消费。

（3）全方面做好城市保障。一是服务质量方面。开展迎进博会服务质量提升专项行动,通过编写外语培训等材料手册、举行"冲刺100天,服务百分百"迎进博会窗口服务展示日巡礼活动、开展服务窗口行业专项培训等,提升商业系统工作人员服务意识与服务质量。二是市场秩序方面。确保进博会期间主副食品市场供应和价格稳定,加强全区主要酒水消费场所酒水安全质量检查。筹备召开"决胜进博会,严厉打击侵权假冒"专题工作会议,制定专项行动计划。三是安全生产方面。于9月初启动专项检查行动,对大型商场、菜市场、超市、文创园区的安全风险管理和隐患进行全面复查,预防和减少突发事件的发生,巩固安全生产稳定局面。

2. 深入开展大调研

建立健全组织机制,注重以大调研为抓手,深入企业问需问计,边调研边解决企业难点、痛点、堵点问题。

(1) 落实组织推进。召开商务委大调研动员部署会,制订黄浦区商务委大调研工作方案,成立领导小组和7个专题调研小组,及时下发区委大调研工作提示,指导、协调、推动各专题小组扎实有序开展工作。

(2) 坚持问题导向。全年通过实地走访、召开专题座谈会等方式,共开展各种形式的调研410次,调研外资、商贸等相关企业2 000余家,收集反馈问题、建议453个,办理409个,解决率为100%。形成信息稿33篇,"问题/措施/解决清单"7条,"制度清单"8份。部分典型案例获新闻媒体专题报道。

(3) 聚焦核心问题。一是强化营商环境建设。联合多家职能部门,多次通过组团式调研,深入重点产业、新兴行业等各层面、各领域企业,全面广泛问需问计,帮助一批企业解决更名、证照办理、人才落户等问题。二是聚焦企业关切重点。针对中美贸易摩擦,配合市商务委、海关等部门,通过实地走访、电话征询、组织召开座谈会等形式开展摸底调查,并在此基础上,组织专题培训,协助企业应对贸易摩擦。三是聚焦行业共性问题。通过开展广交会参展类、融资租赁类等同类型、同属块企业集中座谈,集中听取企业对堵点、难点问题需求反映,进行现场政策咨询解答,及时高效解决普遍共性问题。四是加强市区统筹调研。积极参与市条线部门调研,共同摸情况、察实情、找问题、解难题。为打响上海购物品牌、加快国际消费城市建设,全面掌握企业经营发展需求,及时协调解决企业急迫困难问题。

3. 全力打响"上海购物"品牌

以打响"上海购物"品牌为总体目标,制定《黄浦区全力打响"上海购物"品牌加快上海国际消费城市示范区建设三年行动计划(2018—2020年)》,进一步加快推动商圈转型升级,深化上海"国际消费城市示范区"建设。

(1) 完善政策规划方案。一是落实解决重点督查事项。完成《黄浦区商务委关于落实"两街"督查调研情况报告李强书记批示的初步建议方案》,并配合市发改委协调解决和平饭店西侧空置问题。二是加快制定重点区域规划方案。加紧制定淮海中路商圈形态业态提升总体方案,提出以淮海中路为轴,着力改造提升新天地活力街区和环复兴公园文化体验休闲区的"一轴两圈"总体规划方案。加快编制世纪广场改造规划方案、南京路步行街东拓方案和外滩源活力街区实施方案。三是推进重点商圈优化方案。完成南京路步行街改造提升方案初稿并向商务部进行申报,着手编制豫园高端步行街方案,基本完成淮海中路功能定位及业态规划方案,拟制淮海中路步行街可行性方案。

(2) 推进商业结构调整。一是重点项目集中开业。世茂国际广场、凯德晶萃(LuOne)、雪豹商城、中海环宇荟、金钟广场等重点商业项目均于9月开业迎客;随着阿迪达斯全球旗舰店升级营业,一百商业中心已基本实现全部开业,六合路连廊和顶棚工程也已完工;新天地广场项目已开展试运营。二是协调机制作用突出。建立健全黄浦区重点商业结构调整项目定期协调机制,并依托该机制协调解决一百商业中心和凯德晶萃广场等项目遇到的问题。优化与公房资产公司的信息互通机制以及与商业咨询机构、相关媒体公司的对接机制。三是进度调整加快落实。锦江国购市百一店淮海店项目已整体交由项目公司进行改造和招商运营,2019年开工建设;中环广场已完成外立面改造报建,年底完成硬件项目改造。豫园商城二期和新世界城项目目前已启动改造方案设计,龙凤地块正加快落实确定开发商。

(3) 推动品牌经济发展。一是重点聚焦品牌引进。进一步加强与商业地产服务公司和招商公司等中介平台沟通联系,拓宽品牌引进渠道。共引进NIKE全球旗舰店、阿迪达斯全球旗舰店、乐高城市中心旗舰店等81家首入店、体验店和旗舰店。二是不断提升品牌能级。加强与重点项目、重要品牌沟通协调工作力度,充分利用重点项目调整契机,加快引进优秀品牌全球旗舰店、新概念店落地黄浦。NIKE全球旗舰店、M豆巧克力世界亚洲唯一旗舰店、丝芙兰全亚洲新概念店、Hello Kitty"上海滩时光之旅"、乐高城市中心旗舰店等一批优质品牌顶级旗舰店均已落户世茂国际广场项目。三是着力建设品牌高地。推动上海全球新品首发地建设。与新天地签署合作协议,为优质品牌在沪首发营造优质环境,力争提升全球新品首发规模与能级,助力打响"上海购物"品牌。

(4) 优化消费购物环境。一是提升购物便利度。积极推进与顺丰速运公司合作协议,拓宽网点布局推进打包托运业务。携手环球蓝联,积极对接来福士、悦荟广场等购物中心,扩大"两街"离境退税覆盖范围并努力解决相关瓶颈问题。二是提升环境舒适度。完成慢行导视系统项目一期硬件和软件框架工作,并与合作企业制定系统信息更新方案机制。三是提升服务满意度。制定2018年"服务质量年"活动实施方案,积极开展以"品质消费 美好生活"为主题的"3·15"消费者权益保护日活动。完成上半年商业企业服务质量第三方测评工作,向测评排名靠后企业发放整改通知书并进行复查。举办"2018黄浦区优质商业服务明星"评选活动,综合评选出10位优质商业服务明星和10个优质商业服务柜组(工作室)。

（5）协同推进公共空间焕新和精细化管理。一是公共空间焕新方面，配合区绿化市容局持续推进淮海中路公共空间焕新工程，优化慢行导视系统。二是城区精细化管理工作方面，协助召开相关工作会议，发起"社会共治、商家自治"行动，做好门责管理、商业服务质量、绿植外摆，推进永安百货萨克斯演奏等工作，并开展日常巡查。三是区级商圈建设方面，开展打浦桥地区商业规划研究，配合区相关职能部门对田子坊园区内新申请经营项目开展联合审批。完成金陵东路业态调整思路研究课题，为金陵东路调整定位提出相关思路性方案。

（6）促进"商旅文"联动。一是强化整体营销。精心组织2018上海购物节南京路步行街世纪广场主会场开幕活动，制订活动方案，策划上海购物达人赛等6项重点主题活动和32项商业企业营销活动。制作2018上海黄浦商业导览图，定制"最上海""最时尚""最国际"三条具有黄浦人文特色、体现商业文明的商旅文融合消费体验路线，并拍摄制作"最上海""最时尚""最国际"宣传短片，获得较好的社会反响。二是放大"艺蕴黄浦"效应。组织实施"一店一方案"的个性化配置，新增香港广场、K11、新邻生活站等商家为"2018上海艺术商圈"合作单位，举办"盛夏潮玩音乐节"等活动，进一步提升商圈艺术氛围。三是办好"上海时装周"。认真完成上海时装周2018秋冬发布会及2019春夏发布会活动期间服务、值守等工作。四是推动政企合作。配合区政府与东方国际（集团）有限公司签订战略合作协议，从对接进博览会、提升时尚产业创新发展能力等方面着手，构建政企合作的协调联动机制。五是落实扶持政策。实施《黄浦区促进时尚产业发展专项资金使用和管理办法》，明确时尚产业政策网上申报流程并开展申报工作。

（7）强化数字商圈建设和电子商务发展。一是持续优化"两街"智能化建设。以南京路为试点，进一步完善"4+1"运营模式，完成实时客流分析平台搭建。建立智慧商圈商家协作机制，定期发布商圈客流、业态、品牌分析报告，为规划制定、结构调整、品牌引进等提供指导依据。二是加快建立商业信息数据库。认真遴选比对研判方案，召开专家评审会确定项目开发企业。加强与"两街"重点商户进行有效沟通，建立商圈商业信息数据库，确保数据库建设运营平稳有序。三是做好电子商务相关工作。撰写完成《2017年黄浦区推进电子商务发展相关工作情况》，并与市电子商务促进中心合作开展课题研究，通过走访百联全渠道等电商公司等企业，进一步掌握企业、行业发展动态趋势，完成《黄浦区电子商务发展研究报告》。先后就商业保理企业股东变更、企业新设、吸收合并召开3次专家评审会。

4. 着力提高发展质量

（1）政策优化方面。结合黄浦区区情实际与发展规划，制定《上海市黄浦区关于扩大开放积极利用外资的实施意见》以及《黄浦区鼓励跨国公司设立地区总部的实施意见》《黄浦区试点开展区级贸易型总部认定实施意见》《黄浦区关于进一步发展外资研发中心的实施意见》等配套政策,进一步强化黄浦区涉外经济发展政策体系,并于4月中旬举行外资"1+X"政策发布会,提升政策影响力和知晓度。

(2)涉外经济方面。一是涉外经济贡献稳步提升。外资企业实现税收308.96亿元,同比增长9.7%;外资企业实现区级收入100.11亿元,首次突破百亿元,同比增长18.7%。二是招大引强选优工作进展明显。共完成储贤投资等5个1000万美元以上的新设项目以及英特格拉生命等7个1000万美元以上的增资项目。三是服务贸易发展态势良好。指导江南智造和8号桥成功申报上海市服务贸易示范基地。健全技术进出口合同登记工作机制,完成技术进出口合同登记781件,合同总额4.51亿美元。指导服务外贸企业进行合同备案,审核通过新增合同281份,合同金额2.87亿美元;审核通过合同执行663份,执行金额3.05亿美元。

(3)总部经济方面。一是全力做好跨国公司地区总部工作。梳理意向企业,开展深入沟通,推动一批企业积极申请跨国公司地区总部。储贤(上海)投资有限公司等4家企业先后被市商务委认定为跨国公司地区总部。鼓励跨国公司地区总部集聚实体业务、拓展功能、提升能级。组织3家企业参加市跨国公司地区总部发展专项资金申报工作。二是认真开展贸易总部相关工作。积极走访20余家重点企业宣讲贸易型总部政策,组织开展第三批市级贸易型总部申报工作。4月中旬召开区级贸易型总部授牌仪式为首批5家区级贸易型总部企业授牌,并积极推进政策兑现工作。三是认真做好安商、留商工作。定期走访各类重点企业,积极与相关部门联手,帮助企业解决问题,做好安商、留商工作。

(4)品牌经济方面。一是认真协办品牌经济论坛。配合市经信委成功举办第四届中国品牌经济(上海)论坛,助推黄浦打造品牌高地,进一步扩大黄浦品牌的影响力。二是不断加强品牌宣传推广。做好相关组织协调工作,组织企业参加全国自主品牌博览会、"上海商业文化魅力行"俄罗斯推介会等活动,并获中央电视台、人民网等11家国内主流媒体以及塔斯社等8家境外媒体报道。三是积极落实品牌转型资金。启动修订后的品牌专项资金首批认定工作,共有45家企业单位110个项目获得奖励扶持。四是全面支持老字号品牌创新发展。编写《黄浦区老字号企业创新发展实施意见》,进一步激发老字号企业的内生动力,加大创新引领力度。做好老字号博览会组织筹备工作,鼓励企业开展现场直播、亲子互动、新品发布等新颖推广形式,吸引年轻消费客群。五是全面强化品牌发展基础。启动黄浦区内商品品牌资源调查建设工作,全面摸清区内各类商业品牌底数和属性,为进一步优化工作提供更精准的数据支撑。

（5）园区经济方面。一是亿元园区规模翻番。亿元税收园区达 6 家，较上年数量翻番。文创园区实现税收 21.06 亿元。二是招商、安商成效显著。根据"四个一批"重点项目名单，走访、跟踪区域内重点企业 200 余户次，引进企业 51 家，其中新注册 48 家，迁入 3 家，完成安商、留商企业 66 家，完成园区结构调整面积超过 20 000 平方米。三是园区服务规范有序。持续推进园区企业注册集中登记点工作，由专业律师事务所前期介入开展征信和法律风险评估。集中登记点律所已介入审核企业 27 家，其中 24 家已完成注册登记。四是园区影响不断提升。全年共接待各地政府部门、各类媒体参观调研 66 场，并实施开展"白玉兰杯"上海设计创新产品大赛等 10 余场品牌宣传推广活动，不断强化江南智造国家级基地品牌，提升园区影响力。

5. 大力优化营商环境

（1）持续深化"放管服"。一是做好审改工作。落实市审改办要求和部署，完成政务服务梳理校核工作和证明事项清理工作。二是推进"互联网＋政务"。按照"统一建设、统一部署、部门入驻、分级管理"的模式，全面整合原有服务功能，将原网上政务大厅栏目升级为"一网通办"栏目并开展试运行。三是强化窗口服务。继续完善 2017 年外资窗口和工商注册窗口合并受理的工作机制，不断优化部分外资重点行业前置审批项目的"一口受理"流程和效率。设立外资服务热线，积极主动解答外资企业设立、变更等事宜，进一步优化服务机制。四是落实监管工作。认真按照新要求和新流程，开展 2018 年外商投资企业年度投资经营信息联合报告工作培训，加强对外商投资事中事后协同监管。

（2）全面推进贸易便利化。一是深化与海关的战略合作。协助区政府与原上海出入境检验检疫局签订《上海出入境检验检疫局、上海市黄浦区人民政府关于推动质量共治、建设质量安全示范区合作行动计划》，初步制定建设进口商品消费安全示范区方案，推动原国检局入驻兰生大厦设立办事机构，进一步提高贸易便利化水平和质量共治水平。二是推进精细化监管试点。会同检验检疫有关领导通过走访、座谈等方式选取试点企业，确定 5 家重点企业参与首批试点，为企业量身定制"一企一策"的精准化监管措施，并取得良好成效。三是开展专题培训。邀请检验检疫部门专家为区内近百家重点贸易企业开展检验检疫相关政策专题培训，不断充实完善三方共治合作试点框架以，不断提升精准化监管政策知晓度和普及度。

（3）不断完善综合服务工作。一是协调服务方面。积极协调区市场监管局开展落地注册服务工作。联合区市场监管局、区税务分局上门调研，为重点企业提供吸收合并事项流程、政策指导。二是配套服务方面。指导 6 家外资企业申报"白玉兰荣誉奖"和"白玉兰纪念奖",其中4家企业获奖。完成医疗健康服务红卡的发放工作,做好重点企业高层次人才医疗健康服务工作。三是项目服务方面。完成外经贸发展专项资金申请工作,共批复项目53个,批复资金71.85万元。推荐符合条件企业申请开立自由贸易账户,推荐5家企业申报上海市服务外包专项资金,推荐2家企业申报服务贸易公共平台建设资金。

(4) 认真做好中小企业服务。一是做好平台窗口服务。企业发展服务平台注册用户目前已达到5 437家。全年分别完成"一口咨询"727次、"一口发布"政策信息50次,完成作品版权登记服务1 251次,并被市版权局授予"2016年度版权服务优秀项目"铜奖。二是深化企业服务工作。做好企业运行监测报送工作。组织落实2017年度新认定及复核企业"专精特新"授牌工作。组织企业参加"专精特新"领军人才培训、运行监测等工作,夯实"专精特新"工作基础。三是做好专业平台工作。完成与"上海市企业服务云"对接工作,并做好黄浦区子平台的链接工作。形成《黄浦区企业专业服务平台认定管理办法》并正式发文。四是开展政策宣传推广工作。落实2018年产业政策宣传、推介安排,并完成《黄浦区产业政策汇编(2018—2019)》编制发放工作。五是积极推进人才服务工作。共为1 206人次提供人事人才咨询服务,为83家企业提供招聘服务,组织开展"工作关系中的劳动争议如何解决""创业导师1对1"等30余场交流培训活动。

6. 积极推动重点区域、产业转型

(1) 北京东路地区城市更新方面。加大整治工作力度。联合相关街道以及区市场监管局、公安分局消防支队、相关城管中队等部门,针对违法建筑、消防安全隐患、特种设备安全、制售假冒伪劣等各类乱象开展综合执法。期间共整治北京路沿线违规商户30家,发现并整改消防安全隐患9处,拆除违法建筑13处,建筑面积509平方米,拆除6处违规店招和灯箱广告。

有序启动产业转型。一是重点项目转型稳步推进。与重点转型项目签署整体转型合同,已完成商铺签约清退工作并开始招商工作。一批沿线五金商铺已经签约,正办理移交手续。二是积极推进项目落地。积极与各类企业保持密切沟通,已与部分企业达成意向性合作,为北京东路产业转型打牢基础。三是认真排摸储备项目。推动沿线五金商铺收购,将通过互换使用、对租等形式共同开发北京东路沿线及贵州路重点段商业。完成北京东路零星商铺信息统计工作并开展试点谈判。

大力推进地块开发。一是重点项目如期竣工。加大与有关部门的协调工作力度,目前衍庆里百联时尚中心已顺利开业,衍庆里一期项目已经竣工,二期也即将完工。二是重点地块开发加快。加强与地产企业沟通工作力度,加快重点地块开发工作。137号街坊地块已启动风貌评估工作,并在此基础上深化设计方案,加快项目落地;132号地块完成商户清退及基地围护工作,已开展补地价、方案调整等前期工作;海通证券大厦已制定工程推进计划表,力争年内开工。

(2) 小商品市场转型调整方面。发挥工作机制效力。一是建立机制。构建街道、部门间联动工作机制,召开工作会议,制订工作方案,明确重点目标,全力推进整治工作。二是加强整治。针对薄弱环节和重点项目,充分结合春节、进博会等契机,联合半淞园等相关街道和区城管执法局等有关部门开展多次联合整治工作。三是重视实效。通过综合整治,消除95项安全隐患,依法拆除2 600平方米违章建筑,清退18个三合一仓库共计10 500平方米,激发市场主体转型的意愿。四是研究政策。结合实际,针对小商品市场转型不同环节制定分类政策,并探索制定小产权合并等难点问题的支持政策,推动相关市场转型。

紧抓重点项目清退。全年清退小商铺2 189个,完成目标进度109.5%。豫园地区福都商厦等3家市场已经关闭。

强化龙头企业对接。一是加快清退,积极对接沟通。加快推进福都商厦清退工作,明确项目新产业定位,目标将其打造为豫园地区示范商厦。二是加快建设,协调解决问题。加大力度推进重点项目转型进度,协调解决矛盾纠纷。三是加快调整,加大推广力度。根据规划定位,推广重点项目,注重引进优质合作伙伴,鼓励优质企业参与项目建设开发。

(3) 文创方面。一是优化完善政策供给。认真贯彻落实本市关于推进文创产业创新发展文件精神,结合黄浦实际,编制完成《黄浦区关于加快推进文化创意产业创新发展的实施意见》并正式发文,加速培育创新发展新动力,优化完善各类政策。二是做好项目服务工作。制订《2018年黄浦区文创项目评审工作方案》,并通过及时发布信息、电话通知、组织培训等多种方式,组织企业开展市文创资金申报工作。已对79个项目进行区级评审工作,并对34个通过区级评审文创项目开展市级评审项目申报培训工作。会同区财政局等单位对前期项目开展中期跟踪服务、项目验收等工作,对过期项目开展验收催办工作。三是加强走访调研力度。走访上海黄金饰品行业协会、上海工艺美术行业协会等功能性机构以及世茂旅游、读者书店等一批较有发展潜力的跨界融合文创项目企业,并组织洛可可设计、博物馆艺术品等企业召开座谈会,进一步掌握企业发展情况和行业发展动态,为制订产业促进工作方案及招商引资工作打好基础。四是认真推进工艺美术专项计划。明确工艺美术产业主要发展方向,服务对接上海科创中心、国际贸易中心、国际消费城市以及时尚之都建设等方面重点,制订《黄浦区工艺美术产业发展三年行动计划(2018—2020年)》,努力将黄浦打造成为具有一流国际影响力的工艺美术产业示范区域。

7. 扎实做好民生工作

（1）创建文明城区方面。一是优化创建方案。结合工作实际，制订《关于2018年黄浦区商业系统创建全国文明城区工作方案》，明确创建工作的总体要求、主要任务和责任分工，并召开动员暨培训会议。二是营造创建氛围。紧密结合黄浦区情，突出海派商业文化，举办"黄浦区创建全国文明城区商业系统公益宣传设计大赛"，设计制作商业系统宣传材料，营造浓厚创建氛围。三是完善工作机制。充分发挥协会等社会组织的作用，引入专业机构，加强对商业窗口服务质量监督测评，优化完善问题整改机制和沟通协调机制。四是加大检查力度。对48个点位开展全覆盖的日常巡查工作，落实评测标准并督促点位整改。对南京路、淮海路、豫园商圈34家商场以及24家菜市场、4家超市开展专项检查，并委托第三方测评机构，对30个点位开展全方位重点监测并督促整改。五是做好迎检工作。有针对性地做好迎检材料准备工作。迎检期间，领导班子成员带队，实行点位负责制，对照标准，每日检查并督促问题整改，确保商业系统点位不失分。

（2）菜市场方面。积极推进菜市场建设。新建改建新永安、泰康和清美鲜食斜土路店等3家示范性标准化菜市场，完成荟选集市菜店和蔬沣园菜店2家示范性标准化菜店，提前完成全年目标；完成9个社区智慧微菜场的建设，已超额完成全年任务。推动豫园、南外滩和曹家街3家菜市场改造升级工作取得进展，完成蓬莱、大境、半淞园等5家菜市场部分硬件修缮工作。做好专项资金工作，完成2018年菜市场扶持专项资金的审核和发放工作。

深入推进菜市场公益化。一是保供应。召开多次协调会，确保春节、国庆等节日以及低温、酷暑和台风天气期间市场主副食品供应稳定及食品安全。二是保菜价。继续完善菜市场平价摊位供应，开展第三方跟踪评估，运行成效明显，较好抑制节日期间及极端低温天气菜价大幅上涨的趋势，菜价运行总体平稳。三是保安全。持续做好追溯系统运行监管检查和服务工作，黄浦区菜场追溯系统运行在市考核中继续名列前茅。在2017年第四季度商务部排名中，黄浦区7家菜市场进入全国前50名榜单，并包揽全国前三名。至此2017年黄浦区菜市场共入选《全国前五十名菜市场名录》22家次，区商务委也被评为2016—2017年度商务部上海肉菜流通追溯运行考核优秀单位。

扎实推进粮食相关工作。一是完成2017年度粮食安全区长责任制考核相关工作并获得优秀，配合市粮食局开展2018年度粮食安全相关工作。二是完成2018年度黄浦区城镇居民户粮油统计调查并建立电子台账，完成粮食企业统计月报及年报工作。三是完成粮油帮困及副补发放工作。

（3）市场秩序方面。一是做好单用途预付卡工作。对接市单用途预付卡监管平台，建立与市场监管部门之间的对接机制，参与联合执法检查，并做好投诉处理、纠纷调解和处罚转交工作。完成4家备案企业的合规检查，并提出整改意见。二是推进"双打"工作。做好信息报送、侵权假冒行政处罚案件信息公开和"两法衔接"三项基础工作，召开"决胜进博会，严厉打击侵权假冒"专题工作会议。三是完成两网协同工作。已会同区绿化市容局对全区"两网协同"的22个机关、楼宇、商厦、小区试点进行验收并提出整改要求。

（4）动物卫生酒类监管方面。一是开展重点检查工作。酒类监管方面对137家企业进行检查，查处经营假冒酒类商品案件5起，没收假酒73瓶，罚没款项计2.2万余元。动物卫生监督方面开展重点节日节前菜市场活禽交易排查行动，确保节日期间禽产品安全。二是抓好日常监管。动物卫生监督方面，做好非洲猪瘟疫情防控工作，严格落实生猪及其产品调运监管工作。共检查冷库、宠物机构等单位186家次，共检疫签发出沪动物产品75批次，产品173.8吨，动物25只。区动物卫生监督所荣获市"2018年度动物诊疗行业监管工作先进单位"荣誉称号。对辖区内7家宠物诊疗机构开展卫生监督量化评查评分工作，并与其签订年度动物诊疗机构规范经营承诺书。三是认真做好事中事后监管工作。进一步优化网上审批办理流程，优化办事流程，完成酒局"放管服"改革情况监督自查。共完成各类行政审批事项1 233项，其中新批567户，换证305户，变更266户，注销93户，遗失补发2户。四是加强安全宣传工作。积极参加滨江党建志愿咨询服务、学雷锋宣传活动以及消费者权益保护日等宣传活动，为居民、市民提供真假咨询服务，受到广泛好评。

（5）安全生产方面。一是落实主体责任。以服务保障进博会为重点，着力做好重点区域社会商贸企业安全管理工作，督促企业落实主体责任。二是开展全面检查。严格落实进博会消防安全保卫工作要求，委托第三方专业机构对大型商场、菜市场、超市、产业园区进行全覆盖检查，并编制完成专业安全诊断等工作报告，提升安全生产专业检查能力。三是督促整改落实。累计检查358家次（不含自有网点），共发现安全隐患总数为1 433条，督促企业对排查出的安全隐患进行整改。

（6）其他方面。全年受理12345市民热线投诉150件，确保100%办结。顺利完成区商联会、企联会换届工作。签订家政服务灵活就业证明窗口服务委托工作协议，认真做好家政灵活就业证明工作。积极参加学雷锋宣传活动和消费者权益保护日宣传活动，向市民宣传推广正规家电维修网点，维护家电售后维修市场秩序。

(三)2019年黄浦区重点工作目标完成情况

2019年黄浦区商务委按照区委、区政府统一部署,牢牢把握"改革增活力、发展提能级、民生重品质、治理创标杆、党建筑高地"工作主线,以"建设世界最具影响力的国际大都市中心城区"和"卓越的全球城市核心区"为目标指引,凝心聚力、攻坚克难,扎实推动各项工作有序开展,全面完成各项工作目标。

1. 指标完成情况

社会消费品零售总额:全区实现社会消费品零售总额882.36亿元,规模已达目标进度,并继续保持全市中心城区首位。

商品销售总额:全区实现商品销售总额6 789.91亿元,销售规模已达到目标进度。

商贸流通业税收:全年实现税收151.75亿元,占全区税收比重达23.1%,比上年增长3.9%,实现区级收入43.50亿元,占比达20.6%,比上年增长2.1%。

涉外经济:全区新增外商投资企业项目163家,完成合同外资金额14.89亿美元,比上年增长0.5%,新增跨国公司地区总部4家。

2. 重点工作成效

(1)商圈转型成效初显。加快商业结构调整,编制完成南京路步行街改造提升、世纪广场改造提升、步行街东拓等一批规划方案,举办南京路步行街开街20周年等整体营销活动,新天地活力街区试运营成效明显,社会反响较好。新天地广场等项目开业,新世界城等项目有序调整。全年共引进Shake Shack汉堡店等88个品牌首入店、旗舰店、体验店并顺利开业,达到年初预定工作进度目标要求。在全市率先推出首位"夜间区长"和首批"夜生活首席执行官",打造"夜间经济",支持"特色小店""特色街区"发展,有效激发市场主体力量。

(2)涉外经济稳步发展。受中美贸易摩擦等外部环境因素影响,全区涉外经济发展面临较大困难。通过积极走访企业,加大政策和服务力度,涉外经济保持平稳发展。合同金额超1 000万美元的项目达30家。埃森哲、明治、希迪凯和戴珂鞋业等4家企业升级为跨国公司地区总部,超额完成全年工作目标。推动玫珂菲彩妆造型(上海)有限公司成为《关于扩大外商独资设立营利性职业技能培训机构实施范围的通知》出台后全市第1家(除浦东外)新设项目。积极组建第二届进博会黄浦交易分团,共登记采购商923家,参观人员7 898人,人数较首届增加近千人。达成采购意向3.01亿美元,较首届增长30.87%。设计3条投促路线,接待伊朗等4个外国政要团组。开展3场"对接进博2019"投资促进活动,组织2场中外企业对接会。积极把握项目线索,加强沟通对接,已推进纪娜梵品牌首店和萨普托乳业等多个项目落地,并密切跟进澳洲生活馆等项目。

(3) 文创园区增量提质。全区文创园区克服宏观经济下行、减税降费施行等不利因素,积极引进大地诚泰、砚源文化传播等30家企业,全年实现税收17.85亿元,比上年增长4.4%,其中:8号桥四期等4家园区税收已超亿元。文创载体培育建设工作加快,新认定1家区级文创园区和2家区级文创楼宇。

(4) 产业政策不断优化。制订完成《黄浦区促进老字号振兴发展行动方案》,深入推进老字号"一品一策一方案"工作。修订完成《黄浦区文化创意产业发展引导资金管理办法》,规范文创资金使用和管理,提高资金使用效率。抓紧制订《黄浦区鼓励设立民营企业总部的实施意见》,着力引进并培育民营企业总部。加快编制《黄浦区关于进一步做好外资工作的实施意见》及相关政策体系,进一步扩大对外开放、促进外商投资。

(5) 民生项目提前完成。积极呼应基层百姓民生需求,加快推动标准化菜市场改造。海上梦苑菜场、联华生活鲜菜场、永年菜场、山海关菜场和普育菜场等5家标准化菜市场完成改造并投入运营。尤其是永年菜市场以其新颖的设计和舒适的购物环境,获得周边市民广泛好评。推进社区智慧微菜场布点工作,新增12个社区智慧微菜场。

(四) 2018—2019年黄浦区商务发展主要工作重点

1. 大力推动商圈转型

(1) 方案机制方面。按照商务部以及市委、市政府部署和要求,编制完成南京路步行街改造提升及东拓方案、世纪广场改造提升、步行街业态规划等系列方案,并细化新天地活力街区相关实施方案。加快构建和完善市区联动及区内部门联动机制,激发市场主体力量,探索建设南京路步行街信用示范商圈,稳步提升重点商圈能级。

(2) 项目调整方面。新天地广场、绿波廊、文昌街等项目已实现整体开业,新世界城、TX淮海|年轻力文化中心年底试营业,南京大楼华为全球旗舰店等重点项目调整工作进展顺利。此外,结合项目调整工作,年内已引进Hello Kitty室内主题乐园、Tim Hortons、Shake Shack汉堡店等88个品牌首店并顺利开业。

(3) 服务提升方面。持续打造"最放心商品、最优质服务"的品质消费示范区。开展2019年"服务质量年"活动并进行第三方测评,继续推广评优选树活动并选出"二十佳优质商业服务明星(班组)"。发布"黄浦区优质商业服务"计划,推出154个

"黄浦优质商业服务示范点"。深化智慧商圈建设,继续推进"4+1"模式试点工作。持续提升消费便利,全区离境退税商户已达106家,其中大丸百货入选即买即退试点商户。

（4）整体营销方面。做强"商旅文"整体营销,顺利完成上海时装周等时尚活动,成功举办南京路步行街开街20周年整体营销、上海购物节开幕式以及欢乐淮海嘉年华、淮海天地时尚月、上海艺术商圈等活动。

（5）品牌工作方面。推进老字号企业焕新提升工作,引进国际优秀品牌,聚焦关注自主品牌。实施老字号"一品一策一方案"工作,制定《黄浦区促进老字号振兴发展行动方案》。主动搭建平台,协助筹办第五届中国品牌经济论坛,组织企业参加长三角老字号品牌路演、老字号博览会、进博会老字号"非遗"展示以及赴巴拿马参展等活动。

（6）特色打造方面。加快推动夜间经济发展,率先推出首位"夜间区长"以及首批"夜生活首席执行官"。滨江外滩地区、新天地-FOUND 158地区、豫园地区成为首批上海地标性夜生活集聚区,外滩·中央-外滩源等4个项目成为"2018—2019夜上海特色消费"示范项目。支持特色小店、特色街区发展,制定工作方案,加强走访调研,努力打造街区商业经济新亮点。新天地、老码头等5个项目入选上海特色商业街区。新天地湖滨路活力街区已投入运营,助推区域客流和销售提升。

2. 稳步推进涉外经济

（1）做强总部经济。埃森哲、明治、希迪凯和戴珂鞋业4家企业被认定为跨国公司地区总部,超额完成年度2家总部工作目标。认定菲仕兰食品贸易(上海)有限公司等5家企业为第二批区级贸易型总部。

（2）做大优势产业。全年完成合同外资14.89亿美元,完成年度目标,全区新设外资企业163家,其中商贸流通业(67家企业,占比41.1%)、专业服务业(66家企业,占比40.5%)等优势产业对外商投资吸引力持续放大。

（3）做实重点项目。聚焦产出贡献强、增长潜力大的优质项目,推动高质量发展。合同外资超过1000万美元的新引进和增资项目共30家,较去年增加18家。其中:新引进项目中,天好(中国)投资有限公司主营风靡北美的Tim Hortons餐饮连锁品牌,注册资本达3000万美元,计划未来10年在中国开店1500家。增资项目中,罗森(中国)投资有限公司增资2.4亿元人民币,计划年内开设600家门店并进一步提升智能化水平。

（4）做好贸易便利。推进落实与海关合作协议,制定10项具体工作清单,举办3场专题政策培训会,积极推动宝玉石交易中心申请设立海关特殊监管区和增值税超税负即征即退政策等相关工作。

（5）做精安商、留商。加强部门协作，优化服务企业工作机制，构建联系街道服务企业机制，定期走访重点企业，协调解决安华高半导体等企业注册地址等问题。针对中美贸易摩擦，组织受影响企业召开多场行业座谈会，及时掌握企业及行业发展动态。组织企业参加市政府举行外资项目集中签约仪式，指导协助企业申报"白玉兰纪念奖"等荣誉。

3. 扎实做好民生工作

（1）超额完成实事项目。完成海上梦苑菜场、联华生活鲜菜场、永年菜场、山海关菜场和普育菜场5家标准化菜市场改造并投入运营，超额完成年度目标。持续推进豫园、曹家街和南外滩等菜市场升级改造，协调解决各类问题。年内新增12个社区智慧微菜场。

（2）落实"三个确保"。确保供应方面，确保在低温天气、台风季以及猪肉价格大幅上涨等时期的副食品供应。确保安全方面，全覆盖实现追溯系统全面升级，追溯品类从原先的肉菜升级到涵盖九大类20个品种。确保价格稳定方面，继续完善、落实菜市场平价摊位供应。应对猪肉价格大幅上涨现象，加快落实财政补贴，在22个菜场设置平价猪肉摊位并向全区推广，满足百姓需求。

（3）扎实推进专项工作。一是认真做好粮食工作。完成2018年度粮食安全区长责任制考核材料上报，开展2019年度粮食安全工作。做好统计、粮油帮困及副补发放工作。二是大力推动菜场垃圾分类。部署各菜场落实垃圾分类、标识张贴、知识科普等，提高垃圾分类质量，并在永年菜场设置湿垃圾就地处理设备。三是开展扫黑除恶。厘清工作责任，落实专项宣传工作，在菜市场等场所开展全面排查并将有关情况汇总上报。四是开展单用途预付费卡工作。制订单用途预付卡信息对接专项行动计划和宣传方案，开展发卡企业排摸，组织企业参加专题培训会。与区市场监督管理局妥善交接12345相关工作，召开专题推进会，成立联席会议领导小组，妥善处理"食之秘"单用途预付费卡无法兑付等问题。五是推进创全工作。加强组织领导和责任分工，围绕创建全国文明城区工作目标，制定点位分工表，确保责任到人。营造宣传氛围，在相关点位开展宣传，扩大知晓率。加强日常检查，完善长效机制，定期开展检查，落实测评标准并及时督促整改发现的各类问题。

4. 持续推动低端转型

（1）抓清退，腾出空间。坚持"市场主导、政府引导"，制定关闭清退方案，协助小业主办理税务、工商注销或迁移手续，推动大名鞋城在春节前依法关闭市场。加大对上海复写纸厂仓库清退力度并关闭。完成北京东路赛格电子市场一、四、五楼商户清退工作。

（2）抓稳定，夯实基础。在推进小商品市场调整过程中，针对原卢南鞋城、大名鞋城两家小商品市场在改建或关闭过程中出现的矛盾争议，经多次多方协调，推动周边居民、原有租户与相关企业分别签订协议、达成共识，为鞋城关闭和未来新园区转型均奠定良好基础。赛格电子市场清退商户补偿工作有序开展，北京东路区域社会零星五金网点及上层民宅收购、置换工作正拟定工作方案。

（3）抓转型，有序调整。加快推动重点地区重点项目转型，力争"旧瓶换新酒"，打造转型示范园区。在明确部分原有小商品市场未来产业定位基础上，通过引导企业制定业态规划、帮助企业申报文创园区楼宇等举措，解决企业注册需求，强化园区企业招商引资工作。如赛格电子海派智谷招商合作已取得初步成效，ABB应用展示中心、安川电机展示销售中心、机器人技术研究院黄浦分院等项目即将入驻。

（4）抓提升，优化环境。完成苏州河沿线景观提升工程东、西示范段改造方案。东段启动设计施工一体化招标和南苏州路架空线入地工程；启动西段苏州河南岸滨河公共空间（九子公园）综合改造工程。

5. 高效完成进博会工作

（1）交易组团质量高。做到早谋划、早启动、早部署，成立五大采购商大组，提升专业观众的覆盖面和代表性。黄浦分团共登记采购商923家，参观人员7 898人，参展人数较首届增加近千人。

（2）采购金额增长快。帮助企业与参展商加强对接，搭建平台促进企业扩大采购。第二届进博会黄浦分团达成采购意向3.01亿美元，较首届增长30.9%，保乐力加、澳净等企业成交额居前。

（3）工作机制运行畅。落实区委、区政府要求，联合区委办、区府办等部门成立工作专班，圆满完成领导调研、市区协调、嘉宾接待、证件发放、车辆保障、信息报送、媒体宣传等工作。

（4）投促活动效果好。围绕"服务贸易""航运物流""跨境电商"三大主题，开展3场投促论坛活动。推出金融外滩、文化豫园、创意田子坊3条投促考察线路，接待伊朗等4个外国政要团组，组织开展2场中外企业投促对接会。

（5）溢出效应承接强。完成纪娜梵品牌方与外滩金融中心、中洋集团与挪威阿克海洋生物有限公司合作签约的协调工作并推动其在进博会现场举行签约仪式。做好纪娜梵中国首店落户黄浦区相关工作，加快跟踪推进澳洲生活馆、萨普托乳业等项目落地。

6. 积极促进产业发展

(1) 完善政策体系。完成《黄浦区文化创意产业发展引导资金管理办法》修订,制定文创资金项目申报指南,规范文创资金的使用和管理,完成项目评审及立项工作。制定促进民营经济健康发展及鼓励设立民营企业总部等政策,指导4家企业申报民营企业总部。

(2) 强化走访调研。调研走访企业近900家,收集问题建议208条,已解决193条。承办各类建议、提案共58件,办复率达100%。

(3) 推动园区发展。走访园区重点企业,完成55家企业安商留商工作。推进园区结构调整,共完成2万平方米调整工作。加快载体培育建设,推动老旧园区升级改造,新认定1家区级文创园区和2家区级文创楼宇。举办园区运动会、文创公益大赛、涂鸦设计展、摄影展等特色活动,增强企业员工的认同感和提升园区的影响力。优化平台窗口。深入推进"双减半"工作,进一步提升"一网通办"效能,不断优化工作流程,超额完成"双减半"目标,其中"减时间"60%,"减材料"57%。完成企业发展服务平台优化升级和更新建设工作,做好窗口服务升级工作,完成区产业发展政策汇编工作。

(4) 深化企业服务。开展清欠专项排查工作,强化人才服务工作,做好项目验收工作。完成政策"一口咨询"1 201次,"一口发布"政策信息38条,完成服务业引导资金政策共8个项目、文化创意产业发展引导资金政策共81个项目、商业结构调整引导资金政策共10个项目、促进时尚产业发展专项资金政策共7个项目的"一口受理"工作,提供作品版权登记服务671次。

(五) 2020年黄浦区商务工作计划

2020年是全面建成小康社会之年,是"十三五"规划的收官之年。展望2021年的工作,黄浦区商务委仍将面对着一系列的困难与挑战。从国际形势看,中美经贸谈判结果存在一定的不确定性,达成全面的经贸协议尚需时日,部分地区的紧张局势也将给经济发展带来部分不确定因素。从国内形势看,外商投资法、优化营商环境条例等法律法规的实行,在带来新的发展机遇的同时,将会减少商务委的有效工作抓手,对我们的工作综合能力提出了更高的要求。从本区看,国内经济下行压力持续加大,文创等产业面临发展压力,商业商贸稳增长难度有所增大。上述因素对2021年黄浦商贸业的发展带来了挑战。对此,区商务委将坚持以习近平新时代中国特色社会主义思想为指导,认真贯彻落实市委市政府的决策部署和区委区政府的工作要求,坚持稳中求进工作总基调,聚焦促进转型、丰富内涵、扩大开放、提升效能、强化服务、关注民生和加强党建等七大方面,切实推动黄浦经济稳定增长、确保完成全年各项任务。

1. 促进转型,完善商圈结构

一是开展规划研究。以实现高水平开放、高质量发展、高品质生活为目标,精心组织开展黄浦区商贸业发展"十四五"规划等重大规划课题研究工作。二是推动方案落地。继续推进南京路步行街改造提升工作。认真落实《黄浦区进一步优化供给促进消费增长三年行动计划(2019—2021年)》。加快推进步行街东拓和世纪广场改造提升项目。完善商业信息数据库建设,提升数据分析报告质量。三是加快项目调整。不断完善协调沟通机制,密切跟踪重点商业项目进度,加快推进中环广场、尚贤坊、七重天宾馆等项目结构调整工作。四是发力首店经济。加强与专业机构、区属招商公司等单位合作,借助进博会等平台,结合商业结构调整工作,继续引进一批优质品牌首入店、旗舰店、体验店。五是发展特色街区。加大特色商业街区及特色小店调研力度,充实完善区内特色小店名录。加强与第三方公司合作,开展相关评选、推荐等活动。

2. 丰富内涵,提升商业品质

一是放大活动影响。继续开展各类商旅文整体营销活动,完善整体营销格局,并结合淮海路辟筑120周年推出主题营销、庆典等活动。推进艺术商圈建设,开展上海艺术商圈艺蕴黄浦活动,鼓励支持企业参与,优化消费体验。二是提升服务质量。不断完善服务质量评估反馈机制,继续开展评优选先活动,持续深化黄浦优质商业服务计划。宣传推广黄浦区商业服务区级标准,并发布黄浦区商业服务质量指数。试点建设南京路步行街信用示范商圈。三是完善消费便利。持续推进离境退税工作,不断优化退税流程,继续开展重点商圈打包托运等便利服务。完善智慧商圈建设和运营,优化丰富慢行导视系统内容供给,推进慢行导视落地南京路。四是打响夜间经济。梳理情况,总结经验,对黄浦区夜间经济发展开展调研,借鉴国内外优秀夜经济发展案例,优化完善夜间经济发展机制,巩固和提升黄浦夜间经济影响力。

3. 扩大开放,聚焦招大引强

一是认真落实法规政策。贯彻《中华人民共和国外商投资法》和《上海市人民政府关于本市进一步促进外商投资的若干意见》精神,落实黄浦扩大开放50条,加快出台《黄浦区关于进一步做好外资工作的实施意见》等政策体系,进一步推动我区涉外经济发展。二是全面加强招商安商。优化部门协作机制,进一步深化与专业机构、商会协会间的合作机制,全方位、多渠道开展招商引资工作。充分利用各街道服务资源,优化投促服务,建立外商投资政企沟通长效机制。三是加快推动总部经济。加强新修订的跨国公司地区总部认定政策宣传工作力度,编制符合我区产业发展导向的区级跨国公司地区总部政策,加快推进桦洁商贸等一批公司申报跨国公司地区总部以及市、区贸易型总部认定工作,推进总部企业数量和质量再上新台阶。四是持续提升便利化水平。深化与海关的合作,大力推动贸易便利化,积极落实稳外贸措施。支持黄浦贸易型企业提升信用等级申请AEO认证并享受相应的通关便利,支持符合条件的企业创新贸易模式。积极组织区内重点进出口企业加强与海关对接,建立重点商贸企业服务绿色通道,支持企业加快通关速度,全面提升区域贸易便利化水平。探索推进融资便利化,发挥外资对黄浦产业升级和外贸高质量发展的推动作用。五是积极做好进博会工作。总结经验,完善机制,尽早启动进博会各项保障服务工作和投促活动筹备工作。继续承接和放大进博会溢出效应,加大进博会参展商的招商引资开店落地的工作力度,促进贸易能级提升。

4. 提升效能,增强发展后劲

一是深化产业研究。深化文创等产业课题调研,通过与国内外优秀的产业发展案例的对比研究,对全区产业及载体发展提出针对性对策建议。二是加快载体建设。加大老旧产业载体结构调整工作力度,结合北京东路转型升级、豫园小商品市场转型等城市更新课题,利用老旧厂房、仓库、大楼改造的契机,增加商贸、文创等产业载体供给数量。三是加强项目管理。加大对文创以及商业结构调整项目阶段性检查和评估力度,指导企业依法依规推进项目建设,并按时保质完成建设任务。四是优化品牌工作。落实老字号振兴发展行动方案,开展新修订的品牌专项资金申报工作,扩大企业参与度,放大优化专项资金作用。启动编制新一轮品牌三年行动计划。五是支持民企发展。落实黄浦区鼓励设立民营企业总部的实施意见等系列政策,加大对民营企业发展的支持力度,指导企业申报市、区两级民营企业总部,帮助全区民营企业做大做强,力争引进更多优质民营企业。

5. 强化服务,优化营商环境

一是深化平台服务。启动黄浦区企业发展服务平台功能优化和改造工作,为企业提供更加精细化和智能化的政策服务。扩大企业发展服务平台服务范围,做好平台"一口发布""一口咨询""一口受理"相关工作。做好黄浦区企业法律服务平台运维工作。二是提升窗口服务。落实"单窗通办"和"一网通办"要求,加强工作人员业务培训,进一步提升前后台服务效率,实现提质增效。三是发挥政策作用。用好政策资金抓手,发挥引领示范作用,进一步激发市场主体活力。继续规范做好结构调整引导资金执行工作,并开展做好政策修订工作和项目申报工作。开展黄浦区促进时尚产业发展专项资金评审工作,推动时尚产业要素进一步集聚,加快时尚产业发展,提升资金效力。四是扶持中小企业。编制新版黄浦区产业发展政策汇编,加强市区联动,做好上海市中小企业专项资金、"专精特新"企业(复核)认定、中小企业服务机构项目区级材料受理工作。

6. 关注民生,创造品质生活

一是做好菜市场相关工作。推动南外滩等菜市场升级改造,推进董家渡18号等地块的菜市场规划工作,全面推进追溯系统升级工作,确保黄浦区追溯系统建设工作位于全市乃至全国前列。二是认真推进专项工作。继续推进菜场垃圾分类减量工作,继续做好粮食区长责任制考核相关工作和单用途预付消费卡信息对接、合规检查和专项审计等相关工作。三是深入开展创城工作。广泛发动全区商业系统积极参与创建全国文明城区工作,形成创建合力。巩固创建全国文明城区宣传阵地,持续营造宣传氛围。对照创建标准,加强实地检查,加强问题整改,巩固创建成果。四是提升家政服务水平。积极落实中央关于促进家政服务业提质扩容的意见。支持相关企业做好家政人员培训,进一步提高家政从业人员素质。推动家政进社区,促进居民就近享有便捷服务。健全家政服务领域信用体系,推进服务标准化,规范家政服务人员持证上岗,提升家政服务规范化水平。促进家政服务业与养老等服务业融合发展,力争培育一批家政服务品牌以及示范性龙头企业。

7. 加强党建,打造商务铁军

一是进一步加强干部队伍建设。深入开展干部培训和学习教育,持续优化干部选拔晋升机制,努力拓宽干部锻炼培养渠道,打造充满激情、富于创造、勇于担当的新时代干部队伍。二是进一步加强基层党建工作。持续加强党组织规范化标准化建设,扎实开展基层党建各项工作任务,深入开展区域化党建工作,推动党建和业务深度融合,全力推动基层党建高质量创新发展。三是进一步加强党风廉政建设。不断规范党风廉政责任机制运行,继续完善廉政风险防控体系,继续加强廉政教育,推动标本兼治,努力开创风清气正和反腐败工作的新局面。四是进一步加强意识形态工作。抓好思想教育,强化理论武装,推动意识形态领域责任落实,继续加强阵地建设,做大正面宣传,扎实推进我委意识形态领域的建设。

第三节 徐 汇 区

(一)2018—2019年徐汇区服务业、商业发展基本数据

2018—2019年徐汇区服务业、商业发展基本数据见表12-3。

表 12-3　2018—2019 年徐汇区服务业、商业发展基本数据

指标名称	2018 年	比上年增长	2019 年	比上年增长
生产总值	1 667.39 亿元	6.6%	2 111.01 亿元	6.5%
♯第三产业增加值	1 490.69 亿元	7.0%	1 946.05 亿元	7.0%
商品销售总额	5 920.5 亿元	12.1%	6 312.6 亿元	6.6%
社会消费品零售总额	688.4 亿元	3.2%	715.9 亿元	4.0%
年末户籍人口数	92.15 万人	0.04%	92.54 万人	0.42%
年末常住人口数	108.44 万人	−0.36%	109.46 万人	0.94%

（二）2018—2019 年徐汇区服务业发展特点和运行分析

1. 2018 年服务业发展特点

2018 年，徐汇区以打响"上海服务"品牌为抓手发展现代服务业，服务经济实现较快增长，主体地位更稳固。全年实现第三产业增加值 1 490.69 亿元，比上年增长 7.0%，占全区生产总值比重的 89.4%。其中现代服务业增加值 780.48 亿元，比上年增长 9.5%，增速快于第三产业 2.5 个百分点，占全区生产总值 46.8%，对经济增长的贡献率 65.6%，拉动全区生产总值增长 4.3 个百分点。实现营业收入 2 595.02 亿元，比上年增长 13.1%，税收总额 226.08 亿元，比上年下降 12.5%，占全区税收比重的 42.6%。其中，漕河泾开发区内服务业企业（除金融业外）完成营收 1 124.49 亿元，比上年增长 10.4%，占全区服务业营收总量的 43.3%。五大板块中，专业服务业实现营业收入 1 282.95 亿元，比上年增长 15.2%，对现代服务业增长的贡献率达 56.0%；信息服务业实现营业收入 496.72 亿元，比上年增长 16.0%；科技研发服务业实现营业收入 287.56 亿元，比上年增长 15.7%；金融服务业实现营业收入 356.86 亿元，比上年增长 9.6%；文化服务业实现营业收入 170.94 亿元，比上年下降 4.4%。

（1）信息服务业。2018 年，区信息服务业重点发展软件开发、信息系统集成服务、电信服务、数据处理和存储服务、集成电路设计、数字内容服务、互联网信息服务、信息技术服务咨询、行业信息服务、互联网金融资讯服务、电子商务等行业。全年实现营业收入 496.72 亿元，比上年增长 16.0%，占现代服务业营业收入的 19.1%；实现增加值 226.68 亿元，比上年增长 11.1%。区政府与上海市通信管理局及 4 家基础电信企业签署通信基础设施建设的战略合作协议，推进徐汇建设适应区域智能经济和社会发展需要的通信基础设施体系。根据《上海市推进智慧城市建设"十三五"规划》的工作要求，基于感知、网络、存储、支撑和应用等方面开展规划调研。区智慧城市发

展水平指数名列全市第一位。

（2）专业服务业。2018年，区专业服务业保持强劲发展势头，依然占据行业领头羊地位。通过政策聚焦，巩固专业服务业在现代服务业中的主体地位，优化专业服务业服务能力，促进专业服务业向规模化、市场化和高端化发展。重点发展企业总部管理、投资与资产管理、人力资源服务、会计、审计及税务等专业咨询服务、市场管理调查、知识产权服务、律师及相关法律服务等行业。对接市经信委，会同区发展改革委、区科委等部门完成《上海产业地图》徐汇部分编制。推进专业服务业在徐家汇、衡复、漕河泾开发区和滨江地区的多元多点空间布局中集聚发展。龙头企业发展态势良好，其中中智上海公司首批获"上海品牌"认证，位列2018上海企业100强第29位，比上年上升2位；位列2018年上海服务业企业100强第17位。截至2018年底，专业服务业实现营业收入1 282.95亿元，比上年增长15.2%；上缴税收104.05亿元，比上年增长10.3%。专业服务业营业收入和税收占现代服务业的比重分别为49.4%和46.0%，位居现代服务业各行业首位，推动区域内服务经济发展。

（3）科技研发服务业。2018年，区科技研发服务业以打造上海科技创新中心"服务枢纽"为目标，实现平稳增长。重点发展"8+1"门类，即研究开发、技术转移、检验检测、创业孵化、知识产权、科技咨询、科技金融、科学普及和综合科技服务。全年完成营业收入287.56亿元，占现代服务业营业收入的11.1%，比上年增长15.7%。建立与中科院系统、上海交大、华东理工、复旦大学枫林校区等重点院校的定期沟通机制。主动对接中科院上海分院、复旦大学枫林校区，研究推动与区政府战略合作事宜。构建徐汇区科技创新网上服务平台。实现市级项目统一入口，区级项目"一网通办"，为科研企业提供信息获取、资源查询、项目办理、疑问解答一站式服务。区科技创新服务平台数据库与上海研发公共服务平台融合，实现中西文科技文献数据、全球高层次科技专家数据、上海大型仪器设施信息服务数据、研发基地资源数据、市区二级科技创新服务券的资源整合与专业查询，提升徐汇科技创新服务科学化、精细化、智能化水平。

（4）金融服务业。2018年，区金融工作坚持服务国家战略、服务区域发展、服务实体经济，对标上海国际金融中心和中国（上海）自由贸易试验区建设，对接国家大众创业万众创新示范基地建设，激发金融在区域经济和社会事业中的作用。跟踪中银通、文盛资产、国盛工投等大型招商项目；推进朴盈资本、硅谷天堂、精文资产、商汤、沄柏投资、中泰集团等设立投资类公司；关注"平安系"公司的落户情况，并做好其新业务板块落地跟踪工作，不断提升徐汇金融品牌的显示度。至年底，区内各类金融机构（含网点）近750家。金融服务业实现增加值242.40亿元，比上年增长5.5%，占全区第三产业增加值比重的16.3%;实现营业收入356.86亿元,比上年增长9.6%;上缴税收26.90亿元,比上年下降30.2%。

(5) 文化服务业。2018年,区落实《关于加快本市文化创意产业创新发展的若干意见》和《徐汇区打响"上海文化"品牌彰显"海派之源"新标杆三年行动计划》,制定《徐汇区关于加快推进文化品牌建设的扶持意见》和《徐汇区文化发展专项资金管理办法》,推动"文化+"融合发展,提升区域文化品牌竞争力和影响力。文化服务业实现营业收入170.94亿元,比上年下降4.4%,占现代服务业营业收入的6.6%。加快区域文化品牌引进培育。完成2018年度上海市文创产业发展财政扶持资金项目立项工作,共立项26个,获市级扶持资金2 200万元,区级配套资金800多万元,推动动漫网游、演艺、创意设计等重点行业发展,带动文化创意企业投资逾2亿元。完成2018年区级文化发展专项资金申报、评审和立项工作,共扶持项目31个,扶持资金1 500余万元,支持区域文化艺术场所、特色文化品牌活动、非物质文化遗产保护和传承,以及原创内容精品优品新品。推动区域文化产业集聚提升。推进名人旧居群建设,支持张乐平旧居、柯灵旧居运营,以及夏衍旧居、草婴书房建设;推进复兴中路国际音乐街区提升改造,推进上音歌剧院和黑石公寓园区项目;推进滨江剧场群项目建设,支持华人梦想公司与纽约百老汇合作,推进国际经典剧目引进和中文版创作。西岸美术馆、油罐艺术公园项目基本完工,西岸艺术品保税仓库二期开工建设,举办西岸艺术与设计博览会,构建国际文化艺术双向交流平台。聚焦徐汇滨江、衡复、徐家汇等重点区域,以区国资集团公司为牵头单位,联动区域文化场馆和文化机构,打造"西岸文化艺术季""衡复艺术季""艺萃徐家汇"文化品牌,举办简单生活节、上海爵士音乐节、"卓眼看世界"——卓别林主题展、遥感城市等大型品牌活动。引进华人文化演艺公司、大唐影视、渲染互动娱乐等重点企业。

2. 2018年商业经济发展特点

2018年,徐汇区实现商品销售总额5 920.5亿元,同比增长12.1%;2019年,徐汇区实现商品销售总额6 312.6亿元,同比增长6.6%。区域商品销售增长由高速趋于平稳,有三方面的原因:一是区域商销基数越来越大,龙头样本企业的基数也越来越大,很难一直保持高速增长。二是外部环境(如中美贸易战,全球经济发放缓下行等)不可控因素增多。三是全区纳统企业迁移影响。

2018年,徐汇区实现社会消费品零售总额688.4亿元,同比增长3.2%;2019年,徐汇区实现社会消费品零售总额,同比增长4.0%。区域社零销售基本处于平稳且稳中略升状态,有三方面的原因:一是全区有迅销这样的零售巨头近年来一直保持着快速扩张增长的样式,确保了全区社零的稳定。二是全区的传统商业业态特别是百货业态比重较大，调整转型不到位，商业的后劲不足，所以全区的社零很难有大的增长。三是全区纳统样本企业有待调整完善，现存样本单位不能完全反映实际发展情况。发展特点如下。

（1）传统商业受到的冲击与挑战越来越大，在市场的生存空间受到新商业业态的挤压越来越强，调整转型的需要越来越迫切。

（2）商业成了消费拉动经济发展的重要窗口，消费由商业消费向服务消费拓展，消费增长成了商业发展的主旨之一。

（3）购物品牌的打造、"商旅文体游"融合成了商业发展的主线，这尤其成了徐汇商业发展的基本路径。

（4）电商与平台经济已变成商业发展的重要支撑与基本共识。

（5）基于5G+AI技术的新消费模式及新商业业方兴未艾，也为未来的商业发展提供广阔的想象空间和基本路径。

3. 2019年服务业发展特点

2019年，徐汇区经济总量规模持续扩大，产业结构进一步优化，专业服务业、信息服务业、金融服务业等中高端现代服务业集聚发展，经济密度逐步升级。全区实现第三产业增加值1 946.05亿元，比上年增长7.0%，占全区生产总值的89.4%。其中现代服务业增加值780.48亿元，比上年增长9.5%，增速快于第三产业2.5个百分点，占全区生产总值的46.8%，对经济增长的贡献率65.6%，拉动全区生产总值增长4.3个百分点。实现营业收入2 595.02亿元，比上年增长13.07%，税收总额226.08亿元，比上年下降12.45%，占全区税收比重的42.56%。

（1）专业服务业保持强劲发展势头，依然占据行业领头羊地位。全年实现营业收入1 363.28亿元，比上年增长6.26%，占全区现代服务业营业收入的46.7%。其中，投资与资产管理、其他企业管理服务、社会经济咨询、其他人力资源服务4个行业的营业收入占专业服务业的比重逾90%。

（2）信息服务业实现较快增长。全年实现营业收入557.2亿元，同比增长12.18%，占全区现代服务业营业收入的21.3%。基于移动互联网技术的数字内容服务、开放式云平台、集成电路设计等行业增长迅速。

（3）科研服务业呈现良好增长势头。全年实现营业收入322.9亿元，同比增长12.3%，占全区现代服务业营业收入11.1%。其中质检技术服务、工程勘察设计、工程管理服务、其他技术服务推广4个行业的营业收入占科技服务业的比重超过80%。

（4）金融服务业保持平稳增长。全年实现营业收入399.1亿元，同比增长11.84%，占全区现代服务业营业收入13.7%。始终坚持服务区域发展、服务实体经济、服务国家战略。积极对标上海国际金融中心和中国(上海)自由贸易试验区建设,主动对接国家大众创业万众创新示范基地建设,进一步激发金融在区域经济和社会事业中的作用。

(5)文化服务业呈快速发展态势。全年实现营业收入 273.8 亿元,同比增长 60.15%,占全区现代服务业营业收入 9.4%。重点发展广告业、旅游会展、文化创意和设计服务、文化休闲娱乐服务、影视制作发行、文化艺术服务等行业。

4. 2019 年商业经济发展特点

2019 年,区商业实现商品销售总额 6 312.6 亿元,比上年增长 6.6%;实现社会消费品零售总额 715.9 亿元,比上年增长 4.0%;徐家汇商圈销售(6 家商场)下降,实现社会消费品零售总额 50.9 亿元,比上年下降 5.4%。

2019 年,区商业工作根据打品牌、提品质、保民生、促消费的商业发展要求,全力推进区域商贸业发展,并取得良好成效。加紧制定《徐汇区关于进一步优化供给促进消费增长的实施意见》,将商业消费向服务消费扩展,并汇集一批服务消费项目。区商务委牵头起草,会同区规划、市场监管等多部门联合发文,制定并出台《关于支持徐汇衡复历史文化风貌区海派特色小店发展的实施意见》《关于本区推动夜间经济发展的实施意见》。对于衡复特色小店发展,在完善布局、营造环境、"外摆位"试点、政策扶持、特色街区打造及首发地示范区建设等八个方面着力;对于夜间经济发展,设立夜间区长及夜间生活首席执行官制度,首批试点 29 处商业载体(街区),覆盖全区 13 个街镇,并明确责任部门。在全市首创在夜间经济试点区域实施"外摆位"经营管理办法,永平里是全市第一家提出公共外摆位概念的商业内街。7 月上旬在伯衡 55 举办"徐汇区促进夜间经济和海派特色小店发展主题活动暨 2019 大众点评上海特色小店攻略榜单发布会",副市长许昆林、副秘书长尚玉英、市商务委主要领导、区委、区府主要领导、区相关委办局、街道镇主要领导、区商业集团主要领导出席,活动取得圆满成功。打造首发首秀高地。以"上海全球新品首发地示范区""全球新品首发地"建设为契机,在徐家汇、徐汇衡复、上海西岸等三大核心商业区积极举办国际品牌首发首秀活动,主要有"蔻驰 2019 全球新品首发""巴宝莉 2019 全球春夏新品首发""2019 天猫盛典""上海时装周战略合作签约仪式""BMW 新车首发""走近香奈儿"特展等。同时,伯衡 55、西岸艺术中心已成为业内知名的首发平台,五家有其二。作为徐汇衡复文化新地标,徐汇衡复艺术中心于 2019 年 11 月正式面世,定位为高端首发、首秀、首展、首拍中心。据不完全统计,徐汇区 2019 年举办高端首发活动在 40 场以上。打造首店经济。IAPM 环贸广场、港汇恒隆广场、美罗城、保利时光里已成为首店集聚地,港汇在业界更是拥有"首店收割机"的美誉,在 9 月市购物节开幕式上被市商务委宣布为全市10家"首店集聚地"之一。据不完全统计，2019年徐汇新增各类首店在30家以上。精心组织2019上海购物节徐汇专场活动，活动分新店开业季、商业与艺术有个约会及海派特色小店与老字号集萃等三大部分，活动时间周期为2019年9月20日至2019年10月20日，区商务委被市里评为购物节活动优秀组织单位。

由于受经济下行压力的影响以及目前全球疫情带来的挑战和机遇，2019—2020年徐汇区商业发展有两大趋势和热点：一是商业的发展越来越回归本质，以人为本，更好地满足人们多种多样的消费需求，消费及消费增长将成为全区商业发展的一个基本主题。二是利用全区IT及平台网络资源集聚的优势，全区将大力发展基于5G＋AI技术的非接触式、新商业消费模式和消费业态。

（三）2020年徐汇区服务业、商业发展重点工作及"十四五"发展思路

1. 重点工作

（1）以节兴市，精心举办系列节庆营销活动。精心筹备上海"五五购物节"徐汇专场活动，统筹做好"十一"黄金周、艺萃徐家汇、第三届进博会、新象徐家汇、岁末迎新等重大节庆营销的谋划与实施工作。

（2）聚焦新品消费，做强首发首店经济。培育新品首发平台，鼓励织高端新品首发活动，跟踪服务重点首店项目。

（3）推行非接触式经济，大力发展新兴消费。推进与电商巨头合作，引导实体商家拓展线上商机；扶持一批特色的线上企业，培育"宅经济"新兴消费业态，发展网订柜取的非接触式服务。

（4）发挥资源特色，扩大餐饮休闲消费。发挥总部经济优势，搭建整体性营销平台或渠道促其市场推广，鼓励其自主开展形式多样的营销活动及让利促销活动；深化老字号食品魅力，鼓励老字号组织系列推广、体验及新品展示活动。

（5）拓展信息服务，加快推动信息消费。组织互动式直播，推进"衣食住行购享游"体验式消费；鼓励各类市场主体和商家尝试基于"5G＋AI"技术及智能终端产品赋能的运用；发展一批线上电竞游戏消费项目、在线教育项目以及远程医疗信息消费项目。

（6）继续扶持特色小店，深化夜间经济发展。继续深挖海派特色小店资源，培育"网红打卡点"，打造特色街；创新监管方式，积极参与上海夜生活节活动，策划风貌区"心醉夜色"漫步路线，打造"静雅柔"徐汇夜间经济特色。

2. "十四五"发展思路

强化市区联合、政企联手、全区联动，通过"政策＋活动"的双轮驱动，营造区域消

费良好商业氛围,充分激发区域消费活力潜力,实现区域商业稳步增长、扩容提质。重点突出徐汇五大特色:一是突出以文商融合、总部经济发达为特点的区域特征,做优商业品质,建设商业强区。二是突出以IT产业及技术资源集聚为支撑的新兴消费,加强与区内IT及网络巨头合作,培育新兴消费业态和模式,引导消费新潮流。三是突出以消费供给侧为政策着力点,最大限度激发区域各类市场主体和平台企业的积极性,最大程度放大政策资金的杠杆作用与乘数效应。四是突出点面结合,以区级层面和主要商圈组织的重量级、示范性活动项目为引领,充分发动全区商家广泛参与。五是突出活动实施与宣传推广相结合,强化实施效果的跟踪统计,注重通过精准、高频、全程的媒体宣传推广,为打造徐汇消费品牌营造良好氛围。

(四)徐汇区主要功能区介绍

1. 市级商业中心——徐家汇商业区

徐家汇目前是本区的中央活动区、城市副中心、市级商业区及核心商业区。近两年,徐家汇建设发展的主要工作如下。

推进商圈城市更新。徐家汇中心项目一期商业项目(国贸会广场或One ITC,建筑面积共3万平方米左右)于2019年12月15日开业,引进了众多世界一线大牌;二期恭城路地块商办项目阿迪达斯总部整租入驻,其配套的3 000平方米商业也着手招商,预计2020年内开业;太平洋数码二期工程取得实质性进展,钢结构主体工期进度已到地面以上6层;港汇恒隆广场调整二期基本竣工,商场整体开业率达9成以上,商场内外环境焕然一新,业态品牌结构提升明显;汇金百货在1~8楼中庭整体改造工程基础上对个别楼层进行了改造提升。

推进结构调整业态创新。徐家汇商圈全年共引进全国(上海)首店、创新业态共25家。百脑汇中金店在不断提升数码品牌与服务品质的同时,积极尝试引进新业态与多元业态。美罗城是目前商圈唯一亮色,业态调整成效显著,消费人气旺盛,保持着稳定的销售增长,阿迪达斯FDD旗舰店于9月开业,同时积极引进华为旗舰店。"商旅文体"融合活动。2019年元旦、新春,主办"新象徐家汇"大型活动,该次活动联合中国美术馆,融合金猪生肖元素,在商圈室内外多场地开展统一风格的生肖文化艺术装置及新年互动活动,同期举办商圈首店发布会,积极创新"商旅文"融合新模式,营造欢乐祥和的新年节庆氛围;"五一"黄金周期间,主办"花漾徐家汇"大型活动,该次活动联合上海植物园,深入挖掘"花"文化内涵,融合"商旅文"资源,通过活体植物艺术造景、环保装置、植物科普互动进商圈、街头艺术快闪等形式,营造徐家汇花团锦簇、艺术萦绕的节庆氛围;"十一"黄金周期间,主办"艺萃徐家汇"大型活动,活动结合庆祝中华人民共和国成立70周年,开展展陈、展览、演出体验等多元化的文化艺术活动。同时,联动各商场百货的特色营销活动,结合商圈首店新店开业的盛况,打造出"商旅文体"资源深度融合的体验互动新消费模式,具体项目有:首店开业、国家宝藏IP展、造景、橱窗展、演出、街舞大赛、宣传等。同时,在各大商圈举办市区二级的艺术进商圈活动,并给予相应的政策扶持。

2. 地区级商业中心——斜土滨江商业区

徐汇滨江是徐汇未来发展的热土。2013年6月,正大乐城在徐汇斜土社区临近处开业,揭开了斜土滨江商业发展的序幕;2016年12月,上海徐汇绿地缤纷城正式开业;2017年底,保利时光里正式运营。至此,斜土滨江商业区正式形成,它也是目前徐江滨东地区真正发挥着商业功能的地区级商业区。2019年徐汇斜土滨江区域绿地缤纷城、保利时光里、正大乐城等三大商业综合体合计实现销售(营业)额13.2亿元,同比增长6%,各商场在体验式消费、文化式消费方面进行了积极的尝试。

(1)正大乐城。正大乐城建筑面积5.5万平方米,位于徐汇区中山南二路699号,是徐汇区重点建设的"滨江高端商务和文化休闲区"的重要组成部分。徐汇正大乐城为申城首家拥有空中花园的购物中心,走道一步一景,花团锦簇的空中花园,绿植步道浑然天成的生态氧吧。玻璃云顶变幻塑造时尚潮流,夜景炫彩夺目,景色宜人,是周边社区居民消暑纳凉的好去处,众多食尚店家的外摆区吸引高端白领的聚集,华仕达影院、大众书局和24KKTV等文化休闲项目老少咸宜,享受夜间慢生活!

(2)上海徐汇绿地缤纷城。绿地缤纷城建筑面积8.7万平方米,位于徐汇区东安路562号紧邻徐汇滨江商务区,西临近徐家汇城市副中心,东近后滩世博园,周边有上海体育场,上海植物园等景观文化资源。

规划设计:城市屋顶花园与商业中心紧密结合,打造自然、清新、绿色、视野开阔、独具一格花园式购物体验:①广场设计:下沉广场的设计形成温暖、围合的气氛,同时使人流不受交通的干扰。室外广场多数设置于入口或围合节点中,提供活动场地和城市空间。②屋顶设计:充分利用屋顶,给购物带来舒适的体验,对屋顶空间进行主题设计规划,创造不同屋顶空间模式(运动IP、景观IP、娱乐IP、商业IP)。上海徐汇缤纷城-打造独一无二的绿色露天屋顶商业。以约2万平方米的宽广屋顶绿化为中心,设置了各种具有人性化尺度的露台、步行道。③立面设计:项目充分考虑具体的城市区域,与所在区域的城市环境、交通体系、城市文脉、商业特性等多方面因素相结合,营造高品质建筑立面形象。④建筑内部空间:绿地商业中心对建筑内部空间的把控具有一系列的控制标准,大到空间效果,小到休息座椅、垃圾桶等室内小品,同时对室内的经营点位也有明确的规定,保证了缤纷城这一品牌品质得到很好的保证。

徐汇绿地缤纷城定位品质生活方式中心,集文化、美食、艺术、亲子、时尚、娱乐为一体,其以南北步行街分割成东西区域,形成了高档办公、商业设施、地下停车场形成符合中心。徐汇绿地缤纷城将艺术展示贯穿于各楼层,形成商场魔幻森林系的主题造景和屋顶巴比伦艺术展,打造名副其实的文化艺术主题的消费体验空间。主力店包括:钟书阁、G super 吃喝研究所、镭战大联盟、飞氧星球、美格菲健身、柴田西点、人气网红 charlie's burger、蟹の冈田屋、必吃榜"潮界"、网红打卡 Borage 露台餐厅、一藏日本料理、麦颂唱吧 KTV、城市律动 TREK 单车、天真蓝摄影、配备 IMAX、4DX 的 SFC 上影影城。

在一系列的营销活动和立体化宣传下,整体商场客流以基本实现平日日均 44 754 人次,双休日日均 40 682 人次,在活动高峰期周末日均最高达到 62 063 人次。每年举办大大小小预计 250 余场活动,做到每季一档大活动,每月四档小活动,周周有活动。基本保证每周至少有一至两场 PR 活动,大型人气活动。

(3) 上海保利时光里。保利时光里建筑面积 4.7 万平方米,位于徐汇区瑞平路 230 号。上海保利时光里带着人文社群的独有属性,通过新媒体公共艺术空间打造、新零售模式的品牌引进、新动态社群活动的导入分享,将消费、体验、陪伴的本质渗透到内容运营的每个环节。

以坐落于最具艺术人文气息的徐汇滨江,上海保利时光里,具有商业综合体里的"诗人"的美称,从滨江光源地、西岸朋友圈、艺术双行线等多维度出发,一如保利商业坚持打造的西岸经典品质。上海时光里携手日本设计师品牌 WhyHow、服装高级定制集合店 MIOLUO,会聚澳大利亚 Merlo 咖啡⋯⋯引入了城市众多生动好友:戏曲人文体验馆——有戏、幸福四溢的教室 Rebakery Studio+明谦咖啡、精品花坊 105 Blooms、新媒体艺术站——补时⋯⋯携手国内知名现代收藏艺术大家——奥赛画廊、国内新媒体艺术集成者 Up Gallery、知名美语"长颈鹿"戏剧中心⋯⋯以蕴含文化的生动,分享憧憬中的美学生活,呈现公共视觉艺术的立体空间,打开视野的 100 扇窗户。商业、艺术、生活的共融生长,是消费者在满足购物需求的同时,也从中获得精神层面上的共鸣,更加美好地感受幸福。上海保利时光里携手众多国内外行业匠心标志品牌,糅合设计策展元素与建筑动线构成,以独有的人文生活气质雕琢经意之美,以会说话的空间呈现时光印记。

斜土滨汇商业区未来发展规划构想有以下几点。

一是顺势而为,整体发展。商业开发及业态引进要严格依照滨江地区用地开发建设规划来开展,以规划为框架顺势而为,并充分考虑到滨江商业发展中商业商务相互支撑、相互融合、相互彰显的共生关系。充分利用滨江地上地下的交通步行系统,实现地下商业的通达关联、地下商业与地上商业的通透呼应、商业与办公交互的通畅便利,从而实现徐汇滨江地下商业与地上商业、商业与商务的整体发展。

二是高精特新,独树一帜。从业态主体来看,徐汇滨江商业定位高端,与滨江高端商务相呼应;从服务配套考虑,徐汇滨江业态引进以精品商业为主,为顾客提供高品质消费体验;从服务业发展需要来看,徐汇滨江鼓励特殊商品的独营专卖,积极打造高端服务业的高附加值链条;从形态、模式、创新度上来看,徐汇滨江商业在与其他商业中心的比较中独树一帜,彰显自身的个性与魅力。

三是文化先导,动静咸宜。在滨江商业发展中,始终要将商业文化意识贯穿始终,这将构成滨江商业发展生生不息活的灵魂。严格控制滨江公共活动空间的商业开发,在规则允许的前提下配套少量高品质有显示度的公益服务性商业,便民利民,画龙点睛。地下商业部分纵贯通达,人气涌动,有如"地下城";地上商业静雅大气,并预留有商业公共活动空间。整个滨江商脉"呼吸自如",动静咸宜

3. 特色街

建业里坐落于建国西路岳阳路交汇处,是衡复风貌区新时尚地标。建业里由 55 栋石库门酒店、40 套石库门服务式公寓及约 4 000 平方米的沿街商业三部分组成。建业里承袭了历史原有功能,以居住为主,商铺为辅,恢复了最初"外铺内里"的历史格局,完善了街区功能,营造出宁静的居住氛围,提升了周边居民的宜居度和舒适感。夜间的建业里,除了静谧璀璨的环境之外,荣获米其林一星的 Le Comptoir De Pierre Gagnaire 法餐厅及酒吧、日本福冈的米其林寿司"鮨太郎·巅"等餐厅为精英人士提供提供了夜间商务延伸的用餐选择;国内外享誉盛名的 Auriga 水疗、国际超模葛佩琦的 Supermodel Fit 塑形房为具有自我要求的白领女性提供养身塑形的绝佳方案;意大利手工定制西装 Lora Estta、时尚品牌 Gent Sapce、顶级婚纱礼服 Nora's 为白天繁忙的新人提供夜间试装服务。

永平里所在的位置是徐汇区的夜间经济示范区域之一,其建筑进行了整体保留,对建筑立面和内部格局进行了修复更新,并且打通了项目内部由衡山路至永嘉路的通道空间,在项目内部形成兼具历史风貌和现代欧式风格的步行街道,引导客流在永平里内部浏览、观光、消费。通过对老旧建筑的修复更新,赋予建筑新的空间形态和功能,目前已建成集商业、办公、休闲体验为一体的区域新地标。沿衡山路一侧,延续其商业氛围,以休闲商业和文化艺术展示功能为主;沿永嘉路一侧,因街道氛围宁静安逸,以现代化办公功能为主。"永平里"本着品牌新颖、功能丰富、品质优质的理念引入品牌商户,餐饮业态中汇集多个国家和地区的美食,包括来自土耳其、古巴、西班牙的特色餐厅,中国台湾火锅、法式比萨、美式汉堡世界街头小食店,艺术业态包含法

国历史悠久的杜梦堂画廊、专注海派陶瓷艺术的松茂窑文化馆等,精品零售业态有精品花店、有机红茶、红酒品鉴馆等,办公业态引入文化、传媒企业以及联合办公业态。在公共空间打造方面,"永平里"使用环保的木料和道砖铺设道路,联通衡山路和永嘉路,为三角区域提供了良好的行走路线,改善了周边社区居民的出行环境。

第四节 长 宁 区

(一) 2018—2019 年长宁区服务业、商业发展基本数据

2018—2019 年长宁区服务业、商业发展基本数据见表 12-4。

表 12-4　2018—2019 年长宁区服务业、商业发展基本数据表

指标名称	2018 年	比上年增长	2019 年	比上年增长
生产总值	1 418.78 亿元	7.6%	1 649.14 亿元	6.1%
♯第三产业增加值	1 318.32 亿元	7.5%	1 606.49 亿元	6.5%
♯商业*增加值	251.44 亿元	8.2%	390.62 亿元	−3.6%
商品销售总额	8 864.46 亿元	18.3%	8 131.36 亿元	−8.3%
社会消费品零售总额	344.44 亿元	8.7%	361.37 亿元	4.9%
商业税收	15.87 亿元	−12.5%		
年末户籍人口数	57.89 万人	−0.36%	57.58 万人	−0.54%
年末常住人口数	69.4 万人	0.04%	69.36 万人	−0.06%

* 商业口径为批发零售业。

(二) 2018—2019 年长宁区商业服务业发展特点和分析

1. 2018 年商业经济运行特点

2018 年是贯彻党的十九大精神开局之年,是改革开放 40 周年;恰逢首届中国国际进口博览会,是推进贸易强国建设的一年。在市商务委和长宁区委区政府的领导下,区商务委紧紧围绕"改革创新",推动区域经济持续健康发展,全力保障进口博览会,优化商务领域营商环境,探索培育商业发展,确保各项经济指标和重点工作得到较好的完成。

2018 年,长宁区社会消费品零售总额及商品销售总额均实现稳步增长:社会消

费品零售总额344.44亿元,同比增长8.7%。商品销售总额8 864.46亿元,同比增长18.3%。

长宁区2018年发展商业经济的主要工作如下。

(1) 服务商业企业,引进商业项目和推动企业优化升级。走访尚嘉中心、高岛屋百货、龙之梦等区内主要商业企业,明确2018年调整优化升级的工作任务和重点。着力引进新项目落地和推动重点项目进展。协调相关部门,推动申亚珺悦广场、米域顺利开业。引进创新互动的业态和品牌,丰富消费者的消费体验,吸引客流的集聚。结合上海市"互联网+生活性服务业"创新试验区建设,鼓励、引导企业利用"互联网+"手段探索创新,牵线龙之梦购物公园与美团点评在智能购物、智能配送及精准营销上展开战略合作;邀请商业企业与科技企业对接人工智能项目。

(2) 策划、开展节日商业营销活动,启动商圈整体宣传。围绕元旦、春节、"五一"劳动节和"十一"国庆,引导虹桥南丰城、尚嘉中心等区内主要商业企业推出主题营销活动。对商场优秀外场景观进行补贴支持,节庆期间通过:小资上海、上海最前线等微信公众号和传统媒体对区内主要商业企业的活动进行宣传。与上海东方广播有限公司合作,对虹桥商圈及其商场进行广播宣传;落实2018年上海虹桥火车站虹桥商圈广告宣传工作。

(3) 积极做好消费市场的监测和统计工作。对区内主要商业企业的月度和节日销售情况进行全年跟踪监测,并跟踪重点企业的月度税收波动情况,撰写行业经济运行分析。元旦、春节、"五一"和"十一"长宁区主要商业企业销售同比增速分别为25.6%、25.5%、22.7%和24.1%,其中元旦和春节增速位列全市中心城区第一位。

(4) 推进在建商业项目业态布局规划优化。结合上生·新所(哥伦比亚公园)等地块的特点和功能需求,对地块项目进行功能优化和布局完善,形成业态方案。

(5) 推进上海艺术商圈项目落地长宁。根据市文广局和市商务委的要求,与区文化局共同落实上海艺术商圈项目。

(6) 编制《虹桥商圈商业规划》。与虹桥办、区人大财经工委共同邀请仲量联行及虹桥商圈相关商业企业就虹桥商圈商业规划及进行座谈交流。并委托仲量联行编制《长宁区虹桥商圈商业规划》。

(7) 做好单用途商业预付卡、家电维修和家政服务人员灵活就业证明工作。2018年内,区商务委加强商业单用途预付卡消费投诉处理和商户排摸工作。答复处理上级批转、12345、信访及消费者来电的投诉、退卡诉求;与区市场监督管理局协作合力完成规模发卡备案企业的检查工作。答复处理上级批转、12345、信访及消费者来电的家电维修领域投诉。通过系统导入外来人员灵活就业登记系统家政从业人员信息,开具灵活就业证明。

(8) 完成白领午餐评审工作。开展新一批"白领午餐"星级测评活动,新挂牌白领午餐 8 家。通过暗访和评分的方式,完成 51 家"白领午餐"定点单位的巡访测评。

(9) 做好行业安全和文明指数测评迎检工作。指导、督促商业企业落实安全责任,做好上海市文明进步指数测评和公共安全、消防安全、设备安全和活动安全等自查、整改和迎检工作。

(10) 推进虹桥商圈交通导视系统的完善优化。形成明确、清晰的商圈外、商圈内和商场三级车行、人行交通导视体系,增强商圈的可达性和便捷性。

(11) 宣传发放《长宁商务便民指南》。梳理区内菜市场和菜店、社区智慧微菜场、品牌连锁早餐店、白领午餐定点挂牌食堂、正规家电维修企业和品牌家电售后服务电话、家电维修查询热线、再生资源回收热线、单用途商业预付卡备案企业查询网站等信息,编印《长宁商务便民指南》,并通过街道发放各居民区。

2. 2019 年商业经济运行特点

2019 年,长宁区商务委以习近平新时代中国特色社会主义思想为指导,紧密围绕区委、区政府的工作部署,坚持稳中求进的工作总基调,着力推动产业高端化、特色化发展,增强经济活力,优化营商环境;以进博会为契机,全力做好城市服务保障,全面承接进博会的溢出效应,进一步提升贸易便利化;积极推动商圈转型升级,探索培育商业新模式,促进夜间经济发展,促增消费升级;着力改善民生,增强群众的满意度和获得感;为加快建设创新驱动、时尚活力、绿色宜居的国际精品城区做出贡献。

2019 年长宁区实现商品销售总额 8 131.36 亿元,比上年下降 8.3%,实现社会消费品零售总额 361.37 亿元,比上年增长 4.9%。

(1) 推动商圈转型升级。一是加强商业规划。推动《虹桥商圈商业规划》编制,提出虹桥商圈目标打造长三角、全国乃至全球消费者进入上海的"消费首站",定位于高品质生活方式中心,目标客群多元化、国际化,吸引更加广泛的高品质、高消费人群。二是调整商场业态。推动虹桥天都打造"朗诗现所",引进年轻运动、文创和生活体验等时尚项目;尚嘉中心引入美国拳击运动休闲品牌 EVERLAST MMA GYM 官方授权上海首家品牌运营店,带来独具特色的体能训练课程;龙之梦购物公园拥有超长室内灯景步行街的龙门市集开市,汇集了众多特色小店。三是加强宣传推广。全年围绕元旦、春节、"五一"节和国庆等重要节庆,通过 990 新闻广播和《东方航空》杂志等渠道加大整体宣传力度,进一步放大商圈影响力。

(2) 推动夜间经济发展。一是开展顶层设计。起草《长宁区进一步优化供给促进消费增长的实施意见》。提出打造重点商圈和特色商业街区、支持海派特色小店发展、推动夜间经济发展、推动特色商业品牌集聚和新品首发、培育新消费和消费新增长点。二是加强宣传推广。举办长宁区促进夜间经济发展主题活动——暨长宁区夜间消费达人攻略大赛启动仪式,活动中公布了长宁区首批夜间经济示范点,任命长宁区夜间CEO。在上海首创聘请消费达人作为长宁区夜间经济观察员,从消费者的角度为夜间经济发展献计献策。三是放大示范效应。挖掘夜间经济特色和亮点,上生·新所、幸福里、金虹桥商场、缤谷广场、啤酒阿姨和九华邻居里被首批命名为长宁区夜间经济示范点。

（3）加强行业管理与服务。一是加强单用途预付消费卡管理。督促全区已备案规模发卡企业做好与市单用途预付卡系统的联网对接,耐心处理消费者涉及单用途预付消费卡的投诉、诉求。二是加强白领午餐服务。开展2019白领午餐定点挂牌及评优工作,确定本年度4家新增"白领午餐"挂牌餐饮企业（食堂）名单和10家"白领午餐"餐饮企业（食堂）评优名单。三是加强行业组织管理。指导区商业联合会完成新一届理事会换届工作。组织商业企业进行安全工作培训,要求各单位全面深入自查,对排查发现的问题落实整改。

（4）大力推进菜市场建设。一是新建15家智慧微菜场。召开智慧微菜场建设工作推进会,并多次协调街道、镇政府,约谈智慧微菜场建设企业。二是新建改建2家2.0版本菜市场。结合《上海市生活垃圾管理条例》实施内容,将湿垃圾处理设施在初始设计时就纳入方案一并考虑,让菜市场的升级改造向现代化、集约化、智能化发展。

提高菜市场规范化管理的能级和实效。一是通过开展第三方机构对区内标准化市场的管理情况测评工作,积极对标、查找不足,明确菜市场的管理重点。二是积极推进食品安全信息追溯系统的规范使用,督促菜市场管理人员正确及时使用系统。三是对接蔬菜直销基地设立平价菜专柜,有效调控绿叶蔬菜价格。在发挥国有菜市场主渠道作用的同时,积极引导民营菜市场参与到平价菜专柜的建设中来。四是落实市、区重要民生商品保供稳价工作会议精神,设置平价猪肉摊位,制定《长宁区标准化菜市场猪肉平价供应工作方案》,引导全区标准化菜市场组织摊位进行猪肉平价销售活动。

（三）2018—2019年长宁区服务进博会工作情况

1. 2018年全力保障进博会,不断优化营商环境

（1）积极对接,做好进博会综合保障工作。制定并组织实施《长宁区2018年对接保障中国国际进口博览会行动方案》,各项工作按照时间节点全部完成。在所涉及的30个委办局及各街道镇之间建立工作微信群,实时沟通了解各部门相关工作推进情况。做好上海交易团长宁分团专业观众预登记,发动643家单位6 529名专业观众入场参观,现场成交意向金额共计1.9亿美元,位于中心城区前列。做好经贸代表团长宁接待工作。做好进博会社会观众组织工作。成立"进博会"星级宾馆保障组。四家星级宾馆和一家非星级宾馆报名成为"进博会推荐酒店",4家宾馆成为定点接待宾馆,12家星级宾馆成为"酒店客房价格监测采报价定点单位"。同时,梳理分析区内规模以上酒店客房预留、预售、可售情况,并对新开酒店的客房最高限价实行申报制度。

(2)广泛发动,促进企业深度参与进博会。加强与进口博览会官方授权的招展招商合作单位东方国际集团、东浩兰生集团常态化合作。与中博局联合举办长宁区重点企业对接进口博览会专场推介会;推介我区重点企业作为采购商参与进口博览会货物贸易六大展区和服务贸易展区展商客商展前供需对接会。区内企业联合利华、江森自控、博世等30家左右地区总部和行业标杆企业参展。推荐新联纺Gracina生活馆和上海高岛屋日本进口品交易馆两家企业入选进口博览会"6+365"常年展示交易平台;东方国际、东航进出口、新联纺、易果进入进口博览会四大服务商联盟成员企业名单。

(3)主动承接,扩大进博会贸易溢出效应。进一步深化长宁区与重点企业和机构之间的合作共赢,分别与东方国际集团和市贸促会签订战略合作框架协议。结合进博会开展政策创新落地,积极推进高岛屋"边零售边征税"进口新模式(原保税展示交易)。制定出台了《政策意见》,对各类贸易企业和机构落地、贸易主体做强做优、跨国公司地区总部集聚、贸易平台和贸易活动等4个方面给予政策支持。主动参与进博会期间东方国际集团"上海交易团东方国际进口新技术、新产品发布交易活动"等6个配套活动,全面展示长宁国际精品城区的形象,承接溢出效应。编制《时尚长宁-进口博览会专刊》,聚焦长宁区重点展商采购商,设计城市微游地图,罗列长宁特色商圈、美食、文化活动,重磅推出长宁区促进贸易发展、航空服务业、互联网+生活性服务业、时尚创意产业和人工智能产业五大产业政策中文版,专刊共发放3万册,受到企业欢迎。

(4)制度创新,提升贸易便利化能级。选取纽仕兰、兰维乐、新联纺、广派、新佰伦等5家企业实行便利化精准监管试点,探索从"不合格假定"向"合格假定"转变、从"检方授信"向"多方采信"转变、从"国门监管"向"事前事后监管"转变、从"条块分治"向"检政企三方共治"转变。经过半年的创新试点,企业销售量呈爆发式增长、通关成本急剧下降、吸引外商扩大合作、为进口博览会提供了风险压力测试,效果显著。

(5) 升级服务,全力打造良好营商环境。一是制定关于存量企业享受区航空产业政策问题的操作办法,明确认定的操作口径。解决航空产业认定过程中关于"存量企业增量部分享受航空服务业产业政策缺少操作办法"的难题。积极推进企业上市和新三板挂牌。二是积极对接相关部门机构,为深兰、西井等一批有潜质的企业进入资本市场做好协调服务工作。三是以区商务委"长宁商务讲坛"系列培训讲座活动为主,在网上向公布即将举办培训的时间地点、内容主题、讲师介绍等情况,使企业能根据自身需求及时在线上报名参加。

2. 2019年服务进博会工作情况

(1) 建立工作领导小组。按照习近平总书记关于进口博览会"不仅要年年办下去,而且要办出水平、办出成效、越办越好"的重要指示精神,围绕《第二届中国国际进口博览会城市服务保障总体方案》,长宁区成立了以区委书记和区长共同挂帅的工作领导小组。按照"进得来、出得去、行得畅、住得下、吃得好、守得稳"的要求,精细谋划、精密安排、精心组织。

(2) 两大方案夯实顶层设计。制定下发《长宁区对接保障第二届中国国际进口博览会工作方案》和《长宁区2019年对接保障中国国际进口博览会行动方案》。在首届进博会设置5个工作组基础上,优化组织架构,设置综合协调等9个保障组,成员单位由24家增设至44家,举全区之力共同做好城区服务保障工作。

(3) 三个平台发挥载体作用。推荐全区企业深屹网络参与申报并被认定为新一批"6天+365天"交易服务平台,通过与国际知名品牌进行战略合作,以独代、合资和自有品牌的形式,将海外品牌引进中国,成为品牌的爆发引擎。目前全区共有首届新联纺Gracina生活馆和上海高岛屋日本进口品交易馆3个"6天+365天"交易服务展示平台,促进展品变商品,努力打造永不落幕的进博会。

(4) 四项举措推动交易团工作。组建由分管区领导任团长,区商务委主任任秘书长的长宁交易分团,分别做好采购商和政府机关、事业单位和社会组织的专业观众预登记工作,与各街镇、临空办合力发动区内企业为进口博览会采购成交贡献力量。通过设立进口博览会服务"专窗"、提供线上线下"专人"答疑、为企业提供"专项"服务方案和为企业搭建"专业"平台四项举措,全面做好采购商预登记工作。

(5) 五项机制提升管理水平。区对接保障进口博览会工作领导小组办公室建立了信息交流、会议保障、情况上报、档案管理和定期督查机制,并以建立工作微信群和召开工作推进会等形式,实时沟通对接保障信息,通过建立机制和高效实施相结合,确保重点工作按时完成。

(6) 六大活动展示长宁形象。长宁区共参与展会前后六场活动,分别是:与市商务委、联合国国际贸易中心合作举办"第二届'一带一路'服务贸易发展论坛";支持参加东方国际集团"新进口、新贸易、新经济"新品发布和贸易对接论坛和"东方之夜"展商采购商对接酒会;支持中国医药保健品进出口商会和东方国际集团举办"全民健康、慢病管理"进博会论坛;与上海海关和日本贸易振兴机构共同指导分众游戏举办"中日数字贸易发展论坛";受邀参加长宁区展商纽仕兰"鲜牛奶258万瓶全链路见证仪式"。在各项活动上,区委区政府领导出席,播放长宁形象片,发出《长宁告诉你》和《时尚长宁》进博会专刊3 000余册,全面展示长宁国际精品城区的实力和形象。

(四)推进"互联网+生活性服务业"创新试验区

1. 2018年推进"互联网＋生活性服务业"创新试验区工作

(1)产业集聚虹吸效应发力,凸显新优势。一是知名企业"新业务"板块集聚长宁。美团点评系、携程系、分众系、春秋系等知名企业新业务板块企业不断入驻长宁,助力集团系产业生态链扩展,已形成若干知名企业集团系生态。二是优质企业"新品牌"布局集聚长宁。区内新设企业数量持续增长、质量持续提高。其中,不乏欧普智慧照明科技,红星美凯龙悦家网络科技等知名企业的科技互联网业务;也有例如"牛牛汽车""每日优鲜""VIPKID"等汽车在线交易平台、生鲜电商、在线教育等细分领域的潜力企业。三是新兴企业"新零售"模式集聚长宁。成功引进"猩便利""美味生活""便利蜂""简24"等一批新零售领域企业和项目落地。同时,"Easygo""小麦铺"等一批在北京、珠三角发展态势较好的新零售企业也均来长宁进行深度的接洽。长宁成为无人值守新零售领域争先进驻的热土。

(2)跨界创新合作氛围浓厚,激发新动能。一是以包容审慎的监管服务,不断激发企业自身创新新动能。携程与华住合作推出自助入住退房、机器人服务、智能客房控制为特色的上海携程美居智能酒店;携程"超级巴士"业务,把源自企业家门口的创新服务变成跨企业、跨园区、跨区域的全民福利。二是以勇于突破的活跃思维,不断激发企业之间跨界合作新动能。积极撮合"美团点评"和"龙之梦购物中心"开展战略合作,推动线上线下商业企业联动融合,打响"上海购物"长宁品牌。三是以政企合作的交互模式,不断激发监管与服务良性循环新动能。"美团点评"大数据与区市场监管局监管信息相接,构建"天网""天眼"系统,建立网络监管新模式,有效提高线上线下监管水平;引导携程网等10家重点企业,成立"长宁区网络服务企业消费维权诚信联盟";美团点评与市商务委、市公共信用信息服务中心合作,创建"上海市商务诚信公众服务平台子平台",积极参与上海市电子商务示范社区创建。

(3)城区民生便利体验增强,促进新消费。一是拓展"互联网＋生活服务"类别,以细分满足需求,覆盖生活各领域。如互联网＋教育,有"轻轻家教""VIPKID""哒哒英语"等;互联网＋家庭服务,有家政平台"爱军家政"、车辆养护"嗨修养车"等;互联网＋旅游及出行服务,有旅行综合平台"携程旅行"、民宿预定平台"趣住啊";互联网＋商贸服务,有鲜花电商"花加"、生鲜电商"易果"、服饰电商"ZARA";互联网＋专业服务,有物业服务"慧生活"、咨询服务"铂略咨询"等。二是深耕"互联网＋社区、互联网＋商圈"建设,以服务提质增速,加深社区便利化体验。依托中山公园商圈、虹桥商圈两大市级商圈,创建线上线下融合、虚拟实体互补的上海市电子商务示范社区;依托"九华·邻里中心",创建集家政、洗染、家电维修、生鲜购买等便民服务为一体的社区便民生活服务示范点;在去年完成30家的建设基础上,落实新建30家社区智慧微菜场;"新长宁慧生活"的"互联网＋社区服务"项目,利用互联网手段为长宁居民提供了更便捷的物业、家政等一系列社区服务;"合鲜美众"的社区共享冷链柜项目,以业态创新满足了居民生鲜冷链最后一公里的便利化需求。

(4) 制度创新改革步伐加大,成就新突破。一是商事制度改革进一步深化。"一照多址"跨区试点受益范围逐步扩大,已有"安鲜达""南瓜车""人马线""猩便利""每日优鲜"等16家试点企业先后获批。二是跨区域协同监管进一步完善。与杭州市余杭区对接,探索建立跨省市监管协作工作机制、跨区域网络违法行为监管协作工作机制。三是贸易精准监管进一步推进。率先实行进出口贸易"验放分离"试点,大力提升通关速度。以新西兰鲜奶为例,由原8天变为72小时直达上海,鲜奶的新鲜度优势得以全面释放。四是网络法制保障进一步形成。针对"互联网＋生活性服务业"较易出现的行业风险,长宁区法院的上海首个互联网审判庭,探索"互联网案件网上审",建立纠纷案件"产生在网上、化解在网上"的审判新模式。五是行业标准建设进一步加强。成立"互加生"产业联盟,积极引导"互联网＋生鲜"团体标准实施。2018年4月,易果生鲜、兰维乐等6家企业开始执行国内首部《生鲜电子商务平台退换货服务要求》团体标准。

2. 2019年推进"互联网＋生活性服务业"创新试验区工作

2019年,长宁区365家重点监测企业实现全区税收55.12亿元,区级税收13.17亿元。

(1) 加大区域示范企业影响力。一是优质企业新品牌持续集聚。截至2019年,累计共有"互联网＋生活性服务业 4 787 户,注册资本总额451.84亿元。2019年新注册725户,注册资本总额42.73亿元。二是示范影响力集中显现。"银联电子""史泰博""东航电子商务"等9家企业获市商务委2018—2019年度市电子商务示范企业称号。

(2) 激发跨界创新合作。一是以龙头企业行业影响力,不断激发企责任感业献身公益。引导"拼多多"为老品牌开设"寻迹老上海"专属页面,蜂花、美加净、上海制皂等上海老品牌在拼多多平台上开设旗舰店或专营店。二是以政企合作的交互模式,不断激发监管与服务良性循环动能。继"美团点评"大数据与区市场监管局监管信息相接,构建"天网""天眼"系统,建立网络监管新模式后,与市商务委合作发布上海特色小店攻略榜单。三是民生便利体验增强。美天集团和讯飞合作的"AI菜场",实现人工智能全方位实时监测菜市场运营状况,居民可依照菜价进行选购。通过人脸识别和大数据后台,可在大屏幕上为顾客提供个性化服务。

（3）加强制度创新改革。一是商事制度改革卓有成效。"一照多址"跨区试点受益范围逐步扩大,已有"安鲜达"等30家试点企业先后获批。同时,"沙绿轻食""便利蜂"等5家"一证多址"受益企业。二是网络法制保驾护航。区法院互联网审判庭举办"创新与探索:优化营商环境视阈下的互联网审判"研讨会；与区司法局、区市场监管局以及消保委等部门就建立涉互联网纠纷非诉纠纷化解机制、搭建第三方调解平台、强化诉源治理开展联合调研。三是不断完善行业标准。6月发布由上海12家旅游电商企业一同参与标准制定的国内首个"互联网＋旅游"产业团体标准《在线旅游平台旅行社产品(境内)退赔服务规范》。

（五）主要功能区介绍

虹桥时尚创意产业聚集区

（1）打造有特色优势的时尚"名地"。一是持续发力,聚焦"一圈三轴",打造最时尚地标。牵头做好上生·新所相关服务工作,推动知名品牌活动落地。结合城市更新,推动愚园路、武夷路、新华路建设和相关产业业态调整,将"三轴"打造成融历史文化、工作、生活、娱乐四大元素于一体的国际化潮流生活社区。二是围绕"时尚金三角",打造时尚创意核心承载区。推进环东华时尚创意产业集聚区、虹桥舞蹈演艺集聚区、海派文化艺术街区建设、中国出版集团东方数字出版创新基地建设。

（2）引进有影响力的"名品"机构和组织。一是用好现有框架协议,办好MODE上海服装服饰展等品牌活动,提升品牌集聚效应,进一步夯实"亚洲最大订货季"基础。二是借力市级部门资源,争取项目活动。举办2019上海国际创意城市设计创新论坛,聚焦"文创赋能——城市的可持续发展"主题。三是依托各类企业,提升活动品质。支持举办上海国际创意城市智库讲坛等活动,不断做细做强,提升活动品质和影响力,让长宁进一步变身时尚潮流集聚地。

（3）汇聚有号召力的时尚领军"名人"。一是加大人才引进力度。发挥长宁外国专家局和虹桥海外一站式服务中心功能优势,吸引时尚创意高端人才。二是多种形式培养服务人才。举办各类专题培训会,服务企业近400人次。三是拓展时尚创意人才交流平台。推荐时尚创意人才参加领军人才、拔尖人才等各类专业评选,推荐他们加入联谊会,帮助他们拓展"朋友圈"。

(4) 培育有竞争力的时尚产品"名牌"。一是高度注重培育打造原创品牌。引导更多原创力量到长宁发展,为他们解决寻找办公场地、产品发布宣传、参加国内外交流等困难。二是引入时尚行业新型商业运作模式。加大对设计师品牌集合店、SHOWROOM、快闪店、品牌限定店的支持力度,培育市场前景好、成长暴发性强的时尚创意企业。三是推动长宁品牌"走出去"。推荐企业参加南博会、纽约设计周、2019都灵城市设计节国际论坛、联合国教科文组织关于城市更新的案例征集等海内外交流活动,让长宁品牌"走出去"。

(六) 2019年工作推进情况

(1) 起草《长宁区进一步优化供给促进消费增长的实施意见》。提出打造重点商圈和特色商业街区、支持海派特色小店发展、推动夜间经济发展、推动特色商业品牌集聚和新品首发、培育新消费和消费新增长点、发展文化、旅游、体育、会展等服务性消费、优化市场监管和制度保障等内容。已由区府办正式发文。

(2) 推动《虹桥商圈商业规划》编制。协助仲量联行编制《虹桥商圈商业规划》,提出虹桥商圈目标打造长三角、全国乃至全球消费者进入上海的"消费首站",定位于高品质生活方式中心,目标客群多元化、国际化,吸引更加广泛的高品质、高消费人群,及区域内日渐增多的中产阶级,形式上注重现代、体验,并更趋向于亲人化,推动虹桥公园、虹桥天都、虹桥友谊商城、"娄山关路和紫云西路、仙霞路组成的'L'形区域"和商圈环境的改造提升。目前正进一步修改完善。

(3) 推动品牌集聚和新品首发。发挥"全国首店"政策导向作用,引导企业引进首入品牌,推动新品首发。2019年以来,日本潮牌服饰Ne-net中国首店、日本土古里日式烧肉中国大陆首店、意大利服饰Ca'VAGAN上海首店、日本神胜轩日式拉面上海首店、中国台湾麻古茶坊上海首店、线上品牌妖精的口袋女装实体店上海首店等陆续落户虹桥和中山公园两大商圈。尚嘉中心引入美国拳击运动休闲品牌EVERLAST MMA GYM官方授权上海首家品牌运营店,带来独具特色的体能训练课程。欧莱雅巴黎卡诗品牌发布会、宝马X7新品发布会、VOGUEme三周年品牌发布会以及上海本土品牌ZUCZUG旗下独立设计师品牌WHM的2019秋冬系列新品发布会连续在上生·新所举行。科沃斯漫威定制款扫地机器人2019新款和戴森多功能风扇新品首发活动落地长宁来福士。

在市商务委发布的2018—2019上海全球新品首发地人气榜单中,其中上生·新所"宝马X7新品发布会"入选新品首发活动,长宁来福士广场入选新品集聚地,尚嘉中心Ca'VAGAN入选首店旗舰店,上生·新所入选新品发布平台。

(4) 推动重点项目调整。推动汇金百货虹桥店部分楼层的封闭调整改造,协助对接环保等相关部门,11月1日改造后的汇金超市全新开业。与朗诗公司对接推动虹桥天都打造"朗诗现所",瞄准90后、00后群体,引进年轻运动、文创和生活体验等内容,争取明年下半年实现开业。尚嘉中心引入美国拳击运动休闲品牌EVERLAST MMA GYM官方授权上海首家品牌运营店,带来独具特色的体能训练课程。龙之梦购物公园集亚洲文化品牌、民族风的国潮产品、主题网红美食为一体,有60余家新品牌入驻,拥有超长室内灯景步行街的龙门市集开市,汇集了众多特色小店。

推动愚园路和武夷路进一步实施调整。愚园路1088弄愚园公共市集实现开业,原捷强超市项目经过改造调整也重新亮相。武夷路对接飞乐地块功能定位和产业征询意见。ART愚园生活美学街区被评为上海特色商业街区。

(5) 推动夜间经济发展。在上海扬子江万丽大酒店举办了长宁区促进夜间经济发展主题活动——暨长宁区夜间消费达人攻略大赛启动仪式。许昆林副市长为钟晓敏副区长颁发了长宁区夜间区长的证书。活动中公布了长宁区首批夜间经济示范点,任命了长宁区夜间CEO。其中,上海扬子江万丽大酒店Frank Sanders总经理是上海首位外籍夜间CEO。在上海首创聘请消费达人作为长宁区夜间经济观察员,从消费者的角度为夜间经济发展献计献策。在大众点评的支持下,首家启动了长宁区夜间消费达人攻略大赛,进一步挖掘长宁夜间经济的特色和亮点。

积极推动体现长宁夜间经济魅力和活动的夜间经济载体打造。协助24小时营业、以最丰富的进口啤酒享誉上海的"啤酒阿姨"优化门店布局,推动放大夜间消费影响。推动上生·新所结合新品首发活动,丰富夜间活动的内涵。引导金虹桥商场围绕日本特色打造夜间美食街J Town。指导区属美天副食品公司将夜间经济与菜市场结合,于9月起在九华邻居里打造美天夜市,并放映夜间电影。首批命名了上生·新所、幸福里、金虹桥商场、缤谷广场、啤酒阿姨和九华邻居里6家长宁区夜间经济示范点。区商务委整理了相关材料上报,在市委办公厅第197期《信息快报》中以《长宁区多举措推动区域夜间经济发展促进消费增长》为题刊载。

(6) 推动海派特色小店发展。对长宁区特色小店情况进行了初步梳理,起草了《关于保护和发展长宁区特色小店相关情况的汇报》。推动原医药职工大学项目改建成愚园公共市集,将民生需求的各种业态集合进来,引进了弄堂老面馆、泰康糕点、耳光馄饨、山东水饺、田园生鲜、小吴鞋匠铺、小赵裁缝铺、顾爷叔修锁、粟上海社区美术、弥金画廊等特色小店,得到市民的认可。市商务委在愚园路召开上海特色小店发展现场推进会,现场调研愚园公共市集、愚园百货公司等特色小店发展情况,给予了充分肯定。

(7) 推动商圈"商旅文"联动。推动"商旅文体"融合,鼓励主题活动和特色营销。协调上海国际女子半程马拉松赛新百伦装备领取和展示活动落户长宁来福士广场,推动热门赛事的人气向商圈集聚。环东华时尚周在长宁来福士广场大草坪举办了15场海派秀场活动。在文化部门支持下,长宁来福士广场引入了"江南文化"主题概念展。国庆节期间,在长宁来福士广场户外大草坪由国家体育总局社会体育指导中心带来"全国青年酷运动文化周"。尚嘉中心与上海广播合作举办广播现场秀,带来别开生面的广播技术设备展,还有近50名人气主播来到台前,与听众进行亲密互动,还携手上海劳力士大师赛,带来网球大师赛零距离等多场丰富的网球互动体验活动。

(8) 推动商圈整体宣传推介。2019年,围绕元旦、春节、"五一"和国庆等重要节庆,通过990新闻广播和《东方航空》杂志等渠道加大整体宣传力度。在发挥"上海长宁"、《长宁时报》和长宁有线台宣传功能的同时,与"微上海""小资上海""上海最前线""中山公园周到"等知名微信公众号合作,发布商圈特色活动信息等,进一步放大了商圈影响力。

(9) 积极做好消费市场的监测和统计工作。对区内主要商业企业的月度和节日销售情况进行全年跟踪监测,并跟踪重点企业的月度税收波动情况,撰写行业经济运行分析。2019年元旦、春节、"五一"和国庆假期,长宁重点商业企业销售增幅分别为11.50%、11.23%、18.05%和13.26%,均高于全市平均水平,保持了平稳增长的良好势头。

(10) 做好商业领域单用途预付消费卡工作。督促全区已备案规模发卡企业做好与市单用途预付卡系统的联网对接,定期审核相关材料情况。耐心处理消费者涉及单用途预付消费卡的投诉、诉求。委托市单用途预付卡协会协助处理单用途预付消费卡相关工作。根据市商务委的部署,起草了《长宁区单用途预付消费卡信息对接专项行动工作方案》,全面启动信息对接专项行动,依托各街道(镇)在区内开展单用途预付卡排摸工作。截至目前共排摸本区发卡企业156家。区商务委会同区市场监管局、市单卡协会、第三方机构(银行、保险机构、公共系统平台)对行业内约60家发卡经营者开展专题培训,督促与会企业积极进行信息对接。

(11) 推动开展白领午餐工作。联合区委组织部、市场监管局、虹桥办等联动组成员单位,组织开展2019白领午餐定点挂牌及评优工作。经过各街(镇)及临空园区推荐、区市场监管局资质审核、联动组现场检查和专题讨论,确定了2019年度4家新增"白领午餐"挂牌餐饮企业（食堂）名单和10家"白领午餐"餐饮企业（食堂）评优名单。

（12）落实行业安全、文明城区迎检和扫黑除恶相关工作。组织相关商业企业进行安全工作培训，要求各单位全面深入开展公共安全底数排摸、隐患自查，对排查发现的安全隐患和薄弱环节进行上报并落实整改。同时，加强对企业的现场安全检查，发现问题督促企业立即整改。落实全国文明城区常态化管理要求，督促企业落实全国文明城区相关迎检标准。不定期巡视及时发现问题，指导企业共同做好迎检工作。排查企业涉黑涉恶相关线索，督促企业做好扫黑除恶宣传。

（七）2020年重点工作推进情况

（1）全力做好大型商场超市疫情防控。全力落实市、区防控新冠疫情的要求，督促企业认真履行主体责任，全力抓好疫情防控各项工作落实。根据防控要求，督促全区24家主要商场关闭非必要入口，在所有入口对所有进入人员测量体温，体温正常且规范佩戴口罩方可入内，加强消毒频次和员工管理。根据市商务委要求，督促区内主要商场超市拆除悬挂的门帘，消除防疫隐患。2月15日至3月28日，联合卫健、市场监管、城管、消防等部门和相关街镇对龙之梦购物公园、长宁来福士广场等12家重点商场超市每天进行联合执法检查，指出了部分商场存在消毒用品使用和记录不规范、商场内人员未全程规范佩戴口罩等问题，督促企业立即整改。6月20日起，持续实施对大型超市和夜间市集场所的联合检查，指导企业做好营销活动防疫相关预案。

（2）协调保障生活必需品供应。全面对接家乐福、世纪联华、雅品嘉、久光鲜品馆和Ole'超市等区内主要超市卖场，排摸了解蔬菜、米面粮推出白领安心餐、油、方便面、冷冻食品、牛奶、鸡蛋和口罩、消毒液、洗手液等生活必需品和防疫用品的供应和价格情况。指导企业对需求量大、货源紧张的商品尽可能加快组织货源补货。1月27日蔬菜销量大增出现缺货后，第二天起家乐福等超市即加大了蔬菜采购供应量，目前每天供应充足。

（3）推动商业企业复工复产复市。积极协助企业补充防疫用品，确保商场正常开业。向市商务委争取，通过市级渠道保障了部分大卖场一线员工的口罩供应。协助雅品嘉超市协调从日本带回口罩，缓解了超市一线员工口罩紧缺的情况。同时协助解决商业企业桶装消毒液、一次性手套、测温枪等需求。同时向商场推荐了热成像人体测温设备，目前缤谷广场、KING88商场等企业已安装。第一时间告知企业市、区相关政策，说明政策涉及商业企业的相关内容，并征求企业对政策的建议和反馈。先后将财政部、税务总局、市人社局、市财政局等相关政策和实施细则情况及时告知企业。引导商场主动减免商户租金。虹桥南丰城、尚嘉中心、长宁来福士广场、米域·这里、吉盛伟邦虹桥进口家具馆、龙之梦购物公园、金虹桥商场等都进行了减免。引导虹桥南丰城、百盛优客城市广场、高岛屋百货、尚嘉中心通过微信群、直播等方式促进消费。

（4）推动《虹桥商圈商业规划》编制。协助仲量联行完成《虹桥商圈商业规划》编制，提出虹桥商圈目标打造长三角、全国乃至全球消费者进入上海的"消费首站"，定位于高品质生活方式中心，目标客群多元化、国际化，吸引更加广泛的高品质、高消费人群及区域内日渐增多的中产阶级，形式上注重现代化体验，并更趋向于亲人化。协同虹桥办等，共同与区绿化市容局等部门对接，推动规划落地实施。

（5）推动"五五购物节"活动。对接"五五购物节"，精心策划推出了"魅力虹桥精品消费季"，持续至6月底，推出一百多场特色线上线下活动，为广大市民朋友们带来丰富多彩的消费新体验。5月3日长宁区商务委与SMG纪录片中心合作推出了"魅力虹桥精品消费季"公益大直播。作为"五五购物节"首位走进新闻直播间的区长，王岚区长推介长宁"五五购物节"特色。5月5日在长宁来福士广场举行了长宁"魅力虹桥精品消费季"启动仪式。活动现场任命了热心参与长宁区特色商场、街区、餐饮门店和各类商品直播宣传的主持人和网络主播为"长宁好物推荐官"，开通了促消费新技术5G彩铃，开启了"东方食刻"美食盛典，并以发布"五五购物节"长宁区消费地图的形式宣告了"魅力虹桥精品消费季"的正式开幕。5月20日，与上海人民广播电台和团市委合作，推出"Love Radio 爱在长宁，520为爱GOGOGO"活动，在虹桥商圈和中山公园商圈开展全天10小时直播，带动商圈人气和消费。交通频率"520最爱长宁"实景广播录制活动也落地龙之梦购物公园。联合第一财经广播，开展了"魅力虹桥 精品消费"长宁区五五购物节十佳活动评选。结合上海夜间生活节等，开展夜间经济相关活动。6月5—14日，百盛优客城市广场推出"YES! 青年"夜市，虹桥南丰城推出"深藏不露——Hi! Fun"夜市。5月22日—6月7日，KING88商场开展初夏文化创意集市。6月1—21日，百联西郊购物中心也推出了创意夜市活动。

（6）开展其他促消费和夜间经济活动。推动商场下半年持续开展促消费活动。盒马鲜生与韩国农水产食品流通公社合作举办韩国盒马美食周。高岛屋百货引进樱桃小丸子动画30周年特展。尚嘉中心联合上海曹鹏音乐中心举办的"乐动未来PLAY FOR FUTURE"青少年乐器大赛颁奖典礼，并在遵义路外广场特别呈现"水景集市"。虹桥南丰城推出车神造梦场——多美卡50周年全国首展、夏日祭和Back To School运动嘉年华等活动。长宁来福士广场"不二家110周年"快闪店以及缤谷广场"超时空旅行"等活动带动消费再掀热潮。

主动跨前召开相关部门协调会,积极协调协助夜间市集举办。虹桥南丰城"冲鸭!泡泡军团夏日泡泡趴"带来精彩的泡泡市集和夜市活动。虹桥艺术中心与花加合作,推出"花＋天山街市"。巴黎春天天山店"巴黎天街"夜市和汇金百货虹桥店"台北上海双城市集",引入文创、食品、互动等内容。百盛优客城市广场"弘大夜猫子"夜市活动,带来文创手作商品、潮流饰品、多样性创意活动游戏、轻饮、轻食等。9月17日,长宁IM大通市集于凯旋路1398号正式开幕,引入大通旗下房车为载体,为长宁及沪上市民打造了一个集美食、购物、亲子、文创、艺术展示、文化演出、休闲娱乐为一体的魔都生活新地标。国庆黄金周期间,汇聚上海早餐工程4家参与企业13辆流动餐车的上海餐车市集在凯田路举行,与长宁IM大通市集相结合,带来全新的消费体验。

区商务委牵线乐由由公司与东方国际、拼多多等对接,于8月21日举行长宁区促消费直播进博商品专场活动,于9月8日推出了"乐购惠长宁　赋能新消费——长宁好物　拼多多直播专场"活动,长宁区委常委、副区长钟晓敏宣布长宁区促消费直播系列活动正式启动。

(7) 开展早餐工程相关工作。根据市商务委工作布置,启动早餐工程工作,发动街镇,全面排摸区内早餐网点布局情况,同时排摸适合开设早餐工程的网点,对接盒马、百联逸刻、粮全其美等企业,推动网订柜取和流动餐车等多种形式的落地。盒小马两家门店已于SkyBridge HQ天会和虹桥南丰城开业。长宁八八中心、新虹桥中心花园、百盛优客城市广场等流动餐车已分别由粮全其美和百联逸刻开展运营。推荐熙香艺享和深兰科技旗下深华智桥公司已纳入全市流动餐车运营主体推荐名单。

(8) 做好商务领域单用途预付消费卡工作。督促全区已信息对接的商务领域发卡企业做好与市单用途预付卡系统的联网对接,定期审核相关材料情况。委托市单用途预付卡协会协助处理单用途预付消费卡相关工作。联合区市场监管局对上海象王洗衣有限公司进行联合执法,并科技共同约谈上海易果电子商务有限公司。

(9) 做好"十四五"商业规划相关工作。委托上海市流通经济研究所开展《"十四五"期间长宁促进新消费发展的思路和举措研究》。在此基础上起草《长宁区新消费和现代商业发展"十四五"规划》(初稿)。

(10) 落实行业安全、文明城区迎检和扫黑除恶相关工作。督促主要商业企业全面深入开展隐患自查,对排查发现的安全隐患和薄弱环节落实整改。同时,加强对企业的现场安全检查,发现问题督促企业立即整改。落实全国文明城区迎检工作,指导督促企业落实全国文明城区相关迎检标准。不定期巡视及时发现问题,指导企业共同做好迎检工作。

第五节 静 安 区

(一) 2018—2019 年静安区服务业、商业发展基本数据

2018—2019 年静安区服务业、商业发展基本数据见表 12-5。

表 12-5　2018—2019 年静安区服务业、商业发展基本数据

指标名称	2018 年	比上年增长	2019 年	比上年增长
生产总值	1 833.27 亿元	6.9%	2 298.74 亿元	5.8%
♯第三产业增加值	1 728.23 亿元	7.5%	2 226.8 亿元	6.1%
♯商业增加值	368.14 亿元	3.2%	469.23 亿元	3.9%
商品销售总额	6 727.16 亿元	9.3%	7 962.25 亿元	6.0%
社会消费品零售总额	700.36 亿元	－2.8%	747.94 亿元	6.8%
地方税收总额	723.30 亿元	5.5%	703.05 亿元	－2.8%
年末户籍人口数	92.58 万人	－1.56	91.55 万人	－1.11%
年末常住人口数	106.28 万人	－0.32%	105.77 万人	－0.48%

(二) 2018—2019 年静安区商业服务业发展特点及分析

1. 2018—2019 年静安区商业服务业发展特点

(1) 总部能级不断提升。坚持把总部经济作为构建高端化产业体系的重要抓手,继续培育发展高能级、强辐射总部企业。全年新引进西诺德、海斯坦普、蔻驰、大昌行、三得利、多特瑞等 6 家跨国公司总部,全区跨国公司地区总部累计达 76 家。

(2) 技术创新加快推进。制定并发布《静安区企业技术中心管理办法(试行)》,全年共 12 家企业获评区级企业技术中心。积极推动企业技术创新工作,帮助区域内企业积极申报市经信委电子商务"双推""总集成总承包""产业技术创新"等各类项目。

(3) 时尚地标效应凸显。以上海展览中心作为核心地标,以南京西路周边会展和星级酒店等周边区域为依托,充分发挥南京西路沿线商业"世界橱窗"和以 800 秀为核心的昌平路文化创意产业集聚带时尚设计的优势,通过举办上海时装周、设计之都活动周、米兰国际家具(上海)展览会等活动,传播和放大南京西路时尚产业在业界的影响力,打造具有国际影响力的新品首发高地。

（4）品牌高度集聚。重视引进品牌首入店、旗舰店、体验店，引入首入品牌超80个，如法国珠宝品牌BOUCHERON宝诗龙亚洲首家概念店、DeBeers集团旗下钻石饰品品牌Forevermark全球第一家自营店、双立人之家全球最大旗舰店、Uterque中国首店等，努力把静安南京路商圈建设成为国际品牌进入中国市场的首选地和国际消费的风向标。鼓励国际品牌跨界融合，以展览中心、Prada荣宅、丰盛里等为载体，通过举办罗马艺术展、Gucci创作彩绘、LV飞行、航行、旅行展等活动，将品牌文化和商业载体完美融合，不断提升商圈的艺术氛围。

（5）商业模式创新。鼓励品牌跨界、跨业融合，发展高科技、定制化、体验式的新业态，支持智慧零售、跨界零售、无人零售、绿色零售等新业态、新模式发展。上海首家京东无人快闪店——"JOY SPACE"京东无界零售快闪店、Kerr & Kroes全国首家天猫智慧门店、小红书之家RED home、Massimo Dutti南京西路亚洲旗舰店等无人零售、快闪店、智慧门店、个性化定制等新模式的出现，有力地推动了传统商业向定位更加精准、领域高度细分的小型化、个性化商业发展。

2. 2018—2019年静安区服务业、商业运行分析

2018年1—12月全区社区消费品零售总额累计实现700.37亿元，同比下降2.8%。（去除天猫和飞牛因素，社零同比增长9.1%。）1—12月，引进合同外资11.95亿美元，同比增长17.4%，完成全年引进计划的119.5%。1—12月，海关进出口总额累计完成379.4亿元，同比增长0.7%。1—12月，全区外税总额为382.8亿元，同比增长9.4%，占全区总税税收比重的52.9%。商贸服务业累计实现税收214.08亿元，同比增长10%，占比29.6%；专业服务业累计实现税收139.63亿元，同比增长13.5%，占比19.3%；文化创意服务业实现税收37.34亿元，同比增长10.3%，占比5.2%。

2019年，全区社会消费品零售总额完成747.94亿元，比上年增长6.8%。全区税收总额为703.05亿元，其中：外税总额为382.46亿元，占全区税收比重为54.4%。全区进出口总额385.71亿元，比上年增长1.7%。引进直接合同外资金额为12.01亿美元。新增维益亚太企业管理有限公司、迈克尔高司商贸（上海）有限公司、固瑞克贸易（上海）有限公司、易居企业（中国）集团有限公司、百时美施贵宝（中国）投资有限公司和萨玛企业管理（上海）有限公司等6家跨国公司地区总部，累计引进地区总部82家。

（三）2020年区服务业、商业发展趋势和热点分析

1. 服务业发展趋势和热点

（1）商贸服务业。以消费升级和技术创新驱动的新消费经济将成为未来经济增长的强大动力。

(2) 金融服务业。金融新动能助推新旧动能转换,主要是加快金融与多产业、多业态、多模式的深度融合,形成金融发展的新业态和新模式。

(3) 专业服务业。专业服务业创新驱动发展的新方向,是推动全球价值链提升和产业优化融合,"全球服务商计划"是未来一段时间静安的重大战略部署。

(4) 文化创意产业。文化创意产业本身具有高度融合性,从"文化+旅游""文化+科技"到"文化+创意""文化+贸易",通过与各领域的融合将给文化创意产业带来巨大的发展潜力和想象空间。

(5) 信息服务业。通过智能化技术为各个行业深度赋能,并将新一代信息技术在消费端的成功应用进一步迁移到产业端,重塑产业结构和生产模式,打造传统产业升级和经济发展新动能。

2. 商业发展趋势和热点

(1) 消费主体年轻化。90后、00后已成为消费市场的主力军和消费趋势的引领者。这部分人大都比较年轻,处于单身或新婚阶段,家庭负担较轻,可自由支配的收入较高,在生活上追求物质享受,对反映时代潮流、先进技术和新型体验的商品和服务具有较强的购买意愿,是中高端商品的主要购买者。静安区是年轻化消费群体集中度较高的城区,拥有185幢重点商务楼宇,69幢税收"亿元楼",大规模高收入的年轻白领群体为静安消费市场提供强有力的支撑。

(2) 消费内容服务化。居民消费结构逐步升级,从以商品消费为主逐步转向商品消费和服务消费并重,消费升级类商品增速迅速,商务会展、休闲旅游、医疗保健、文教娱乐等服务消费快速增加,成为新的服务消费热点。文化消费和信息消费代表新兴服务业发展方向,消费市场需求旺盛。以文化消费为例,静安拥有美琪、艺海等众多著名剧院。近年来,"尚演谷"即目前亚洲唯一一家沉浸式剧院,上演的 *Sleep No More*(《今夜无眠》)广受欢迎。2019年,静安戏剧谷上演俄罗斯、英国等11个国家的艺术团队共19台剧目,100%为上海首演,市场反响热烈。

(3) 消费方式便捷化。随着电子商务的快速发展及新技术的赋能,消费者对便捷化要求不断提升。ABCD(人工智能 AI、区块链 Blockchain、云计算 Cloud、大数据 Data)+5G新技术的力量将推动产业周期快速迭代。"十三五"期间,静安区深入推进具有"智慧营销""智慧环境""智慧生活""智慧服务"等功能的智慧商圈建设和智慧化商业综合体试点,优化电子支付、信用服务、安全认证等智慧商圈的支撑环境,商业的智能化与信息化快速发展,智慧化生活服务平台业务大幅提升,消费服务各领域的产业链效率显著提升,智慧化、便捷化的精准服务将日益普及。

(4) 消费选择体验化。伴随消费者文化层次、收入水平、消费观念的不断提升,消费者的品牌意识进一步增强,消费能级不断提高,开始从注重产品数量向注重产品质量和服务的方向转变,体验消费、品牌消费、主题消费更加受到消费者青睐。消费者更加乐于为情感、环境、格调、娱乐等体验式消费埋单,体验消费逐渐超越传统经济意义上的使用价值,与人的社会地位和社会关系联系在一起。为满足消费者个性化、情感化的独特需求,静安区大力发展主题消费、定制消费、无店铺消费,以及买手制、体验式、概念店、全渠道营销等各类新型业态,推动发展以生活方式为引领的新兴商业模式。

(四)2020年静安区服务业、商业发展重点工作及"十四五"发展思路

1. 2019—2020年区服务业、商业发展重点工作

(1)加快推动总部经济发展。新引进维益亚太企业管理有限公司、迈克尔高司商贸(上海)有限公司、固瑞克贸易(上海)有限公司、易居企业(中国)集团有限公司、百时美施贵宝(中国)投资有限公司和萨玛企业管理(上海)有限公司等6家总部企业,累计引进跨国公司地区总部82家,德凯达管理型总部升级为跨国公司亚太地区投资性总部。积极推进外资项目备案工作,全年共计1128家,包括新设211家,增资119家,变更798家。

(2)对外贸易有序发展。加强服务贸易企业各类专项资金和政策的宣传,鼓励企业开展各类离岸业务。服务外包共计执行合同数638个,累计执行金额5.65亿美元;新增加服务外包企业家12家;累计登记新设技术进出口合同备案23份,金额2.12亿美元;变更备案21份,登记金额3.72亿美元。多措并举应对中美贸易摩擦,通过分析研判影响、建立重点企业清单、实施月度工作监测机制、组织实务培训等,保持外贸稳定发展。积极对接车站海关,着力推进海关设立静安监管点、面料预评估政策延续等重点事项,推动贸易便利化。

(3)加速电竞产业集聚发展。联合罗兰贝格制定并发布《静安区电竞产业发展规划》,全面支持"灵石中国电竞中心"的建设。与上海报业集团签署战略合作协议,共同推进电竞产业发展。协调推进上海市电竞协会落地静安大宁商务中心。成功举办首届电竞上海大师赛,并依托赛事平台开展其他衍生业务。制订并发布《静安区促进电竞产业发展的实施意见》。

(4)突出优化供给促进消费。制定并发布静安区"促消费24条",从满足高品质消费需求、大力发展服务消费、完善消费载体建设、健全消费信用体系、优化配套保障措施等5方面提出24项具体任务,优化我区商品和服务供给,促进消费增长,进一步加快完善促进消费体制机制,增强消费对经济发展的基础性作用。

(5) 树立国际消费风向标。先后引入全球首店拜腾汽车体验店、全球顶级婚纱品牌西班牙 Pronovias 亚洲首家旗舰店、顶级品牌 Celine 男装中国首店、意大利潮牌 STONE ISLAND 旗舰店大陆首店、比利时"丁丁历险记的世界"旗舰店、网易严选线下上海首店、镰仓衬衫中国首家旗舰店等 50 余家首店。

(6) 营造良好营商环境。积极推进芮欧百货成为全市三家离境退税"即买即退"试点之一。跟进非特化妆品备案试点,全区共有 14 家企业共申报 17 批次非特化妆品备案,大大缩短企业产品进入中国时间。

(7) 深化"商旅文体"联动。积极组织开展"精彩四季"系列主题活动,静安国际嘉年华、静安国际美食节、国际茶文化节、国际喜剧节等活动,提升商圈吸引力,进一步拉动实体消费。举办 2019 年顶级品牌高峰论坛、2019 福布斯·静安南京路论坛。开展 2019 艺术商圈工作,依托浓情静安·爵士春天音乐节、上海·静安现代戏剧谷、上海静安咖啡文化节等一系列商旅文体联动项目,开展活动近 260 场。

2. "十四五"发展思路

产业发展方面:根据中央对上海城市发展的整体定位,结合习近平总书记关于上海城市核心功能的精辟论断,建设上海"五个中心",围绕强化全球资源配置、科技创新策源、高端产业引领、开放枢纽门户"四大功能",通过发展总部经济,促进全球资金、技术、信息等加速集聚,提升高端要素集聚浓度和全要素生产率,优化要素资源配置效率,进一步提高我区经济密度。紧扣"四大功能"发展产业,坚持产业高端高效高附加值的发展方向,加快发展现代服务业和以人工智能、集成电路、生物医药三大产业为代表的战略性新兴产业,加强核心技术突破,不断提升产业基础能力和产业链水平。

商业建设方面:积极推进国际消费城市建设和打响"四大品牌"发展战略,抓住上海深入推进长三角地区一体化建设、增设自贸区新片区、承办中国国际进口博览会等重大机遇,依托静安"一轴三带"发展布局和"全球服务商"计划,着力发挥静安商业在打响"上海购物"品牌中的示范、引领作用,进一步提升国际国内市场资源配置能力,实现静安产业高质量发展。

下一步要继续扩大对外开放、继续完善开放格局、继续优化营商环境、继续深化多双边合作、继续推动共建"一带一路",坚持新发展理念,继续实施创新驱动发展战略,着力培育和壮大新动能,不断推动转方式、调结构、增动力,推动经济高质量发展。静安商业商务在国家经济发展大格局中要努力践行"商业繁荣"和"经济发展"的使命,敢于突破,勇于担当,推动区域经济形成更高层次改革开放新格局。一方面,我们要促进形成强大国内市场,加快技术创新变革,以技术进步驱动消费提升,依托中国国际进口博览会的溢出效应,集聚高端资源、集成创新政策、集中高能级项目。另一方面,静安要以自贸区扩区和《外商投资法》的贯彻实施为契机,推动涉外经济转型升级,牢牢把握在新兴产业、关键企业和重大项目等方面的全新突破。制定完善涉外经济发展的促进政策,整合各类服务企业政策,形成支持涉外经济发展的长效机制。

(五) 主要功能区介绍

1. 市级商圈情况

南京西路商圈指以南京西路为主轴的带状街区,东至成都北路,西至镇宁路,南至威海路——延安路,北至北京西路——愚园路,全长2933米,区域面积1.8平方千米。主要分三段:东段以兴业太古汇、818广场为代表;中段以"梅泰恒"为主力;西段则主要有久光百货、嘉里中心、芮欧百货、晶品购物中心等。

大宁商圈主要包括环上大国际影视产业园区和环大宁市级商圈两大标志性区域,环大宁地区的四至范围为北至汶水路(中环)、南至中山北路(内环),东至俞泾浦(区界)、西至沪太路(区界),总规划用地10.92平方千米。主要载体为大宁国际商业广场、协信星光广场、大宁音乐广场、静安大融城(纯商业面积约45万平方米)。

2. 区级商圈情况

苏河湾商圈东起罗浮路、武进路、河南北路;西至苏州河、安远路、江宁路;南至新闸路、石门二路、北京西路、南北高架、苏州河;北以铁路为界。区域面积为4.3平方千米。商业主要为三个区:一是上海火车站周边,以天目路、恒丰路为轴的区域商业集中区,现有商业体主要有嘉里不夜城(太平洋百货)、宝矿三期、不夜城商厦、泰禾大厦、凯德星贸、太阳广场等(纯商业面积约20万平方米)。二是以西藏北路、曲阜路大悦城为核心,联动华侨城、中粮等项目商业发展的集中区(纯商业面积约20万平方米)。三是以七浦路服装市场为代表的交易市场区(10个市场,总建筑面积30.28万平方米)。

3. 特色街:陕西北路老字号一条街

陕西北路老字号街(南京西路—威海路段)总长230米,总建筑面积2160平方米(总营业面积约1817平方米),是静安南京西路商圈的重要后街。2018年3月,陕西北路老字号专业街启动升级改造,通过对建筑街景、入驻品牌、产品服务和文化展示等全方位的提升,打造老字号定制体验中心、文化展示中心、新品发布中心和营销体验中心。全面升级后,专业街上积聚的老字号和知名品牌从12家增加至17家。230米长的专业街汇聚了300年历史的中国四大药堂之一的雷允上,中国第一个时装品牌的鸿翔女装,拥有国家级非物质文化遗产项目的龙凤旗袍、亨生西服,充满老上海城市气息的第六粮油社区便利店。还有新镇江、西区老大房、泰昌、美新、哈尔滨食品厂等众多经典美食品牌,以及开开衬衫、第一西比利亚皮草、大美华布鞋、古今内衣、白玉兰、景德镇瓷器、海鸥手表等。而且,专业街上的各家老字号门店全都进行了升级改造,不仅是全新设计的店铺形象和展示陈列,还有全新开发的系列产品、私人定制等体验式服务,使得陕西北路专业街成为老字号品牌展示新形象的聚集地。

4. "800秀"文化创意产业园区

1) 主要工作开展情况

(1) 继续推进南京西路后街文化地标建设。2018年4月,静安区发布了《静安区南京西路后街经济战略规划》,计划升级改造南京西路周边11条后街,大力发展"后街经济",在做厚、做深、做宽南京西路商圈上实现新的突破。"800秀"作为后街经济"双地标"之一,将立足"会文商旅"联动思路,借助与上海展览中心的展展联动,打造下一个静安现代文化时尚地标,并带动周边后街群配套发展。

经历了半年多的打造过程和2019年全年的建设工作,"800秀"在硬件改造方面陆续完善和升级基础设施建设,除了已完成的秀场内部墙面、门梁及广场灯光的改造工程,还对秀场监控设备进行了改造升级,后续随着"会文商旅"、文创内容展示发布等项目的开展和增多,园区还会继续加强在硬件方面的升级换代,以满足高质量展示演绎功能的需要。在内容打造升级方面,"800秀"继去年成功举办"中国文化年"非遗展示及论坛发布之后,园区借开园十周年之际,与多个平台开展了合作,成功举办系列音乐剧演出、论坛和设计展示发布活动,促进设计原创发展和市场转化;另一方面,"800秀"继续深入与上海时装周的合作,除了将上海时装周及KIDSWEAR少儿时装周、蕾虎青年学生时装艺术节等多个主题活动成功落地"800秀",同时也自主开发了一个时装情景秀并在"800秀"十周年回顾与展望活动中发布;同时,2019年还有众多一线时尚品牌将自己的新品发布与品牌纪念活动放在"800秀",进一步充实"800秀"作为静安后街主秀场与"双地标"的高端文创展示内容。

(2) 秀场公共设施更新修缮持续进行。根据年度秀场修缮改造工程项目计划安排,2019年秀场各改造整修项目逐一开展实施。为了进一步加大对秀场内外实施管控、确保秀场各类大型活动的安全稳定,以及加快突发事件的响应速度,2019年我们对秀场的监控设备进行细致排摸,升级、改造和增设了多镜头多机位、加装了独立宽带并进行了线路优化,将原有的监控死角逐步消除,提升了监控布局效率、细节捕捉能力及图像显示效果,完成升级之后,能够更加及时、更加全方位地反馈秀场内外的情况,保证秀场日常运营及大型活动开展时的安全监管效果。

(3) 积极发挥秀场引领时尚的功能。2019年度秀场共举办活动40余场,活动品质继续保持,高质量的时尚创意文化演艺活动以及高端论坛活动持续在"800秀"举办。

(a) 与国内顶级活动公司达成长期合作协议,"800 秀"将作为这些合作伙伴的上海主场地举办年度发布活动。这类的活动有:由超模吕燕主理的服装设计品牌 Comme Moi2019 新品发布、与设计共和联合举办设计庆典活动等等。

(b) 与本土优秀文化公司、社会公益组织开展合作,扶持原创及公益文化活动。如服设未来——首届服务设计联盟中国大会、静安区家庭教育周、"帮助他人·阳光自己"上海市静安区第二十六届"蓝天下的至爱"慈善晚会、静安区"第九届上海公益伙伴日暨 2019 中华慈善日主题活动"、开开集团礼庆建国 70 华诞暨陕西北路老字号专业街开街一周年活动、2019 静安区全民终身教育活动周开幕式等等,这些活动通过"800 秀"为公众带来更多的公益文化饕餮盛宴,并将"800 秀"升级为更加年轻和时尚的沪上中心城区文化演出新地标。

(c) 与国内自主品牌文化公司合作,以上海时装周为契机,共同推出多场品牌发布及少儿模特大赛、蕾虎青年学生时装艺术节等活动。2019 年,已有春夏及秋冬两季、超过 57 场的发布活动在"800 秀"秀场发布。

(d) 2019 年"800 秀"还举办了多场著名品牌的潮流活动,这类活动有 Adidas Creators Day、欧莱雅男士黑魔力电音派对、李宁高端系列产品全球发布会、阿迪达斯"夏练国度"——多诺万·米切尔球迷见面会、乐高玩具 2020 上半年度新品发布会、Champion 一百周年、PANDORA Party Day、Primera PR 活动、2019 MENEO 时尚 APP 发布潮流派对等等。

2) 不断提升园区文化创意企业集聚度、知名度、美誉度

2019 年,全新引进了 9 家高品质文创类企业入驻园区,有屡获艾景奖国际园林景观设计大赛奖的成都赛肯思创享生活景观设计股份有限公司,与国内外大品牌紧密合作的时尚文化推广企业上海唯恒文化传播有限公司;有投资创作了热播剧《少年派》《缝纫机乐队》《三生三世十里桃花》等影视作品的上海橙光影视文化有限公司等等。

目前入驻在"800 秀"的知名文化创意企业还有:美国最大的快速时尚服装设计销售公司 Gap;国际设计界最负盛名的欧洲设计公司 FROG DESIGN;全球顶尖的酒店设计企业 HBA 室内设计;欧洲第二大游戏核心软件开发公司冰岛 CCP;参与罗马帝国广场照明设计的欧洲建筑照明领导者 ERCO;意大利著名灯饰设计公司 FLOS;完成北京奥运会开幕式水墨长卷《千里江山图》及上海世博会《清明上河图》视觉作品的水晶石数字科技公司;还有以《夏洛特烦恼》《羞羞的铁拳》闻名全国的领军企业上海开心麻花文化传播,以及助力创新设计的蜂造教育科技等。

3) 2020 年文创工作要点

(1) 继续打造上海第一国际时尚秀场:坚持推进秀场的市场推广与品牌建设工

作,进一步完善与沪上知名场地、公关公司的信息交流联盟,全方位整合各方资源,扩大"800秀"品牌效应,承办与开展更多优质文创活动。

(2) 完成"800秀"文创服务标准化项目验收工作:2020年是"800秀"文创内容展示发布流量服务提供规范化标准项目的验收年,通过"800秀"文创内容展示发布特点的文创服务标准化服务体系,将全面提升"800秀"文创服务的整体发展水平。

(3) 继续拓展"800秀"文化交流与设计展示发布平台功能:在"800秀"中国文化年及"800秀"x伽作设计节的完成基础上,继续深入完善现有秀场的功能调整,从秀展服务场所的提供商,发展成为优质文创内容的开发者,进一步推进秀场作为文化时尚展示活动新空间的平台作用以及在沪上文创时尚行业内的引领作用。

(4) 进一步发挥园区示范作用和提升"800秀"品牌效应:在保质保量地完成园区房屋租赁工作的同时,集聚更多知名文创企业以及能体现文创行业创新发展动态的新兴文创企业入驻,对接整合更多文创产业资源,不断放大"800秀"园区的产业融合与示范效应,全方位提升"800秀"品牌效应和行业影响力,推出更多文创成果,交出更亮丽的答卷,实现"800秀"全面优质的发展!

第六节 普 陀 区

(一) 2018—2019年普陀区服务业、商业发展基本数据

2018—2019年普陀区服务业、商业发展基本数据见表12-6。

表12-6　2018—2019年普陀区服务业、商业发展基本数据

指标名称	2018年	比上年增长	2019年	比上年增长
生产总值	1 001.77亿元	6.5%	1 111.62亿元	5.7%
♯第三产业增加值	887.87亿元	6.8%	995.35亿元	6.7%
♯商业增加值	240.23亿元	1.4%	269.05亿元	0.1%
商品销售总额	969.9亿元	3.9%	11 817.90亿元	5.2%
社会消费品零售总额	575.18亿元	−5.1%	569.48亿元	−1.0%
地方税收总额	97.61亿元	5.0%	87.83亿元	−10.0%
年末户籍人口数	89.44万人	−3.2%	89.40万人	−0.05%
年末常住人口数	128.19万人	−0.22%	105.77万人	−0.48%

(二) 2018—2019年普陀区商业发展特点和运行分析

2018年,普陀区实现商业销售营业额969.90亿元,同比增长3.89%;实现社会消费品零售总额575.18亿元,同比下降5.09%;实现商贸业区级税收20.30亿元,基本与去年持平,在全区区级税收中的比重为20.80%。

2019年,普陀区实现商业销售营业额11 817亿元,同比增长5.15%;实现社会消费品零售总额569亿元,同比下降0.99%;实现商贸业区级税收17.59亿元,同比下降13.39%,在全区区级税收中的比重为20.81%。

做好指标跟踪,分析商业指标运行情况。组织重点商业企业做好抽样统计工作,每月做好运行分析,开展元旦、春节、"五一"、中秋、国庆等节日市场抽样分析。

(三) 2019年普陀区商业发展重点工作

1. 推进指标目标

(1) 起草并发布商业促进"1+3"文件。"1"即:《普陀区进一步优化供给促进消费增长行动方案》;"3"分别是:1个机制——《普陀区进一步优化供给促进消费增长推进小组工作机制》、1个政策——《普陀区支持商业创新发展的实施意见》、1个清单——《普陀区进一步优化供给促进消费增长重点任务清单》,并通过部门、街镇、重点地区、企业等多次座谈会,广泛征求意见建议。在商业环境提升、商业品牌集聚、商业特色发展、商业时尚引领、社区商业等方面进行政策支持,优化供给质量。

(2) 成立普陀商业联盟,开展商业沙龙。吸纳环球港、长风大悦城、近铁等近30家重点商业企业,成立普陀商业联盟。5月首次举办以"新零售、新模式、新消费"为主题的商业沙龙,作为政企交流对接、沟通协调具体问题的平台,区领导、职能部门、企业参加,对于商场提出的商户注销的老大难问题,目前已推进相关部门形成解决方案并在部分企业开展试点,优化了营商环境。

2. 完善商业布局

(1) 打响四大商业地标。推进环球港围绕夜间经济、首店经济、特色活动等开展能级提升,1—9月销售额同比增长19%;推进长风大悦城优化业态集聚首店新品,推动产业融合入选2019上海艺术商圈项目,1—9月销售额同比增长113%;促进中环商圈提升发展,近铁城市广场被推荐获评2018年上海艺术商圈项目优秀单位,农工商118打造伯士路特色街区;推动长寿湾天安千树项目,召开长寿湾区域重点商业企业联动发展座谈会,推进解决瓶颈问题。

(2) 推进商业载体建设改造,促进商街优化提升。跟踪对接love@大都会、天安千树、星光耀广场等新建商业项目。做好商业项目征询工作,对鸿寿坊地块、长风1—5号公共绿地、梅川街坊等出具商业征询意见。推动梅川路缤纷生活体验街与阿里本地生活合作,定期召开工作推进会开展数字化赋能,打造上海首条口碑一条街。

(3) 促进社区商业发展。加强《社区商业发展导则》引导作用,指导万里街道香泉路等研究开展社区商业改造项目,帮助对接第三方资源,鼓励引进高品质、居民需求较多的业态。

3. 优化商业供给品质

(1) 策划组织购物节系列活动。主动承办2019上海购物节启动仪式分会场活动,9月20日晚在上海环球港举行,邀请市、区领导、相关部门、企业嘉宾百余人参与。启动仪式上,播放了普陀商业宣传片、发布普陀区商业引导政策、夜间区长任命8名夜间CEO、发布梅川路智慧口碑街、揭牌伯士路中环夜明珠商业街区,并5G连线上海购物节主会场展示老字号快闪活动;现场还搭建了融合夜间经济、智慧街区、首店新品等概念的快闪夜市,展现普陀商业魅力、献礼建国70周年。会同重点企业策划购物节普陀区系列活动做好整体营销,召集20余家商业、品牌企业举行工作推进会,推出了"献礼70周年""活力新消费""跨界新体验"三大系列22项重点活动。加强宣传,制作普陀商业宣传片、普陀商业地图、海报、微信等,做到节前天天有预热、节中周周有宣传。购物节期间,环球港夜间客流同比增长21%,近铁、长风大悦城销售同比分别增长19%、14%。

(2) 推进首店经济发展。推动长风大悦城获评新品集聚地称号,目前全区共有新品集聚地2家。开展首店经济调查分析,全区现有各类首店50家,环球港一乐拉面获评上海新品首店。2019年9月6日,全球首店海尔智家001体验中心亮相普陀,进一步引领消费潮流。

(3) 促进夜间经济、特色小店发展。会同长征镇推进伯士路中环夜明珠特色街区打造,召开相关职能部门协调会,做好推动服务。跟进宝成湾创享塔夜间经济发展,新开业521/SH等商户点亮苏州河畔。跟进特色小店哦纱玳发展,推进M50园区打造特色小店集聚区。举办的"喜迎进博会 促进新消费"活动于11月1日召开,业内专家围绕扩大进博溢出效应,共同探讨夜间经济发展;当晚许昆林副市长、尚玉英副秘书长、市商务委华源主任至普陀,为夜间区长、夜间CEO、新品集聚地、首店旗舰店颁发证书,并视察了我区首店经济、夜间经济。

(4) 促进老字号创新发展。推动3家老字号企业制定"一品一策一方案"。会同国资委开展老字号企业调查,落实本市重振老字号品牌文件要求开展老字号重振工作。英雄与RIO合作推出墨水鸡尾酒、酒香味墨水,成为天猫网红。促成英雄与爱哆哆合作,设计研发庆生礼盒、金榜题名产品,促进跨界合作。

(5) 促进先进技术应用。加快智慧商圈试点单位中环商贸区和上海环球港信息化建设,中环商贸区国家级电子商务示范基地在商务部评估中继续蝉联全国首位。推荐百联中环、上海环球港、长风大悦城、农工商118申报5G网络覆盖试点。会同中环商贸区等组织20余家企业开展《电子商务法》解读,维护电商行业秩序。配合长征镇推动进博会配套活动——第五届全球零售电商中国峰会筹备组织,2019年11月6日在圣诺亚酒店召开。

(四) 2020年普陀区商业发展趋势和热点分析

1. 智慧商圈进一步发展,成为商业综合业态进化代表

中环商贸区获评国家级电商示范基地,并入选首批上海市智慧商圈试点区域之一;上海环球港入选第二批上海市智慧商圈试点区域之一;在全市迄今12家智慧商圈试点中,普陀区占得两席,通过试点积累经验,加快商圈内技术改造。中环商贸区以近铁城市广场为试点示范开展改造,完成了近铁城市广场的微信公众号的应用改造、智能车场的线上寻车及缴费、商铺销售数据采集等功能的数字化智能系统,进一步便利消费者、提振人气。此后,百联中环购物广场也开展智慧化改造,实现了智能停车缴费等功能。

2. 人工智能催生零售新业态

近几年互联网电商的发展对传统零售业的冲击尤为强烈,为了应对目前的萧条,零售业将迎来更大规模的变革与创新浪潮,越来越多顺应消费升级和基于无界零售而诞生的各类新型业态业种复合体应运而生。在新兴科技的帮助下,无人便利店、人工智能实体店等新颖的零售业成为可能。

3. 企业转型升级行动,满足消费多元需求

区内各大百货、购物中心不断调整转型,通过整合营销资源、产品资源、文化资源、服务资源,挖掘新的经营手段,精准营销、高效转化,不断形成更有特色的商业定位和新的经济增长点。同时推进结构优化升级和发展模式创新,促进商贸业发展向数字化、网络化、智能化、服务化转变。

(五) 2019—2020商业发展重点工作及"十四五"发展思路

1. 2020年重点工作

(1) 推进指标目标完成。做好统计监测基础工作,拓展商业监测网络,加强重点商贸企业跟踪服务。

(2) 完善体制机制。做好本区商业促进政策的宣传落实,加强政策引导。继续举办好商业沙龙活动,加强政企沟通,推进解决一批瓶颈问题。

(3)扩大优质商品供给,满足消费升级需求。一是加快品牌集聚,促进首店经济发展。推动上海新品集聚地——上海环球港、长风大悦城不断引入首店、旗舰店。二是加强时尚引领,促进夜间经济、特色小店发展。充分发挥夜间CEO作用,加快推进建设伯士路中环夜明珠、宝成湾创享塔等一批夜间经济重点发展区域。推动M50园区继续吸引特色小店,弘扬海派文化,形成特色小店集聚区。三是推进老字号振兴发展。会同区国资委,推进英雄等老字号重振品牌,探索新模式、开展跨界创新,融入时尚消费潮流,做好指导服务及商业资源对接。四是打造品牌节庆活动。突出商旅文会体联动发展,组织开展2020年上海购物节普陀区系列活动,扩大品牌节庆活动影响力。

(4)完善商业布局,提升消费空间品质。一是加快推进四大地标建设。加快中环商圈转型升级,着眼于提供智能化"一站式消费体验",突出传统商贸转型特色。加快推进长风城市微度假区建设,促进旅游购物消费。推进上海环球港凸显特色,打造都市时尚文化生活概念的风向标。跟踪推进天安千树项目建设,形成与月星家居茂、M50园区等周边重点项目的联动,加快打造长寿湾休闲生活区。二是促进商业载体、特色商街、社区商业优化提升。推动梅川路缤纷生活体验街与阿里本地生活深化合作,打造上海首条智慧口碑街,开展数字化赋能。跟踪推进高尚领域、中信泰富科技广场等商业项目建设,做好对接服务。推进社区商业提升发展。

(5)加强环境建设,优化消费市场氛围。一是改善消费市场信用环境。促进消费市场诚信建设,推进7天无理由退货,促进放心消费。二是加强先进技术应用氛围。推进中环智慧商圈、环球港智慧商圈发展,培育新的智慧商圈;推动电商优秀企业发展,培育电商龙头企业、示范企业;支持传统商贸业企业加快技术创新、模式创新,打造新零售"试验田"和"竞技场"。

2.普陀区"十四五"商业发展规划思路

(1)"十三五"时期商业发展回顾。对普陀区"十三五"时期商业发展情况进行总结分析,内容主要包括:一是对普陀区"十三五"时期商业主要发展成绩和发展经验进行总结分析,包括规划指标和主要任务的完成度、商圈的建设布局以及工作特色和发展经验等。二是对普陀区"十三五"期间商业发展主要存在问题进行研究剖析,如商业能级不高、商业布局需要优化、商业环境有待改善、社区商业存在薄弱环节、创新人才支撑不足等。

(2)"十四五"时期商业发展环境及趋势。将对与普陀区商业未来发展紧密联系的外部环境进行研究分析,内容主要包括:一是对当前经济形势背景和商业发展趋势进行分析，把握普陀区"十四五"时期商业发展的大环境，为针对性提出促进普陀区商业发展的措施建议奠定基础。二是挑战和机遇分析，从上海国际消费城市建设、"四大品牌"战略以及普陀区产业功能定位、商业发展新趋势等角度分析普陀区"十四五"时期商业发展的系列挑战和发展机遇。

（3）"十四五"时期商业发展目标。在深入调研和相关研究分析的基础上，科学谋划普陀区"十四五"时期商业发展的方向和重点，内容主要包括：一是研究明确普陀区"十四五"时期商业发展的指导思想、基本原则和发展思路，如立足普陀消费人口大区、商业载体大区的基础优势，优化空间布局，增进民生福祉，打造特色优势，着力提升普陀区商业能级和区域消费水平等。二是研究明确普陀区"十四五"时期商业发展目标，采用定量与定性相结合的方式，提出普陀区商业发展的规划目标和重点指标，比如商业增长率、税收贡献度等。

（4）"十四五"时期商业发展主要任务。立足普陀区商业发展现状，结合当前商业发展趋势和上海国际消费城市建设等战略要求，在充分借鉴国内外优秀城市商业发展经验基础上，从优化完善商业布局、创新提升传统商业、引聚发展新兴业态、提升产业发展环境等角度考虑，针对性提出普陀区"十四五"时期提升商业能级和区域消费水平的主要任务、重点领域、路径选择以及重大项目安排等。

（5）主要保障措施。针对普陀区"十四五"时期商业发展规划，从做好组织领导统筹、打造便利营商环境、加大招商引资力度、强化创新人才支撑、完善考核评估机制等角度考虑，研究提出全面可操作性的保障措施，切实推动普陀区商业高质量发展。

（六）主要功能区介绍

1. 范围

中环市级商业中心：以中环线为中轴，东到丹巴路、西到万镇路、南到同普路、北到曹安路，其中，丹巴路、真光路、同普路、曹安路围合的范围为核心区域。

真如市级商业中心：东至真华路、南至北石路、西至兰溪路、北至上海西站北侧富平路及规划边界。

长寿地区级商业中心：由昌化路—澳门路—万航渡路—长寿路—新会路—苏州河围合的范围。

长风地区级商业中心：东起长风公园，南临苏州河，北到金沙江路，西至真北路中环线，规划开发土地面积约220公顷。其中，同普路—光复西路—丹巴路—大渡河路围合的范围为核心区域。

现代服务业集聚区——长风生态商务区位于普陀区南部，内环和中环线之间，靠近虹桥国际机场和沪宁高速公路,东起长风公园,南临苏州河,北到金沙江路,西至真北路中环线。

2. 内容

(1) 中环市级商业中心。作为全市规划的市级商业中心之一,依托商业商务设施建成体量大、大型知名商贸企业集聚度高的独特优势,不断优化配套环境,提升商业能级,发展新兴业态,正逐步建设成为引领消费生活、凸显城市功能、辐射能级较高的上海新兴地标性都市商业中心之一,对外集聚力和辐射力明显增强。

功能定位:依托中环地区连接辐射长三角独特区位、商业商务设施体量大、大型知名商贸企业集聚度高的优势,围绕新兴商贸、科技服务、文化创意等产业定位,加快调整结构、优化布局、集聚功能、提升能级,进一步推动向综合性、体验型、智能化商圈发展,形成特色鲜明、布局合理、配套完善、具有较强集聚和辐射力的上海西部重要的市级商业中心。

重点发展业态:规划商业建筑面积约110万平方米。以大型综合购物中心、百货店、大型专业店为主力业态,引进更多国际知名品牌旗舰店、品牌集成店和时尚品牌专卖店。大力发展新兴商业业态,鼓励线上线下融合发展,鼓励发展主题型、体验式、文化类消费相关的服务业态。中环商贸区智慧商圈建设中,以近铁城市广场为试点示范开展改造,完成了近铁城市广场的微信公众号的应用改造、智能车场的线上寻车及缴费、商铺销售数据采集等功能的数字化智能系统,进一步便利消费者、提振人气。

商贸区经过艰苦努力,成功创建成为第二批国家电子商务示范基地。将继续培育核心电子商务企业,确定一批核心电子商务企业进行重点关注,支持核心电子商务企业做大做强;继续深化传统商贸企业电子商务转型,制定中环商贸区传统商贸企业、市场等业态的电子商务转型规划;继续推进智慧商圈建设,利用智慧商圈公共服务平台开展商家活动推广、营销互动;继续推进智慧社区建设,利用智慧社区公共平台,开展社区公共服务;推进电商公共服务平台建设,推动建立网上投诉、调解、仲裁机制和电子商务企业评价标准公共服务平台,规范电子商务市场经营主体及其交易行为,建立健全消费者权益纠纷信息公布机制,及时发布相关消费警示和指导信息。

(2) 真如市级商业中心。依托上海真如城市副中心开发建设,通过完善发展规划、有序推进土地储备、加快建设基础设施、积极引进功能性引领性项目,特别是加快推进上海西站综合交通枢纽综合开发,高·尚领域、星光耀广场、天汇广场等重点项目建设,真如市级商业中心已现雏形。

功能定位:依托城市副中心规划建设,坚持绿色生态、智能低碳的发展理念,加快载体建设和品牌引进,以商务办公为引领,以休闲娱乐为亮点,完善商业购物功能,融合文化体验功能。建设成为集城市综合商业中心、现代商务中心、交通枢纽中心于一体，功能复合、空间集聚、形态优美的商业商务中心。

重点发展业态：规划商业建筑面积约50万平方米。以大型购物中心为核心，集聚国际知名品牌专业专卖店、大型餐饮和文化设施，突出儿童游艺体验和电影文化体验主题，集中多家IMAX影院，完善为商务配套的生活服务业态。

未来，以铜川路和曹杨路交会处为重要节点，以高•尚领域、星光耀广场、天汇广场等重点项目为依托，建设成为高端商业商务集聚地、文化休闲体验目的地。稳步推进上海西站综合交通枢纽的建设，基本形成地下南北通道、南广场及地下空间、铁路还建楼等空间与载体。长江商业项目"LOVE@大都会"作为该商圈核心项目，商业建筑面积22.4万平方米，定位为中高端大型购物中心，打造一站式消费体验，拥有IMAX超大屏的UME影院、精品超市、咖啡街、健身休闲等体验业态。

（3）长寿商业中心。长寿地区级商业中心位于内环内苏州河以南区域，是普陀区发展条件和基础最为成熟的地区之一，也是最能展示都市繁荣繁华的地区之一。围绕打造生产、生活、生态融合发展的示范实践区目标，长寿地区级商业中心着力发展都市商业，聚焦发展楼宇经济，大力发展水岸经济，集聚和辐射能级进一步提升。

功能定位：着力发展滨河现代服务业和文化娱乐创意产业，进一步拓展功能、完善服务、深化联动、提升形象，形成普陀区内独具都市滨河景观、文化休闲功能与科技创新产业汇集特色鲜明的地区商业商务中心。

重点发展业态：规划商业建筑面积约45万平方米。以时尚主题购物中心、时尚百货店等为核心，大力发展商务餐饮、休闲餐饮等餐饮业，鼓励发展艺术画廊、文化展览等文化休闲业态，完善各类配套生活服务业态。

长寿商圈内，长寿湾城市更新项目计划以商业、创意、文化、休闲、娱乐为特色功能，联动3A级旅游景区M50创意园、商旅文新型综合体天安阳光半岛、高端家居体验店月星家居茂、百年餐饮名店红子鸡、苏州河畔大型公共绿地梦清园、文化体育演艺中心浅水湾，着力打造苏州河沿线的"文化创意休闲区"，目前正在方案研究深化中。同时曹家渡地区开展产业升级，在原曹家渡花鸟市场地块引入电子竞技特色项目，集文创、休闲、购物于一体，争取成为本市电子竞技新业态标杆，方案正在研究中；未来还将通过地上连廊联通三区商业，打响上海购物。

未来，将依托已建、新建地块及重点项目，按照产业融合、商圈互动、楼宇联动、园区带动的发展原则，加快载体建设，调整提升商业业态，引入知名品牌。

（4）长风商业中心。长风地区级商业中心依托长风生态商务区建设，形成了以跨国采购中心基地和跨国采购大会为引领的商贸会展服务板块、以长风大悦城、"一园十馆"和苏州河国际水上旅游为引领的文化旅游板块,以"长风金融港"和股权投资、私募企业为引领的商贸金融服务板块、区域功能集聚效应进一步显现,对外辐射能力逐步增强。

功能定位:依托区位交通便利、生态环境优美、总部企业集聚等优势,突出生态、景观、公共活动、产业、居住、文化等特色,建成以现代化的都市购物中心、大型会展设施、总部商务楼宇为核心载体,成为集零售餐饮、文化娱乐、专业会展、都市旅游等多功能于一体,具有"会商旅文"融合特色的地区级商业中心。

重点发展业态:规划商业建筑面积约35万平方米。积极引进国际知名百货店、精品超市、品牌专业专卖店等零售业态,发展大型品牌餐饮、休闲餐饮等餐饮业态,鼓励引进影院、剧场等文化休闲业态,完善超市、便利店和其他生活服务业态。

大型综合性购物中心——长风大悦城、乐高探索中心,国家级4A旅游景区——长风公园、长风海洋世界及成龙电影艺术馆、上海国丰酒店等在内的长风城市微度假区推动"商旅文会体"的进一步融合。

(5) 长风生态商务区。长风生态商务区位于普陀区南部,内环和中环线之间,靠近虹桥国际机场和沪宁高速公路,苏州河岸线长约2.7公里,整体绿化率超过50%。傍绿面水,交通便捷,区位优越,是未来上海浦西地区高级商务楼宇最为集聚的商务区之一。

长风生态商务区实际可规划开发的土地面积约3 300亩,规划建筑面积290万平方米,其中高档商办楼宇170万平方米,商业娱乐设施30万平方米,高档住宅70万平方米,学校、医院等各种配套设施20万平方米。长风生态商务区列入《上海加速发展现代服务业实施纲要》和上海市"十一五"规划纲要,作为全市首批重点推进的九大现代服务业集聚区之一,今后将服务"长三角",辐射国内外。从以项目建设为主逐步转为以招商运营为主,增强文化旅游、商务休闲功能,努力形成以跨国采购中心基地为引领的商贸会展板块、以长风娱乐中心为引领的文化旅游板块、以长风金融港引领的金融服务板块,力争在大虹桥的发展初期,获取先发优势,承担更多的城市功能,建成上海西部商务城市地标。

第七节 虹 口 区

(一) 2018—2019年虹口区服务业、商业发展基本数据

2018—2019年虹口区服务业、商业发展基本数据见表12-7。

表 12-7　2018—2019 年虹口区服务业、商业发展基本数据

指标名称	2018 年	比上年增长	2019 年	比上年增长
生产总值	605.60 亿元	5.3%	1 032.97 亿元	6.7%
♯第三产业增加值	553.74 亿元	5.7%	968.82 亿元	6.9%
♯商业增加值	114.28 亿元		152.98 亿元	
商品销售总额	5 389.55 亿元	5.3%	6 015.20 亿元	11.6%
社会消费品零售总额	324.80 亿元	5.0%	349.74 亿元	7.7%
地方税收总额	86.68 亿元	6.0%	86.80 亿元	0.1%
年末户籍人口数	73.12 万人	−1.97%	71.28 万人	−2.52%
年末常住人口数	79.7 万人	−0.25%	79.40 万人	−0.38%

(二) 2018—2019 年虹口区商业服务业发展特点和运行分析

1. 2018 年商业发展情况

2018 年是"十三五"的中期之年,虹口区以首届中国国际进口博览会举办为契机,紧紧围绕打响"上海购物"品牌三年行动计划内容,通过做好顶层规划、服务重点商业载体、组织商业促销活动、抓好商业配套建设、积极促进商旅文体融合发展为工作重点工作,推动区域商业发展。实现现代服务业区级税收 50.36 亿元,同比增长 13.2%。此外,新增商业载体面积 5 万平方米。

(1) 社会消费品零售总额保持稳定增长。2018 年,实现社会消费品零售总额 324.80 亿元,同比上升 5.0%。

从结构看,"吃的商品"和"用的商品"依然是我区社零的主要组成部分,共占总额的 80.96%。

从增速看,"吃的商品""穿的商品""用的商品""烧的商品"分别同比增长 3.6%、12.6%、3.6% 和 13.2%。

从规模看,限额以上批发零售总额 112.41 亿元,同比增长 6.1%;限额以上餐饮总额 23.04 亿元,同比增长 7.8%。

(2) 商业商品销售总额保持良好增长。2018 年,实现限额以上商业商品销售总额 3 000.1 亿元,同比上升 1.3%;实现商业商品销售总额 6 015.20 亿元,同比上升 11.6%。从商品构成看,以贵金属、有色金属为代表的金属材料类大宗商品交易在全区限额以上商品销售总额中仍然占据主导地位,占比 65.4%。经过 2018 年全区商销样本结构调整和内部挖潜,这一比重较 2017 年已下降 7.8 个百分点,样本结构逐步优化。此外,服装、鞋帽、针纺织品、化妆品、煤炭及制品销售额均维持上升,全年商品销

售额增长率达到5.3%,超过了年初预期水平。

2. 2019年商业发展情况

2019年,虹口区深入学习贯彻落实习近平新时代中国特色社会主义思想,按照重点部署、重点工作,优化供给促进消费增长,虹口区服务业对经济增长拉动作用明显。现代服务业实现区级税收65.98亿元,同比下降2.8%。积极推动商旅文体融合发展,新增商业载体面积7万平方米。专业服务、文化创意、绿色环保等产业继续保持良好发展势头。

(1) 社会消费品零售总额保持良好增长态势。2019年,实现社会消费品零售总额349.74亿元,同比上升7.7%。

从结构看,"吃的商品"和"用的商品"依然是全区社零的主要组成部分,共占总额的80.84%。

从增速看,"吃的商品""穿的商品""用的商品"分别同比增长4.6%、9.2%、10.2%,"烧的商品"同比下降0.7%。

从规模看,限额以上批发零售总额137.32亿元,同比增长22.2%;限额以上餐饮总额24.67亿元,同比增长7.1%。

(2) 商业商品销售总额保持较快增长。2019年,实现限额以上商业商品销售总额3 951.1亿元,同比上升31.7%;商业商品销售总额6 015.20亿元,同比上升11.6%。

从商品构成看,以钢材、贵金属、有色金属为代表的金属材料类大宗商品交易在本区限额以上商业商品销售总额中占据主导地位。2019年以来,由于煤炭价格走高,带动煤炭类经营行业销售额增长;同时,部分计划保供型企业,如国电投铝业,根据集团指标和业务要求大幅提升销售业绩,拉动限额以上商业商品销售总额增长。

(三) 2018—2019年虹口区服务业、商业热点分析

1. 以节兴市,会展经济效应明显

2018—2019年,虹口展会市场活跃,各类高质量、高人气的节庆活动接连不断,形成以展聚商、以节兴市的浓郁商业氛围。先后举办"家门口　世界风——旋律墨西哥"暨移动国别馆之墨西哥国家馆、移动国别馆之罗马尼亚国家馆暨酒类新品首发、2019第十五届上海酒节、2019河马生活节暨第五届上海美食美酒嘉年华等体验式展会,吸引众多消费者现场参与体验。以河马生活节为例,活动3天共接待参展观众超4万人次,总销售额460余万元。

2. 以文促商,艺术商圈尽显魅力

2018—2019年,虹口区依托各传统节庆假日,借助岁末迎新、上海购物节等活动

契机,以市场为主体、企业为主角陆续举办了主题为"夜上海,潮生活"的上海购物节虹口系列活动、2019第十五届上海酒节、2019河马生活节等活动。同时,组织区内多家大型商业单位及100余家商户围绕"三八"妇女节、"六一"儿童节、圣诞节积极开展商业促销,精心策划百余场各具特色、人气爆棚的主题活动。如瑞虹天地月亮湾举办"幻乐英伦之旅",从家居用品、时尚生活到食品饮料让消费者全方位感受英式精致生活;凯德龙之梦虹口带来一场艺术家张静的"行云记"艺术装置展,跟随"丢丢"这一卡通形象一起去探索每个人心中的理想国度;上滨生活广场举办"华灯映彩"中国灯彩荟,邀请国家级非物质文化遗产浙江海宁硖石灯彩来到虹口;白玉兰广场举办"摩登奇趣复古市集",带来创意手作的复古好物,打造复古时尚爱好者的创意生活文化空间。

3. 崭新升级,百联新邻重磅回归

2019年,百联新邻购物中心开放试运营。该项目作为虹口"十三五社区商业规划"的支点型项目之一,在百联集团和区政府多部门的合力推动下,项目顺利完工运营。改造后的购物中心能级大幅提升,辐射江湾镇、凉城、曲阳地区,与五角场商圈、四川北路商圈相伴如邻,构成虹口核心的黄金轴线,服务周边近30万居民和白领,填补了虹口北部地区的商业空白。商场内集合室内剧场空间、儿童主题乐园、配套互动体验等项目,为区域及周边居民打造充满文化性和趣味性的综合性购物中心。试营业期间累计客流量突破100万人次,实现销售额近4 000万元。

4. 最新最潮,夜间消费绽放光彩

一滴水邮轮码头内,卡地亚全新MAGNITUDE高级珠宝展、VIVO NEX 3未来无界5G旗舰机发布会、JACK&JONES超级品牌日等时尚、科技类活动精彩纷呈;上海酒节点亮"醉美北外滩之夜",描绘出"金秋魔都夜、酒聚北外滩"的盛景;河马生活节带来包括林肯爵士乐中心在内的50余场演出,将北外滩滨江变为全天候"不打烊"的舞台;瑞虹天地打造欧洲古典夜花园剧场,来自世界各地的艺术家以歌剧、杂技、舞蹈、默剧等不同艺术表现形式为市民呈现别具一格的夜间艺术文化盛宴;白玉兰、上滨等商业载体将营业时间延迟至晚间1点左右。

(四) 2020年虹口区服务业、商业发展重点工作及"十四五"发展思路

1. 2019年虹口区服务业、商业发展重点工作

(1) 优化供给促进消费增长。制定发布优化供给促进消费增长工作方案。根据市相关文件精神,立足虹口区域特色,研究制定《关于虹口区进一步优化供给促进消费增长的项目实施方案》,并以区委办、区府办名义印发。成立虹口区工作小组,共同

重点推进"四大核心任务"。

(2) 全面提升招商引资水平。围绕重点项目,抢时间、抢进度确保优质企业落地。建立高效"一对一"对接服务团队,提供全面、务实、高效、专业个性化服务,全力推进项目落地。加强规模以上企业信息的排摸,完成《虹口区推进扩大开放加快外资经济发展的调研》。推介便利化的投资环境,制定并发布3条独具虹口特色的"进博会参观路线"、《虹口区投资机遇指南》。加强对区内重点集团化企业的跟踪服务,增强部门与企业的黏合度,确保企业在本区安心长远发展,并积极争取集团内其他关联公司或新增业务进一步落户。

(3) 主动对接进博会溢出效应。2019年,虹口区牵头制定《虹口区服务保障第二届中国国际进口博览会行动方案》,采取"2+3+5"服务举措,加强对重点企业的走访和服务。积极举办"中国-罗马尼亚商贸交流活动""虹口分团头脑风暴主题沙龙活动""'家门口、世界风'进口商品全球购活动"等系列经贸交流活动,搭建供需对接平台。此外,首创"移动国别馆"。探索设计国别进口商品展示、体验、交易平台,通过"展销合一""批零合一""线上线下合一""完税保税合一"等创新业态的展示,让更多上海市民和来自世界各地的宾客能够享受更多"进博红利",打造虹口区对外贸易的服务门户。

(4) 稳步推进"四新"经济和绿色产业工作。主动对接长三角区域一体化。探索与青浦区开展合作,推动项目共建、产业发展。与苏州国家高新技术产业开发区开展交流合作,并共同举办第二届进博会官方配套活动——"长三角一体化国际绿色科学和技术融合论坛"。加强"科创板"企业培育。完成"企业技术中心"、虹口区"四新"示范企业等认定工作。

(5) 全力做好民生保障工作。制定《虹口区主副食品市场保供稳价工作实施方案》,推进落实保供稳价各项措施。加大对猪肉来源渠道、批零环节数量和价格波动等信息的监测力度。在全区标准化菜市场内设置"平价专柜"45个,全力保障主副食品量足价稳。着力解决部分菜场"盲区"市民买菜难问题,完成19家社区智慧微菜场的市区实事项目建设。完成2018年度《粮食安全区长责任制》考核。新增3家标准化超市门店作为区级粮食应急供应网点。积极理清物资储备工作职责,与10家商业企业、卖场签订应急物资储备协议。

2. "十四五"发展思路

深入贯彻落实党的十九大精神,以习近平新时代中国特色社会主义思想为指导,立足上海"五大中心"建设,发挥虹口的区位优势、文化底蕴,主动顺应市场需求,不断提升国际化发展水平和资源统筹配置能力,将商业发展与5G、大数据等先进技术相结合,以产业融合发展和品牌建设为主线,以搞活流通、扩大消费和提高居民生活品质为目标,立足大平台、大市场、大流通,引进和培育国内外著名品牌及优势企业,加快传统商业转型升级,大力发展"首店经济""夜间经济"和"老字号品牌",打造时尚潮牌集聚地,为上海打响"四大品牌"提供支撑。

(五)主要功能区介绍

1. 市级商业中心——四川北路商业街

四川北路商业街南起苏州河,北至大连西路,东起欧阳路—临平北路—四平路—吴淞路,西至中山北一路—东宝兴路—轨道交通3号线—宝山路—河南北路,共248公顷。

四川北路商业街街区历史人文底蕴深厚,地理位置优越,交通便捷通达,商业文化繁荣,曾经是上海知名的市级商业大街之一。

在《虹口区全力打响"上海购物"品牌打造跨界消费特色示范区三年行动计划(2018—2020年)》和《关于虹口进一步优化供给促进消费增长的项目实施方案》中,明确了四川北路建设发展的目标任务(文化甜蜜+大众消费),依托现有载体布局和人文资源,立足主题体验式商业街区的功能定位,优化街区板块格局,进一步推进重点商业载体建设,提升商业业态,联动虹口足球场、甜爱路、多伦路、山阴路、鲁迅公园,建设集购物娱乐、休闲餐饮、文化旅游为一体的综合服务功能商圈。

(1)南段(海宁路至苏州河):提升星荟中心、中信广场商业能级,鼓励引进国际化的品牌和业态;加快推进春天百货改造开业,引进高端商业、专业服务、餐饮娱乐、文化休闲等商业业态;大幅开展商铺置换调整,对商铺外立面开展整治修缮,通过政府搭台,市场化运作,引进年轻、时尚、潮流的新业态新模式。

(2)中段(海伦西路至海宁路):以18街坊商业项目为重点,依托上海文学博物馆项目,打造历史与现代交融、文化与时尚契合的新兴消费地标。进一步发挥壹丰广场、利通广场、盛邦国际大厦等后建筑优势,提升品牌档次,加快产品更新,增加体验式消费业态,更好促进商务办公和配套商业联动;对虹口商城进行开发改造,对四川北路虹江路至东宝兴路段沿街两侧老旧建筑综合治理和外立面修缮,同期开展周边商铺置换,引入国别特色鲜明的进口商品,基本建成沪上知名的以国别中心为特色的进口商品集散地,营造万国产品汇聚的街区整体氛围。

(3)北段(大连西路至海伦路):推动凯德龙之梦虹口进一步优化调整业态结构,开展形式多样的商业文化和营销活动;加快鲁迅公园改造,提升精武体育馆能级;发挥虹口足球场及周边商旅文体综合功能,集聚年轻人群和消费人气;进一步开发优秀历史建筑和人文资源,提升老上海品味,串联红色旅游景点,推出旅游产品,导入旅游人群;全面推动宝华商业广场招商工作,联动甜爱路、山阴路打造以爱情文化、甜蜜生活为主题的休闲商业。

2. 地区级商业中心——北外滩商业中心、瑞虹天地商圈

北外滩位于上海黄浦江与苏州河交汇处,东起大连路、秦皇岛路,南临黄浦江和苏州河,西抵河南北路,北至海宁路、周家嘴路的围合区域,地域面积约为4.7平方千米,拥有2.5千米黄金滨水岸线。

北外滩是上海黄浦江两岸开发的重点区域之一,是体现虹口区城市形象和功能的标志性区域。经过多年的开发建设,北外滩地区已取得显著成效。

商业商务空间充足。北外滩自沿江一线向东大名路以北层进式发展,上海港国际客运中心、外滩茂悦大酒店、上海国际航运金融服务中心等商业商务载体已竣工,上海外滩W酒店、上海白玉兰广场、星荟中心等重点项目陆续落成。

商业商务发展重点。依托北外滩地区独特的区位优势、产业资源及历史人文资源,以新建的综合性商业商务设施为主要载体,形成高端商业为引领,免税商业为特色的商业发展格局。大力推进旅游特色商业和时尚休闲商业、适度发展地下商业、合理配置社区商业,进一步完善北外滩地区的购物、餐饮、休闲、娱乐、旅游、文化等综合服务功能,着力提高业态丰富度,推动商业模式创新,放大边际效益,全面提升北外滩地区的城市功能、形象和品位,营造宜商、宜游、宜居的城市环境。

商业商务联动发展。北外滩"沿江一线"商务、商业氛围初具规模。深化完善北外滩商务商业规划,推动促进航运、金融、贸易融合发展,商业与商务、旅游、文化集聚发展,商业与交通、生态相协调。充分考虑北外滩地区商业价值发现与商务功能提升的衔接,以打造邮轮港功能为中心,拓展国际客运中心的服务功能。完善邮轮经济服务配套,促进邮轮产业与商贸、文化、旅游等产业的联动发展。

一是沿江区域载体建设规模化效应明显,高星级酒店已形成集群。将继续优化百货、餐饮、休闲的结构,不断适应区域内整体布局和消费群体的特征,依托综合交通枢纽站点建设,规划建成集主题购物中心、轨道交通站点商业服务、公共客运中心于一体的航运主题商业集聚地。

二是依托新建商务楼宇,大力引进贸易服务业和专业服务业;依托新建大型综合性商业项目,重点发展都市购物中心、时尚品牌专业专卖店、商务餐饮、文化休闲设施、专业会展设施等,带动改造提升现有商业街区,将第二层面打造成集时尚购物、文化休闲、商务配套、酒店住宿于一体的时尚消费集中区域。

三是历史风貌区主要是远洋宾馆周边区域,包括霍山路附近区域、摩西会堂附近区域、下海庙附近区域、提篮桥特色风貌街区等重点区域。加快推进保护建筑修缮改

造,建设商旅文结合的旅游文化特色街区,逐步发展成为历史与现代的融汇,建筑与商业的融汇,休闲与文化的融汇,成为北外滩地区最具特色的一张"名片"。

瑞虹天地商圈位于虹口区中部,东起飞虹路,南至临平路、西至天宝路、北至虹关路,商业面积约55万平方米(32万平方米正在建设)。项目与3条轨道交通相邻,4号线临平路站地铁上盖,通过4号线及10号线与各市级商圈相连;4条过江隧道快速连接浦东和市区核心区,并配备3条公交线路首末站;未来北横通道的建成通车将打开东西横向陆路交通的新格局,车行至虹桥枢纽仅需20分钟。

瑞虹天地商圈包含瑞虹坊、月亮湾、星星堂以及在建的太阳宫,服务人口辐射周边3公里范围内104万常住居民以及37万商务人士。

瑞虹天地二期"月亮湾"致力构建全新的超区域风尚生活圈,已于2016年12月开业,开业之初约80%的品牌为虹口区首店,15%的品牌为上海首店。在餐饮业态方面,有奈雪的茶、Dough & Joe by Bunlife、烧肉道场、弹指之间、枚青、费戈、新元素、浪里白等丰富多彩的饕餮盛宴可供选择。在娱乐休闲业态方面,月亮湾拥有国内首屈一指的综合性电子竞技体验中心"竞界",这也是其在国内的首家核心旗舰店。此外,摩登天空旗下的ModernskyLab艺术空间、TZ House音乐现场、英皇UA电影城也提供了丰富多彩的活动形态。在生活服务业态方面,绿地全球商品直销中心G-super网罗了来自全球的好物,宁曼SPA、奇境SPA、W Yoga & Fitness、人马君健身私教、Sakura、言几又·今日阅读等品牌提供美好生活方式的多种可能。在零售业态方面,月亮湾引进了包括H&M、优衣库、Moussy SLY、达衣岩、Retro Tomorrow、SEAN BY SEAN等涵盖生活方式、时尚、运动等多种品牌,既有深受大众喜爱的全球知名快时尚品牌,也有追求独特性的个性品牌,彰显了别具一格的时尚生活态度。

瑞虹天地一期星星堂以及瑞虹坊项目正在进行业态调整升级,瑞虹天地三期开发的"太阳宫"大型购物中心目前正在建设中。商业总建筑面积181 898平方米,超区域的大型购物中心,一站式体验精品式的都市生活。中心设有全亚洲最大的环球美食汇为美食爱好者提供全球精选食材及特色佳肴。齐全的各式生活精品,搭配完善的儿童教育、零售及娱乐,全方位服务个人及家庭所需。

瑞虹天地二期"月亮湾"延续了瑞安最擅长的开放式休闲街区形态,以低密度、高绿化率、错落有致的建筑风格,创造出充满自然韵律、丰富灵活的公共社交空间。月亮湾绿色环保的设计标准亦将受到美国LEED绿色建筑认证和中国绿色建筑二星的双重认可。

作为上海首个亲子体验型街区,瑞虹天地星星堂一直致力于引进能够激发孩子创意思考的特色亲子活动,从单一的儿童体验扩大到丰富的家庭娱乐,为年轻家庭打造出一个童趣温馨的"亲子社交场"。从2015年5月星星堂盛大开业带来的欢乐嘉年华活动,到星星堂"托马斯70周年星动天地游"官方主题巡展,以及2016年举办的《了不起的安徒生》经典童话展、"菲常运动俱乐部"加菲猫主题IP活动,2017年打造沪上首个最集中的"气球集市乐园""星星堂暑期海洋泡泡趴""宝贝大联盟亲子运动会""万圣变装派对""星星堂艺术小课堂"等丰富精彩的互动活动,不断为亲子家庭带来新体验,也为父母与孩子、家庭与家庭的沟通、娱乐、休闲、消费提供全新的空间。

在特色活动的打造中,瑞虹天地月亮湾不断为消费者带来具有国际化视野、先锋独特的音乐艺术文化活动,诠释场景化娱乐特色标签,带来体验式商业新思路。2016年12月,瑞虹天地月亮湾以"光影上海"灯光艺术节亮灯仪式为序幕,正式开启冬日盛典"月亮音乐季";随后,群星热力开唱,打造"圣诞音乐节";2017年,"爵士音乐季"用浪漫音乐唤醒整个春天;夏天,"ENTROPIA音浪来袭视听沉浸体验展"掀起沪上沉浸式体验艺术风潮;艺术装置"Ring·镜像"、"Re-Design Shanghai"艺术展、环保概念的灯光作品"巨型蒲公英"、"2017上海夏至音乐日"也在同期登陆月亮湾,带领消费者感受感受音乐的活力与艺术的美好;秋天,"摩登时代 摇摆一夏"主题活动带领消费者体验复古怀旧之旅,更有融合了多样音乐类型的"2017天地世界音乐节"带来视听盛宴;冬天,风靡全城的"teamLab水晶烟花中国首展"及"2017光影上海"灯光艺术节、"冬日花火协奏曲"系列活动轮番上演;2018年"变形警车珀利中国首展-布鲁姆斯小镇嘉年华"为小朋友们开启了妙趣横生的交通安全守卫征程,让消费者每次到来都有新的惊喜,增加与瑞虹天地的情感链接。月亮湾真正提升了区域的音乐艺术氛围,将艺术带入平凡的生活之中,引领周边居民乃至所有沪上的消费者在生活中感受音乐艺术之美。

瑞虹天地三期太阳宫将以独具特色的美食探索地为标签,代表着瑞虹天地三期发展方向"亲子、娱乐、美食"中的最后一环,并带来商业体量上的飞跃式增长。到2021年太阳宫的全面建成,瑞虹天地将"自成商圈",也势必会实现"大外滩超区域风尚生活圈"的目标。

从一期星星堂亲子社区,到瑞虹天地二期月亮湾,再到未来瑞虹天地三期太阳宫,飞速成长中的瑞虹天地是"天地系"项目的又一次重磅出击。未来,瑞虹天地仍将为区域乃至整个上海的消费者提供全新的消费体验,为城市生活带来更多的可能性,与城市未来共发展。

3. 现代服务业功能集聚区——上海国际酒类现代商贸服务功能区

在国家商务部、市商务委的大力指导和支持下,在虹口区委、区政府的正确领导下,积极探索上海商贸发展新模式,紧紧围绕上海国际贸易中心建设,充分挖掘和发挥"上海酒节"已经集聚的品牌优势、资源优势和企业优势,创新性地打造以酒产业为重点的现代商贸服务功能区,努力将功能集聚优势转变为经济发展优势。

"上海国际酒类现代商贸服务功能区"作为国家商务部与上海市政府合作打造的现代服务业综合试点九个项目之一,被列入国家商务部出台的商业"十二五"规划;根据上海市人民政府办公厅关于《上海国际贸易中心建设重点工作及分工》(沪府办发〔2011〕64号),被列入上海国际贸易中心建设重点工作。因此,酒功能区不仅是市政府督办的"部市(商务部与上海市)合作"试点项目,也是"委区(市商务委与虹口区)合作"落地的示范项目,是国内唯一以"酒"为主题特色的商贸服务引领性功能区。

酒功能区以聚集产业链为切入点,以酒产业贸易服务、追溯、仓储物流、展示推广、新产品和衍生品研发、检测评价、职业培训、数据交换和信息发布等八大公共服务平台为核心进行打造,八大公共服务平台职能彼此整合,形成互补态势。一手牵政府,一手牵市场;一手牵消费者,一手牵生产商;一手牵生产领域,一手牵流通领域;一手牵国内市场,一手牵国际市场,用先进的系统平台和创新的商业生态链使其成为辐射国际酒类产业发展的核心平台,是上海在整合和拓展酒产业链上的有益尝试。

(1) 酒品交易平台。运用不断完善的电子商务技术和交易规则,突破传统酒品市场交易方式,创新性地构建公平公正的第三方贸易服务平台,为酒品的供给方、需求方服务,依托上海国际酒业交易中心和上海红酒交易中心,打造全酒品系列的消费酒、收藏酒、基酒等各类大宗酒业贸易服务平台,开发、推广和完善酒品网上交易竞拍系统,建成全国最大的酒类交易平台,3年内赶超伦敦葡萄酒交易所,使上海真正成为国内外酒产品的贸易服务中心。

(2) 酒品检测评价公共服务平台。成立上海市酒类产品质量检验中心,建成以许可检验、监督检验和第三方委托检测为核心的检测机构,完成CNAS国家实验室认证,打造国家酒类鉴别中心,继而实现与国际检测机构的互认。与高校联合开展对塑化剂、添加剂、农残检测等的课题研究,提升科研水平;与名酒生产厂共建产品标样室与标样图谱,建立真假鉴别中心,把握酒品检测技术与质量标准等领域的话语权,为酒类市场监管提供强大的技术支撑,促进酒类行业自律发展。

(3) 酒类产品追溯平台。推进上海追溯酒品信息中心建设,形成一个以现代物联网、移动互联网、大数据等技术为核心的酒类商品追溯、信息咨询、酒文化传播及智能营销平台,建成政府、企业及消费者广泛参与的"来源可追溯、去向可查证、责任可追究"的全国性追溯体系,为保障酒类食品安全提供有力支撑。

(4) 酒品展示推广平台。依托成立后的上海酒文化展示中心、上海葡萄酒研究院、中国酒文化研究与交流中心、中国侍酒师协会、国际调酒师协会中国总会等功能性机构,同时联合国内外行业协会与功能性机构,促进酒文化交流与商贸合作。开展"葡策中国"国际高峰论坛、中国侍酒师个人和团队大赛、中国调酒师大赛、酒类沙龙、新品推介品鉴会等文化活动,为消费者、生产者和销售商提供体验互动、品牌推广服务,引导健康、理性饮酒消费理念与习惯。

(5) 数据交换与信息发布平台。建设上海酒类消费指数中心与上海酒消费信息中心,采集数据进行集成、分析、编制,发布上海酒类消费指数及酒产业发展白皮书。

(6) 酒类职业培训平台。开展酒类职业低、中、高端培训,开展与国际机构接轨的侍酒师、调酒师等酒类国际资质认证,推选国内酒类人才参与国际大赛为国争光,提高酒类服务水平与消费水平,推动酒文化交流,加强对酒类职业和专业人才队伍培养。

(7) 酒品仓储物流公共服务平台。联合自贸区、光明集团等资源丰富的企业和地区,共享与优化酒类公共物流服务与酒品配送物流网络,节省资源、提高效率。

(8) 酒类新产品及衍生品开发平台。开发适应消费潮流的保健酒、调制酒等新品酒,以及酒标、酒瓶、醒酒器等酒类衍生品,推进创意产业与酒产业融合发展,拓展和提升酒产业链。

第八节　杨　浦　区

(一) 2018—2019年杨浦区服务业、商业发展基本数据

2018—2019年杨浦区服务业、商业发展基本数据见表12-8。

表12-8　2018—2019年杨浦区服务业、商业发展基本数据表

指标名称	2018年	比上年增长	2019年	比上年增长
生产总值	1 847.76亿元	7.1%	2 083.19亿元	6.0%
♯第三产业增加值	830.01亿元	10.0%	1 139.47亿元	9.0%
♯商业增加值	121.23亿元	−3.2%	176.36亿元	3.2%
商品销售总额			3 240.05亿元	4.4%
社会消费品零售总额	510.25亿元	7.5%	598.14亿元	9.9%
地方税收总额	126.71亿元	6.0%	127.12亿元	0.3%
年末户籍人口数	107.35万人	−0.12%	106.62万人	−0.68%
年末常住人口数	131.27万人	−0.05%	130.49万人	−0.59%

(二) 2018—2019年杨浦区商业服务业发展特点和分析

1. 2018年商业经济运行特点

2018年,全区社会消费品零售总额510.25亿元,同比增长7.5%。电子商务交易额536.3亿元,同比增长7.7%。

全年,杨浦区积极扩内需、促消费、惠民生,指导相关行业协会,聚焦五角场商圈,组织商家精心策划各类节庆营销,加大特色营销力度。聚焦"创新""时尚""智慧""便捷""诚信",全面启动实施打响"上海购物"三年行动计划,推进创新消费体验区建设。组织16家企业开展44项上海购物节杨浦区活动。改造标准化菜市场1家,布设社区智能微菜场(点)19家。继续优化全区商业布局,君欣时代广场开业,假日百货、五角场万达广场、苏宁五角场店等改造项目有序推进,"国和1000"被认定为上海首家全国"标准化社区商业中心"。百联又一城获商业地标奖、巴黎春天五角场店获时尚潮流奖、悠迈生活广场获商业创新奖,上海国际时尚中心获时尚地标奖,五角场万达广场入选"新品集聚地",上海国际时尚中心入选"新品发布平台"。

主要运行特点如下。

(1) 新型销售较快增长。从零售品类来看,品牌服装零售一枝独秀,延续快速增长势头,全年实现销售额169.56亿元,增幅为33.8%。新型销售增长较快。苏宁云商引领日用家电企业转型,全年销售额实现78.0%的增幅;以永辉为首的超级市场商业模式升级获得巨大成功,带动超级市场零售额出现1.1%的正增长。百货零售、便利店零售、电视购物受电商经济的冲击,销售下降明显。

(2) 商圈升级成效显著。五角场商圈业态调整提升,重点打造新品首发平台,推进五角场智慧商圈建设,引入9家品牌首店,五角场智慧商圈建设案例入选全市智慧商圈经典案例,全年商圈重点企业销售额达149.16亿元,同比增长16.7%。滨江商业中心围绕打造时尚休闲商业区,高品质规划,重点企业全年实现销售额18.33亿元,同比增长5.1%。控江路商业中心商业配套功能不断完善,重点企业实现销售额8.75亿元,同比增长10.2%。

(3) 节庆营销促进消费。商家紧抓节日商机,各类节庆营销活动丰富多彩,有效刺激消费。元旦、春节、"五一"、国庆节庆期间,全区重点商业企业销售额同比分别增长19.2%、15.9%、86.3%、32.8%。杨浦区9项活动入选上海购物节重点活动,合生汇、百联又一城、大学路&下壹站、上海国际时尚中心、时间车站等购物地入选"上海购物专线"。

(4) 电子商务稳步发展。深化"互联网+科技服务创新实践区"建设,完成美囤妈妈、欧冶采购市级贸易型总部项目的指导申报,九曳供应链、众美联2家企业入选全国供应链创新与应用试点企业;推荐爱回收、欧冶采购2家企业申报2018年实际电商示范企业;指导湾谷科技园、长阳创谷等开展示范园区创建;欧坚网络、欣海报关、众美联、美囤妈妈4个电商平台入选中国国际进口博览会"6天+365天"上海国际进出口商品展示交易平台,服务承接进博会。全年全区电子商务交易额536.3亿元,同比增长7.7%。

(5)产业跨界拉动消费。承办2018年上海市艺术商圈项目启动仪式。合生汇、上海国际时尚中心等优质商业载体引入艺术展览、音乐欣赏、亲子互动等精品艺术和文化资源,举办管乐艺术节、澳式橄榄球超级联赛等活动。各大实体商家通过线上线下平台结合的新渠道开展个性化主题营销,再加上节庆期间的营销活动,拉动区域消费的方式更趋优化。

2. 2019年商业经济运行特点

2019年,杨浦区实现社会消费品零售总额548.66亿元,比上年增长7.5%;实现电子商务交易额1 393.10亿元,比上年增长15.6%。

是年,杨浦区立足供给侧促消费、重构消费新模式,深化打响"上海购物"品牌建设,打造更具"国际范、上海味、时尚潮"的消费市场,从消费便利化、消费性价比、消费体验度等多个维度全方位提升消费品质,确保消费市场稳中有进。完成标准化菜市场食品安全快速检测中心建设,新建15家智慧微菜场。组织开展上海购物节杨浦区活动,着力推进夜间经济消费新模式,持续引进新品、潮牌,大力发展首店经济。组织优化全区商业布局,苏宁五角场店改造开业,假日百货等改造项目有序推进。合生汇获"2018—2019上海全球新品首发地人气榜单""新品集聚地"称号。万达广场逐步成为品牌首店、潮牌店集聚地。大学路获评新一轮"上海特色商业街区"。

主要特点如下。

(1)新零售需求持续旺盛。从零售品类看,服装零售对零售总额增长贡献突出,大型零售企业继续发挥中坚作用。实现服装零售额217.31亿元,占全区零售总额43.5%,增幅高达32.5%。其中:耐克品牌销售额在服装零售中的比重超过90%,增幅达37.3%。汽车仍是主力零售品类。世界汽车行业巨头德雷威入驻杨浦,连同已入驻的大陆和李尔,杨浦区汽车零配件制造业产业链进一步完善。全年实现新车零售额93.46亿元,为第二大零售品类,比上年增长1.5%,增速高于全市(-2.8%)4.3个百分点。粮油零售保持快速增长。全年杨浦区实现粮油零售额7.47亿元,比上年增长81%。

从零售业态看,超级市场和便利店零售快速增长。随着消费升级和超市行业不断发展演变,便利店以其营业面积小、选址灵活、零售网络密集、为顾客提供便利的零售商品和增值服务等优势赢得市场青睐。2019年实现便利店零售额6.35亿元,比上年增长29.6%。超级市场以其方便舒适的购物环境、齐全的商品门类等特点占据较大的零售份额,2019年实现零售额28.89亿元,比上年增长7.2%。传统零售业态继续萎缩,邮购及电视、电话零售比上年下降4.3%,百货零售比上年下降5.3%。

(2)商圈转型成效显著。五角场商圈坚持发展创新、高端、规模化的商业,成为杨浦创新消费体验区重要承载点。持续引入荣耀高级体验店、乐乐茶亚洲旗舰店、戈兰尼电器等41个潮牌的上海首店。苏宁易购完成升级改造,由传统电器的单一行业向体验式综合消费发展,引入苏宁极物、苏鲜生、苏宁小店、苏宁影城等业态,五角场主要商业载体整体完成新一轮升级,商圈五个角全部点亮,年销售额突破百亿元,达到153.04亿元。其中:万达广场品牌结构进一步提升,全年实现销售额49.73亿元,销售规模领跑各商圈企业,比上年增长10.7%。合生汇销售旺盛,实现销售额26.93亿元,比上年增长19.2%。控江路商圈商业配套不断完善,紫荆广场与君欣时代广场相辅相成,实现销售额9.86亿元,比上年增长21.7%。悠方购物商场引进盒马鲜生等新零售业态,带动商场实现22.9%快速增长,领跑各商圈企业。

(3)特色商业不断丰富。围绕打造"国际范、上海味、时尚潮"夜生活集聚区目标,举办杨浦"活力街区·魅力夜市"促进夜间经济发展启动仪式,设立首位夜间区长和首批夜间经济首席执行官,开启杨浦夜间消费新模式。丰富区域内特色商业载体,着力打造五角场—大学路地区成为首批上海地标性夜生活集聚区,大学路700米沿街汇聚露天咖啡馆、文化书吧、特色餐厅等多种业态商铺80余家,每年举办创客嘉年华、天地创市集等活动超过600场。构筑太平洋森活天地下商业生态,500米地下商业街两侧开设特色餐饮、生活休闲、文创小店超过140家,成为全市规模最大、档次最高、最有特色的地铁地下商业载体。"国和1000"成为上海首家全国标准化社区商业中心。

(4)节庆营销促进消费。节庆营销丰富多彩,有效刺激消费。在合生汇举办2019上海购物节杨浦区活动启动仪式。节日消费市场活跃,元旦、春节、"五一"节、中秋节、国庆节期间,全区重点商业企业营业额分别比上年增长13.2%、10.7%、20.7%、4.2%和1.6%。

(5)电子商务蓬勃发展。达疆网络科技(上海)有限公司、上海京东到家元信信息技术有限公司两家O2O商品配送领域的企业实现134.2%、80%的高速增长。依托达达-京东到家打造国家级的零售物流平台,线上覆盖国内133个城市,线下集结门店超过10万家,"1020超市狂欢节"成为国内规模最大的线上线下联动超市购物节。坚持优质项目引导,推荐6家企业参评市供应链创新与应用示范企业,爱回收获评市电子商务示范企业,众美联等3家单位成功续评,全区累计达4家。探索电商＋扶贫模式,东方购物通过扶贫公益网络直播形式实现产销结合的精准扶贫。全年杨浦区实现电子商务交易额1 393.1亿元,比上年增长15.5%。其中:B2B交易额1 353.1亿元,比上年增长16.4%;B2C交易额40亿元,比上年下降8.9%。

(三)完成第二届进博会保障工作

2019年,杨浦围绕"把杨浦当作进博会主战场"工作总基调,转变工作思路,化被动参展为主动招商,不畏艰难、真抓实干,完成参展观众、采购交易额双超首届的目标。

(1)圆满完成各项保障任务。积极组织发动各行业企业参会,全区共登记注册单位576家,登记专业观众6 580人,超过首届达16%。进博会现场完成欧坚集团与泰国正大集团、巴西JBS集团等7家参展商签约仪式,6个采购订单落地,采购交易额达3.03亿美元,比上年增长82.5%,超额完成目标。

(2)平台建设初现成效。欧坚集团-博来珍品商品展销中心成功入选第二批"6天＋365天"常年展示交易平台(全市共18家)。"南非贸易港(上海)运营中心"和"孟加拉国展品主题馆"落户杨浦,实现进博会"展品变商品"。

(3)"阶段性保障"成功转变为"常态化招商"。结合杨浦"三个百年、创新创业"特色,制定大创智区域、长阳创谷、滨江三条客商特色参观线路,先后接待来自南非、德国、日本等政要经贸代表团队,不断扩大杨浦的国际朋友圈。举办"欧洲-中国长三角经贸论坛"、进博会(上海交易团)跨境电商高峰会议、中国(上海)服务外包国际论坛、中蒙长三角创新合作发展论坛等国际性论坛,不断扩大进博会溢出效应。

(四)杨浦区商务委2020年工作要点

2020年,区商务委将在区委、区政府的坚强领导下,在市各条线部门的指导帮助下,深入贯彻习近平总书记考察上海重要讲话精神和党的十九大四次全会精神,坚持合作、创新、共享的发展理念,立足杨浦区"三区一基地"建设目标,深化职能转变、推动创新管理,推动杨浦社会经济高质量发展。

主要工作目标:全区实现社会消费品零售总额同比增长7%;完成"三高一低"关停并转迁项目2个;合同利用外资、实到外资同比均增长10%,引进培育外资企业总部和研发中心4家;市区两级"专精特新"中小企业总数均达100家以上。

1.激发消费潜能,拉动经济新增长点

(1)深化实施促进消费系列举措。配合探索5G技术在五角场、控江路、杨浦滨江等重点商圈的试点运用,引入更多新零售业态和旗舰店、首店、潮店,带动消费新体验。发挥夜间经济首席执行官的行业引导作用,在大学路、太平洋森活天地等基础上围绕五角场、杨浦滨江建设夜市区域,促进杨浦夜间消费发展。鼓励文艺演出进驻商业载体,把大型商圈打造成市民游客的"会客厅""生活区"和"艺术厅"。鼓励企业、社区共同参与,打造具有杨浦特色的上海购物节活动品牌。支持以回力鞋业为代表的一批杨浦老字号品牌"触网"牵手新业态,焕发品牌新活力,擦亮老字号名片。发挥融媒体平台作用,多渠道发布商业营销活动资讯,扩大活动影响力。

(2) 推进商业流通领域模式创新。促进数字商务创新发展,推动5G、云计算、人工智能、大数据等新兴技术赋能传统商业,引领消费新趋势,形成消费新增长点。加强与市电商促进中心合作,提升电商监测分析体系的全面性、科学性、价值性,增强行业引导能力。抓住长三角一体化战略机遇,进一步发挥新一届电商协会平台作用。广泛开展电商法等宣传培训,强化知识产权、隐私保护,为电商企业健康发展保驾护航。鼓励电商牵手扶贫,搭建电商扶贫帮困关系网,形成常态化、长效化扶贫帮困机制。

2. 扩大对外开放,集聚海外优质资源

(1) 加大海外技术资本引进。发挥湾区委员会上海办事处、北欧创新中心等平台引资作用,开拓引资渠道,扩充外资来源地。筹划举办德国、英国、日本等国别推介活动,挖掘发达国家细分行业优质企业,形成资源积累。加强与仲量联行、德勤等外资专业机构合作,共享信息资源实施精准招商。深化制度创新,继续扩充壮大杨浦创新创业国际顾问队伍,通过专题活动形式充分发挥国际顾问对接国际资源桥梁纽带作用,提升杨浦创新发展的世界眼光和全球视角。借力进博会、厦门98投洽会等具有较大影响力的国际投资促进活动,广泛宣传推广杨浦土地资源和营商环境优势,吸引优质开发和运营商考察入驻。认真贯彻落实《外商投资法》,做好商事制度改革过程中的企业咨询和部门衔接,强化外资企业权益保护,探索建立企业投诉机制。发挥外资协会集聚、互动、服务的平台功能,形成以外引外的发展氛围。

(2) 强化外贸领域服务监管。构建全方位监测、精准研判、政策协同和企业服务等"四位一体"的综合管理机制,推动本市应对中美贸易摩擦相关措施在杨浦落地见效,打造一流创新创业生态系统。以杨浦海关入驻开关为契机,深化监管模式创新,增强通关、物流、退税、保险等领域整合服务能力,提升贸易便利化水平。鼓励企业"走出去",组织推荐参加各类国内外展会,开展境外投资,引进高新技术,提升品牌创新建设能力和企业核心竞争力。继续做好服务外包国际论坛工作,搭建平台为外贸企业特别是服务贸易企业发展抢抓机遇。重点培育易保、易安信、盟智软件、复旦微电子等优质企业,推动服务贸易能级提升。

(3) 主动承接进博会溢出效应。发挥意大利手工定制展示交易中心、欧坚集团-博来珍品商品展销中心"6天+365天"常年展示交易平台在商品采销、物流仓储、报关服务等领域的资源配置和运作经验,打造常态化的进口商品交易服务平台,使之成为杨浦扩大开放和创新发展的崭新窗口和重要载体。继续做好跟踪服务,推动进博会期间签订的合作协议项目落地。提前谋划布局,主动对接市级部门,搭建进博会展前服务平台,提供供需精准对接,形成"买全球、卖全球"的贸易新高地,以全球资源供给释放杨浦发展需求,带动杨浦的品牌升级和技术创新。

3. 做强杨浦品牌,提振重点产业能级

(1) 加强科技创新前瞻布局。联手区相关部门加强与中兵北斗、千寻位置网合作,组建全球位置服务平台,探索打造北斗产业研发应用基地。推进CIDI智库建设,开展产业政策、标准和重大课题研究,发布工业设计产业发展报告,促进工业设计产业良性发展。探索品牌建设,开展"上海品牌"认证试点工作,支持各类园区创建国家级知名品牌示范区,引导智能云科等制造型企业开展自主创新项目建设,促进"上海制造"品牌做优做大做强。

(2) 加快区域产业结构调整。继续推进上海市中小锅炉提标改造项目完成134台的任务,对标"十三五"规划完成2家"三高一低"产业结构调整,鼓励5家工业、商业、宾馆住宿业企业开展节能技改项目,完成1家工业和服务业企业深度能源审计,为杨浦经济转型升级提供空间。提升企业技术中心培育体系,修订并发布企业技术中心工作指南,进一步扶持落实政策兑现。坚持项目引导,鼓励和指导企业在新材料突破、研发和产业化项目、工业强基、先进成套设备、战略性新兴产业等领域获得更多市、区级政策扶持和兑现。充分利用工业用地利用率调查和评价的成果,"以亩产论英雄"持续推进工业用地转型升级。

(3) 激活企业创新发展活力。深入推进区域总部经济发展,发挥区级总部经济政策效用,挖掘区内优质企业充实总部经济企业培育库,做好已认定总部企业的服务对接和跟踪管理,组织开展新一轮认定工作。积极打造民营经济创新活力高地,鼓励区内优质民营企业申报市级民营企业总部,对接区相关部门落实政策兑现,提升杨浦区民营企业发展活力。推动文创产业创新发展,强化文创园区年度考核运用,推动主导产业集聚度、单位面积区域经济贡献度和整体外观形象进一步提升。广泛开展创意设计类文创项目宣传、指导、申报、初审工作,争取更多市级资源支持。组织开展文创项目中期管理和验收,确保市、区两级财政资金安全使用。

4. 深化服务改革,打造一流营商环境

(1) 提升政府规划引导能力。坚持规划引领,推进"十四五"规划和课题研究,编制新一轮主副食品商业网点规划。以区"十三五"规划加强对重点地区、重大建设项目等有关业态和功能的分析研究并提供指导。跟踪指导假日百货改造、上城广场等项目的建设和招商,适时跟进服务,积极关注大连路总部研发集聚区和滨江地区新建商办载体开发情况,做好服务指导。认真履行依法行政,做好法治政府建设、普法、行政权力清单梳理等工作。

（2）完善优化企业服务体系。进一步优化完善"1＋7＋X"服务网络,整合各分中心、街道、园区、公共服务机构等力量,工作前移,精准服务。开展市级中小企业服务机构第三方绩效评估和发展专项资金申报审核,落实政策兑现。梯度培育专精特新企业,建立并完善中小企业培育库,重点推动专精特新企业发展成为细分行业隐形冠军,开展国家级"专精特新"小巨人企业推荐和市区两级"专精特新"中小企业复核认定。全面推进实施政务服务"一网通办",深化"放管服"改革,当好服务企业的"店小二"。

5. 坚持真抓实干,扎实推进实事惠民

（1）全力做好市场保供稳价。密切关注猪肉等主要农副产品源头供应和终端销售情况,积极采取措施鼓励市场开设平价专柜,确保重要节庆期间杨浦市场供应充足,价格保持稳定。结合创全工作加强菜市场行业管理,全面提升市场规范经营、环境卫生和服务质量水平。跟踪推进新江湾城老干部住房菜市场等主副食品商业网点的建设和落地情况,跟踪部分网点调整升级情况。

（2）规范粮食流通领域管理。落实副食品价格补贴和帮困卡（券）资金发放,推进惠民措施落到实处。进一步健全粮油市场价格监测体系,做好粮食流通市场统计,加强对粮食企业监督检查,提高应对市场变动的灵敏度。严守粮食安全底线,指导2家企业开展追溯系统建设。做好2020年世界粮食日和粮食安全系列宣传活动杨浦区活动,扩大市民对粮食安全重要性的认知度。

（3）提高风险防控应对能力。积极做好物资储备工作,按照市级部门要求采取协议储备模式,与区内生产企业、菜市场公司、卖场超市等单位签订物资储备协议,确保生活必需品物资储备满足重大突发事件应对需要。认真开展防台防汛工作,制定并完善应急预案,做好物资储备企业汛期巡察,强化灾害性天气防御能力。主动对接区消防、应急部门,重点节假日定期开展专项检查,通过责任制签约和企业承诺书签约督促行业单位落实主体责任。配合区相关主管单位做好禁毒、12345等综合治理工作。

（五）杨浦区商贸服务业发展"十四五"主要任务

1. 创新商业模式,提升商业体验

构建开放包容的监管环境,支持智慧零售、跨界零售、无人零售、绿色零售等新业态、新模式发展,支持企业创新产品研发、商业模式和场景应用,打造宅经济、萌宠经济、直播经济、粉丝经济、乐龄经济等新兴个性化消费内容。在重点商圈完善离境退税点布局,发展免退税经济。

引导重点商业项目加强定位策划,鼓励传统商业转型升级,积极打造主题化、场景化、体验化、智慧化的商业新地标,积极打造具有时尚元素和文化特色的沉浸式体验的主题购物空间,开展智慧化建设和改造,提升购物体验。

2. 壮大电商平台,发展在线新经济

(1) 壮大电商平台。吸引、培育、壮大一批电商独角兽、现象级、大平台企业,带动线上线下交易、物流、消费、跨境贸易等领域创新发展。东方购物实施"巨人计划"项目,积极构建国内领先的视频购物平台。欧冶采购应用物流管理新技术,设立地区库、供应商寄售库,提升仓储配送运行效率。积极发挥达达集团、永辉科技等头部企业的引领作用,通过履约中台＋智慧物流系统＋定制化的仓拣配一体化履约解决方案,助力实体零售商在线发展,做强本地即时零售。鼓励区内重点商业企业、老字号企业和知名电商平台合作开展网络营销活动,运用小程序、直播电商、社群电商等新模式,开展云逛街、云购物、云展览、云走秀、云品会等多样化促销活动。支持哔哩哔哩、小红书等互联网平台开设线下体验店、概念店。

(2) 加速信息消费发展。依托杨浦区服务消费类互联网平台发展集聚优势,大力拓展基于互联网＋康养医疗、教育培训、知识付费、体育电竞等新兴服务消费领域。支持时代天使、新眼光利用新兴技术实现个性化精准医疗,发展医疗领域电子商务平台。支持流利说、晓黑板、学霸君等打造面向不同需求,适应多种终端的在线教育服务平台。支持商米科技、径卫视觉等发展面向消费升级的新型信息产品。支持哔哩哔哩、完美世界、小沃科技等平台举办街拍视频征集、电竞联赛等活动。大力培育数字体育,鼓励发展线上线下相结合的居家式健身产业。

(3) 布局商业领域数字新基建。加快智慧商圈建设。鼓励5G技术、大数据、人工智能和商贸服务业的深度融合,探索开展商业领域5G商用平台搭建和应用,提升商圈智慧化水平。完善五角场广场的5G基础设施建设,提升在商圈公共服务信息和广告信息的发布功能,形成时尚新品发布、时尚消费信息传播、智慧应用场景与消费者互动体验等复合功能平台。支持商米科技一站式智能商用物联网技术赋能商圈传统商业数字化升级。加快智慧终端布局。推动爱回收自主研发手机自助回收机,布点自助回收机并入驻品牌门店、专卖店、体验店、运营商门店等,引领新零售时代潮流。推动即时配送物流发展,推动丰巢、美团等智能取物柜、智能取餐柜等布局,发展非接触式经济。

3. 深化会商旅文体联动，丰富夜间经济场景

（1）深化"会商旅文体"联动。整合线上线下资源，围绕各类节庆假日和"五五购物节"、全国"消费促进月"、上海旅游节等消费节庆杨浦区活动的举办，强化"会商旅文体"联动发展。继续举办上海大学生旅游节、创智天地"天地世界音乐节"等特色文旅活动。建设集合特色书店、剧院、文创商店、文化场馆等业态的文化消费集聚地。推进国家体育消费试点城市建设，举办上海杨浦新江湾城国际半程马拉松、"上海国际少年足球邀请赛"等国际赛事活动，开展各类群众性体育活动，丰富节假日体育赛事供给，繁荣体育消费市场。深化文化消费、旅游消费、体育消费的叠加效应，扩大外来消费。

（2）丰富夜间经济场景。围绕"夜购、夜食、夜游、夜娱、夜秀、夜读"等核心需求，以大型商业项目和特色街区为主要载体，培育一批以夜间集市、夜间体育公园、夜间剧院影院、夜间美食、夜间书店和共享学习空间、夜间共享办公空间为代表的夜间消费品牌和特色消费场景。鼓励杨浦滨江等区域有条件的载体或空间，结合自身特色，打造包含科技、文化、体育、消费等多样元素的地标性夜生活集聚区。

4. 做强品牌经济，提升全球资源配置能力

（1）发展老字号和原创品牌。重振老字号品牌。鼓励上海梅林、回力鞋业、上海手表厂等老字号品牌开设旗舰店、体验店，利用中华老字号博览会、上海制造佳品汇、知名电商平台等各类平台进行场景展示与推广宣传，并通过跨界融合、创新技术应用等发展新业态、新模式。培育发展原创品牌。引导商圈积极引进国内优质原创品牌，鼓励品牌及相关企业开展线上营销，如上海国际时尚中心依托集团优势拟开设天猫旗舰店展示销售集团原创服饰品牌，加快原创品牌集聚。实施增品种、提品质、创品牌的"三品战略"，支持正广和饮用水、龙门水产、华钟袜子、伊芙心悦服饰、上海制皂、罗曼照明等本土知名品牌的创新发展，依托新修订的《上海市杨浦区推进品牌战略奖励办法》促进品牌提升，加强知识产权保护，推动本土品牌融入长三角知识产权一体化发展。

（2）发展首发经济。支持五角场、滨江等重点商业载体引进一批国际国内知名品牌首店、旗舰店、体验店，举办新品发布和时尚活动，打造新品集聚地和新品发布平台。支持各大电商平台聚焦行业细分领域中新品、潮牌的推广，打造新品网络首发中心。提升新品通关速度，为新品首发品牌提供便捷高效的专利、商标注册申请和质押登记服务，利用《首发经济评价标准通则》探索开展对首发经济的评价、认定和政策研究，营造首发经济发展的良好环境。

（3）集聚全球优质品牌。鼓励贸易平台、跨境电商平台等平台的建设，并积极对

接进博会，建设"6天+365天"交易服务平台，集聚全球优质商品和服务，加快新产品、新技术落地，推动本区产业升级。鼓励外贸企业大力发展跨境电商、全球维修、离岸转手买卖等外贸新业态，促进数字贸易、服务贸易等新型业态发展。依托杨浦海关和外高桥保税区，探索开设保税交易展示平台，发展"前店后仓"保税展示交易常态化模式。

（4）提升商贸业配置全球资源能力。积极引进和培育龙头商贸企业、贸易型总部、商贸类跨国公司总部和民营总部等。强化东方购物、耐克、梵金等总部机构在时尚零售、线上交易、专业品类交易等领域的发展优势，通过"引进来"和"走出去"相结合，提升配置全球资源的能力，形成一批具有高附加值、竞争力强、代表性的自主品牌，进一步扩大品牌影响力，提升企业核心竞争力。

5. 打造诚信商圈，营造诚信的消费环境

推动建立健全企业信用自律机制和信用风险防范机制，支持行业协会和社会第三方平台参与市场监督，形成企业自治、行业自律、政府监管的共治格局。推进五角场商圈等重点商圈开展线下零售企业开展"七日无理由退货"制度试点、信用网络化监管平台建设，完善全区消费维权联络点建设，启动消费投诉信息公示工作，加大对侵权与假冒伪劣等侵害消费者合法权益行为的惩处力度，加强商圈诚信体系建设，进一步提升商户经营者诚信经营意识。

第九节 闵 行 区

（一）2018—2019年闵行区服务业、商业发展基本数据

2018—2019年闵行区服务业、商业发展基本数据见表12-9。

表12-9　2018—2019年闵行区服务业、商业发展基本数据表

指标名称	2018年	比上年增长	2019年	比上年增长
生产总值	2 013.65亿元	6.5%	2 520.82亿元	5.1%
#第三产业增加值	1 248.67亿元	9.8%	1 596.27亿元	9.4%
商品销售总额	3 871.88亿元	11.1%	4 617.47亿元	4.1%
社会消费品零售总额	1 047.95亿元	11.2%	1 144.80亿元	9.2%
年末户籍人口数	113.49万人	2.26%	116.08万人	2.28%
年末常住人口数	254.35万人	0.36%	254.93万人	0.23%

（二）2018—2019年闵行区商业服务业发展特点和分析

1. 2018年商业经济运行特点

2018年，全区实现商品销售总额3 871.88亿元，同比增长11.1%。社会消费品零售总额实现1 047.95亿元，同比增长11.2%。其中，批发和零售业实现零售额943.76亿元，增长12.1%；住宿和餐饮业实现零售额104.18亿元，增长4.2%。

按照行业分类，汽车业实现325.13亿元，同比下降3%；连锁超市实现55.13亿元，同比下降2%；石油及制品实现63.06亿元，同比增长13.8%；餐饮业实现54.59亿元，同比增长3.2%；日用家电实现143.31亿元，同比增长69.8%；百货业实现11.92亿元，同比下降6.9%；服装业实现27.77亿元，同比下降20.8%

全区商业经济运行呈现以下特点。

（1）商业市场基础设施建设进一步优化。2018年，构建市级、区域级、社区级商业网点体系，打造虹桥商务区、南方商城、莘庄七宝等重点商圈，提升社区商业配套，推动传统市场转型，形成功能错位、业态互补、充满活力的全区商业体系。年内，闵行区开业的有阿拉城、中庚漫游城、彩生活广场等。

2018年，按照市商务委建设标准和要求，组织企业进行标准化菜市场建设和改造，完善全区副食品供应体系，新建虹桥镇宝燕市集、华漕镇康品汇、新虹街道上蔬永辉等3家示范性标准化菜市场，莘庄镇的莘城菜市场转型成生鲜超市，黎安菜市场委托给铭言公司打造成有温度的社区市集，实现二次转型升级。

积极落实市政府实施项目，推进智慧微菜场建设。制定并下发《2018年闵行区社区智慧微菜场建设工作方案》。推介食行生鲜、强丰、易小鲜、厨艺时代等智慧微菜场承建企业，搭建承建企业与街镇沟通的平台，促进智慧微菜场选址。深化菜市场及周边环境整治。制定《2018年菜市场及周边环境专项整治方案》，力争通过硬件改造、管理提升、转型升级等方面举措，打造一批"基础设施达标、内外环境整洁、管理有序高效、公益宣传到位、商户诚信经营"的"最美"菜市场。全年闵行区共完成54家智慧微菜场建设，提前超额完成全市的项目任务。主要引进食行生鲜、强丰著名社区智慧微菜场品牌，在大居、新建、老旧等配套设施相对薄弱的社区布点，作为传统菜市场的有力补充，社区智慧微菜场深受社区居民欢迎。

（2）旅游市场环境进一步强化。一是举办"喜迎进博会打响新品牌——走进闵行新时代"为主题的2018年闵行旅游购物节。57天时间里，"文化闵行""乐购闵行""玩趣闵行""微游闵行"四大板块33项活动陆续登场，"相约大师赛·骑行游闵行"、华漕"国际家庭日"嘉年华、虹桥天地国际音乐美食文化月、泰有引力等8项活动分别纳入上海市旅游节和上海市购物节节庆活动。开展旅游宣传工作，积极推广闵行特色旅游资源，加强与市旅游局官方微信"乐游上海"、区政府官方微信"闵行发布"、旅游时报、闵行报等的日常联系，通过定期交流选题、及时提供媒体关注信息、半年度召开一次媒体交流座谈会的形式，加强与市、区两级主要媒体的联系。二是深入开展文明旅游知识宣传活动，全年开展128场讲座，4 058人参与，发放旅游宣传资料5 913份。三是强化安全监督检查，加强教育培训，制定安全生产行政检查计划，与全区旅行社、A级景区、星级饭店及100间客房以上酒店签订182份《2018年旅游企业安全生产责任承诺书》；召开安全生产工作会议；对区内重点三类旅游企业开展全涵盖的安全生产检查和督查工作，坚决落实"管行业必须管安全"的行业管理要求，开展安全督查三类企业家342家次，出动督查人员100余人次，发现安全隐患数38处，下达整改通知书15份，已全部整改完毕。有序推进标准化建设工作，完成旅行社、星级饭店、A级景区等旅游标准化载体的等级评定、复核及创建工作。四是完善旅游公共服务功能。通过完善考核制度加强队伍建设，通过定期培训强化旅游咨询服务质量；全区8个咨询中心共接待58.6万人次，其中便民服务4.8万人次；发放资料41.4万份。

（3）粮食工作有序推进。一是强化区级储备粮管理，完成2017年区级储备粮的入库工作。开展2018年区级储备粮销售轮出工作，开展粮食风险基金审计和绩效评价，出台新一轮区级储备粮补贴标准。二是开展2018年秋粮收购各项准备工作，了解2018年秋粮种植农户清单和生产情况，准确预估当年产量。制定《2018年闵行区秋粮收购方案》和《2018年秋粮收购公示》。三是做好粮食流通监督工作。加大质量抽检力度，确保粮食安全，开展粮食收购资格证续期、更新工作。开展粮库出租专项整治、防台防汛、储备粮库存等各类专项检查工作。开展系统培训，提升储备粮管理水平。四是积极落实粮食安全区长责任制考核工作，制定《关于闵行区2017年度粮食安全区长责任制考核的整改方案》《闵行区粮食安全区长责任制考核工作方案》。加强粮油零售市场监测、粮食流通统计，做好副食品补贴、帮困等工作。

（4）酒类执法检查成效明显。一是开展酒类流通市场专项整治行动11次、联合执法20次、双随机联合抽查1次，检查510家（户），立案26件，其中办结24件，没收假冒酒类商品17次2 511瓶，罚款65 092元，没收违法所得26 354元。二是加强事中事后综合监管工作。根据《闵行区2018年"互联网＋政务服务"重点工作安排》的要求，及时将"双随机、一公开"信息、行政处罚信息等录入区事中事后综合监管平台，推广随机抽查，规范事中事后监管，增强监管科学性和执法公正性。三是加大宣传力度。做好"3·15"国际消费者权益日、"5·15"打击和防范经济犯罪宣传日、食品安全宣传日的宣传工作，发放酒类相关宣传单2 000余份，加大法制宣传教育和理性饮酒宣传力度。开展"助力进博会"酒类法律知识及质量安全宣传进社区活动。组织酒类专家走进爱博二村、上海康城、沧源二村、颛溪五村等社区服务基层居民，讲解酒类法律知识、酒类识别、商品存储、酒类品鉴等内容，帮助普通消费者和小区居民正确使用举报投诉权力，调动居民共同参与和监督酒类市场流通。四是做好日常行业管理工作，《酒类商品零售许可证》新办688件、延续454家、变更91件、注销68件，体现便民、高效的服务理念，确保酒类流通市场正常有序。

（5）商业场所安全生产管理和整规打假有力推进。2018年，完善区打击侵权假冒工作领导小组组织架构，加强业务指导，创新工作机制，突出"双打"宣传及重点领域整治，认真落实打击侵权假冒工作任务，有力打击侵权假冒违法行为和犯罪活动。全年，开展人员密集商业场所安全生产、消防安全标准化管理工作，对全区人员密集商业场所开展安全生产大检查，共检查商业企业195家次，排查出一般隐患15项，其中立即整改15项，限期整改1项，整改率达100%。

2. 2018年现代服务业经济运行特点

（1）商务区建设。2018年，虹桥商务区核心区面积3.7平方千米（不含会展中心），开发规模地上建筑面积500万平方米，地下建筑面积260万平方米，全年虹桥商务区主功能区（闵行部分）完成税收收入32.8亿元，实现11幢亿元楼。南方商务区占地面积81公顷，建筑面积93万平方米。城开中心项目建筑面积51万平方米，城开中心招商进展顺利，商业体中庚漫游城开业，聚龙酒店四季度开业，友谊南方商城开展二期友谊商城业态转型方案研究，2019年一季度实施，莲花路地铁站商业项目已开工。莘庄商务区规划总用地面积123.73公顷，总建筑面积186万平方米，全年完成一个地块的出让，部分商办地块在重点招商中。七宝生态商务区规划占地面积41.05公顷，建筑面积82.48万平方米。七宝"一园一区"宝龙美术馆开馆，世纪出版园和市民文化中心竣工，华发、上坤、万科等项目落地。剑川路商务区完成所有地块的出让，一期龙湖项目2019年年底竣工并投入运营，二期酒店项目已完成土地出让工作。

2018年，根据市商务委相关要求，制定闵行区商业、办公用地供应计划。在土地出让阶段，由区经委牵头区发改委、区规土局、区招商中心、地块所在镇（莘庄工业区）、重点商务区（园区）等部门召开工作例会，根据区域规划及布局，明确拟出让商业、办公项目的功能定位、产业类型、商业业态、运营要求、自持比例、自持年限、信息基础设施服务能力等建设要求，纳入土地出让建设条件和土地出让合同管理。年内，纳入供应计划的商办用地23个，完成产业征询10个，11个地块完成土地出让。

（2）文化创意产业。2018年，闵行区共申报市级文化创意产业扶持资金项目200个，其中通过市级材料预审项目174个。经区级初审上报推荐项目70个。共有29

个项目通过市级终审,数量较上年增长41%,总数仅次于浦东、杨浦、嘉定。涉及市区两级扶持资金4 715万元,2018年市区两级需拨付资金2 755万元;通过区级初审,未通过市级复审的41个项目中,共有25个项目获得区级扶持,涉及区级扶持资金1 978万元。一是开展文创工作顶层设计。率先出台区级文创政策暨《闵行区加快推进文化创意产业发展若干意见》和《闵行区文化创意产业发展三年行动计划(2018—2020年)》。9月,召开2018年闵行区文化创意产业发展推进大会。二是加强文创项目规范管理。2018年,起草制定《闵行区促进文化创意产业发展财政扶持资金管理办法(试行)》。三是关注重点文创载体发展。2018年,出台《闵行区特色文化创意产业园区认定管理办法(试行)》,并首批认定7家区级文创载体,落实区级特色文创园区公共功能建设项目资金一次性补贴482万元。

(3) 生产性服务业。委托上海市生产性服务业促进会开展闵行区生产性服务业发展布局规划调研,完成《闵行区生产性服务业发展布局规划》课题报告。调整优化统计样本企业,认真开展闵行区生产性服务业统计分析工作。上海漕河泾开发区浦江生产性服务业功能区获评"上海十佳生产性服务业功能区示范园区"称号。开展2018年上海市产业转型升级发展专项资金项目(生产性服务业发展)的申报工作,中国船舶重工集团公司第七一一研究所、中电投电子工程有限公司等2家企业获得市总集成总承包专项资金扶持,莘庄工业区智慧科创生产性服务业功能区低碳节能公共服务大数据平台获得支持,上海孚盟软件有限公司进入市电子商务双推平台企业名录。

(4) 进口博览会保障工作。一是做好上海交易团闵行分团工作有序推进证件管理工作,落实专业观众入场证、VIP入场证、闵行交易分团工作人员证等证件的上报及管理,涉及证件总数达1万多张;协助做好区内对接进口博览会服务保障工作,首届进口博览会参展的60余家世界500强企业及100家行业龙头企业中共有18家闵行区外资企业参展;落实交易采购,通过发动、排摸、收集近50家企业采购意向,进行专业采购统计培训。二是牵头区商务旅文保障组工作定期召开工作推进会,落实酒店保障、宣传活动、志愿服务、内外宾接待、招商对接等工作,聚焦闵行区内已纳入市首批授牌线下常年展示交易平台——"虹桥商务区进口商品展示交易中心"和"利丰集团-利程坊",推动"6天+365天"展示交易平台有效运转,加快平台项目落地,主动承接进博会溢出效应。

(5) 打造特色服务业集群。一是积极打造总部商贸积极落实"上海扩大开放100条"重大改革举措,配合制定《闵行区贯彻落实上海进一步扩大开放重大举措的实施意见》,优化全区经济对外开放制度,加强后续落实推进。完善外资政策体系,鼓励跨国地区总部和销售中心、结算中心、投资中心、管理中心等总部型机构落户,支持现有总部升级为地区性、全球性、综合性总部,根据市级相关标准给予扶持。全面梳理区内功能性外资机构名单,做好总部政策宣传工作,做好上海市跨国公司地区总部扶持资金项目的组织申报和资金拨付工作。深化外商管理体制改革,做好外资备案管理,做好外资备案管理工作,缩短办理期限,为境外投资者以及落户我区的外商投资企业创造良好便利的营商服务环境。二是强化政策扶持效应针对新一轮现代服务业政策开展多层次政策宣传推介活动;组织各街镇、园区进行新一轮现代服务业政策培训,积极宣传、发动、指导企业申报,推动年度申报、评审工作。全年服务业政策累计扶持项目 136 个,已执行资金 12 921.75 万元。

3. 2019 年商业经济运行特点

2019 年,闵行区积极贯彻落实全市"四大品牌"战略,按照市委、市政府提出的"四个论英雄"的指示精神,按照"突出主体责任,加强资源盘活,提升经济密度,助推产业集群发展"的总体思路,充分发挥各街镇、商务区、商务平台公司的主体作用,进一步盘清存量资源,加快推动存量资源高效开发利用,打造特色商务中心,促进全区商务规模和效益的整体提升,推动经济高质量发展。

指标完成情况:一是 2019 年全区实现商品销售总额 4 617.47 亿元,比上年增长 4.1%。其中:化工材料及制品类实现销售额 636.21 亿元,比上年下降 11.3%;汽车类实现 434.26 亿元,比上年增长 1.4%。二是实现社会消费品零售总额 1 144.8 亿元,比上年增长 9.2%。其中:批发和零售业实现 1 027.21 亿元,比上年增长 8.8%;住宿和餐饮业实现 117.58 亿元,比上年增长 12.9%。限额以上零售业按行业分:汽车类实现 373.32 亿元,比上年增长 4.5%;日用家电类实现 194.84 亿元,比上年增长 33.7%;餐饮类实现 67.69 亿元,比上年增长 15.2%。限额以上零售业按登记注册类型分:国有企业实现 4.93 亿元,比上年下降 23%;股份有限公司实现 24.5 亿元,比上年下降 36.2%;私营企业实现 485.88 亿元,比上年增长 14.2%;港澳台及外商投资经济实现 396.17 亿元,比上年增长 15.9%。

商业经济运行主要特点如下。

(1) 促进消费升级。闵行区结合实际牵头制定《闵行区关于进一步优化供给促进消费增长的工作方案》;按时完成首版《闵行商业地图》和《特色小店·夜间经济地图》编撰任务,并在上海购物节开幕式上正式发布,有效发挥了引导消费的重要作用;按照上海购物节要求和本区文创购物节总体部署,突出闵行特色,联合商贸企业特别是商业综合体,策划、整合有特色、有亮点、有影响力的各类营销活动,并且积极向市商务委推荐,把 15 个重点活动纳入全市各项立体宣传渠道;组织重点商贸企业、商贸服务机构、相关职能部门、各街镇、莘庄工业区,召开年度促进消费增长座谈会,统一思想,凝聚共识,共同谋划、部署闵行促进消费工作;大力促进夜间经济发展,协调优选了全区5位"夜生活首席执行官",组织成立包括21家成员单位的"闵行区夜间经济联盟";牵头组织、协调推进2019年爱琴海购物公园台湾夜市项目,联合相关职能部门督促虹桥镇、爱琴海和夜市主体确保安全生产;发动商贸企业参与"上海艺术商圈"项目,按要求排摸并及时上报有意向的7家商业综合体,经市级审核,虹桥天地和七宝宝龙作为"2019年上海艺术商圈"合作商业企业,通过文化艺术增强商业体黏性,吸引居民从商场走进剧场,带动体验型消费;通过点对点服务、微信工作群等多种渠道发动区内重点商业综合体参加第二届进博会,着力放大进博会"溢出效应"。

强化了家政服务、家电维修、再生资源回收和汽车销售等生活性服务业行业管理,督促商业行业安全生产、商业领域反恐、再生资源回收领域扫黑除恶、商品交易市场扫黑除恶和商品交易市场垃圾分类,执行商业节能降碳和创新文明城区工作,推进早餐工程示范门店建设,配合食安办做好市场食品安全保障,参与闵行区网络市场监管,承担家电维修、家政服务、汽车销售、再生资源回收和单用途预付消费卡五类商业投诉受理任务,联合区合作交流办组织本区消费扶贫。

(2)市政府实事项目扎实推进。第一项是新建40家社区智慧微菜场。年初制定下发《2019年闵行区社区智慧微菜场建设工作方案》,明确各街镇建设任务,并在市商务委的统筹下积极推介食行生鲜、微米铺等承建企业,全区超额完成53家智慧微菜场建设任务。第二项是根据市商务委安排,协调完成区内16个重点家政企业,组织57批次、共3 068人次参加家政持证上门服务人员集中培训。

(3)重要民生商品保供稳价有效推进。一是稳步推进标准化菜市场建设,完成2018年新建、改造(包括二次改造)的11家标准化菜市场验收、资料收集并向市里申报补贴;指导、督促莘庄黎安集、颛桥银都路、伟都路、吴泾虹梅路、江川敏众等5个菜市场完成标准化升级改造。二是严密组织平价菜专柜建设,联合区发改委、区财政局和区市场监管局印发《闵行区平价菜专柜建设管理工作方案》,明确平价菜专柜建设管理的总体要求、设置原则、财政扶持和监督管理等。为确保元旦、春节和国庆节期间闵行区猪肉供应和价格基本稳定,自10月1日起,组织全区首批22个平价猪肉供应专柜投入运营,向居民提供平价猪肉。第二批27个平价猪肉专柜正在按要求筹备新设,市商务委对闵行区的猪肉保供稳价工作力度和成效高度肯定,两批共49个专柜将持续运营到2020年3月底。

(4)规范单用途预付消费卡监督管理。在市商务委的统一部署下,牵头制定《闵行区单用途预付消费卡信息对接专项行动工作方案》,依托区市场局法人库系统,发动街镇,对各行业发卡经营者进行调查排摸,共计排摸经营者8 651家,其中:商务领域5 975家,全面推进商务领域法规宣贯和信息对接,加强已联网对接企业的事中事后监管,依托协同监管服务平台认真核实企业资金存管情况,及时发现企业违规问题并适当发布风险警示信息,联系、配合区市场局及时处理商务领域单用途预付消费卡投诉。

4. 2019年现代服务业运行特点

(1) 利用政策杠杆效用,推进服务业发展。联合各街镇、园区开展政策宣传推介,指导企业开展政策申报。全年共计203个项目申报,其中163个项目获得扶持,区级资金支持12 961.41万元。主要支持区级内资企业总部(5 251.40万元,占40.5%)、市级跨国公司总部(1 709.36万元,占13.2%)、文创产业(3 064.55万元,占23.6%)。

(2) 多管齐下,有效推进各类载体建设。虹桥商务区核心区新增内资企业772户,外资企业60户。新增内资注册资金147亿元,新增合同外资5.6亿美元。核心区完成税收收入24.25亿元;区级收入9.41亿元。引进总部类企业155户,完成亿元楼6栋,新引进外资总部1户,内资总部8户,高新技术企业4户。南虹桥商务区"上海国际新文创电竞中心"项目完成项目开发公司入驻。剑川路商务区一期龙湖项目商业体12月底开业;二期酒店项目已取得地下施工许可证。南方商务区地铁一号线莲花南路站上盖项目于上年获施工许可证,工程启动,工期预计两年;中庚城开中心招商进展顺利,商业体中庚漫游城及聚龙酒店上年均已开业;百联南方商城开展二期友谊商城业态转型,于9月初开业。莘庄商务区完成两个地块的出让工作,一个地块已公告,年底出让;其他部分商办地块在重点招商中。莘庄综合枢纽商务区项目仍在建设阶段,3幢住宅已推向市场,商业综合体建设有序推进。七宝生态商务区已完成所有地块出让,世纪项目2月完成各项验收,取得竣工规划验收合格证;报业、华发、上坤项目均有序推进中;万科17-04项目小楼主体结构全面封顶;万科18-03项目5月完成复工手续,地下结构和地下工程推进中;万科19-04项目12月底开工建设。

(3) 加强资源对接,生产性服务业有效推进。一是加强生产性服务业样本统计。与市相关处室、基层街镇(园区)建立沟通联系机制,在原先工作基础上,调整优化105家重点企业、15家重点园区的信息库,并加强统计分析工作。二是启动市级专项资金和示范企业申报工作。积极推荐企业申报市生产性服务业专项资金和示范企业。至采信息、孚盟软件等2家企业入选市电子商务双推平台名录,华测品正、昕诺飞、孚盟软件、神开石油、科致电气等5家企业荣获市生产性服务业优秀(先进)示范企业称号,英格索兰压缩机、圣戈班、英业达等3家企业获得第一批市服务型制造示范企业称号。三是做好生产性服务业功能区复审评估工作。为推进功能区成为产业特色明晰、配套功能完善、空间布局合理、集聚程度高、公共服务优、辐射能力强的生产性服务业发展重要载体,根据市经信委的要求,帮助3家市级生产性服务业功能区进行两年一次的复审评估工作。其中,漕河泾浦江功能区复审总评审排名位列36家功能区的第6位。

(4)提高产业要求,加强商办用地入市的计划性和有效性。因商办用地出让方式为公开招拍挂,出让结果具有不确定性,为确保重点区域功能实现、重点招商项目落地,全年加强商办用地供应工作。一是主动参与年度商业、商务办公用地供应计划。根据区商务委、区规划资源局要求,结合区商业商务规划、土地收储情况、项目招商引资情况、用地需求及建设用地指标等,联合区招商服务中心,加强与区发展改革委、区房屋土地征收中心、各街镇、商务区(园区)等的沟通,明确出让地块的重要时间节点和地块的功能定位,保持信息及时畅通,作为全年工作指导。全年有13块商办用地列入计划。二是明确拟出让的商业、商务办公用地产业要求。建立区商办用地出让研判例会制度,区发改委、区规划资源局、区招商中心、相关街镇、商务区(园区)等到会,从规划定位、区位条件、所属园区、项目意向方的战略实力和方案等综合考虑,提出拟引进项目的功能、业态、自持比例、持有年限等要求及监管措施,并落实在产业征询意见和土地出让合同中。商务区(园区)出让的地块必须有意向单位,意向单位必须有实力,发展项目必须与商务区产业定位吻合。目前完成13个商办地块的产业征询,共出让商办用地10块,其中供应计划内的商办用地8块;非供应计划内的1个地块已公告,年底完成出让。三是加强重大产业项目督办,确保目标任务完成。根据区发改委要求,做好6个服务业重大产业项目和1个社会民生项目的跟踪工作,形成双月进度上报制度。6个服务业项目七宝生态商务区19-04地块商办项目,12月底开工建设;剑川路商务区白金汉爵酒店项目,12月取得地下施工许可证;莘庄工业区31C-01A地块项目,10月取得施工许可证;颛桥03-05、04-02地块项目,商业体预计12月20日开业;浦江28-01地块项目,商业体预计12月31日开业。以上五个项目完成年初目标。另华谊大正地块改建项目,一期项目已取得项目施工许可证,11月底开工,进度落后于年初目标。1个社会民生项目,上海国际新文创电竞中心项目,地块10月底完成土地出让工作,预计2020年开工建设,进度落后于年初目标。

(二)2019年闵行区文创产业发展情况

2019年,是闵行区文创产业发展三年行动计划中承上启下的关键之年。全年文化创意产业基础坚实、稳中有升。全区规模以上文化创意产业企业 607 家，完成营业收入 654.26 亿元，比上年增长 6.4%。

（1）建立健全文创工作体系。一是参照区级模式，组建街镇（工业区）文创领导小组，下设负责日常工作组织推进的办公室，明确负责人和联络员。二是牵头组建文创联络员队伍，人员主要来自区文创领导小组成员单位中的 20 个区级职能部门、14 个街镇（工业区）和 5 个重点园区。三是筹备成立区文创协会，召开了区文创协会成立大会暨第一届第一次会员大会，正式取得社会团体法人登记证书。

（2）加强文创项目规范管理。一是出台《闵行区促进文化创意产业发展财政扶持资金管理办法（试行）》（闵府规发〔2019〕2 号）。二是举办了 2019 年市级文创资金项目申报动员培训，170 家单位 250 多人参加。三是组织了为期 6 天的区级初审，在网上申报的 199 个项目中遴选了 76 个推荐项目上报市文创办，并集中组织一次复审培训辅导。四是做好市区两级文创资金扶持项目跟踪管理，及时维护文创项目数据库，如期完成 2017 年 10 个区级项目验收和 2018 年 23 个区级项目中期评估。五是落实市区两级文创资金，31 个项目通过市级评审，位列全市第三，创历史新高。涉及市区两级扶持资金 3 900 万元（其中：市级资金 2 175 万元，区级配套 1 725 万元），2019 年市区两级资金共需拨付 2 194 万元（其中：市级拨付 1 216 万元，区级拨付 978 万元）。另有 11 个项目获得区级独立扶持，涉及扶持资金 1 057.5 万元，2019 年拨付首笔资金 528.75 万元。

（3）鼓励转型打造文创载体。一是梳理文创载体存量资源，建立五个"库"，主要包括存量资源库、运营主体库、优质项目库、资深专家库、品牌活动库等。二是组织区级文创载体认定。在 16 家申报单位中新认定了 6 家，其中区级特色文创园区 4 家、示范楼宇和空间各 1 家。三是落实文创载体补贴资金。经核定，4 家区级特色文创园区涉及公共功能建设项目补贴资金 358.8 万元，4 家市级文创园区涉及公共功能建设项目补贴资金 600 万元，扣除 2018 年新认定为区级特色文创园区时给予的项目补贴 382 万元，拨付差额 218 万元。四是开展"送培训进载体"活动，在 5 个载体中举办 18 场培训，百余家企业 400 多人次参与。

（4）推进区域文创品牌建设。一是召开 2019 年闵行区文创产业发展推进大会，制作了"文创点亮多彩闵行"主题宣传片，印发了《各街镇（工业区）文创产业建设发展报告汇编》。二是联合商贸市场科、区文创协会共同承办了 2019 首届闵行文创购物节，举办了开幕式、为期四天的主场活动和历时一个月 41 场遍及全区各街镇（工业区）的系列活动。三是参与举办 2019 上海网络视听产业周、第二届长三角文博会闵行发布会、首届园艺文创论坛等活动。四是组织街镇（工业区）结合区域区位优势、资源优势、产业优势等,因地制宜开展"一镇一品"创建工作,明确一个区域文创品牌,形成具体创建方案。五是组织区内文创管理工作者赴宝山进行实地学习考察,并要求街镇(工业区)梳理区域内存量资源,以文化创意产业要素辐射联动,进一步推动老旧厂房转型升级。

(5)注重文创产业工作宣传。一是适时在市级主流媒体上专版宣传闵行文创建设情况,主要包括:1月23日春节前夕,在新民晚报上做的《新春闵行向你发出一份文创体验邀请函》专版,3月7日全国两会前夕,在解放日报上做的《美好文创 选择闵行》专版、11月20日文创购物节闭幕之后,在新民晚报上做的《小市井里见证都市文创发展大格局》专版。二是及时通过闵视新闻、"今日闵行"微信公众号等区内媒体宣传平台发布文创工作动态和企业服务信息,自闵行经委微信公众号上线以来,共发布文创相关内容推文24条。

(三)闵行区"十四五"现代服务业发展的主要任务

围绕总部经济、楼宇经济、平台经济、在线经济等四类形态,紧密依托"虹桥商务区",带动莘庄商务区、七宝生态商务区、南方商务区、剑川路商务区等全面发展,重点发展"国际商贸、科技服务、现代金融、文化创意"四大产业,积极培育医疗健康服务、专业服务等潜在成长性产业,全面聚焦五大发展任务,努力实现闵行区现代服务业高质量发展目标。

不断提升区域对于长三角一体化及全球化的资源配置能力,不断提升区域土地资源利用效能,顺应闵行经济发展脉络体系,顺应产业发展趋势并积极抢占产业高附加值、高层次产业领域,"十四五"时期,闵行要努力打造出总部经济、楼宇(园区)经济、平台经济、在线经济等四类产业形态。

1. 总部经济

抓住中国率先从疫情中恢复、"一带一路"深入开展等带来的外资外企投资机遇,大力推动跨国地区总部和外资研发机构等持续集聚、能级提升,巩固和强化闵行外资总部优势;用好国内大型企业集团、地区优势企业将总部向上海等大城市迁移的机遇,积极吸引国内企业总部、大型商贸集团及功能性机构集聚闵行;融入长三角深度一体化实践,提供良好的政策和制度环境,大力推动闵行区长三角民营企业总部首选地建设;充分发挥闵行制造业企业资源丰富,大企业、大集团比较多的优势,培育本地区总部型企业。通过培育和引进并举、内资和外资并重,把闵行建设成跨国公司地区总部、国内大企业总部、长三角民营企业总部、贸易型总部以及结算中心、研发中心、营销中心、营运中心、物流中心、数据中心等集聚高地。

2. 楼宇（园区）经济

建管结合、以管为要，推动形成内涵式增长、细致化管理的楼宇经济发展格局。依托系统细致的管理服务和贴心全面的政策扶持，加强对楼宇资源利用、经营管理、产业分布、企业落税等情况进行精细化管理，提高楼宇企业属地率、贡献率和产业集聚度，鼓励楼宇吸引总部型、集团型、功能型企业或机构落户，支持楼宇吸引具有品牌价值、自主创新能力和资源整合优势的创新型企业落户，发展培育一批贡献型楼宇、特色产业楼宇、总部型楼宇、成长型楼宇，不断提升闵行区楼宇经济能级。鼓励商务楼宇（园区）加大基本公共服务配套建设和改善投入，推动运营提档升级、创新服务、丰富功能、提升品质。

3. 平台经济

围绕虹桥商务区打造国际开放枢纽，着眼于服务长三角区域一体化高质量发展国家战略，充分承接和放大中国国际进口博览会溢出效应，培育集聚一批善于运用互联网、云计算、物联网等技术，具有跨区域、跨行业资源整合能力、综合服务能力、市场驾驭能力的平台型企业与平台型项目。强化功能性平台建设，支持平台型商品交易中心、产权交易中心和技术交易中心支持，支持进博会"6天+365天"交易服务平台建设，支持长三角一体化发展服务平台建设，进一步集聚全球资源，做强高端商务功能，提高国际贸易能级，打造闵行区特色平台经济新优势。

4. 在线经济

积极推动商务金融、文化创意、教育健康等现代服务业领域借助人工智能、5G、互联网、大数据、区块链等智能交互技术，发展出具有在线、智能、交互特征的新业态新模式。围绕智能交互关键技术研发，建设产学研用结合的高水平开放式协同创新平台，创建一批研发与转化功能型平台，推动人工智能、5G、互联网、大数据、区块链等领域的技术创新成果不断涌现。培育发展在工业互联网、在线金融服务、在线文创服务、在线研发设计、在线医疗等领域具有高成长性、强竞争力的创新型企业。依托虹桥商务区等重点区域，探索新经济应用场景实践，进一步集聚用户流量，带动新产业发展。

第十节 宝 山 区

（一）2018—2019年宝山区服务业、商业发展基本数据

2018—2019年宝山区服务业、商业发展基本数据见表12-10。

表 12-10　2018—2019 年宝山区服务业、商业发展基本数据表

指标名称	2018 年	比上年增长	2019 年	比上年增长
生产总值	1 392.06 万元	5.1%	1 551.51 亿元	5.7%
♯第三产业增加值	832.55 万元	8.6%	974.85 亿元	9.5%
♯商业*增加值	159.34 万元	13.4%	155.66 亿元	6.3%
商品销售总额	5 017.06 万元	14.3%	6 136.42 亿元	8.5%
社会消费品零售总额	683.3 万元	2.5%	739.66 亿元	8.2%
地方税收总额	141.17 万元	4.9%	141.26 亿元	
年末户籍人口数	99.06 万人	1.62%	100.67 万人	1.63%
年末常住人口数	204.23 万人	0.57%	204.43 万人	0.10%

＊商业口径为批发零售业

（二）2018—2019 年宝山区商业服务业发展特点和运行分析

1. 2018 年商业经济运行特点

互联网零售高速增长。全区批发零售企业通过互联网渠道累计实现的网上零售额 54.83 亿元，同比增长 39.6%。

交易市场总体保持平稳有序态势，全年全区市场成交额 490.19 亿元，同比增长 13.7%。占全区社零额的 71.7%。

节庆营销促进消费增长。区商务委积极组织区内商业企业开展节庆主题营销活动，营造欢乐消费、繁荣和谐的节日氛围，促进消费增长。据对区内重点商业企业元旦、春节、"五一"和"十一"这 4 个法定节假日期间统计，销售同比分别增长 8.1%、8.3%、8.4%、9.2%。

2. 2018 年服务业运行情况

2018，宝山区服务业完成地区生产总值 832.55 亿元，同比增长 8.6%，占经济总量的比重为 59.8%。全区服务业完成固定资产投资 422.99 亿元，占全区固定资产投资总额的 85.3%；实现税收 262.84 亿元，增长 12.2%，其中区级税收 101.09 亿元，增长 10.2%。

2018 年，服务业狠抓商务载体产出效益。一是 2018 年全区 84 个商务载体整体入驻率达 80%，实现单位面积税收为 1 398.15 元/平方米。二是会同区相关部门对现有已纳入统计范围的 136 个服务业载体进行分析，梳理出商务载体 84 个。制定宝山区商务载体监测指标体系，建立月度数据上报机制，动态掌握载体运营情况。建立区级层面商务载体数据分析机制，与各镇、园区建立数据监测情况反馈机制。三是完成

新一轮《宝山区服务业发展引导资金使用和管理办法》修订工作,制定并出台《关于进一步提升服务业载体功能品质的操作细则》。四是组织开展2018年度上海市服务业发展引导资金申报,经会审共向市发改委上报项目15个。完成31家企业通过专家评审申报宝山区支持产业发展专项资金。五是推进幸福婚庆产业集聚发展,2018年12月举办"2018上海国际婚礼时尚周"活动,取得良好的社会反响,上海吴淞口国际邮轮港获"中国邮轮婚典服务基地"授牌。六是修订2019版宝山商务指南,为全区吸引投资提供详尽的资料参考。

3. 2019年商业经济运行特点

(1) 互联网零售保持较快发展势头,成为宝山区零售额增长的主要推动力。全年互联网零售额实现126.6亿元,比上年增长1.1倍。

(2) 交易市场总体保持平稳有序态势,全年实现零售额481.68亿元,比上年下降1.7%。

(3) 节庆营销促进消费增长。宝山区商务委积极组织区内商业企业开展节庆主题营销活动,营造欢乐消费氛围,促进消费增长。据对区内重点商业企业元旦、春节、"五一"和国庆节4个法定节假日市场销售统计,销售额比上年分别增长8.3%、4.9%、22.8%、6.9%。

4. 2019年服务业运行情况

2019年,宝山区服务业完成生产总值974.85亿元,比上年可比增长9.5%。服务业占比62.8%。全区服务业完成固定资产投资476.64亿元,占全区固定资产投资总额85.9%;实现税收266.86亿元,比上年增长1.4%,其中区级税收108.04亿元,增长6.8%。

2019年,宝山区服务业狠抓商务载体产出效益,积极提升商务载体"三率"水平。一是对现有已纳入统计范围的86个商务载体进行分析形成载体经济专题数据库,建立宝山区产业经济运行监测分析系统——区商务载体经济运行监测和分析系统。实现载体经济数据的自动化数据上报、监督与管理,为基层业务人员与数据上报单位提供软件支持。二是完成新一轮《宝山区服务业发展引导资金使用和管理办法》修订工作,制定并出台《宝山区关于促进消费增长和商业高质量发展的专项政策》、《宝山区关于对接中国国际进口博览会促进产业能级提升的专项政策》。三是组织开展2019年度宝山区服务业发展引导资金申报工作。经过材料初审、专家评审、联席会议会审等程序,最终确定拟扶持企业18个,发放扶持资金1694.98万元,其中区级资金857.45万元,街镇配套资金837.53万元。四是促进本区幸福婚庆产业集聚发展,积极与市商务委沟通协调,成功举办2019上海国际婚礼时尚周开幕式,并成功制定启动长三角婚庆业一体化发展三年行动计划。五是修订新版《宝山商务指南》,为全区吸引投资提供详尽的资料参考。

5. 2019年宝山区主要商业项目开业情况

1. 宝杨宝龙广场

项目位于同济路宝杨路口,紧邻地铁3号线宝杨路站,总建筑面积27万平方米,其中商业14.8万平方米,是集购物餐饮、商务办公、精品酒店、教育娱乐等功能业态为一体的交通枢纽型城市商业综合体。项目于2019年12月22日开业,MUJI旗舰店&烘焙店、宝山首家Meland儿童乐园、CGV影院、永辉Bravo精品超市、星巴克臻选、海底捞智慧餐厅、一兆韦德、星聚会KTV、西西弗书店等200多家商业知名品牌,以及奈雪、喜茶、Colorlab、Nike Beacon550、AdidasMega、Palace、南京大牌档、失重餐厅等一批区域首店和网红店入驻。

2. 经纬汇商业广场

项目位于南城路锦秋路口,地铁7号线南陈路站上盖,总建筑面积25万平方米,其中商业建筑面积11万平方米,是集购物、休闲、餐饮、娱乐、办公等于一体的地铁上盖商业综合体。项目于2019年12月21日开业,上蔬永辉、寻湘记、企鹅家族、涂来涂去、海底捞、星巴克等180多个知名商业品牌入驻。

3. 招商花园城

项目位于宝山区杨行镇核心区域水产路2069号,总建筑面积23万平方米,其中商业建筑面积6.7万平方米,是集品牌零售、休闲餐饮、儿童娱乐、星级影院、运动中心五大主题业态为一体的区域型商业综合体。项目于2019年11月29日开业,中影、活力滨江健身、G super精品超市、茉莉幻想、爱婴室、好孩子、涂来涂去、小小运动馆、丽婴房、阿布溜溜等数十家知名商业品牌入驻。

(三) 2019—2020商业发展重点工作及"十四五"发展思路

1. **持续放大进博会溢出带动效应,保持我区外贸形势稳定**

一是制定工作方案,确保任务落实。制定《宝山区放大第三届进博会溢出带动效应实施方案》,形成进一步放大第三届进博会溢出带动效应工作任务书,明确工作机制、工作目标和具体举措,确保各项工作有序开展。二是推动长效交易合作,促进我区外贸进口增长。广泛发动区内企业参展采购,组织采购企业和参展企业精准对接,寻求贸易、投资、技术交流合作,力争参展规模和交易成果超第二届。支持企业打造世界农产品交易平台,争取更多企业申报"6天+365天"一站式交易服务平台,实现精准对接、有效采购,促进我区外贸进口增长。三是策划组织投促活动,拓展双向投资新空间。加强市区镇企联动,放大招商引资促进效应,吸引更多优质企业和项目落地,拓展双向投资新空间。四是强化政策服务,优化贸易发展环境。优化工作机制,为外贸企业提供多渠道、全方位、精准化服务;强化监测分析,有效应对疫情和贸易摩擦;加强政策宣贯,助力企业提升竞争力。五是开拓"一带一路"市场,助力企业走出去。充分发挥宝山优势,与沿线国家开展多领域经贸合作,加强对"走出去"企业的宏观指导和服务,引导和鼓励企业积极开拓境外工程市场,着力打造服务"一带一路"建设重要承载区。

2. 大力发展平台经济,推进商业转型升级

一是通过推动国家级钢铁领域平台经济发展试点工作,建设国家和上海供应链体系建设试点,以及争创上海民营经济总部工作两个抓手,全面提升互联网平台经济能级。推进宝山平台经济深度发展,依托互联网、物联网、人工智能、大数据、云计算、移动互联网等技术手段,积极做好资讯、交易、供应链、金融、研发、资源利用等大宗商品特色服务功能的融合衔接。二是鼓励各类商圈和商业街区发挥自身优势,细分消费市场,形成商业特色,开展多样化、差异化商业营销。与上海购物节、旅游节等重大活动相结合,推动"会商旅文"互联互动,开展商贸节庆促销活动,营造消费氛围,扩大综合消费。三是继续推进商业结构和业态调整,丰富商业内涵,满足多层次消费需求。针对各街镇情况,积极与有关的商业公司、资产公司联系,加强信息互通和行业指导。研究互联网零售等商业发展的新模式、新方向,坚持培育和引进相结合的原则,通过项目招商、企业服务、政策落实等服务手段,努力培育和发展新的增长点。

3. 提升商务载体运营品质,持续推进高质量发展

一是进一步提高商务载体运行质量,提升商务载体"三率"水平,使之成为全区服务业集聚发展的重要承载空间和坚实基础。二是努力达成全年预期指标,总体发展保持平稳。三是开展重点商务载体和服务业企业的调研、走访工作,帮助载体、企业解决困难问题,畅通工作沟通机制,不断优化区域商务营商环境。四是结合自身状况,做好载体发展"十四五"规划研究,完善服务业发展环境,稳步提升服务业重点企业能级。五是充分发挥协调作用,积极做好推介工作,抓好幸福产业集聚发展,持续开展"上海国际婚礼时尚周"等活动,以品牌活动助推产业发展。

4. 打造优势产业集群,做好外资投资促进工作

一是聚焦我区邮轮产业、机器人及智能智造、新材料、建筑材料、平台经济五大优势产业,联合镇园区,集中优势资源招大引强,着力引进头部企业、建设引领项目。鼓励外商投资战略性新兴产业和先进制造业,推进外资优质项目落地。积极探索吸引

外资新方式,支持外资通过并购方式参与国内企业优化重组,支持国内企业多渠道引进国际先进技术、管理经验和营销渠道,开展境外上市。继续加强与市商务委、市外国投资促进中心、专业招商机构的联系与沟通,继续举办和参与多层次多渠道的投资促进活动,抓住进博会机遇,放大带动效应和溢出效应,宣传推介宝山,着力引进一批具备一定质量的外资企业。二是大力推动我区具有一定规模的外资企业通过拓展总部功能、增强本地研发活动等方式转型升级成为总部和研发中心。做好外资总部及研发中心相关支持政策的宣传指导,充分发挥各级政策对已认定企业的支持作用,帮助其进一步发展壮大,不断增强我区对外资功能项目的吸引力。营造良好营商环境,紧抓招商引资机遇,开展投资促进活动,着力引进一批具备总部功能和一定研发能力的外资企业,做好项目储备。三是贯彻落实《中华人民共和国外商投资法》、市政府《关于本市进一步促进外商投资的若干意见》等文件精神,做好各级外资相关支持政策的梳理整合工作,通过多渠道多层次进行宣传,让政策发挥最大效用,引导支持企业做大做强。继续提升外资服务水平,进一步加强与外资企业联系沟通,优化定期走访企业、企业座谈会、企业热线、企业微信群等渠道,及时了解企业落户、建设、运营等状况,提供优质服务,牵头解决企业实际遇到的问题,为企业发展创造良好环境。

第十一节 嘉 定 区

(一) 2018—2019年嘉定区服务业、商业发展基本数据

2018—2019年嘉定区服务业、商业发展基本数据见表12-11。

表12-11 2018—2019年嘉定区服务业、商业发展基本数据表

指标名称	2018年	比上年增长	2019年	比上年增长
生产总值	2 362.7亿元	6.2%	2 608.1亿元	1.1%
#第三产业增加值	750.0亿元	10.1%	1 037.6亿元	9.7%
商品销售总额	6 410.5亿元	3.1%	6 887.6亿元	7.4%
社会消费品零售总额	1 203.6亿元	15.3%	1 302.5亿元	8.2%
年末户籍人口数	63.93万人	2.45%	65.54万人	2.52%
年末常住人口数	158.89万人	0.45%	159.60万人	0.45%

（二）2018年嘉定区服务业发展概况

2018年，嘉定区商业经济发展总体平稳，增速呈现"一缓一增"。一方面，受汽车、有色金属等交易下滑影响，商品销售总额增速放缓；另一方面，在商业综合体加速发展、电子商务零售回稳向好等带动下，社零额保持较快增长态势。全年共实现商品销售总额6 410.5亿元，同比增长3.1%；实现社会消费品零售总额1 203.6亿元，同比增长15.3%。全区商业经济运行的主要特点如下：

1. 消费品市场稳定发展

从行业类别上看，批发零售贸易业共实现社会消费品零售额1 155.7亿元，同比增长15.3%；网络消费带动大众餐饮受追捧，住宿餐饮业增速迅猛，共实现社零额47.8亿元，同比增长13.6%。从商品用途来看，"吃、穿、用、烧"四类商品全部实现两位数增长，分别实现社零额157.6亿元、49.8亿元、952.6亿元和43.5亿元，同比增长15.4%、17.8%、14.3%和35.4%。从各街镇来看，工业区商品销售总额和社零额均居街镇首位；菊园新区和新成路街道分别居商品销售总额增幅和零售额增幅各街镇之首。

2. 重点企业带动增长

2018年，重点销售企业累计实现商品销售总额5 752.1亿元，同比增长2.8%，占全区商品销售总额的89.7%，比重较上年提高0.6个百分点，拉动全区商品销售总额增长2.5个百分点。全区共实现商品销售额（属地）3 383.8亿元，同比增长4.7%，其中，限额以上企业共实现商品销售额2 947.0亿元，占商品销售总额的87.1%，同比增长5.2%，年销售额在5亿元及以上的重点销售企业共40家，占18.7%。

3. 商业综合体发展加速

2018年，区内实体商业布局不断优化。盒马鲜生等新零售业态先后落地，中信泰富万达广场开业运营，为全区商业发展注入新的活力。百联嘉定购物中心、大融城、宝龙城市广场等几家大型商业综合体运营情况保持良好，全年纳入统计的14个商业综合体和2条商业街区累计实现社会消费品零售额69.2亿元，同比增长28.1%。

4. 电子商务回稳向好

2018年，嘉定区电子商务发展在找钢网、京东商城等龙头企业的带动下走势回稳，产业集聚效应进一步显现。全年纳入统计的17家电子商务企业共实现商品销售额1 489.5亿元，同比增长12.9%；实现社零额753.7亿元，同比增长24.1%。跨境平台发展加速，全年共完成跨境电商交易额7.4亿元，同比增长125.3%。嘉定出口加工区跨境电商平台入选中国国际进口博览会"6天+365天"常年展示交易平台,成为首批平台授牌的30家企业之一。

5. 传统商业销售喜忧参半

面对新型业态的持续冲击,年内全区传统商业销售情况喜忧参半。大润发、欧尚、世纪联华等7家大卖场共实现销售额22.1亿元,同比下降2.5%。区内两大传统百货(东方商厦、嘉定商城)共实现销售额4.9亿元,与上年持平。家电卖场因苏宁云商增幅明显,统计的3家家电卖场共实现销售额7.4亿元,同比增长40.4%。

(三)2019年嘉定区服务业发展概况

1. 总体经济规模情况

2019年,全区实现增加值2 608.1亿元,可比增长1.1%。其中,第三产业实现1 037.6亿元,可比增长9.7%,三次产业结构比重为0.1∶60.1∶39.8。

从行业来看,批发和零售业、房地产业和金融业分别实现增加值262.7亿元、234.9亿元和68.3亿元,占服务业增加值的比重分别为25.32%、22.64%、6.58%。

2. 服务业投资情况

2019年,全区完成固定资产投资总额363.3亿元,比上年减少4.4%。分产业看,第三产业完成投资254.8亿元,减少12.3%,其中房地产开发完成投资211.7亿元,减少12.7%,基础设施和社会事业分别完成投资20.9亿元和10.3亿元,减少24.4%和26.7%。

2019年,全区全年实现合同利用外资31.7亿美元,比上年增长25.0%,其中,第三产业引进大项目83个,合同外资额30.6亿美元,增长36.5%。

3. 服务业税收情况

2019年,全区实现财政总收入932.1亿元,比上年减少8.2%。中央级和市级收入分别实现471.7亿元和189.7亿元,减少10.7%和12.8%。实现属地财政总收入798.9亿元,减少6.0%;一般公共预算收入270.7亿元,增长0.3%。

全年实现税收总收入889.6亿元,比上年减少9.1%。属地税收总收入756.4亿元,减少7.0%。其中,第三产业实现收入407.6亿元,减少7.5%。

4. 总部经济发展情况

全区现有市级以上称号文创/服务业园区8个,其中市级文化创意产业园区5个。全区认定的区级地区总部累计121家,其中内资111家;获认定市级贸易型总部12家;获认定市级民营企业总部25家。

(四) 2019年嘉定区服务业重点领域发展情况

1. 商贸业

电子商务引领商业经济增长。全年实现商品销售总额6 887.6亿元,比上年增长7.4%,增幅较上年同期提高4.3个百分点。其中,属地商品销售总额3 990.0亿元,增长17.9%,增幅较去年同期提高13.2个百分点。实现汽车产业销售3 967.9亿元,减少1.2%,占全区商品销售总额的57.6%。线上龙头电商快速发展,全区实现限额以上电子商务销售额2 024.3亿元,增长33.1%,增幅较上年同期提高20.2个百分点。

实体商业布局不断完善。全区实现社会消费品零售总额1 302.5亿元,比上年增长8.2%。其中,电子商务实现零售额843.7亿元,增长7.4%,占全区零售总额的64.8%,比重较上年同期提高2.2个百分点。已纳统的15个商业综合体和2条商业街区实现社会消费品零售额78.6亿元,增长13.6%,占全区零售总额的6.0%,比重较上年同期提高0.3个百分点。

2. 金融业

至2019年末,全区统计范围内银行网点数162个,银行存款余额3 148.5亿元,较年初增长9.1%,其中,单位存款和居民储蓄存款分别为1 548.6亿元和1 599.9亿元,分别较年初增长2.9%和15.8%;银行贷款余额1 571.1亿元,较年初增长11.2%,其中,单位贷款922.4亿元,较年初增长12.9%。

金融服务能级不断提升。全年新增境内外上市企业3家,全区累计境内上市企业数达到17家;新增股权托管交易及新三板挂牌企业10家,累计达到309家。截至2019年底,大数据产融平台与35家银行开展合作,汇聚98种金融产品。平台注册企业数量达到1 858家,其中本年度新增773家,发布融资需求1 935条、融资需求共39.9亿元;目前,平台已对157家企业实现放款,贷款金额12.5亿元,其中2019年新增6.6亿元。

3. 旅游业

持续推进旅游目的地建设。2019年共接待游客1 681万人次,比上年减少9.9%;实现旅游直接收入93.1亿元,减少18.8%。全区星级宾馆5家,客房数1 010间,出租率56.8%。旅行社78家,全年营业收入76.0亿元,减少21.3%,接待游客375万人次,减少41.3%。A级旅游景点7家,其中4A级景点5家,3A级景点2家,全年接待游客1 086万人,增长8.7%。

4. 房地产业

全年实现房地产业增加值234.9亿元,可比增长7.2%。全区房屋施工面积892.9

万平方米,比上年减少14.2%。房屋新开工面积169.4万平方米,增长1.8%。房屋竣工面积328.1万平方米,增长14.5%;商品房销售面积186.4万平方米,增长19.7%;商品房销售额407.1亿元,增长22.6%。待售面积317.9万平方米,减少6.4%。

(五)服务业发展布局

1. 总体发展布局

嘉定区服务业空间布局呈现两大特点:一是向产业园区集中,京东商城、百度在线、齐家网等一大批龙头企业集聚在中广国际广告创意产业园、南翔智地等园区。二是沿轨道交通站点的商业综合体快速崛起,中冶祥腾、大融城、万达广场、嘉亭荟等商业综合体发展势头良好。此外,上海国际汽车城科技创新港、国际健康产业园等一批新型园区处于建设推进阶段,多层次、差异化的园区发展格局逐渐形成。

2. 主要服务业集聚区发展布局

(1)上海安亭国际医疗产业园。上海安亭国际医疗产业园总规划占地面积约5.33公顷,以安亭镇宝安公路沿线传统工业园区转型获得地块为空间载体,针对区域特色及产业布局,通过整体规划、分步开发的模式建设。产业园重点集聚医疗检验检测、医学影像学、CRO临床服务机构、人工智能等具备较高科技含量的国内外高端企业及国内外标杆产学研机构,获得了"上海市众创空间专业化引导培育项目""安亭创新器械临床转化平台""嘉定区专业化众创空间""上海市嘉定区众创空间联合会会员单位"等荣誉,将打造国内乃至全球具有影响力的精准医疗技术、医疗器械及医疗服务企业创新发展的品牌科技产业园区。

产业园一期于2018年11月正式开园,占地面积1.53公顷,建筑面积约2.5万平方米,可供租赁面积约1 500平方米,已集聚了精诚医疗等近40家高科技医疗企业,2019年产值约9 000万元,税收近600万元。

(2)上海南翔智地企业总部园。上海南翔智地企业总部园总规划面积110公顷,建筑面积115万平方米。园区主要以文化创意、创新科技、精准医学为主要产业导向,以"一核两点三片四带"为主体,"一核"是指以总部经济为核心,"两点"是指以双创为两翼的特色中心,包括我嘉书房、党群服务站、翔艺术中心等文化创意艺术交流平台、创业实训基地等科技创新公共服务平台;"三片"是指配套商业片区(翔立方文化体育综合体)、创新办公片区、影视产业片区;"四带"是指以沪宜公路为主要交通带,以裕丰路为特色生活街区,以封浜河、横沥河为两条滨水景观带。

园区入驻企业1 800多家,从业人员近万人,拥有2个市级孵化器,各类众创空间10多个,2019年实现税收4亿元,园区已成为国家文化产业示范基地、上海市文化创意产业示范园区、上海十佳生产性服务业功能区示范园区、上海市文化产业园区、上海市知识产权示范园区、上海市品牌园区、上海市企业总部基地、上海市嘉定区创新创业大孵化基地等。

(3) 中广国际广告创意产业园。中广国际广告创意产业园成立于2007年,是由上海嘉定工业区开发(集团)有限公司全资子公司——中广国际广告创意产业基地发展有限公司负责开发和运营。园区规划用地200公顷,依托国家广告产业园、国家电子商务示范基地、国家文化产业示范基地的三大国家级平台优势,以广告、文化创意类项目为主体,以互联网+电子商务类项目为支撑,以新金融、大健康、智能制造等新兴"四大产业"为拓展领域,促进"泛文化"方向的产业结构升级,打造具有国际影响力的现代服务业精品园区。目前园区已基本形成以爱奇艺、二更文化、中国元素、观池文化、时尚集团、麦格纳设计中心、协一国际、金投赏、马马也等广告、创意、设计类企业为代表广告文化产业集聚,以及以百度系、找字系、阿里系、京东系等知名企业为代表的互联网+产业集聚,截至2019年底,园区累计引进文信类企业4 200多家,当年实现企业营业收入超过700亿元,税收超24亿元。其中广告企业1 400多家,实现企业营业收入103亿元,税收近7亿元。

(4) 东方慧谷文化信息产业园。东方慧谷是嘉定打造的首批以现代文化产业、信息产业、创意产业融合发展为特色的集聚区之一,总建筑面积达50余万平方米,总投资30亿元人民币,分三期规划建设。园区重点引进互联网内容网站、数字游戏、宽带多媒体应用和多媒体展示等数字内容产业门类,辅助以创意设计、展示交易、咨询培训等配套产业,同时开展休闲娱乐、生活居住、商业服务等关联产业建设,形成产业办公区、产业服务区、生活服务区三大功能区块,集成产业孵化、产学研一体化等功能于一身,打造具有示范效应的功能性及配套完整的文化信息产业基地。目前,园区已引进规模企业232家,其中实地入驻企业120家,园区孵化器入驻企业73家。园区年均出税额为2亿元,初步形成文化信息产业集群、总部经济规模集群的产业布局。

3. 服务业重点项目建设和运营情况

(1) 上海国际汽车城科技创新港(汽车·创新港)。汽车·创新港是上海市经济和信息化委授牌的"上海新型工业化产业示范基地(智能网联汽车)",2019年被评为上海市知名品牌创建示范区和上海市文化创意产业园区,园区占地面积12公顷,一期已建成建筑面积20万平方米,是国内首个专注于汽车产业创新的园区,产业定位以新能源和智能网联汽车为导向,强调制造业升级与互联网+并重,建立开放、合作、创新的汽车产业生态,园区内还设有汽车创新港科技企业孵化器、Auto Space等创新平台,累计入孵企业超过100家。自2015年10月正式开园以来,已有蔚来汽车、舍弗勒、上汽捷氢、长城哈弗、保时捷工程技术、宾尼法利纳、海斯坦普、海拉、地平线、东软睿驰等多家知名企业和创业团队先后入驻,2019年,园区营业收入171亿元人民币,税收2.48亿元人民币。

(2)上海临港嘉定科技城。位于嘉定区江桥镇核心区域,总面积为275公顷,首发项目一期约5.23公顷,拟建地上建筑面积15万平方米。临港嘉定科技城是临港集团与嘉定区合作开发、成片存量工业用地整体转型升级的第一座科技城,以"上海智能经济高地、研发创新地标、产业服务社区"为发展目标,以"基金＋基地＋服务"促进园区产业持续稳定发展,逐渐形成以智慧医疗、新一代信息技术与智能制造服务与生产为核心,以产业生态链服务为支撑的产业生态圈,成为龙头企业做大做强、中型企业发展壮大、小型企业发芽成长、转型企业吐故纳新的新一代科创产业社区。园区已入驻太太乐食品、康德莱医疗器械、重塑能源科技等企业,首发项目运营成熟后预期导入优质新兴企业300家以上,产业人才3 000人以上。

(六)2020年主要工作

为进一步推动本区服务业高质量发展,积极培育新业态新模式,提升嘉定城市能级和核心竞争力,主要做好以下几项工作。

1. 优化产业布局,制定产业发展规划

以编制"十四五"规划为契机,进一步优化全区服务业发展布局。积极推动在线新经济发展。主动对接全市在线新经济行动方案,重点围绕电子商务和生活服务等在线零售、游戏和广告设计等在线文娱以及工业互联网三大领域,继续培育、引进、壮大行业龙头企业,进一步做大在线经济规模,实现第二三产业融合发展、齐头并进。培育"夜间经济"。持续扩大夜间消费版图,完善夜间生活集聚区规划,搭建西云楼、州桥等特色"夜平台",丰富居民"夜生活"。打造网红热点。突出嘉定特色,探索打造"汽车直播带货基地"和"网红首店印象城"等特色消费平台,促进消费回补。打造特色产业园区。筛选一批较成熟和发展潜力较大的服务业产业园区予以重点培育,引导园区向特色化、专业化发展,以高品质园区建设推动产业高质量、集聚化发展,打造优势更优、强项更强、特色更特的园区经济。

2. 完善服务业细分领域政策,完善政策支撑体系

近年来,嘉定出台支持服务业发展的一系列政策措施,如《嘉定区促进服务业发展扶持意见》《关于加快嘉定区文化创意产业创新发展的若干意见》《嘉定区全力响应"上海服务"品牌构筑嘉定服务综合竞争力新优势三年行动计划(2018—2020)》《嘉定区全力响应"上海购物"品牌构筑国际消费城市建设重要板块新优势三年行动计划

(2018—2020)》《嘉定区推动企业上市和挂牌的若干意见》《嘉定区促进民营企业总部发展的若干意见》等,下阶段根据新形势、新要求,进一步优化服务业发展政策,逐步制定和完善细分领域政策,充分发挥政策引领作用。同时创新政策宣传方式,拓宽政策解读途径,扩大政策宣传效果,提高企业对政策的知晓度。

3. 着力优化营商环境,激发市场主体活力

持续优化营商环境,做实做优招商工作。探索推进经济小区管理模式改革,发挥国资平台和产业基金引导作用,强化产业链和平台招商,吸引集聚具有带动性强、高成长性、高附加值产业项目。针对区内龙头企业,做好其配套上下游产业链招商、以商引商。深入推进政务服务"一网通办",放大产业项目服务信息系统及移动端APP优势,进一步提升项目办理效率和用户体验度。优化项目全流程跟踪服务机制,让企业尽早落地、放心投资、安心经营。

(七)"十四五"规划重点内容

1. 环境判断

"十四五"时期,宏观环境发生重大变化,迫切需要在制造业升级、信息化迭代、城市化深化、一体化加速为特征的"新四化"方面育先机、开新局。同时,沉着应对经济形势趋紧、传统动力衰减、不确定风险加大等挑战风险。

2. 指导思想

落实全市服务业高质量发展若干意见部署,按照创新活力充沛、融合发展充分、人文魅力充足的现代化新型城市建设要求,主动对接"四大品牌""三项任务",抢抓新一轮工业化、信息化、城市化、一体化机遇,以服务实体经济为基础,以培育新经济为牵引,以夯实产业生态为保障,着力强能级、优结构、提质效、塑特色,走出嘉定服务业发展新路,为"五个嘉定"奠定更为坚实的产业支撑。

3. 基本原则

创新引领,内涵发展,首要是适应服务业高科技化趋势,把创新作为推动服务业高质量发展的第一驱动力;聚焦重点,特色发展,要义是立足资源禀赋和产业基础,突出生产性服务业发展重点,做强优势领域;市场主导,协同发展,途径是激发市场活力,提升营商环境;完善布局,联动发展,抓手是依托重点聚集区,优化"小集聚、大分散"空间格局,推动服务业产业内与产业间联动。

4. 阶段目标

"十四五"下大力气提升服务业能级和市场竞争力,进一步发挥服务业对实体经济增长的带动作用,力争到2025年:①能级稳步提升,服务业集聚度、辐射力进一步

提升,规上服务业营收年均增长10%以上;②结构不断优化,知识密集、智力密集、技术密集服务业占比加快提升,规上服务企业新增100家;③质效持续趋好,服务业对经济、税收、就业的贡献稳定增长,企业盈利能力明显增强。④动力显著增强。互联网、大数据、物联网、人工智能等新技术与服务经济深度融合,培育集聚一批充满创新活力的中小型服务企业,电子商务实现倍增,成为全市领先的电子商务集聚区、科技服务集聚区;⑤特色更加鲜明。打造一批业态高端、能级突出、功能集成的服务业特色园区。

5. 发展重点

遵循全区产业体系构建要求,"十四五"着重培育服务业新增长点,开创传统服务业稳步发展、特色服务业品牌发展、新兴服务业蓬勃发展的新局面。布局思路重点为:①面向实体、重点发展汽车服务业,包括总部经济、智能制造、研发服务、共享和智能出行、保税展示交易、汽车文化服务等;②融入科创、优先发展科技服务业,包括科创中心全链条服务,工业设计、技术检测等专业服务,猎聘、法律、金融、知识产权等配套服务;③抢占赛道、前瞻发展在线新经济,包括电子商务、工业互联网、短视频 & 直播、在线文娱、在线医疗、区块链金融等;④挖掘资源、融合发展文信服务业,包括影视制作、演艺、动漫游戏、广告创意、主题旅游等;⑤释放潜力、升级发展商贸服务业,包括提质扩容传统消费,优化区域商业,促进"首店经济""夜间经济"等新兴消费发展。

第十二节 金 山 区

(一) 2018—2019年金山区服务业、商业发展基本数据

2018—2019年金山区服务业、商业发展基本数据见表12-12。

表12-12 2018—2019年金山区服务业、商业发展基本数据

指标名称	2018年	比上年增长	2019年	比上年增长
生产总值	759.9亿元	7.4%	810.8亿元	6.7%
♯第三产业增加值	342.7亿元	9.6%	371.3亿元	8.4%
商品销售总额	1 532.6亿元	6.6%	1 538.1亿元	0.4%
社会消费品零售总额	497.0亿元	9.0%	540.6亿元	8.8%
年末户籍人口数	52.4万人	0.4%	71.09万人	0.2%
年末常住人口数	80.5万人	0.4%	80.7万人	0.2%

(二) 2018年金山区服务业、商业发展特点和运行分析

1. 2018年服务业、商业概况

(1) 市场平稳有序,销售稳步提升。2018年,金山区商品销售总额和社会消费品零售总额不断增长。全年累计完成商品销售总额1 532.6亿元,同比增长6.6%;完成社零额497.0亿元,同比增长9.0%。第三产业增加值342.7亿元,同比增长9.6%,占比为45.1%,比上年提升0.9百分点。

(2) 着力保障民生,创新工作举措。一是设立菜市场行业协会。积极筹备设立金山区菜市场协会各项准备工作,开展会员登记、协会验资、协会注册备案等工作,于3月16日召开金山区菜市场协会成立大会和第一届第一次理事会,选举并产生协会会长、副会长及协会理事名单。金山区菜市场协会的设立,为本区菜市场加强行业自律,实现自我管理、自我服务、自我监督起到积极的促进作用,进一步推动本区菜市场行业健康有序发展。

二是开展菜市场星级评定。为改善市场内部经营环境,更好地提升市民对于菜市场的满意度,制定《金山区菜市场星级摊位创建评定办法》,并委托、指导菜市场协会启动星级摊位申报,开展星级摊位创建评定工作。同时,召开区内菜市场动员会,部署2018年菜市场星级创建申报工作,委托、指导区菜市场协会根据星级市场创建评定标准开展评定工作。全区共评选出三星级市场1家,二星级市场2家,一星级市场4家,单项奖5家,鼓励奖5家及60户星级摊位。

三是开展平价菜试点工作。为强化菜市场保供稳价工作,制定《金山区菜市场平价菜试点方案》,对市场平价菜摊位的安排、平价绿叶菜的品种要求,补贴标准等做出明确规定。选择朱泾万安和石化蒙山路2家菜市场作为平价菜摊位试点市场。全年累计开展平价菜986户次,试点工作对金山区的菜价平抑做出积极帮助,并为后期推广平价菜试点积累宝贵经验。

四是推进智慧微菜场布点。按照上海市政府2018年"新建500家社区智慧微菜场"实事项目,推进、落实强丰智慧微菜场布点工作。为完成金山区全年30台布点任务,与企业积极沟通跟进布点情况,与各镇(工业区)沟通协调相关售菜机器的摆放地点等问题。年内,圆满完成微菜场布点任务。此外金山区的强丰公司在全市新增布点68台(含区内30台)。

(3) 立足金山特色,全力推进品牌工作。一是推进打响上海购物品牌。根据《上海市关于打响上海"四个品牌"率先推动高质量发展的若干意见》相关要求,结合本区实际,立足区域消费特色,确定金山打响上海购物品牌相关工作方案,明确工作目标

和重点任务,并根据具体内容,拟定工作计划表,明确时间节点,全力推动上海购物品牌建设。

二是加强特色商业街调研。根据胡卫国区长提出的设立金山老品牌商业街的相关要求及张权权副区长就设立金山区品牌特色街所做的批示,重点对枫泾镇、山阳镇及相关企业进行调研,召开金山区品牌特色商业街建设推进研讨会,了解枫泾古镇街区、金山嘴老街、海汇街等相关情况、存在问题及设立特色品牌商业街的可行性等,提出具体意见和建议。金山嘴渔家湾夜市和海汇活力街区正积极打造特色商业街。

三是开展老字号品牌排摸。排摸和梳理区内企业老字号品牌相关情况。经排摸,区内国有企业中共有老字号品牌7个,分别为丁义兴、红双喜、马利、施特劳斯、立信、凤凰牌及敦煌牌,均为中华老字号。同时,还对各老字号企业近年来的发展情况进行梳理,对今后一段时间老字号工作设想开展调研。

(4) 综合评估用地,优化业态布局。根据《关于开展本市各区2018年度国有建设用地供应计划编制工作的通知》,排摸各街镇2018年国有建设用地需求,共排摸出2018年全区计划出让商业、办公用地17幅,总出让面积51.4公顷,可建面积83.03万平方米。根据全区商业设施空间布局的合理性要求,经综合评估,确定上报16幅,总出让面积45.4公顷,可建面积75.8万平方米,主要涉及金山工业区、枫泾镇、廊下镇等。同时,加强商业业态布局。根据不同区域范围及周边商办设施开发经营情况,制定商办用地出让标准,大体上框定商业设施配套比例及物业持有的要求。完成22次土地出让、规划编制、建筑设计等方面的意见征询工作。

(5) 举办节庆活动,促进商业繁荣发展。为全力打响"上海购物"品牌,加强金山重点商圈、特色商业街建设,制定2018金山旅游购物节购物板块活动方案并推进"吴越古镇品牌行""2018金山生态体验购"等活动筹办。积极申报推进"上海购物专线"项目,万达广场入选商业地标专线,金枫酒事馆、丁义兴(丁蹄佬面)入选老字号专线,金山嘴渔村及枫泾古镇入选特色商街专线,并在上海购物专线微信公众号上均得到大力宣传。同时,开展艺术商圈活动。积极与市商务委、第三方公司以及金山区大型商场开展沟通协调,以"上海艺术商圈"活动为平台,将市内文艺演出、展览、手工体验等文化项目引入金山区主要商业综合体,将商品消费与文化、艺术、时尚等产业有机融合,实现商业与文化优势互补、融合联动。在金山万达、百联、光明KOKO都乐汇等商业综合体举办的皮影戏、乐队演出等一系列表演受到消费者的青睐,尤其是10月4日在百联广场上举办的亲子音乐剧表演,为商场带来很高的人气。

（6）加强安全管理，确保城市平稳运行。与区内16家大型购物中心、超市（3 000平方米以上企业）及25家标准化菜市场签订安全责任书，要求各企业始终坚持"安全第一、预防为主、综合治理"的方针，强化企业安全生产主体责任落实和责任追究，规范企业经营行为。同时，开展日常安全监管，严格落实"管行业必须管安全"的工作要求，注重督查指导，加强商贸行业安全管理工作。在元旦、春节、"五一"、"十一"等重要时间节点，开展主要商业企业、农贸市场的安全检查工作，指导企业做好节日主副食品、重要物资备货工作，督促企业做好消防安全、食品安全、治安防控等自查自纠工作，确保重点节点安全有序、保供稳价。重点保障进博会安全，制定《开展"进口博览会"安全生产专项保障工作方案》，定期排摸商贸领域生产经营企业安全生产管理责任落实等情况。同时，组织全区商业企业、集贸市场开展金山区迎进口博览会商贸领域安全生产培训，增强企业安全防范意识。组织全区市场及商场超市分别开展迎进口博览会突发事件应急演练，提升商贸行业人员应急处置能力及消防安全技能。

（7）加强保理监管，促进行业健康发展。组织金山嘴、万政、新枫泾商业保理项目的设立评审会，邀请区市场监管局、区金融办、公安金山分局、区税务局等部门以及律师事务所、会计师事务所、银行等行业专业人员参加评审。经评审，三家公司商业模式合理、目标客户明确、经营前景良好、规章制度健全、风控措施到位，同意设立保理公司。同时，加强对已设立保理公司的监管，通过电话沟通等形式，对5家保理公司（新跃、通融悦业、新丰厚、戈馨、金山嘴）业务开展情况进行了解、梳理，并汇总相关信息。委托上海东方会计师事务所开展商业保理合规考核，对公司业务经营规范、组织架构、内部风险控制制度和财务管理制度等方面进行考核，进一步加强行业管理，促进行业健康发展。其中已有4家企业完成注册并开展保理业务，1家企业（戈馨）尚未完成工商注册登记。

2. 2018年转型升级重点工作推进情况

2018年是金山区推动转型升级、提升发展质效的关键之年。金山区坚持稳中求进工作总基调，调结构、促转型、强治理，经济竞争力持续增强，进入全面发展的新时代。

（1）加快推进互联网＋产业服务发展。举办2018上海金山"互联网＋产业服务"创新发展论坛。金山区举办2018上海金山"互联网＋产业服务"创新发展论坛。该次论坛立足金山"两区一堡"的定位，以"创新产业服务，优化营商环境"为主题，深入探讨互联网＋领域内前沿热点、融合发展、未来趋势等，推动"互联网＋产业服务"的创新实践。以"互联网＋产业服务"为纽带，打通价值链、流通链和产业链，沿长江经济带为长三角地区输出"上海服务"，擦亮上海品牌。

在该次论坛上,金山区第一批第三方服务企业推荐名录正式发布,持续深化企业间全方位开放合作;上海市企业服务云平台金山子平台正式上线,进一步深化产业服务,优化营商环境;金山卫镇与上海生产性服务业促进会签约共建互联网＋产业服务创新实践基地,山阳镇与华峰聚合投资公司签约共建工业互联网标杆园区,加快"互联网＋"产业的集聚;普睿玛智能、大花智能签约合作智能制造系统解决方案服务,推动互联网与制造业深度融合,加快企业转型发展;同时,北京用友、锦江集团 WE-HOTEL平台、运去哪平台、欧忆能耗管控平台等一批新引进落地"互联网＋产业服务"项目集中进行签约,推动金山区"互联网＋"产业蓬勃发展。

推动建立"互联网＋产业服务"创新实践基地。金山区积极推进金山卫镇与上海生产性服务业促进会共建互联网＋产业服务创新实践基地。支持金山卫镇与促进会依托物流汇平台,发挥各自资源优势、协同合作,共同推动"互联网＋产业服务"载体建设,供应链创新与应用以及电子商务产业发展,拓宽招商资源平台,加强人才培养和输出,开展专题宣传交流,政策解读等。2018年,金山卫镇和促进会共同举办以"合作、交流、对接"为主题的金山卫镇-上海电子商务"双推"联盟合作共建对接交流会,推动互联网＋的创新实践。

(2) 优化完善生产性服务业载体建设。深化示范工程建设。一是加强园区载体建设。金山区将园区建设作为承载产业集聚发展、推动经济转型升级的主阵地,不断推进生产性服务业企业发展。2018年,杭州湾北岸电子商务产业园围绕"互联网＋"概念,加强与企微品牌孵化器等平台的合作,大力培育生产性服务业企业。园区累计入驻企业5 500余家,实现营收超过 119 亿元,同比增长 94.5％;实现税收超过 6 亿元,同比增长 187.0％。金石湾服务业功能区围绕化工和环境服务业,加强平台建设,带动上下游产业协同发展。园区新入驻企业超过 690 家,实现税收超过 7 700 万元,同比增长 30.4％。二是加强政策宣传解读,支持企业创新发展。成功推荐金石物流的上海石化产成品供应链总包项目获得 2018 年上海市生产性服务业发展专项资金(总集成总承包)80 万专项资金支持,该项目通过物流服务业信息化平台的智能转型升级助推上海石化产成品供应链优化,推进企业创新发展。同时,积极组织金石物流、骐芯物流、迈创供应链、旭弘供应链、易势化工、新跃物流、博海餐饮等七家企业申报工信部供应链创新与应用试点企业。推荐上海化交、新跃物流、连咖啡申报 2018 年度上海市电子商务示范企业。

支持平台做大规模. 金山区支持现有供应链管理、大宗商品交易等领域平台不断做大,区内"物流汇"和"上海化工品交易市场"两大平台已形成一定规模。2018年,在供应链管理领域,"物流汇"平台已在新疆、浙江等地完成 27 个布点,入驻企业实现营收超过 88 亿元,实现税收超过 3 亿元;在大宗商品交易领域,上海化工品交易市场通过类"天猫"、类"淘宝"的化工产业新型交易模式,与产业客户进行多元化的战略合作,完善平台服务功能,累计交易量近 80 万吨,累计交易额超过 77 亿元。在检验检测领域,绿色印刷材料公共服务平台入驻商家 67 家,认证企业会员 177 家,在线销售产品 2 900 多款;实现绿色印刷材料品牌覆盖率达到 70%,在线交易额 5 500 余万元。

3. 2018 年金山区服务业发展热点分析

(1) 逐步打造具有金山特色的电子商务平台。金山区结合本地实际,进一步培育和引进农产品和旅游产业企业,以支持和鼓励本土企业完善电子商务平台运行为着力点,逐步打造具有金山特色的电子商务平台,已有一定成效。上海盛致农副产品有限公司从事农副产品和金山旅游电商,将传统农业融合互联网、设计美学等新兴元素,创新打造"从农场到餐桌"的全产业链模式。2018 年盛致公司"来金山白相"电子商务平台交易额达 600 万元。强丰实业在门店和微菜场自助售货柜布点基础上,进一步拓展网购市场,通过官网、手机 APP、微信公众号等多种途径将传统农业与互联网深度融合,为社区居民提供生鲜订购、配送服务,打通了线上线下并完善物流配送体系,拓展企业自身的销售渠道和服务功能。

(2) 不断加强电子商务行业监管。一是贯彻执行电子商务统计制度。金山区通过座谈会、走访、个别谈话等形式,调研电子商务发展情况、统计情况等,解决企业遇到的问题。在市级部门的指导下,共排摸全区规模以上电子商务企业 29 家,纳入市重点电子商务企业库 13 家,其中 8 家企业已在电子商务及平台经济统计直报系统每月填报相关数据,全年电子商务交易额总额实现 106.65 亿元。二是加强商品交易场所的日常监管。根据市商务委的工作要求,做好对上海化交等大宗商品交易场所的统计监测、违规处理、风险处置等日常监管工作。督促上海化交做好交易标的物自行登记、公示、转型升级绩效评价、统计监测、信息报送等工作,推动本市建立交易场所长效管理机制。在进博会期间,督促市场落实主体责任,做好投诉处理和维稳相关工作。

(三) 2019 年金山区服务业、商业发展特点和运行分析

1. 商业运行平稳有序,市场销售稳中有升

2019 年,金山区商品销售总额实现 1 538.1 亿元,同比增长 0.4%。全区社会消费品零售总额实现 540.6 亿元,同比增长 8.8%。从四大板块来看:零售业实现 404.1 亿元,同比增长 8.2%;餐饮业实现 73.4 亿元,同比增长 10.9%;批发业实现 50.9 亿元,

同比增长8.9%；住宿业实现12.2亿元，同比增长7.4%。全区35家抽样商业企业实现销售额44.6亿元，同比上升3.5%。其中，购物中心业态实现销售额22.6亿元，上升4.6%；百货业态实现销售额0.5亿元，同比下降46.3%；大卖场业态实现销售额6.1亿元，同比下降10.3%。

2. 积极培育消费载体，不断提升商业品质

积极推进商业载体提质发展，结合消费热点积极推动特色商业街区建设以及特色小店发展。一是打造特色商业街区。结合商业、文化特点，通过引进长三角老字号进驻、加快推进"海渔小镇"建设、引入品牌门店建设现代时尚活力街等积极打造枫泾古镇、金山嘴渔村、海汇街三条特色商业街区，推动街区更新发展。二是培育特色小店。排摸梳理了我区特色小店情况并进一步加大宣传，公布了金山首批50家特色小店名录，涵盖有餐饮、民宿、服饰制作等类别。借助2019金山购物节开幕式契机，制作发布了金山特色小店地图，并通过集章打卡形式扩大发布活动影响。三是培育夜生活集聚区。聚焦百联金山商圈、海汇街、金山嘴渔村打造夜上海特色消费培育试点项目，并建立了夜间区长、夜间首席执行官制度，由分管区长任夜间区长、聘请百联金山、光明KOKO都乐汇、金山嘴渔村负责人担任夜生活首席执行官。鼓励并推进百联金山、海汇街和金山嘴渔村进一步丰富休闲、文化、旅游等消费供给，餐饮、购物、酒吧、KTV、剧院和文化艺术等业态多元化发展，营造夜间经济氛围，延长夜间经营时段，打造夜生活集聚区，扩大夜间消费的影响力。百联金山购物中心利用购物中心的广场优势，举办了为期两个月的"清凉一夏 荟动金山"的主题夜市系列活动。金山嘴渔村以"海渔文化"为特色打造"餐饮+酒吧+驻唱"的夜生活模式，并举办了渔家湾特色夜市活动。光明KOKO都乐汇通过举办纳凉晚会、老字号品牌快闪等活动，着力打造夜市文化。据购物节期间统计，夜间经济销售额同比增长3.5%，客流量同比增长23.3%。

3. 举办主题节庆活动，营造氛围扩大消费

积极组织开展一系列消费促进活动，重点筹备并举办2019金山购物节活动，营造节庆消费氛围。2019金山购物节以"百年老字号 消费新时尚"为主题，依托打响"上海购物"品牌战略，结合金山实际，分别举办了"老牌新品首发""海鲜文化美食行""云南特色产品展"等8项重点活动，亮点纷呈，精彩不断。一是首次尝试市场化运作模式，对购物节活动进行整体策划并具体运作。二是开设微信公众号以及制作微信小程序线上购物平台，实现线上线下共同宣传推广。三是立足金山远郊现实情况重点推出了特色小店，开幕式期间发布了金山区50家特色小店地图，得到了充分肯定和认可。四是重点打造夜间经济，聘请了3位"夜生活"首席执行官，金山嘴渔村的餐

饮夜消费、百联和海汇街的时尚夜生活,特色夜市开启丰富多彩城市生活,为该届金山购物节增添了不一样的风采。五是紧扣购物节主题,不论是"老牌新品首发",还是"老牌产品体验行",都围绕老字号老品牌,通过新品路演和趣味乒乓球赛、少儿滑步车比赛等市民参与的形式,让老字号品牌重新焕发光彩,走进每一个百姓家庭。

4. 聚焦老字号振兴,推动品牌重振发展

一是做好老字号顶层设计。印发《金山区重振老字号品牌、打响新品牌实施方案》(金府办发〔2019〕30号),进一步优化品牌发展环境、搭建老字号发展平台载体,引导和鼓励老字号机制改革创新发展。制定《金山区关于促进长三角老品牌振兴基地建设的若干政策》,从支持老字号品牌特色街建设、支持老字号品牌产业园发展、促进老字号品牌要素平台建设、支持优化老字号品牌企业服务等四方面给予老字号品牌建设、渠道开拓、技术创新、总部发展等扶持奖励,集聚品牌、要素、服务资源。二是加快老字号改革创新。因企制宜分类推进老字号企业创新发展。按照"四个一批"提出了做大做强"红双喜"和"凤凰"、做精做优"马利"和"敦煌"、传承保护"丁义兴"、盘活调整"立信"和"施特劳斯"的发展目标。通过技术研发、企业合作、品牌推广等不断提升老字号品牌的品质和市场竞争力。三是加强长三角老字号区域联动。依托金山枫泾区位、空间和资源优势,积极培育打造"一街一园一平台"长三角老品牌振兴基地,做好区域联动文章,全力打响振兴基地品牌。5月7日在长三角路演中心举办打响"上海购物"品牌重振老字号(金山专场)推进会暨长三角老字号品牌路演汇活动,通过推进会、路演汇和文化展,搭建了长三角老字号联动的平台。9月28日举行了"复兴老字号·共筑新辉煌"长三角一体化优质资源对接签约仪式,上海金山、杨浦、黄浦与浙江德清、湖州共同成立长三角老字号产业区域联盟和长三角老字号创新实践基地,进一步形成长三角全区域联手,政、企、研联动的局面,来自长三角地区的17对企业集中签订了战略合作协议。10月8日,上海钢琴(施特劳斯)与浙江乐韵钢琴正式合作成立"上海施特劳斯钢琴有限公司",标志着老字号品牌区域合作的全面开启。

5. 着眼菜市场建设,强化菜篮子民生保障

一是落实智慧微菜场项目建设。积极推进市政府实事项目"智慧微菜场"布点,支持强丰企业在金山区新增布点10家智慧微菜场,100%完成年度任务目标,全区已累计布点智慧微菜场90家,进一步便捷主副食品消费。二是推进菜市场标准化改造。推动辰凯、梅州、临源等市场改造,完成辰凯市场等项目建设,持续优化购物消费环境。三是开展2019年度菜市场星级创建活动。通过第三方测评、公众票选、部门和街镇意见征询等方式,评选2019年度星级菜市场7家,激励菜市场提升服务水平。

四是通过平价肉、平价菜等工作不断提升肉、菜保供稳价能力。开展猪肉保供稳价工作,摸清猪肉销售门店底数,持续跟踪菜市场猪肉进货和销售情况,制定了《金山区菜市场猪肉保供稳价试点工作方案》,全区已有19家菜市场开展了"平价肉专柜"。开展平价菜试点工作。继续以朱泾万安和石化蒙山两家菜市场开展试点,以低于市场价20%以上的价格对外供应时令蔬菜。

6. 加强载体建设,促进产业集聚发展

一是谋划全区生产性服务业发展布局。在前期生产性服务业发展课题研究基础上,结合各镇(工业区)产业基础、资源禀赋、功能配套等情况,进一步研究谋划我区生产性服务业"一带一区一廊"发展布局。二是提升现有生产性服务业功能区能级。加强指导服务,支持金石湾功能区、杭州湾北岸电子商务产业园做好功能区复审工作,同时打造湾区科创中心、长三角科技城等生产性服务业集聚区向功能区方向发展。2019年2月,杭州湾北岸电子商务产业园被上海市经济和信息化委员会批准为认定类上海市生产性服务业功能区。2019年,杭州湾北岸电子商务产业园、金石湾功能区税收均实现两位数增长。

7. 加强平台经济建设,提升服务能级

一是提升物流汇、上海化交等重点平台的能级,进一步运用新技术、新模式、新服务吸引产业链上下游企业入驻,促进平台整体能级增长。2019年,上海化交累计交易量超过百万吨,累计交易额超过80亿元。"物流汇"平台累计入驻企业8 500余家,累计营收超百亿元。二是推进无人机基地、碳纤维研究院、医械汇等新平台的发展建设。尤其是在推动无人机产业发展方面,完成金山区关于促进无人机产业发展的若干政策和金山区关于无人机产业发展规划的制定。

8. 加强政策研究,提升产业能级

一是研究梳理相关扶持政策。以企业需求、产业集聚发展为导向,加强走访调研,研究梳理推动金山区生产性服务业发展的政策意见,鼓励支持重点服务业园区、企业、项目和平台加速发展,完成生产性服务业若干政策意见和相关配套细则的初稿。二是加强政策宣传解读。以线上线下结合的方式深入推进《上海市鼓励设立民营企业总部的若干意见》的宣传,积极动员并组织各镇、工业区参加各类专题学习活动,组织推荐起帆电缆、华峰超纤、华峰铝业、汇得科技、泰胜风能、帅翼驰新材料、津亦国际贸易获评民营企业总部。同时,结合金山实际,深入研究我区总部经济发展策略。

9. 加大培育力度,扩大示范带动效应

指导企业申报各级政策扶持,组织推荐上海化交、新跃物流、连享商务咨询公司获评2018—2019年度上海市电子商务示范企业;组织推荐卓顾信息获评产业电商"双推"工程服务平台,本优机械农产品加工总集成总承包项目获得总集成总承包项目专项资金支持;组织推荐金石物流、新跃物流、汉钟精机、东方雨虹获得生产性服务业示范企业称号。组织推荐本优机械、华维节水获评服务型制造示范企业,推荐汉钟精机的云端服务建设项目、华峰超纤的标识解析集成应用项目、寺冈电子的称重收银系统项目、艾录包装的智能包装整体解决方案项目获评服务型制造示范项目。组织推荐好运虎、鑫博海、亚太国际蔬菜、迈创智慧供应链申报供应链创新与应用示范企业。

(四)2020年金山区服务业、商业发展趋势和热点分析

1. 商业层级体系进一步清晰

随着金山滨海地区商业的建设和完善,我区商业布局定位进一步明确,商业层级定位逐步显现。集中打造滨海地区商业带,沿杭州湾大道依托金山万达、百联等大型商业体集中集聚购物、餐饮、休闲娱乐、酒店住宿等业态,不断强化商业能级和服务品质,形成区域性的商业中心。聚焦"老字号""海渔文化"等主题消费建设发展特色商业街区等商业载体,形成优质商业的补充。围绕"15分钟社区生活圈",合理配置菜市场、大众餐饮店、维修服务、废品回收等业态,优化布局便利店、药店、专业专卖店等业态,引导生活服务类业态集聚,完善社区服务体系。

2. 生产性服务业与"互联网+"融合发展

近年来,国家出台了《关于促进平台经济规范健康发展的指导意见》等一系列文件鼓励平台经济、共享经济等新模式向各领域渗透,加快培育"互联网+服务业""互联网+生产""互联网+创业创新"等新业态,形成新的经济增长点。金山的互联网+产业服务创新实践基地、工业互联网标杆园区的建设、好运虎、运去哪等"互联网+产业服务"项目的引进,加速了生产性服务业与"互联网+"深度融合发展,促进了传统生产性服务业的现代化。

(五)2020年金山区服务业、商业发展重点工作及"十四五"发展思路

1. 打造消费载体,引导主题消费

围绕"五大消费"建设品牌集聚、环境舒适、配套完善的多层次差异化消费载体,提升商业繁荣繁华和便民利民水平。聚焦体验消费,重点打造滨海地区商业带,提升商业服务和配套功能,打造城市商业地标。聚焦特色消费,着力打造融合生活场景的特色主题商业街区,不断增强消费体验感和舒适度。聚焦夜间消费,打造以夜购、夜食、夜游、夜健、夜娱、夜美为主的夜间经济,形成一批夜生活集聚区。聚焦生态消费,

开发集观光游览、品尝采摘、休闲度假于一体的休闲农业系列产品,提升消费者与农村农业的互动,打造特色旅游体验区。聚焦便民消费,完善社区服务体系,打造便民利民的社区服务中心。

2. 优化商品供应,促进消费升级

围绕"五大经济"满足高品质消费需求。打造首店经济,积极引进国内外知名品牌商和零售商开设品牌首店、旗舰店、运营总部。打造品牌经济,支持老字号加大产品创新设计、跨界融合,扩大产品销售范围和规模。打造产品经济,推动工业旅游发展,推出金山特色工业产品。打造绿色经济,加强金山"一葡二桃三莓五瓜"等优化绿色农产品供给,扩大优质产品消费。打造周末经济,发挥节庆经济对消费的引领作用,做大做强周末经济,进一步促进消费潜力释放。

3. 丰富服务供给,倡导多元消费

围绕"五大服务"扩大提升服务行业消费规模和水平。提升餐饮服务,进一步打响金山嘴海鲜、张桥羊肉等一批餐饮品牌,提升金山特色小店知名度和影响力。提升休闲服务,重点推出一批休闲游等旅游项目,办好一批特色文化活动。提升健康服务,举办沙滩排球、铁人三项、马拉松等体育赛事,完善丰富运动场馆和健身设施。提升家政服务,促进家政服务业提质扩容,增加养老服务供给。提升汽车服务,提升亭卫公路汽车4S店规模和品牌,做大二手车交易市场,加强汽车交易、上牌、检测、维修、装饰、租赁等服务,集中打造汽车消费服务市场。

4. 加强规划布局,推进产业集群化发展

充分发挥金山区产业基础和区位条件优势,形成与城市总体规划、土地利用规划和产业发展规划协调统一的"一带一区一廊"生产性服务业重点园区云布局,以滨海湾区为基地,打造辐射杭州湾生产性服务业创新发展产业带,重点发展金石湾生产性服务业功能区、上海湾区科创中心等;以产城融合为特色,打造支撑先进制造业的生产性服务业创新发展承载区,重点发展杭州湾北岸电商产业园、未来科技城等;以亭枫公路为纽带,打造连接长三角的生产性服务业创新发展走廊,重点发展长三角科技城服务业区块等。

5. 深化"互联网+产业服务",加速平台经济创新发展

一是持续加强现有重点产业平台建设。在物流汇、化交平台、医械汇等现有重点产业平台基础上,对其成功模式、经验加以推广,进一步提升平台的辐射力和影响力。二是培育特色产业领域新兴平台发展。在无人机、碳纤维复合材料、生物医药、新型显示等特色产业领域培育一批对接长三角、服务全国的特色产业平台,增强产业平台发展后劲。三是大力发展电子商务平台。加强走访调研,排摸金山区电商平台底数

清单,并与统计部门沟通协调,探索金山区电子商务统计调查制度的可行性研究。同时,加强对蓝缕、凯诘等重点电商平台的走访调研,关注电商产业平台发展新动向,打造一批资源整合力强、辐射范围广、覆盖全产业链的行业级电商平台。

6. 加大培育力度,推进服务业总部经济快速发展

一是加大政策宣传力度。进一步贯彻落实《上海市鼓励设立民营企业总部的若干意见》,积极动员并组织各镇、工业区、企业开展各类专题学习活动,提高民营经济促进政策的知晓度,培育更多民营企业总部以及总部型机构。二是加快落实政策扶持。结合金山实际,深入研究金山区促进总部经济发展专项支持实施细则,落实对民营企业总部以及总部型机构的政策支持,充分发挥政策的扶持引导作用,促进金山区民营企业做强做优,实现快速发展。三是推进总部经济集聚化发展。落实"一带一区一廊"布局,根据各片区的发展重点、功能布局,加快打造各具特色的专业楼宇如贸易楼、教育楼等特色总部经济楼宇,引导产业集聚发展,形成总部经济集聚区。

（六）金山区主要功能区介绍

1. 商业中心

（1）金山新城中央商务区。新城中央商业商务区是金山新城服务业发展的核心区域,集商务、商业、酒店和其他公共服务设施于一体,体现现代化城市风貌和核心功能,是金山区内商业商务资源较为集中、服务产业能级较高、具有城市标志性建筑的功能区域,也是上海南部区域性商业商务副中心的重要载体,是服务长三角、辐射长三角的重要平台。

新城中央商业商务区处于重要的交通节点区域,杭州湾大桥的建成、金山铁路的开通、沪乍铁路的建设,使金山从交通终点转变为交通重要枢纽,打通金山与松江、奉贤及浙江等地的对接道路,实现与周边地区的有机对接,立体化交通网络体系逐步完善。

新城中央商业商务区以块状、组团、成片集聚开发为导向,将商业、商务、酒店、餐饮、会议、文娱等城市功能集聚于一地。按照功能定位,以高品质、现代化的商务楼宇、大型购物中心、高星级酒店三大功能板块为主体,集聚形成金山区乃至上海南部门户的标志性区域。

规划商业立足金山新城区域、服务金山及长三角周边地区的超广域消费人群,以集聚国际知名连锁品牌为主力店,积极引进国际知名时尚品牌商品和品牌企业,完善零售购物、餐饮服务和休闲娱乐功能,形成金山区乃至上海南部地区设施较为先进、品牌较为集聚、功能较为齐全、辐射能力较强的城市商业新地标。规划商务突出低碳设计和商务社区的规划理念,强调功能、产业、空间的整体性和人性化,与周边商业区

联动,按照"智能化程度高、低碳化程度好、生态环境佳"的原则,建设成为楼宇成群、产业成链、配套完善、共生发展的新兴低碳商务社区。规划酒店按照标志性区域、低碳生态建设要求,参照五星级酒店的空间设计,建设配备有大型会议设施和各类餐饮娱乐休闲设施,集商务住宿、会议会务和休闲度假等多功能设施于一体的高星级商务酒店。引进知名国际酒店管理集团进行管理和经营。

(2)百联商业中心。百联商业中心位于金山新城中央商务区南侧,目前已集聚了百联金山购物中心、若干酒店、办公等服务设施。百联金山购物中心于2010年9月底建成开业,是集购物、餐饮、娱乐和社区服务为一体的商业综合体。周边另有大型专业店、宾馆、酒店、商务会所以及银行、证券等各类金融机构办公设施。

百联商业中心将以现有百联购物中心为依托,利用临近中央绿地、主要道路等综合优势进一步集中集聚建设高品质、现代化的商业设施,形成金山新城新兴商业中心。

(3)枫泾特色镇。枫泾镇地处上海西南,是上海通往西南各省重要的西南门户,也是我国南方沿海城市陆上进入上海的桥头堡。枫泾特色镇建设已经列入金山区"十二五"规划重点建设区域,是上海"十二五"期间郊区重点建设的门户镇之一。在新形势新要求下,枫泾镇将积极贯彻落实上海"创新驱动、转型发展"的战略要求,紧紧围绕建设成为"富有活力、生态宜居"现代化特色镇的目标任务,加快探索大力发展现代服务业、推进产业结构调整、实现经济复兴的道路。

枫泾镇未来将建设成有鲜明特色风貌的、与上海国际大都市相匹配的现代化城镇,着力提升商贸业功能和品质,以现代化、综合性商业为引领,以发展现代连锁商业业态为核心内容,完善购物、餐饮、住宿、休闲、娱乐等生活服务功能,明确商业业态定位,优化商业空间布局,同时引进和培育电子商务等新兴贸易业,提升商贸产业能级。

商贸发展立足服务于镇区居民及各类外来消费人群,选取交通便捷的新镇区中心区域,以一站式、综合性的购物中心为载体,形成集聚和辐射能级较高、独具文化魅力和时尚活力的上海西南商业新地标。一是重点发展零售业。加快推进现代商业设施的综合开发,重点建设具有主题特色、"商旅文"功能融合、建筑形态新颖、综合配套齐全的购物中心。二是大力发展餐饮住宿业。突出"商旅文"联动发展,发挥老字号餐饮品牌影响力,提升发展名店名品,推进集团化经营和连锁化扩张发展,弘扬枫泾镇餐饮文化。三是完善发展生活服务业。以大型居住社区为重点,改善社区便民商业服务设施,满足区域内各类消费人群的基本生活服务需求,方便居民日常生活。

2. 上海产业互联网生产性服务业功能区

（1）简介。上海杭州湾北岸电子商务产业发展有限公司成立于2013年10月，2015年园区经批准成为上海生产性服务业功能区之一：上海产业互联网生产性服务业功能区，是一个集互联网＋、信息化产业为主导的生产性服务业功能区。园区引进了上海网化化工科技有限公司、邦盟汇骏资产管理（上海）股份有限公司、上海宝默家居工程股份有限公司、"聚电商"企知电商打造运营平台，形成了以产业互联网和电子商务为核心、各类服务为一体的产业互联网、电子商务、信息化服务业产业链。

（2）2018—2019年发展概述和2019—2020年建设和调整重点。园区围绕"互联网＋"概念，不断提升招商服务能级，加大对服务业企业的招商力度，2018—2019年，园区营收、税收实现了飞速跨越式发展，增长率均达到两位数。在招商方面，以自主招商与同平台机构合作相结合为基础，大力推进招商力度。2019年度，杭州湾总计外出招商90余人次，新增合作平台超30家。在企业服务方面，发挥"店小二"精神，优化服务流程、简化服务程序、提供优质服务。园区联合物业、工会、党支部以及区级其他相关部门共举办活动近百场，参与人数近千人，内容涉及政策解读、人才招聘、投融资及其他专题讲座等活动。

（3）中长期发展目标、规划方案。一是发现与培育新的经济增长点，是实现战略目标的重要路径。主要包括设立商业模式创意奖励基金，鼓励大众创业，万众创新；降低引导基金扶持门槛，前推扶持阶段；每半年召开由政府职能部门、企业家、专家组成的咨询会议，及时了解和研判新的增长模式、新的增长点，主动抓住机遇，迎接挑战；设立新经济名录表，根据不同的权重，设立专人联系制度。二是积极推动企业走向资本市场。对具备条件的企业进行逐个梳理，明确上市条件和存在的困难，力争达到上市要求；帮助企业进行要素整合，不但要满足进入资本市场的基本条件，还要创造条件使企业在资本市场上有良好的表现，形成金山工业区产业互联网板块品牌；积极引进券商，对互联网企业进行培训和辅导；推动企业兼并重组，鼓励企业通过资本运作做大做强。

第十三节 松 江 区

（一）2018—2019年松江区服务业、商业发展基本数据

2018—2019年松江区服务业、商业发展基本数据见表12-13。

表12-13 2018—2019年松江区服务业、商业发展基本数据表

指标名称	2018年	比上年增长	2019年	比上年增长
生产总值	1 279.67亿元	7.0%	1 579.71亿元	6.0%
♯第三产业增加值	657.06亿元	12.8%	770.88亿元	7.7%
♯商业*增加值	152.92亿元	3.5%	167.24亿元	3.8%
商品销售总额	1 952.51亿元	6.6%	2 629.49亿元	1.4%
社会消费品零售总额	623.89亿元	6.2%	638.98亿元	5.2%
年末户籍人口数	64.31万人	1.85%	65.61万人	2.02%
年末常住人口数	176.22万人	0.62%	177.19万人	0.55%

* 商业口径为批发零售业。

(二)2018—2019年松江区商务发展特点和运行分析

1. 2018年商业服务业运行特点

2018年,松江区经委全面贯彻和落实党的十九大精神,紧扣区委区政府工作要求,紧紧抓住上海"五个中心"及自贸区建设历史机遇,秉持新发展理念,咬定一流目标,高质量建设G60科创走廊新高地,不断提升商贸业发展水平,推动区域经济迈向高质量发展。

2018年,全区实现商品销售总额1 952.5亿元,同比增长6.6%;实现社会消费品零售额623.9亿元,同比增长6.2%。商业实现税收68.8亿元,同比增长8.6%,占全区税收总额的12.8%。商业在促进产业结构调整、推动区域经济发展中发挥重要作用。

(1)消费品市场运行稳定。吃、穿、用、烧四类商品销售分布较为稳定,分别实现社零额194.4亿元、43.6亿元、333.1亿元和52.8亿元。受市场整治的影响,各商品交易市场成交额下降,其中,农贸市场成交额18.6亿元,同比下降0.6%;专业市场成交额173.3亿元,同比下降14.5%。

(2)商业综合体发展势头良好。2018年,区内商业综合体规模进一步扩大,发展形势良好。已纳入统计的区内万达广场、开元地中海商业广场等10家大型综合体共实现营收43亿元,同比增长7.2%。其中五龙广场还积极参与市"艺术商圈"活动,将艺术与商业融合,提升整体商业品质。

(3)传统商业发展较为低迷。受区内商业综合体及盒马鲜生、绿地直销等新型业态的冲击,区内传统商业销售总体呈下降趋势。区内两大传统百货(松江商城、松江一百)共实现销售额2.5亿元,同比下降9.6%;大润发、麦德龙等11家大型超市共

实现销售20.35亿元,同比下降4.7%。

（4）服务民生能力不断提升。在早餐网点薄弱区域新建11家早餐示范门店;在社区内61家社区智慧微菜场;创建10家"放心酒"示范店;精心筹办2018上海松江购物节、旅游节、啤酒节,增强居民体验度,有效拉动消费增长。

（5）"商旅文"联动措施有力。以全域旅游推进为抓手,不断提升"商旅文体"产品供给。全年接待游客1872万人次,同比增长10.5%。广富林文化遗址对外开放,欢乐谷嘉途酒店、佘山世茂洲际（申根）酒店正式开业,松南郊野公园一期试运营,欢乐谷嘉途酒店、世茂精灵之城主题乐园正式运营,佘山三角地块环境改造基本完工。"汇丰杯"高尔夫球赛、端午龙舟赛等赛事顺利举办。"上海人游上海"松江旅游直通车成功首发,松江旅游"美团网"官方品牌馆上线。围绕购物节、旅游节、佘山元旦登高、辰山草地广播音乐节、荷花节、欢乐谷国际魔术节、旗袍文化艺术节等节庆活动,持续打响松江商旅知名度。

（6）生产性服务业持续发展。大力培育总部经济,新认定保隆科技、丽人丽妆等6家国内大企业总部和区域总部。柯马不断提升能级,正在申报市商务委跨国公司（亚太区）总部。云汉芯城被列入全国供应链创新与应用试点企业。清控人居文创产业园开园,创异工坊等4家文创园区通过市级复评,轻客被认定为市级文创示范空间。

（7）承接进博会溢出效应明显。一是进一步扩大利用外资,深入贯彻上海"扩大开放100条",编制稳外贸相关措施,持续跟踪中美贸易摩擦对区内企业受影响情况。加强外资项目引进力度,百事集团二期改扩建项目开工,项目总投资约1亿美元;齐网大数据、英迈供应链、斐雪派克等新项目落户,中天科技、力狮置业等存量项目增资。二是全面服务和保障对接首届进博会,圆满完成进博会保障对接任务。接待参会内外宾98批次660余人,社会公众日有序组织6365名社会观众观展,2万余名松江社区群众走进进博会会址。松江交易分团贡献上海交易团首单,采购交易金额11.5亿元,数量和质量名列全市前列,以虹桥自贸城为代表的"6天+365天"常年展示交易平台同步运行。

2. 2019年商业服务业运行特点

2019年,松江区商务部门坚持以习近平新时代中国特色社会主义思想为统领,紧扣区委、区府重点工作任务,抓住上海"五个中心"及自贸区建设历史机遇,打响"四个品牌",把握重要战略机遇期,创新求实、唯实唯干,推动长三角G60科创走廊建设,全力助推区域经济高质量发展。

2019年,全区实现商品销售总额1979.84亿元,比上年增长1.4%;实现社会消费品零售额656.34亿元,比上年增长5.2%。商业在促进产业结构调整、推动区域经济发展中发挥重要作用。

(1) 消费品市场运行稳定。吃、穿、用、烧商品分别实现零售额203.7亿元、45.87亿元、352.48亿元和54.29亿元。其中农贸市场成交额19.02亿元,专业市场成交额195.5亿元,分别比上年增长2.2%、12.8%。

(2) 商业综合体发展规模扩大。2019年,区内商业综合体规模进一步扩大,发展形势良好。已纳入统计的区内万达广场、开元地中海商业广场等10家大型综合体共实现营收42亿元,比上年增长1.1%。九亭金地广场下半年开业,开元地中海商业广场、五龙广场还积极参与市"艺术商圈"活动,将艺术与商业融合,提升整体商业品质。

(3) 做大做强生产性服务业及文创产业。加大总部企业培育,新认定上海市民营企业总部6家,区级总部企业22家。柯马工程、慧镕电子等6家企业入选市服务型制造示范企业(平台),在全市占比18.52%。"丽人丽妆"成为我区首家市级电子商务示范企业。创异工房、轻客众创空间被认定为市级示范文创园区(空间)。

(4) 持续打响"上海购物"品牌。发布《松江区关于进一步优化供给促进消费增长的实施方案》《松江区关于推动夜间经济发展的实施方案》,挖掘夜间经济增长点,聘请第一批7名夜生活首席执行官,东明国际商城、开元地中海、泰晤士小镇特色商业街区被认定为区级夜间经济集聚区。做精做细松江购物节,举办建国70周年松江商业记忆展、九城市美食节等活动,成立长三角G60科创走廊九城市餐饮行业协会联盟。东其昌酒家、大众国际会议中心等84家单位创建成为松江"绿色餐厅"。

(5) 切实保障和改善民生。印发《松江区平价猪肉供应专柜建设管理工作方案》,推出平价肉摊补贴机制,全力做好猪肉保供稳价工作。新建47家智慧微菜场,完成6家新建及改造标准化菜市场建设。按照垃圾分类条例要求做好对商圈超市、农贸市场等垃圾分类工作指导。做好防汛防台物资储备。推进粮安工程建设,圆满完成8万吨秋粮收购和库存粮食大清查。

(6) "商旅文体"联动发展,打响品牌知名度。全年实现旅游收入124.83亿元,比上年增长13.8%;接待旅游2 101.23万人次,比上年增长12.2%。

目的地类项目建设成效显著,仓城历史保护建筑修复项目张氏宅、张氏米行、杜氏宅等已完工;泗泾下塘历史文化名村保护与更新项目程氏宅茶文化研究中心已对外开放;古镇规划展示馆已完成。要素类项目持续推进,榕港万怡酒店已正式开业;诚建精品酒店持续方案已批复;佘山茂御臻品之选酒店二期规划方案上报市规划资源局审批中。组织策划四季节庆,保障G60上海佘山国际半程马拉松比赛、辰山草地音乐节等重点节庆顺利举办;完成"建筑可阅读"一期项目,开展"建筑可阅读 城市微旅行"主题系列活动;开展第十届松江会务谷推介活动;举办第二届松江文创纪念品设计大赛;联合G60科创走廊九城市开展"玩转G60畅游长三角"中国旅游日主题活动,承办长三角沪苏浙皖"跟着考古去旅游"活动发车仪式,赴湖州、苏州、嘉兴三地开展松江文化旅游推介、交流活动。广富林文化遗址、松南郊野公园等9处景点入选2019年上海市民"休闲好去处";向广大听众展示松江的人文底蕴和旅游资源的《听江南·松江》访谈节目启动录制;发挥美团、驴妈妈、携程三大OTA平台作用,面向游客提供介绍松江旅游产品、惠民政策等最具有价值和口碑的一站式服务;向市文旅局推介松江旅游产品,包括"跟着非遗游上海线路""2019年夏游上海线路""历史寻根游线路"等。围绕购物节、旅游节、佘山元旦登高、辰山草地广播音乐节、荷花节、欢乐谷国际魔术节、旗袍文化艺术节等节庆活动,打响松江商旅知名度。

（7）主动承接进博会溢出效应,推动外向型经济稳中提质。服务保障进博会举办。抓住进口博览会举办契机,全面承接和放大进博会溢出效应,加快产业对接,推动重大产业项目落地落实。依托松江综合保税区优势,充分发挥政策叠加和整合效应,加大力度培育总部经济和外资研发中心,支持外资企业增资扩股、增容扩产。提高外资外贸发展质量效益,做好外商投资法政策解读,积极应对外部经济形势,加强重点外资外贸企业运行跟踪和服务力度,协助海关做好AEO认证等,增强外贸企业市场竞争力。发挥好中小企业开拓国际市场资金等政策效用,引导企业加大自主品牌对外宣传力度,不断开拓国际新市场。

第二届进博会成绩斐然。松江交易分团共有49户企业签订意向采购订单88笔,总金额17 670.7万美元。进一步承接进博会溢出效应,虹桥自贸城被纳入新一批"6天+365天"交易服务平台。

（三）松江区重点商圈、商业街发展亮点

1. 松江新城国际生态商务区

2018年11月,松江新城国际生态商务区正式被设立为5个上海市服务业创新发展示范区之一,作为松江区唯一代表申报建设"上海市绿色生态城区"。区域内商业和商务发展集聚,已建成商业办公和住宅面积136.2万平方米,在建商业办公和住宅面积56.32万平方米。区域内万达广场、五龙广场、中展璞荟等大型商业以及中展瑞景、开天等商务楼宇发展迅速。2019年,万达广场完成销售15.5亿元,比上年增长2.6%;整个商务区当年度企业纳税率达49%,商业商务楼宇去化面积达20 038平方米,其中包括像康佳·上海国际总部、上海博阳伏泰环保科技、弘卓网络科技、华纵宠物服务集群平台等功能性项目。

2. 开元地中海商圈

2019年,全年完成195家商户合同签订,合计签约面积约3.90万平方米,其中调整面积0.75万平方米。新引进喜茶、小句号、瑞幸、七分甜、喜来稀肉等网红品牌。引进哚哚米线、小淮娘、张亮麻辣烫等15个品牌,改造成为"食光岁道"主题轻餐区。通过调整置换等形式,打造松江首屈一指的运动集合区,耐克、阿迪达斯、李宁等运动品牌以大店模式呈现,带动客流上行。同时配合轻餐区的成型,增加了日用杂品类业态,引进90分、无印良品、37度生活美学、生活逗点等品牌,带动年轻客群的汇集。全年共开展大型主题活动16场,正月里的财神迎新活动、元宵灯谜活动、"六一"的儿童走秀活动、9月的亲子荧光跑活动、每年4月、10月两次的上海市大学生街舞大赛等,都已经成为开元地中海的商业名片。在沉浸式体验当道的当下,商场还有意识地开展沉浸式体验互动、体验、参与的营销活动,公司推陈出新了大黄鸭海洋球、音乐啤酒节、心愿扭蛋机活动等活动,以特色创意活动凝聚客流。有效整合商户资源,在10月举办的周年庆系列活动,在扩大活动规模的同时,实现了1+1＞2。全年,广场商户累计实现营业额9.63亿元。

3. 上海九亭金地广场

上海九亭金地广场已于9月21日盛大开业,作为2019松江购物节狂欢活动之一,九亭金地广场的盛大开业一方面通过全业态的消费模式满足消费者的不同需求,另一方面有效弥补了区域夜间消费空白,为市民打造全方位的消费体验。4层6万平方米的购物中心既囊括了高端影院品牌CGV影城、永辉Bravo超市、优衣库以及知名文创品牌言几又·今日阅读四大主力店,同时紧跟市场趋势,引入了喜茶、Tim Hortons、星巴克臻选店等品牌,以及LE CREUSET、Nespresso、dyson、气味图书馆等热门生活方式品牌,满足时下年轻人的潮流喜好,让松江居民在家门口即可打卡热门"网红"。此外,九亭金地广场还通过荟萃丰和日丽、月湖萃、西贝、上关雪、潮界和胡姬兰等风味,引进凑凑火锅·茶憩、有喜屋深夜食堂、潮民冰室、MO·MO牧场和火太九火锅音乐餐厅等可延长营业时间的餐饮品牌,并结合2.2万平方米室外商业街区,打造夜生活主题街区概念,让周边年轻客群能够畅享美好夜生活。

第十四节 青 浦 区

(一) 2018—2019年青浦区服务业、商业发展基本数据

2018—2019年青浦区服务业、商业发展基本数据见表12-14。

表 12-14 2018—2019 年青浦区服务业、商业发展基本数据表

指标名称	2018 年	比上年增长	2019 年	比上年增长
生产总值	1 074.3 亿元	6.4%	1 166.25 亿元	5.8%
♯第三产业增加值	597.5 亿元	11.9%	724.96 亿元	11.9%
♯商业*增加值			113.01 亿元	1.3%
商品销售总额			1 192.36 亿元	6.1%
社会消费品零售总额	580.97 亿元	3.0%	606.92 亿元	4.5%
年末户籍人口数	48.87 万人	1.2%	49.51 万人	1.31%
年末常住人口数	121.9 万人	1.14%	123.31 万人	1.16%

＊商业口径为批发零售业。

（二）2018—2019 年青浦区商业服务业发展主要特点

1. 2018 年社零维持小幅增长，限额以上占比持续提升

2018 年，青浦区紧紧围绕"全面推动青浦实现跨越式发展"目标，做强做优特色产业，着力优化营商环境，全力打响"四大品牌"，积极承接首届进口博览会溢出效益，不断推动高质量发展，全区商业经济总体保持平稳有序的运行态势。

全区社会消费品零售总额完成 581 亿元，比上年增长 3.0%，据全年增长 9% 的区经委下达目标有较大差距。其中限额以上社零完成 225.2 亿元，比上年增长 6.7%，增幅高于社零总额 3.7 个百分点，占比为 38.8%，占比相比上年提高 1.4 个百分点。

重点商圈中，赵巷商业商务集聚区实现销售 67.1 亿元，比上年增长 2.9%（其中，赵巷奥特莱斯品牌直销广场实现销售 40.0 亿元，增长 6.9%；吉盛伟邦实现销售 15.1 亿元，增长 2.5%）；青浦新城商业商务区实现销售 23.3 亿元，比上年小幅下降 0.4%。总体来看，重点商圈表现较为疲弱，未能有力拉动全区消费增长。

2. 2019 年商品销售保持小幅增长

2019 年，青浦区践行初心使命，深入贯彻两大国家战略，紧扣"一体化"和"高质量"两大关键，以"抢"的意识、"拼"的勇气、"实"的作风，实施重点工作"挂图作战"，全区商务经济高质量发展取得新的成绩，各项目标任务基本达到预期。服务业固定资产投资完成 154.60 亿元，完成全年目标 108.1%。社会消费品零售总额完成 606.90 亿元，比上年增长 4.5%，完成全年目标 100.4%。

全区实现商品销售总额 1 192.4 亿元，比上年增长 6.1%。其中，实现限额以上商

品销售总额573.8亿元,比上年增长9.3%。全区实现社会消费品零售总额542.3亿元,比上年增长4.5%。(其中:实现限额以上社会消费品零售总额253亿元,比上年增长12.4%。赵巷商业商务集聚区实现销售70.3亿元,比上年增长4.7%)。青浦新城商业商务区实现销售27.8亿元,比上年增长12.4%。

3. 2019年服务业产业平台加快集聚,辐射效应持续增强

通过政策聚焦、服务优化,"6天+365天"平台等重点产业平台发展稳定,集群效应显现。

(1)会展业平台。国展中心举办展览49个,展出面积572.3万平方米,展出接待721万人次,展出面积95万平方米,引进绿地汉诺威等会展产业链企业24家,实现税收1.5亿元。

(2)快递业平台。全年实现业务收入1 013亿元,比上年增长38.1%,全市占比78.6%,全国占比13.5%,成为全区第一个千亿级产业集群。

(3)跨境电商平台。保税物流中心跨境电商平台完成出货440万单,完成全年目标的146.7%。青浦综合保税区顺利通过验收并揭牌,创新运用综保区保税仓功能延伸,打通绿地全球贸易港保税展示销售通道,实现贸易便利升级。

(三)2018年青浦区服务业商业工作重点

1. 全力做好首届进口博览会保障与对接工作

主要包括3个方面工作:一是广泛发动,参展交易领跑全市前列。在动员采购方面,上海青浦交易分团由时任区长夏科家挂帅为团长,秘书处设在区经委,青浦区成立18个工作小组,配置专员开展交易团各项细致而繁杂的工作。展前累计注册登记单位数量、采购商和专业观众数量、采购排摸金额等三项均位列全市16个区分团第1。进口博览会现场成交金额预测排名全市前三位。在号召参展方面,青浦区有近20家世界500强企业及龙头企业的境外总部参加本次进口博览会,主要分布在智能及高端装备、汽车、服装服饰及日用消费品、服务贸易、消费电子及家电和食品及农产品等多个展区。二是精心谋划,"6天+365天"设想变成现实。通过打造"1+4"大平台,积极承接进口博览会溢出效应,把6天的展览延伸出365天的产业效益。"1"是"海外贸易组织办公平台",青浦区与国家会展中心合作建立海外贸易组织办公平台,为海内外贸易机构、组织、重点企业等提供空间支持、公共配套便利和综合资讯服务。"4"是"6天+365天"一站式交易服务平台,积极发挥国有企业和民营企业的主观能动性,整合利用在建和存量资源,按照5分钟、10分钟、15分钟车程布局产品互补、功能错位。承接产业溢出的一站式交易服务平台,包括东浩兰生"一带一路"进口商品

展销中心、绿地全球商品贸易港、上海西郊国际农产品交易中心和上海青浦区跨境电子商务保税展示贸易物流中心。三是招商推介,国内外形成广泛影响力。通过举办活动、平台引商、国际化宣传等措施引进来,招商硕果累累。到 10 月底青浦区累计推进招商企业 1 431 户,其中已落户 791 户,包括网易、安谋 ARM、启迪科技城、国家能源集团、金光集团等具有产业带动效应的大项目。举办活动重质不重量,除了前期累计开展的 58 场各类招商活动,进口博览会期间重点推进"1+6+2"重要活动,"1"为 10 月 18 日举办的"对接进博会 汇聚西虹桥"2018 青浦区投资环境推介会,"6"为展会期间的六场主题论坛和重点行业发布会,"2"为德国和匈牙利两家重点外资企业活动。进口博览会期间,还先后接待 10 个国家 11 个经贸团组,累计接待外宾 139 人。丰富多样的形式,打响国际化的"青浦品牌",为青浦打造上海西大门和长三角节点型城市带来更多的发展机遇。

2. 加快推进招商项目落地与产业项目建设

主要包括 4 个方面工作:一是推进重点招商项目加快落地。重点跟踪全区 64 个重大招商项目落地。其中,已签约项目 9 个,未签约项目 4 个,储备项目 51 个。中核建股份公司总部迁址落户,华为业务公司"上海海思技术有限公司"已注册成立,网易上海国际文创科技园项目、金光智能信息产业园、安谋科技项目签约落地。二是推动重大项目落地。重点跟踪全区新建产业项目 190 个,包括 122 个工业项目和 68 个服务业项目。其中,已出让未开工项目 12 个,已开工未竣工项目 74 个,已竣工未投产项目 15 个,已投产项目 90 个。三是策划实施招商宣传。制作《青浦投资环境》报告和宣传视频,赴北京、深圳、杭州等地开展招商对接,举办清华大学五道口金融学院 MBA 企业家、青浦区百强企业家"看青浦"系列等活动。四是加强经济小区管理。修订完善经济小区考核办法与考核细则,鼓励经济小区由"高数量"向"高质量"方式转变。开展 2017 年度经济小区考核,评选出 20 家先进单位。组织召开 9 次民营办工作例会,举办"青能浦卓"之经济小区总经理培训班 2 期,培训学员 85 人。

3. 开展企业大调研和企业服务工作

主要包括 4 个方面工作:一是聚焦大调研。牵头开展企业组大调研工作,共调研企业 51 150 家,其中,注册型企业 47 586 家,实地型企业 3 436 家,除去 128 户非正常经营的企业,覆盖率达 100%。反映问题总数 1 038 个,已解决问题 1 406 个,收集建议数量 431 个。二是聚焦上市培育。2018 年 1 月 16 日,德邦物流股份有限公司正式登陆 A 股市场;12 月 17 日,永升生活服务集团有限公司在香港主板上市。青浦区已有境内外上市企业 23 家,全市排名第二位。三是聚焦营商环境。按照"一窗受理、一网通办"的要求,设立产业项目综合服务窗口。牵头落实行政审批和推进区经委行政审批事项入驻窗口相关工作,完成"一网通办"事项的调研材料报送工作。四是聚焦政策宣传。编印《青浦区产业政策一本通》和《产业政策排片表》3 500份。动员5家企业申报国家单项冠军,推荐32家企业认定市高成长性科创企业,组织117家企业参加市"专精特新"企业申报。指导受理第一批、第二批中小企业发展专项资金项目223个,现代服务业专项资金项目9个。

4. 加快产业平台建设,打响青浦产业品牌

主要包括3个方面工作。一是推进会展平台建设。1—11月国展中心举办展览45个,展出面积556.5万平方米,展出接待676.1万人次,展出面积和接待人次分别增长18.6%和34.3%。围绕"进口博览会"开展主题招商,落实绿地虹桥世界中心、国家会展中心机构等承接载体,放大跨境电商保税展示贸易物流中心和西郊国际等重点平台的功能效应。二是推进快递物流平台建设。1—11月,青浦区完成快递业务量12亿件,同比增长9.9%;业务收入累计完成654.4亿元,同比增长19.1%。青浦区快递业务收入占全市71.3%。成功举办2018年中国快递论坛,与圆通合作开展快递物流产业行业研究,推荐安能物流等企业申报上级政策支持。三是推进跨境电商平台建设。2018年,青浦区跨境电商总单量241万单;新引进跨境电商企业7家,累计引进39家,完成2018年度专项资金拨付1 443.0万元。9月,出口加工区获批整合优化为综合保税区。

5. 加强行业管理和民生服务工作

主要包括4个方面工作。一是加强消费市场建设。贯彻落实打响"上海购物"品牌,制定专项行动方案。举办2018上海青浦"长三角名品展"等活动,加快推进重点区域商业提能升级,推进"艺术进商圈"活动,桥梓湾商圈、米格天地被纳入上海艺术商圈"合作商业企业"名录。推进赵巷智慧商圈建设,商圈内无线WiFi覆盖系统正式启用。加强商业企业经营安全和市场供应工作。二是加强菜市场监督管理。制定实施《2018年青浦区社区智慧微菜场建设工作方案》,开办3家示范性标准化菜市场,新设置智慧微菜场47处。加强食品安全追溯系统建设,落实专业运维公司对青浦区菜市场开展追溯系统运行维护。三是加强酒类市场管理。新办酒类商品零售许可证551张,检查酒类批发、零售企业等76户,出动执法人员166人次。共处理零售假冒伪劣酒类商品案件10件。接受投诉、举报35件,查获各类假冒酒119瓶,罚没款10万元。开展联合执法行动6次,协助对涉案酒类商品鉴定6次。四是加强粮食管理。完成地方储备粮规模4.3万吨,其中粳谷3.39万吨,大米1 500吨,小麦6 000吨。秋季收购粳谷20 954吨、即收即销粳谷761吨,累计烘干粮食约

2.5万吨。粮油实物帮困人数40 707人,金额285万元;居民副食品补贴发放4 345人,金额34万元。

(四) 2019年青浦区服务业商业工作重点

1. 全力服务保障进博会顺利召开

(1) 完善并优化指挥部制度。健全会议、信息、宣传、督查、档案及考勤等6项制度;制定并发布《青浦区服务保障第二届中国国际进口博览会任务书》,细化138条具体任务并督办完成,实行"一办九组"指挥体系扁平化高效运作。

(2) 有序推进办公室日常工作。发挥进博办统筹协调和后勤保障作用,以"一办九组"工作机制统筹70多个成员单位,召开指挥部会议21次,编辑简报115期,累计开展综合巡查11次,发现十大类213个问题完成整改率达98%。

(3) 密切与各级部门联系合作。与市级部门对接协调落实进博会相关车证、人证、VIP证件办理等具体事务,与区内部门协调落实延展期基层群众观展等工作,畅通沟通渠道,确保工作高效推进。

(4) 建立三级巡查机制。划分8个重点区责任网格,"三网融合"基础上建立"1+8"工作架构,巡查人员1.1万人次、结案606件。

(5) 推进市容环境和城市形象提升。开展道路、绿化、管线等专项治理。完成47个政府性投资项目,19个社会投资项目按节点推进。

2. 着力放大进博会溢出效应

(1) 优化交易分团架构。组建由区长任团长、分管副区长任副团长的工作架构,搭建"1+4+18+X"的立体交易保障体系;展会期间,18个工作小组以"专员跟单"模式推进每一笔预排摸订单落地。

(2) 实现分团双超目标。第二届进博会期间,青浦交易分团完成"双超"目标,注册观众16 449人,超出首届18%,现场成交金额4.75亿美元,超出首届22%,排名全市第二位;签下上海交易团首日大单。

(3) 激发平台集聚效应。在首届进博会4个"6天+365天"展示交易服务平台的基础上,2019年推荐的5个新平台均获认定,累计9家企业入选"6天+365天"展示交易服务平台,平台总数位居全市第一位;组织平台积极发挥采购作用,89%现场成交金额均来自平台;在11月8日集中采购仪式上,3个平台入驻4个海外商协会机构,4个平台与近20家参展商达成采购意向协议。

(4) 创新扩大贸易便利。创新运用综保区保税仓功能延伸,打通绿地全球商品贸易港保税展示销售通道,实现贸易便利升级。

(5) 积极开展经贸交流。进博会期间,接待卢森堡、德国、老挝、汤加王国、南苏丹、安哥拉等外国经贸团组以及中国女企业家协会等国内团组,共计近 200 名国内外嘉宾和企业家。

3. 合力推动招商引资取得新成效

(1) 重大项目纷纷落地。洽谈对接重点项目超过 30 个,先后与英富曼会展、海克斯康、国核资本、天翼智慧、影谱科技、普华永道等 13 个项目签约。

(2) 形象推介持续发力。参加上海城市推介大会,通过全市平台发布 4 条特色经贸路线和 5 场推介活动;与区经委联手举办"'推动一体化 打造新高地'长三角生态绿色一体化发展示范区誓师大会暨产业项目启动仪式",并支持举办企业平台为主的 8 场招商宣传。

(3) 多措并举稳外资稳外贸。开展外商投资企业协会换届大会,落实外贸企业相关扶持政策,提升企业服务,召开政企圆桌会议、举办外商投资企业新年音乐会等。

4. 强力推进消费提质升级

(1) 出台新方案全面促进消费。制定《青浦区关于进一步优化供给促进消费增长的实施方案》,落实六大方面 23 项重点工作。

(2) 打造新亮点发展夜间经济。重点推动夜间经济,着力打造一批地标性夜生活集聚地。许昆林副市长为夜间区长颁证,并先后任命 15 位"夜生活首席执行官"。

(3) 提升新能级营造消费环境。打造新的消费商圈和热门地标,举办"2019 上海青浦长三角名品节",加强轨交 17 号沿线、西虹桥、赵巷镇、朱家角镇等重点区域商业综合体建设和运营。万达茂、沃尔玛山姆店开业,元祖梦世界、珠里上苑、绿地青浦中心等 2019 年底开业。

(4) 扎实做好民生服务保障。新增社区智慧微菜场 44 处,超额完成全年新增 10% 的目标。在全区菜市场设置平价蔬菜专柜 14 个,生猪产品保供稳价专柜 18 个,累计财政补贴 83.82 万元。

(五) 2020 年服务业发展重点工作

1. 稳外资稳外贸。外资方面:一是宣贯稳外资政策。通过走访调研、企业家沙龙、提案现场办理等多种形式,积极宣传《外商投资法》及其实施条例,以及《外商投资准入特别管理措施(负面清单)2020 版》和本市稳外资"24 条"等政策,增强外国投资者投资信心,稳妥推进稳外资相关工作。二是加快产业扶持政策兑现。三是研究制订《青浦区促进利用外资高质量发展支持办法》。将相关扶持资金纳入明年年度预算，不断扩大开放、提升本区利用外资水平。四是加强企业服务。建立健全本区外商投资企业投诉工作机制，加强企业服务。外贸方面：一是落实各项外贸支持政策。组织企业积极申报市场多元化专项资金以及外贸发展专项资金。落实沪稳外贸"11条"、青"惠"17条，加大外贸企业支持力度。二是提升贸易便利化水平。三是积极为外贸企业拓展市场。

2. 促进服务业投资。开展招商推介活动，制定产业政策。制定出台《青浦区商业办公用地全生命周期管理实施办法》，修订《青浦区促进总部经济发展的实施办法》，集聚高能级总部，开展2020年度贸易型总部和民营总部认定工作。推进重点项目落地。

3. 促进消费增长。打造青浦购物季品牌、推出消费特色活动、释放节假日消费潜力。

4. 落实保基本民生工作。一是落实保供稳价工作。建立街镇、菜市场、商业企业工作网络，启动日报制度，对防控应急物资和生活必需品市场供应实施监测，密切关注市场动态，加强主副食品趋势研判，发挥好蔬菜、猪肉平价专柜保供应、稳市场的作用，加强企业货源组织供应，确保主副食品供应稳定，保障市民消费需求。二是推动菜市场建设改造。以"推动转型发展，改变市场模式"为目标引导青浦区菜市场积极转型升级，推动全区菜市场朝多元化经营模式发展，营造菜市场良性竞争环境，解决菜市场社会管理难度高、易反复等问题。三是做好疫情防控工作。

5. 落实保粮食安全工作。一是加快2019年考核问题整改落实。二是部署2020年度粮食安全责任制考核工作。三是做好2020年全区秋粮收购筹备工作。研究制定秋粮收购工作方案，出台收购相关政策，规范粮食收购程序，严格按照国家收购政策，不压级压价、不抬级抬价、不克斤扣两、不打"白条"，不拒收限收符合国家收购质量标准的粮食，应收尽收，切实维护种粮农民利益，增强为农服务意识，强化各项服务措施，确保粮食市场平稳有序运行。四是紧抓粮油市场统计监测工作。五是做好帮困粮油和副食品补贴发放工作。

第十五节 奉 贤 区

（一）2018—2019年奉贤区服务业、商业发展基本数据

2018—2019年奉贤区服务业、商业发展基本数据见表12-15。

表 12-15 2018—2019 年奉贤区服务业、商业发展基本数据表

指标名称	2018 年	比上年增长	2019 年	比上年增长
生产总值	841.5 亿元	6.1%	1 173.20 亿元	5.2%
♯第三产业增加值	378.7 亿元	7.1%	413.64 亿元	12.1%
♯商业*增加值	99.6 亿元	7.5%	87.54 亿元	4.1%
商品销售总额	1 811.1 亿元	9.1%	1 885.4 亿元	4.1%
社会消费品零售总额	580.18 亿元	8.4%	622.54 亿元	7.3%
年末户籍人口数	53.85 万人	0.41%	54.13 万人	0.52%
年末常住人口数	115.2 万人	−0.29%	115.78 万人	0.50%

*商业口径为批发零售业。

（二）2018—2019 年奉贤区服务业、商业发展特点及运行分析

1. 2018 年商业经济概况

2018 年,在奉贤区委、区政府的坚强领导下,全区商务发展保持稳中向好态势,商贸流通稳中有进,对外贸易回稳向好,利用外资稳步提质。围绕年初确定的任务目标,稳步推进各项重点工作,取得一定进展。

2018 年,奉贤区实现社会消费品零售总额 580.2 亿元,同比增长 8.4%。2018 年,奉贤区实现商业销售额 1 811.1 亿元,同比增长 9.1%;实现社会消费品零售总额 580.2 亿元,同比增长 8.4%。石油及制品类增长快速,同比增长 18.7%;服装、鞋帽、针纺织品类、日用品类分别增长 2.9%、4.2%。

2018 年,奉贤区围绕打响"上海购物"品牌,精心开展第十二届上海购物节奉贤欢乐购物活动,分为"遇见特色奉贤""购享佳节文化""商旅文体互动"三个板块,开展南桥商圈嘉年华活动、第三届宝龙城市广场闽南博饼节、东方美谷商品集市、2018 上海艺术进商圈、通阳路灯光夜市美谷节、2018 海湾森林慢生活集会共 6 项活动。上海水星电子商务有限公司等 3 家主要电商企业,"双十一"当天累计实现商品销售额 3.32 亿元,同比增长 15.3%。2018 年,奉贤形成"万村千乡"农村便利店和"食品放心店"的联手推进机制,"万村千乡"农村便利店累计建成 171 家,配送货品 602 万元。

2. 2018 年服务业概况

2018 年,奉贤区现代服务业总体呈加速增长态势,第三产业在奉贤区经济结构中的比重创出新高。全年完成第三产业增加值 378.69 亿元,同比增长 7.1%,占奉贤区比重 45%,比上年提高 0.5 个百分点。其中,批发零售业实现增加值 99.58 亿元,同

比增长7.5%；住宿餐饮业实现增加值12.16亿元，同比下降4.6%；信息、计算机服务和软件业实现增加值39.85亿元，同比增长6%；金融保险业实现增加值48.38亿元，同比增长2.7%；房地产业实现增加值44.32亿元，同比增长17.5%。实现第三产业税收204.47亿元，同比增长20.6%。

（1）平台经济稳步发展。2018年，奉贤区已建立上海石油化工交易中心、上海煤炭交易中心2个市级平台，聚集大宗商品交易平台、电商平台、专业市场平台、制造业集成平台、专业服务平台5类重点平台企业，涉及大宗商品能源、生产资料与农副产品3个领域。其中上海石油化工贸易服务功能区入驻平台会员企业807家；交易量1810亿元，同比下降2.2%；税收1.77亿元，同比增长3.3%。

（2）营商环境不断优化。2018年，奉贤建立评估区内商业办公用地年度供应计划机制，优化区内土地和住房供应结构，全年有9个地块通过市商务委审核。推动建立区内服务业新项目联合评审制度，南上海汽车全生命周期服务区、波顿集团上海生物技术研发中心和运营总部项目通过联合会审制度评审，被认定为区优质服务业项目。

（3）东方美谷功能区建设加快。2018年，经市发改委、市经信委、市规土局、市环保局联合评审认定，上海南郊生产性服务业功能区正式更名为东方美谷生产性服务业功能区，原136.53公顷用地规模扩大为439公顷。在东方美谷总体战略框架下，"东方美谷重要产品追溯管理云平台"完成建设，以此为核心功能的"东方美谷产业集群重要产品追溯示范区"经由上海市商务委员会正式批复成立，为美丽健康产业提供检验检测、风险评估、标准体系、安全认证、咨询培训、公共服务等一系列配套服务。

3. 2019年商业经济概况

2019年，奉贤区商务发展保持稳中向好态势，商贸流通稳中有进。围绕年初确定的任务目标，稳步推进重点工作，取得一定进展。

2019年，奉贤区实现商品销售总额1885.40亿元，比上年增长4.1%；社会消费品零售总额622.50亿元，比上年增长7.3%。

2019年，全区限额以上社会消费品按主要商品类别分10类，其中：服装鞋帽针纺织品类及汽车类商品占比较高，分别实现零售额18.6亿元和30.6亿元，比上年增长11.3%和下降13.7%。石油及制品类和日用品类分别实现零售额8.3亿元和12.2亿元，比上年分别下降15.7%和增长21.1%。家用电器和音像器材类及文化办公用品类分别实现零售额7.5亿元和1.3亿元，比上年分别增长21.2%和18.5%，其余4类商品零售额比上年均有不同程度下降。全年批发和零售业实现增加值106.3亿元，比上年增长4.5%。

2019年内,奉贤区围绕《全力打响"上海购物"品牌,打造国际水平美丽健康时尚消费新高地三年行动计划》,提出围绕"美丽健康时尚"区域主题,构建奉贤特色购物名片,打造品牌集聚度、时尚引领度、消费便利度、营销诚信度、服务满意度领先的"南上海中心"购物目的地,打造国际水平美丽健康时尚消费新高地。6—12月,南桥百联购物中心和宝龙生活广场2家商圈企业参加市"艺术进商圈"活动,共展演了音乐欣赏类、手工体验类、动漫类、亲子类、杂技展演等5个大类14个节目。

(1) 优化商业监测样本结构。2019年,奉贤区根据消费市场发展动态,优化监测样本结构,调整超市、宾馆餐饮和农副产品样本企业。至年末,商业检测样本总数41家,实现零售额115.37亿元。年内,全区消费市场总体平稳,34家重点商业企业实现销售额82.55亿元,比上年增长1.9%。假日消费拉动效应明显,春节前7天及节中7天累计实现销售额3亿元,比上年增长9%;"五一"节3天假期实现销售额7818万元,比上年增长4.5%;国庆节7天假期实现销售额2.93亿元,比上年增长6.9%。

(2) 推进"万村千乡"农村市场工程。2019年,区经委与市场监管局联手推进"万村千乡"农村便利店和"食品放心店"发展,明确上海奉贤大润发商贸公司作为农村便利店的配送单位,对农村便利店实施统一配送、统一公示、统一承诺、统一台账、统一检查、统一责任管理。9月启动对全区农村便利店年度考核工作。按照安全放心店的创评要求,结合日常监督检查情况,着重检查放心店"六个统一"管理机制落实,从源头上杜绝假冒伪劣商品进入农村流通领域。至年末,"万村千乡"农村便利店累计建成147家,配送货值669万元。

(3) 举办第十三届欢乐购物节。9月21日—10月20日,第13届上海购物节奉贤欢乐购物活动举办,分"美谷美购""遇见特色奉贤"以及"购想佳节文化"3个板块,开展东方美谷精品快闪活动、资生堂美谷快闪活动、上美大型品牌特卖活动、五五海淘国际美妆电商节、南桥商圈嘉年华活动、老爷车啤酒嘉年华、2019上海艺术进商圈、宝龙广场闽南博饼节9项活动。为区内具有品牌性、形象性活动开展提供平台,给消费者提供优惠促销信息,提前引爆国庆节的消费,拉长节庆消费链。据不完全统计,在购物节期间参与主题活动的12家商家共实现销售4.07亿元,吸引客流量达403万人次。

4. 2019年服务业概况

2019年,奉贤区现代服务业总体呈加速增长态势,第三产业在全区经济结构中的比重创出新高,促进和推动了全区经济的转型发展和能级提升。全年完成第三产业增加值409.48亿元,比上年增长6.9%,占全区比重46.2%,比上年提高1.2个百分点。其中:批发零售业实现增加值106.29亿元,比上年增长4.5%,住宿餐饮业实现增加值12.58亿元,比上年增加4.1%;信息传输、软件和信息技术服务实现增加值42.52亿元,比上年增长5.2%;金融保险业实现增加值52.59亿元,比上年增长6.4%。

(1) 平台经济稳步发展。2019年,全区有上海石油化工交易中心、上海煤炭交易中心2个市级平台,聚集大宗商品交易、电子商务、专业市场、制造业集成、专业服务5类重点平台企业,涉及大宗商品能源、生产资料与农副产品3个领域。其中:上海石油化工贸易服务功能区入驻平台会员企业845家,交易额达1090亿元。

(2) 服务业品牌培育。2019年,上海石油化工交易中心有限公司、上海晨光文具股份有限公司、伽蓝(集团)股份有限公司等11家企业获上海市民营企业总部称号。上海牵翼网络科技有限公司和灰度环保科技(上海)有限公司2家企业获得市经信委产业电商"双推"平台类项目支持。上海汇珏网络通信设备股份有限公司、上海阿波罗机械股份有限公司获得市经信委服务型制造发展专项资金支持。佰草集、玛丽黛佳、韩束获得"时尚100+"暨2019时尚先锋时尚品牌奖。

(3) 完善楼宇经济发展。2019年,奉贤区以培育特色楼宇、打造"一楼一品"为目标,联合区投促局优化顶层设计,推进楼宇园区化管理,实行"楼小二"制度,抓楼宇招商和服务功能提升,确定重点考核楼宇,细化楼宇经济考核方案,科学设置考核指标内容,引导各楼宇责任单位加大招商力度。年内,区投促局在部分重点楼宇试点飞地招商、租税联动、引入专业楼宇运营团队等,带动区楼宇存量消化率和经济贡献提升。截至2019年末,全区楼宇统计面积218万平方米,其中已用面积131万平方米,使用率60%。

(三)"十四五"奉贤区现代服务业主要任务

"十四五"现代服务业主要任务为推进"四化四融"。以生产服务专业化、生活服务精细化、企业服务品牌化、产业发展高端化为发展方向,以两业融合、两化融合、文产融合、产城融合为主要抓手。

1. 推动生产性服务业专业化

结合奉贤产业特点,聚焦"美丽健康"和"智能制造"产业链延伸,美丽健康产业服务链重点发展研发设计、品牌营销、终端服务;智能制造产业链延伸服务重点发展服务型制造、研发设计、供应链管理、汽车移动出行服务等。大力促进生产性服务业与先进制造业、都市现代农业在更高水平上实现融合互动发展,提高专业化水平。加快东方美谷产业集聚中心、无人自动驾驶应用场景、工业产品(消费品)展示营销公共服务平台等项目建设。

2. 推动生活性服务业精细化

结合奉贤美丽健康和智能制造产业和产品,提升生活服务业能力,大力发展在线经济、品牌经济、连锁经济，为适应居民生活水平提高和消费升级的需求，促进生活性服务业向便利化、品质化、精准化升级，提升老百姓的感受度以及生活性服务业发展质量和效益，满足人民群众多样化、个性化、精细化、高品质的生活需求。积极发展爱宠服务业、培育发展健康服务业、优化发展批发零售业、鼓励发展教育服务业、规范发展家政服务业、提升发展旅游服务业、推动发展会展服务业。

3. 推动企业服务品牌化

围绕生产性服务业发展的重点领域，着力打造细分领域专业化发展的生产性服务业品牌。围绕生活服务业发展的重点领域，着力打造"商旅文体"服务品牌；促进在线经济和在线零售等电子商务发展；聚焦多元化、特色化，着力打响教育、医疗服务品牌；聚焦标准化、集约化，着力打响居民生活服务品牌。加快建设东方美谷美容体验馆，引进高端医疗机构、体检中心，做强奉贤中学等教育品牌，将金牌店小二制度市场化、社会化，推进全社会服务的品牌化建设。

4. 推动服务业产业高端化

推进东方美谷和未来空间高端发展，深入实施"引进来、走出去"战略和企业国际化战略，技术前沿化、品质标准化、管理现代化、服务便利化，鼓励企业积极接轨国内、国际商业惯例，对接国际产品和服务标准，主动服务长三角，服务新领域。加快发展总部经济、平台经济、会展经济、爱宠经济，鼓励企业突破地域限制，拓展服务半径，为经济发展带来新的增长点。

5. 促进现代服务业和先进制造业融合发展

推进制造业服务化积极推进制造业与服务业深度融合，通过增值服务促进制造业转型升级，推动制造业向价值链高端延伸，以产业融合赋予服务业新的内涵与活力。引导制造业企业从单纯出售产品向出售"产品＋服务"转变，推动服务型制造向专业化、协同化、智能化方向发展，提升服务型制造能力和水平。

6. 促进现代服务业向信息化与产业化融合

推进信息化与工业化深度融合，加快发展产业互联网。对接"新基建行动方案"，在相关基础设施建设领域加大投资，推动奉贤区基础设施升级。依托在线新经济并结合人工智能、数字经济、网红经济，重点培育在线金融、在线教育、在线研发设计、在线医疗、工业互联网、无人工厂、智能出行等在线新经济发展重点，实现由线下到线上转型。

7. 促进文化创意与传统产业融合

推进文化创意和设计服务与制造业融合发展。在智能制造产业服务领域，要大力提升总体设计、系统集成、节能环保、绿色智能、试验验证、应用转化等能力，加强产品和关键性零部件的外观、材料、结构、功能和系统的设计。在美丽健康等消费品服务领域,强化创意和设计在产品创新、品牌建设、营销策划和质量管理等方面的作用,提高产品附加值。推进文化创意和设计服务与主导产业深度融合发展,进一步扩大产业影响力、引领性。进一步推进九棵树艺术中心,冷江雨巷等项目与产业相结合,发挥功能性核心作用的建设和挖掘。

8. 建设特色产业园区促进产城融合

发挥奉贤产业优势、营商环境和东方美谷影响力,结合城市功能推进,开展特色园区专题投资推介活动,重点推介服务业园区和优质楼宇资源。重点抓好盘活现有园区,做好优化入驻企业结构等工作;引进专业管理团队,建立"楼小二"服务模式,实行园区精细化管理,企业精准化服务,不断提升城市服务和辐射功能,改善投资环境。在城市开发、老旧社区更新、基础设施建设运营机制、产业园区建设运营管理等方面,充分利用社会资源,鼓励社会资本参与,扩大投融资渠道,形成长效机制。

第十六节　崇　明　区

(一) 2018—2019 年崇明区服务业、商业发展基本数据

2018—2019 年崇明区服务业、商业发展基本数据见表 12-16。

表 12-16　2018—2019 年崇明区服务业、商业发展基本数据表

指标名称	2018 年	比上年增长	2019 年	比上年增长
生产总值	351.1 亿元	5.5%	378.5 亿元	6.8%
♯第三产业增加值	189.2 亿元	9.8%	256.2 亿元	8.5%
♯商业增加值	26.81 亿元	5.8%		
商品销售总额	530.03 亿元	7.8%	564.80 亿元	4.7%
社会消费品零售总额	125.67 亿元	7.5%	134.48 亿元	7%
年末户籍人口数	67.86 万人	0.64%	54.13 万人	0.52%
年末常住人口数	68.81 万人	−0.94%	68.36 万人	−0.65%

(二) 2018—2019 年崇明区商业发展概况

1. 2018 年商业经济

(1) 商业市场供销两旺。2018 年,崇明区内商品市场繁荣稳定、销售活跃,吃、穿、用、烧商品销售保持稳健增长,分别实现零售额 51.31 亿元、14.64 亿元、52.03 亿

元和7.69亿元,同比增长7.3%、7.5%、7.8%和7.1%。吃和用类商品零售额对社零总额的贡献率分别达到40.8%和41.4%。

2018年,零售业实现零售额108.23亿元,同比增长7.6%,占零售总额的86.1%;批发、住宿、餐饮行业分别实现零售额5.64亿元、4.70亿元和7.10亿元,同比增长7.2%、7.1%和6.8%。

节日期间,各大商家积极开展各类营销活动,满足广大居民和来崇游客的消费需求。据对14家主要商业企业抽样统计,元旦实现营业额1 639万元,同比下降3.6%;春节实现营业额4 197万元,同比增长10.7%;"五一"实现营业额1 766万元,同比增长4.3%;国庆实现营业额4 238万元,同比增长1.2%。

(2) 商业市场管理加强。制定崇明区全力打响"上海购物"品牌三年行动计划。回收废弃农药包装物125吨,外运处置18吨。区再生资源回收集散场项目建设正式开工,年内土建部分基本完成。临时站点回收废旧玻璃299吨,已全部外运处置,回收交解电子废弃物7 849件。加强商业预付卡管理,备案7家,处理投诉20余起。创建绿色餐厅13家。云南省临沧市特色商品展销会成功举办。4家企业参与2018上海购物节。打击侵犯知识产权和制售假冒伪劣商品工作、节日市场监测分析工作有序推进。商务领域安全生产形势良好。办理家政服务灵活就业证明16份。出具商业地块产业征询意见14份。

(3) 粮食安全有力保障。区粮食应急预案正式发布。各类粮食经营企业共计收购小麦1 765吨,油菜籽250吨,粳谷12.8万吨。制定并启动区级储备粮轮换方案。粮食清仓查库、军粮供应等专项检查结果良好。协调主渠道企业及时足额轮换2.5万吨区级储备粮。抽查72份样品送上海国家粮油监测中心检测。投资120万元,维修粮食仓库900平方米。发放4 300多名城镇居民副食品价格补贴41.2万元。向17 487户粮油帮困对象供应大米食油近1 422万元。节粮爱粮宣传周活动圆满完成,发放爱粮、节粮知识宣传册1 500余本。9家经销商试点建设粮食追溯系统。

(4) 酒类市场秩序规范。2018年,办理酒类商品零售许可证391张,其中,新办231张,延续变更145张,注销15张。举办酒类经营人员培训4次,培训企业1 000余户次。开展执法检查30余次,检查各类酒类经营企业500余家,立案查处销售假冒酒行为5起,无证经营5起,没收假冒酒46瓶,收缴罚没款2万余元。抽检白酒、黄酒等72个批次,基本符合标准。处理投诉案件10件。

(5) 集贸市场、窗口行业创城深入推进。开展生态集市课题研究,完成生态集贸市场调研报告、建设管理指南和"一镇一策"等报告,并通过区委常委会议审议。召开创城推进工作会议,表彰12家"市民最满意集贸市场"、30个"市民最满意服务窗口",

并在《崇明报》报道。新建3家政府实事项目标准化菜场。开展集贸市场双月督查4轮。落实2017年6家标准化菜市场建设市级补贴资金105万元,并申报2018年市级补贴项目。新建商场超市母婴室3个。组织19场、共608人参加的窗口服务提升行动专题培训。开展窗口"啄木鸟"督查3轮。落实各类窗口督查、点位梳理、测评整改和创城宣传。

2. 2019年商业经济

(1) 商业市场供销两旺。2019年,区内消费品市场繁荣稳定、销售活跃,吃、穿、用、烧商品销售保持稳健增长,分别实现零售额55.11亿元、15.74亿元、55.38亿元和8.26亿元,比上年分别增长7.4%、7.5%、6.4%和7.3%。吃和用类商品零售额对零售总额贡献率分别达到41%和41.2%。至年末,全区共有商品集贸市场53个,全年成交额35.33亿元,比上年增长7.1%。

2019年,零售业实现零售额比上年增长7%,占零售总额86.1%。批发、住宿、餐饮行业分别实现零售额6.04亿元、5亿元和7.65亿元,比上年分别增长7.1%、6.4%和7.8%。

节日期间,各大商家积极开展各类营销活动,满足广大居民和来崇游客的消费需求。据对14家主要商业企业抽样统计,元旦实现营业额1 724万元,比上年增长5.2%;春节实现营业额4 317万元,比上年增长2.9%;"五一"节实现营业额2 109万元,比上年增长3.4%;国庆节实现营业额3 963万元,比上年增长1%。

(2) 商业市场管理加强。崇明区全力打响"上海购物"品牌三年行动计划有序推进。成功举办2019上海购物节崇明活动、2019上海艺术商圈活动崇明场。出具商业地块产业征询意见30份。办理来沪家政从业人员灵活就业信息登记16份。商业加强单用途预付消费卡管理,制定信息对接工作方案,牵头排摸发卡企业203家,备案8家,处理投诉6起。回收废弃农药包装物132吨,外运处置116吨。回收交解电子废弃物7 100件。开展商务领域安全生产大检查。推荐2家老字号企业申报市重点商标保护名录。创建绿色餐厅15家。办理中央和市级生态环保督察交办信访事项28件。

(3) 粮食安全有力保障。制定并启动区级储备粮轮换方案。粮食清仓查库、军粮供应等专项检查结果良好。协调主渠道企业及时足额轮换2.5万吨区级储备粮。抽查140份样品送上海国家粮油监测中心检测。投资296万元,配置除杂设施设备。发放3 287多名城镇居民副食品价格补贴40万元。向17 487户粮油帮困对象供应大米食油近1 269万元。节粮爱粮宣传周活动圆满完成,发放爱粮、节粮知识宣传册1 500余本。9家经销商试点建设粮食追溯系统。

(4) 集贸市场、窗口行业创城深入推进。召开创城推进工作会议,表彰12家"市民最满意集贸市场"、30个"市民最满意服务窗口"。制定生态集贸市场建设实施意见、管理指南、验收流程和绩效考核办法。完成生态市集标识征集。推进新河、向化、陈家镇3家生态市集重点项目建设。绿海路菜场正式开业,天峰、湄洲菜场基本完成改造,三沙洪、健源菜场实施对标补缺。开展集贸市场双月督查3轮。14家标准化菜市场肉菜追溯系统平稳运行。加强活禽交易管理,16家零售点予以授牌。以22家集贸市场为样本,加强生鲜猪肉市场供应情况监测,报送分析报告11期。推进"净菜上市"和菜场湿垃圾就地处理设施建设。落实2018年度1家标准化菜市场建设项目市级补贴资金20万元,申报2019年度标准化菜场市级资金补贴项目3个。完善窗口点位测评标准。开展4场共300余人参加的创建工作培训。开展集贸市场双月督查4轮。开展窗口"啄木鸟"督查3轮。落实各类窗口督查、点位梳理、测评整改和创城宣传。

(三)崇明商贸发展形势判断

根据市人大、市政府有关崇明建设世界级生态岛的规划措施,2030年,崇明基本形成世界级生态岛的建设框架。"十四五"(2021—2025)崇明必将进入全面发力、全面突破、全面发展的阶段。与上海的"消费之都"相呼应,与崇明的世界级生态岛建设相适应,崇明发展现代服务业,特别是现代商贸服务业已成为当务之急。崇明在商贸服务业发展中面临的挑战是,业态组合更趋多元,民众需求更加多样,复合功能亟待提升,新技术推动新业态、新模式涌现。只要我们紧紧把握好世界级生态岛建设、乡村振兴战略、第十届花博会三大历史性机遇,前瞻性谋划好大交通格局下商贸业发展体系,崇明的商贸业发展必将迎来前所未有的新机遇。虽然崇明目前是上海服务业发展的最薄弱环节,但完全可以成为上海服务业发展的战略增长空间。

(四)"十四五"期间崇明商贸发展思路

围绕世界级生态岛建设目标,以产业转型、升级消费为导向,推动崇明生产性服务业向社会化、专业化延伸,生活性服务业向便利化、品质化转变,重创新、促融合、强品牌、惠民生,加快推进商贸业的信息化、集约化和国际化发展,逐步形成与世界级生态岛相适应的现代商贸服务业发展框架,把崇明建设成为具有国际风范、上海特色的现代化生态商贸服务休闲、体验中心。

完善全区商业布局。启动陈家镇拟建地铁沿线和西部拟建沪崇高速沿线商业布点前期规划,在高铁站点和轨交站点区域及辐射地带布局商业综合体,打造崇明商贸服务业新增长极,扩大消费内循环。扩大消费有效供给。实施创新驱动发展战略,推进体制创新、商品创新、服务创新。发挥本地"老字号"和"国家地理标志"产品的溢出效应,打造一批本土品牌商品和经营品牌"伴手礼"商业企业。深入推广"菜市场＋早餐""便利店＋早餐"、提升社区堂食水平以及引进流动餐车等。结合"优化存量、拓展增量、消除盲点、保障供应"的早餐网点布局规划,引导支持餐饮企业拓展早餐门店经营规模,扩大早餐供应覆盖面,进一步满足广大市民的早餐需求。引导商业和其他服务融合发展。以生态聚集人气,以文化提升品位,以旅游扩大影响,以体育促进交流,以商贸拉动消费,全力打造崇明"商旅文体"特色活动品牌,以东平国家森林公园为核心,进一步提升服务能级,创建"国家旅游度假区"。依托东平国家森林公园、陈家镇万达体育小镇、花博园区等载体平台,促进"商文旅体"深度融合、联动发展,持续放大花博会溢出效应。

附录1 2018—2019年上海服务业大事记

2018年

一月

2日 根据市、区商务部门和商业企业联合抽样调查,监测样本企业392家,元旦期间(2017年12月30日至2018年1月1日)共实现营业额58.44亿元,同比增长10.6%。据统计,长宁区、杨浦区、浦东新区、嘉定区、金山区、虹口区和闵行区等样本企业销售额同比增长两位数以上,其中长宁区和杨浦区同比增速高达25.6%和19.2%。节日期间,上海市商品服务供应充足,市场销售平稳有序,各类主题营销活动组织有序、亮点频现。

3日 国务院总理李克强主持召开国务院常务会议,部署进一步优化营商环境,持续激发市场活力和社会创造力。会议提出以简政减税减费为重点进一步优化营商环境;严格依法平等保护各类产权,加大知识产权保护力度;借鉴国际经验,抓紧建立营商环境评价机制,逐步在全国推行等三项主要任务。

上旬 市商务委采取以下措施确保上海市主副食品供应和价格稳定:一是积极夯实货源,扩大上海市蔬菜上市量。二是加强蔬菜产销对接。三是组织做好蔬菜储备和应急保供机制。

11日 商务部流通业发展司负责人介绍2017年典型零售企业发展情况呈现以下特点:一是销售规模增速加快。二是企业盈利能力增强。三是主要业态经营回暖。2017年实体零售创新转型呈现发展新业态、搭建全渠道、重构供应链和推进渠道下沉等亮点。

17日 国务院总理李克强主持召开国务院常务会议,会议决定,由上海市进一步在浦东新区对商事制度、医疗、商务、农业、质量技术监督、文化、旅游等10个领域47项审批事项进行改革试点,推进"照后减证"。主要包括:一是凡不涉及产品质量安全和产业政策的生产许可前置条件一律取消。二是取消社会办医疗机构乙类大型医用设备配置许可证核发等审批,社会办营利性医疗机构床位数逐步实行自主决定。三是优服务强监管。加快推行网上办税,优化发票管理,对小规模纳税人实行按季申报。

同日 国务院发布《关于加强质量认证体系建设促进全面质量管理的意见》,提出大力推广质量管理先进标准和方法、广泛开展质量管理体系升级行动、深化质量认证制度改革创新、加强认证活动事中事后监管、培育发展检验检测认证服务业、深化质量认证国际合作互认和加强组织领导和政策保障等七大方面24项任务。

18日 商务部发布2017年第四季度《中国便利店景气指数报告》,2017年第四季度便利店行业总体景气指数为71.28,环比第三季度上升2.03,体现出便利店行业从业者对2017年行业的发展始终保持着较高的信心。从分项指数来看,便利店行业景气指数为80.4,环比第三季度提高3.4,门店景气指数为65.8,环比第三季度提高1.7。

23日 市商务委召开2018年春节家政市场保障工作动员会,通报2018年春节家政市场保障情况,并推出9条措施:一是加强宣传引导,稳定市场预期。二是运用信息化手段,畅通信息匹配。三是结合家政扶贫,提升供给能力。四是引导企业联合,实现资源共享。五是提前明确约定,协议机制留人。六是提高福利补贴,经济待遇留人。七是提升行业"温度",人文关怀留人。八是现场慰问指导,把控市场动态。九是倡导优良传统,营造良好氛围。

同日 国务院办公厅印发《关于推进电子商务与快递物流协同发展的意见》,提出强化制度创新,优化协同发展政策法规环境;强化规划引领,完善电子商务快递物流基础设施;强化规范运营,优化电子商务配送通行管理;强化服务创新,提升快递末端服务能力;强化标准化智能化,提高协同运行效率;强化绿色理念,发展绿色生态链等六方面政策措施。

25日 商务部发布2017年第四季度《中国购物中心发展指数报告》,2017年第四季度中国购物中心发展指数为67.2,环比第三季度上升0.3,高出荣枯线17.2,显示整体购物中心市场继续保持积极向上的态势。其中,现状指数为64.7,环比第三季度提升1.2,特别是租赁活跃度和运营表现指标明显向好。预期指数为70.9,高出现状指数6.2。总体来看,2017年消费对经济的拉动作用进一步显现,实体商业复苏的态势进一步夯实,购物中心发展指数也始终保持在较高水平。

31日 市商务委组织召开2018年上海市老字号(老品牌)改革创新发展推进会,

通报了2017年上海市老字号工作情况,部署了2018年老字号及老品牌重点任务:一是要建立老字号、老品牌大数据库,实现信息资源共享共用。二是要构建老字号发展生态圈,推动老字号迈向高质量发展阶段。三是要培育老字号新的增长点,以新技术、新模式、新业态赋能老品牌。四是要坚守老字号核心竞争力,加强信用体系建设。

二月

26日 商务部等七部委联合印发《新能源汽车动力蓄电池回收利用管理暂行办法》,提出到2020年,建立完善动力蓄电池回收利用体系,探索形成动力蓄电池回收利用创新商业合作模式。《办法》提出构建回收利用体系、探索多样化商业模式、推动先进技术创新与应用和建立完善政策激励机制等四方面主要内容。《办法》提出加强组织领导、加大政策扶持、强化能力建设和加强宣传推广等4项保障措施。

27日 市商务委召开上海供应链体系建设试点启动推进会,分别就项目推进、资金管理及标准化建设向项目单位明确要求:一是各试点项目要着力推广"按托下单、带板运输、信任交接"模式。二是农产品领域,推广从田头到门店的"三次不倒筐"、可追溯模式。三是重点产业领域,形成一批模式先进、协同性强、辐射力广、掌握行业大数据的供应链大平台,逐步构建城市供应链体系。

三月

1日 第28届华东进出口商品交易会在上海新国际展览中心开幕。据悉,该届华交会共计11个展馆,5 707个展位数,总展出面积达12.36万平方米,较上届增加2 700平方米。华交会设服装服饰展、纺织面料展、家庭用品展、装饰礼品展和现代生活方式系列展等5个专业展。

6日 工商总局等13个部门联合发布《关于推进全国统一"多证合一"改革的意见》,要求自3月起至12月,分前期准备、全面实施、总结评估三个阶段,推进全国统一"多证合一"改革。《意见》明确涉企证照事项整合范围,确定在"五证合一"基础上,将19项涉企证照事项进一步整合到营业执照上,首批实行"二十四证合一"。

7日 上海自贸试验区酒类跨境电商平台正式启动,该平台是以专业细分市场为主的垂直领域跨境电商平台,消费者可以通过此平台购买放心、优质、价优的酒品。

同日 2018年上海市商务工作会议召开,会议总结了2017年重点推进的工作并提出2018年上海商务工作重点为推进重点做好聚焦打响"上海购物"品牌新要求,推动国际消费城市建设再提速;聚焦流通供需新变化,推动现代市场体系建设再完善;聚焦经贸强国新目标,推动对外贸易能级再提升;聚焦开放发展新理念,推动开放型经济水平再提高;聚焦服务民生新指向,推动商务保障民生再提质;聚焦党的建设新要求,推动全面从严治党再深化;全力办好中国国际进口博览会等七方面工作。

8日 2018中国家电及消费电子博览会在上海开幕,此次展会在展会规模、展商总数及国际品牌数、注册观众与境外专业观众人数等多个指标上均有突破,展会共计10个展馆,展示面积接近13万平方米。本届展会的产品品类包括白色家电、消费电子、3C数码、厨卫电器、生活电器、环境及健康家电、可穿戴设备、智能平台等。

27日 国务院发布《快递暂行条例》,从发展保障、经营主体、快递服务、快递安全、监督检查和法律责任等6个方面对快递业的发展做出规定。《条例》自2018年5月1日起执行。

同日 市商务委主任尚玉英出席"2017全球时尚产业指数·时装周活力指数"发布会,该指数通过品牌商业价值、产业推动力、媒体传播力、商圈辐射力以及规模影响力等5个维度23个分项指标,综合评价14个全球时装周发展的活力和价值,形成时尚发展理论依据,填补时尚界指数分析空白。

28日 2018秋冬上海时装周开幕,该届时装周以作品发布、商贸展会、主题活动、时尚周末等板块构建多元、健康、共赢且充满活力的时装时尚产业生态模式。

29日 商务部发布《2017—2018年中国百货零售业发展报告》,报告显示:2017年中国百货零售行业创新转型步伐加快,主要呈现传统业态分化发展、零售新业态频现、技术驱动智慧零售、零售资本深度整合等四大特点。

同日 MODE上海服装服饰展在上海世贸商城举行,据了解,该届MODE上海服装服饰展主会场面积1万平方米,共有来自全球近30个国家和地区的约500个品牌,涵盖男装、女装、箱包、鞋帽、饰品及生活方式等多个品类。

四月

3日 国务院办公厅发布《关于改革完善仿制药供应保障及使用政策的意见》,提出制定鼓励仿制的药品目录、加强仿制药技术攻关、完善药品知识产权保护、加快推进仿制药质量和疗效一致性评价工作、提高药用原辅料和包装材料质量、提高工艺制造水平、严格药品审评审批、加强药品质量监管、及时纳入采购目录、促进仿制药替代使用、发挥基本医疗保险的激励作用、明确药品专利实施强制许可路径、落实税收优惠政策和价格政策、推动仿制药产业国际化和做好宣传引导等三方面15项措施。

11日 上海市政府举行"中国国际进口博览会'6天+365天'常年展示交易平台"授牌仪式,该平台旨在通过平台专业的服务,帮助全球商品(服务、技术)顺利进入中国市场,促进进口博览会的可持续发展,打造永不落幕的博览会,充分放大其带动效应和溢出效应。据了解,当天有综合服务平台、跨境电商平台、专业贸易平台和国别商品中心等四个类型30个平台完成授牌仪式。

24日 市政府印发《关于全力打响上海"四大品牌"率先推动高质量发展的若干意见》以及全力打响"上海服务""上海制造""上海购物""上海文化"品牌的4个《三年行动计划》,提出总体目标:经过全社会共同努力,上海"四大品牌"的认知度、美誉度、影响力显著提升,服务国家战略的辐射带动能力显著增强,彰显高质量发展和高品质生活的标杆引领效应显著扩大,形成一批具有国际影响力的名企、名家、名店、名街、名展、名赛、名节、名会等,在全面服务国家战略中加快构筑新时代上海发展战略优势。

28日 上海市政府举行第二十八批跨国公司地区总部颁证仪式,市长应勇出席会议并表示:上海将进一步深化改革、扩大开放,持续优化营商环境,为各类企业在沪发展创造更好的条件、提供更好的服务。

五月

8日 市政府新闻办举行新闻发布会,市商务委主任尚玉英介绍《全力打响"上海购物"品牌加快国际消费城市建设三年行动计划(2018—2020)》相关情况。《计划》提出打造面向全球的消费市场,形成与卓越的全球城市定位相匹配的商业文明,建成具有全球影响力的国际消费城市的总目标。聚焦新消费引领专项行动、商业地标重塑专项行动、老字号重振专项行动、消费品牌集聚专项行动、消费名片擦亮专项行动、"会商旅文体"联动专项行动、消费总动员专项行动和消费环境优化专项行动等8个专项行动。

23日 国务院召开常务会议,决定从今年7月1日起至2020年6月30日在北京、上海等17个地区深化服务贸易创新发展试点。会议提出在电信、旅游、工程咨询、金融等领域推出开放举措;探索完善跨境交付、境外消费等模式下服务贸易准入制度;发展研发设计、检验检测等服务贸易,对服务出口实行免税或零税率;推动以"互联网+"为先导的新兴服务出口等举措。

28日 市政府办公厅印发了《上海市人民政府关于全面推进静安区国家服务业综合改革试点工作的若干意见》,提出到2020年,静安区基本建成国际化、品质化、创新型的现代服务体系,服务业增加值年均增速保持在7%以上,跨国公司地区总部机构达到80家,"国际静安"发展特色更加凸显,服务业发展的质量和效益处于领先水平。

31日 市商务委召开"2018年市政府实事项目社区智慧微菜场建设暨上海商务

扶贫联盟成立大会"。会议指出,上海商务扶贫联盟的成立将发挥以下作用:一是让云贵农民增收致富,让上海市民得实惠,让联盟企业有收益。二是形成三个"倒逼"机制,即实现市场倒逼生产,企业倒逼政府,引导倒逼宣传。三是充分发挥联盟成员单位的资源优势、终端优势和信息优势,服务好农民,服务好市民。

六月

6日 2018年上海市电子商务发展联席会议召开,会议就建设具有全球影响力的电子商务中心城市提出以下措施:一是提升电子商务在推进上海"五个中心"建设、打响上海"四大品牌"、深化自由贸易试验区改革等方面的服务能级。二是积极对接服务首届中国国际进口博览会,全面推进数字商务综合试点,推动转型创新发展取得新突破。三是提升系统集成服务能力,全心全意为电子商务发展创造一流营商环境。

13日 2018亚洲消费电子展在上海新国际展览中心开幕。该届亚洲消费电子展全方位展示了科技生态系统的各方面技术,尤其是提升生活品质的前沿技术,覆盖3D打印、健康产品、机器人、智能家居、虚拟现实和可穿戴设备等20个产品类别。

15日 上海全球新品首发地建设正式启动。市商务委主任尚玉英提出支持一批国际知名品牌来沪首发、扶持一批原创自主品牌在沪首发、做强一批新品发布专业平台、打造一批新品发布地标性载体、推出一批新品发布活动、培育一批新品发布专业机构、完善一批支持新品发布的创新制度、加大新品发布财政扶持力度和营造新品发布的良好环境等九方面举措。

21日 第13届中国零售商大会召开。会上指出,中国零售业发展将呈现五大趋势:一是创新推动零售业更高质量发展。二是加快提升商品品质。三是实体零售加快现代信息技术应用。四是零售业加快与"文旅体健养"等产业的深度融合。五是实体零售仍是满足多样化个性化需求的主渠道。

同日 中国国际进口博览会上海交易团组建了跨境进口电商联盟、大型零售商联盟、综合贸易服务商联盟和展示展销服务联盟这四大采购商联盟,并将重点推进以下工作:一是促进上海交易团采购成交。二是做好上海交易团的现场配套活动组织工作。三是扩大进口博览会的溢出效应。

28日 市商务委联合市发改委、市质量技监局共同召开上海市2018年度商务诚信建设推进会议。此次会议重点落实"上海购物"三年行动计划8个专项行动,切实推进上海市消费环境进一步优化。会上,上海市商务信用标准化技术委员会正式成立。

七月

2日 市商务委发布数据:截至7月1日,上海已实施境外旅客购物离境退税政策三周年,累计为4.8万余名境外旅客开具4.9万份退税申请单,成功办理退税7 000万元,退税物品销售额高达6.5亿元。离境退税业务量和销售额均占全国总量的75%以上。

4日 市商务委主任尚玉英带队赴东浩兰生集团,就"6天+365天"常年展示交易线上线下平台开展专题调研时指出,要在"展品"变"商品"上多下功夫。一是要通过多种渠道收集参展商信息,为展商和采购商提供专业和高效的服务。二是要精心做好"6天+365天"一站式交易线上服务平台,宣传方面突出"销",产品如何到中国、如何展示、如何销售,要清晰明了。三是要支持平台组织好配套活动。四是要线上线下紧密结合,把"小红书"等平台用好。

9日 商务部、外交部、发改委等20个部门联合发布了《关于扩大进口促进对外贸易平衡发展的意见》,聚焦进口环节突出困难和问题,从优化进口结构促进生产消费升级、优化国际市场布局、积极发挥多渠道促进作用、改善贸易自由化便利化条件等4个方面提出扩大进口促进对外贸易平衡发展的15条政策举措。

10日 上海市进一步扩大开放推进大会召开,明确了5个方面、20项任务、100条举措。重点做好八方面工作:一是着力深化自贸试验区建设。二是着力办好中国国际进口博览会。三是着力推进金融机构集聚和金融市场开放。四是着力扩大现代服务业和先进制造业开放。五是着力做优开放平台和载体。六是着力加强知识产权保护。七是着力推动对内对外开放联动。八是着力建设国际一流的营商环境。

同日 商务部印发《商务部办公厅关于推动高品位步行街建设的通知》,表示将支持有条件的城市选择基础较好、潜力较大的步行街进行改造,力争用2~3年时间培育一批具有国际国内领先水平的"高品位"步行街,推动各地对标国际、查找不足,抓住一些基础较好的步行街进行改造提升,进一步改善城市消费环境、扩大中高端消费供给,提升城市品位。

27日 市十五届人大常委会五次会议通过了《上海市单用途预付消费卡管理规定》,创造性地提出了信息对接制度、风险警示制度和信用治理制度这三大核心制度设计。该规定将于2019年1月1日起施行。

30日 商务部印发《2018年商务信用建设工作要点》,部署了家政服务、服务贸易、外商投资、电子商务4个重点领域的信用工作,明确了建立健全联合奖惩机制、做好试点经验总结和复制推广、推动商务信用区域合作、推进商务信用信息互联互通、开展商务诚信文化宣传等方面的工作任务,为消费扩大和升级创造良好市场环境。

31日 市商务委发布数据显示：1—6月，全市主要展馆共举办各类展览及活动343个，同比增长8.54%，举办总面积853.73万平方米，同比增长9.22%。其中，10万~30万平方米的展览数量21个，30万平方米以上的展览数量3个。6月，全市主要展馆共举办各类展览及活动62个，与同期持平，举办总面积137.22万平方米，同比减少9.20%。

八月

3日 由市商务委和市食药监局联合指导的2018上海首届国际医药供应链高峰论坛召开。会上指出：供应链的创新与应用进入了新的时代，供应链平台建设是培育行业发展新的增长点、形成新动能的重要理念，成为供给侧改革的重要抓手，成为"一带一路"建设和构建全面开放新格局的重要载体。会上还启动了"内外贸一体上海国际医药供应链平台"共建仪式，该平台被列入上海扩大开放100条重要举措之一。

7日 市商务委与上海报业集团签署《关于全力打响"上海购物"品牌合作协议》，双方将建立紧密合作机制：联合策划"上海购物"品牌形象宣传方案；上海报业集团将以专栏、专题等形式宣传上海商业；加大对进口博览会、上海购物节、上海时装周等活动的宣传推广力度；中英文媒体将开设全球新品首发活动专栏；在"全球零售创新大会""老字号中华行"等活动中开展合作。

15日 市政府发布《关于进口博览会期间实行临时价格干预措施的通告》，在2018年10月26日至11月14日期间，对全市酒店旅馆、网约出租汽车及部分区域公共停车场(库)实行临时价格干预，以确保首届中国国际进口博览会期间价格基本稳定，维护良好的价格秩序。

15—18日 上海商务代表团赴云南省开展农产品扶贫合作调研时指出：农产品产销扶贫要做到"三个有利于"：有利于当地农民增收致富，有利于上海市民得到实惠，有利于企业获得效益。努力实现生产链、流通链、价值链这"三个链"。同时，沪滇两地共签订项目合作协议12项，现场订购农特产品近500万元。

30日 市府办公厅印发了《关于本市积极推进供应链创新与应用的实施意见》的通知，通过积极发展制造供应链、创新发展流通供应链、建立健全农业供应链、规范稳妥发展供应链金融、大力倡导绿色供应链、努力构建全球供应链等六大重点领域，加快探索供应链政府治理和公共服务新模式，构建优质高效的供应链质量促进体系，营造良好的供应链创新与应用政策环境。

31日 第十三届全国人民代表大会常务委员会第五次会议通过了《中华人民共和国电子商务法》，将微商、代购纳入监管范围。今后，微商、代购必须依法办理工商登记、取得相关行政许可,还要纳税。还对电子商务合同的订立与履行、电子商务争议解决、电子商务促进、法律责任等进行了详细规定。《电商法》将于2019年1月1日起施行。

九月

4日 市商务委印发了《上海市建设国际会展之都专项行动计划(2018—2020年)》。该文件提出八大重点任务:一要全力办好中国国际进口博览会,形成引领上海会展业发展的重大展会的服务保障、运行模式。二要注重品牌企业引领,培育具有全球服务能力的会展业市场主体。三要提升品牌展会能级,集聚一批具有全球影响力的重大会展活动。四要提升运营能力,打造具有国际领先水平的品牌场馆。五要培育产业联动品牌项目,推动"会商旅文体"联动。六要促进会展业创新转型,构建品牌化发展新动力。七要推动区域联动协同,提升会展业服务长三角、服务全国的能力。八要优化公共服务,创造良好营商环境。

7—10日 "2018第十二届中华老字号博览会"在上海展览中心举行。该届博览会以"老牌新品,时代匠心"为主题,展出面积达8 500平方米,共有来自上海、江苏、山东、天津、福建、广东、云南等省市及境外200多家老字号企业参展。在博览会活动上,发布了"重振老字号共同宣言",重塑老字号商业文明。同时,还设立了"老字号新品首发活动专区",并策划了多场"老牌新品,时代匠心"产品展示秀,打响"上海购物"品牌。

28日 2018上海购物节正式启动。该届购物节以"要购物,到上海"为主题,从9月28日至11月11日,首次延长至45天,覆盖国庆黄金周、进口博览会等重要时间节点,聚焦打响"上海购物"品牌、对接首届"进口博览会"、顺应"消费升级"趋势,突出"消费品牌最新最潮""购物环境最优最好""性价比最高最划算",精心打造六大主题板块,首次推出10条购物专线,组织开展15项新品首发活动、13项国别商品活动、100项重点活动,覆盖16个区域,涵盖2 000多家企业的2万多家网点。

十月

12日 第四季"上海时尚周末"开幕仪式在上海展览中心举行。"上海时尚周末"作为上海时装周旗下的B2C活动板块,定位年轻时尚人群,打造针对大众时尚消费者的多元素、高品质、国际化且兼具艺术性、娱乐性、前瞻性的时尚体验平台。该季"上海时尚周末"以"时尚进化宣言——拥抱科技,坚持个性"为主题,融合时尚与科技,将开展互动艺术展览、时尚T台秀、Fashion Lab等活动。市商务委领导出席活动并致辞。

17日 商务部召开全国供应链创新与应用试点工作会议，落实《国务院办公厅关于积极推进供应链创新与应用的指导意见》。会上提出要贯彻落实"一个目标、六大任务、三项成果"的试点思路，即围绕推动形成完整高效的产业供应链体系的目标，完成创新发展产业供应链、大力发展绿色供应链、积极融入全球供应链、构建供应链质量促进体系、规范发展供应链金融、探索供应链政府公共服务和治理新模式等六大任务。

27日 市政府举办外资大项目签约仪式。签约的共有12个项目，总投资达到234亿元人民币。市商务委尚玉英主任出席并表示：上海将继续秉持开放发展的理念，坚定不移地实施对外开放发展的战略，对标国际最高标准最好水平，努力营造国际一流的营商环境。重点打造更加开放的投资环境、更加便利的贸易环境、更加完善的法制环境、更加宽松的人才环境以及更具活力的创新创业五大环境，开创高水平对外开放的新局面。

31日 市商务委"迎进博　惠民生"2018年市政府实事项目——新建500家社区智慧微菜场项目完成仪式活动成功举办。作为传统菜市场的有力补充，社区智慧微菜场以更便捷、更惠民、更安全的特点，成为推进新消费引领专项行动的重要抓手，大大提高了市民"上海购物"的体验度。目前，全市已建成2 117家社区智慧微菜场，其中，2018年新建575家，提前超额完成项目任务。

十一月

5日 首届中国国际进口博览会在上海开幕。习近平主席出席开幕式并发表题为"共建创新包容的开放型世界经济"的主旨演讲，强调中国将坚定不移奉行互利共赢的开放战略，将始终是全球共同开放的重要推动者、世界经济增长的稳定动力源、各国拓展商机的活力大市场、全球治理改革的积极贡献者。中国将在激发进口潜力、持续放宽市场准入、营造国际一流营商环境、打造对外开放新高地和推动多边和双边合作深入发展这五方面进一步扩大开放。

5—10日 首届中国国际进口博览会在沪举行，有国别分布广、展览规模大、展商数量多、企业质量优、产品技术新、展示水平高、采购商数量多、论坛影响大等特点。该届进博会以"新时代，共享未来"为主题，共吸引了172个国家、地区和国际组织参会，3 600多家企业参展，超过40万名境内外采购商到会洽谈采购，展览总面积达30万平方米。此次进博会交易采购成果丰硕，按一年计，累计意向成交578.3亿美元。

5日 首届虹桥国际经贸论坛上举行了"贸易与开放""贸易与创新""贸易与投

资"平行论坛。来自不同国家、地区和行业的40多位重量级嘉宾围绕"激发全球贸易新活力,共创开放共赢新格局"主题进行了讨论,他们认为,开放、创新是世界经济大势所趋,高度赞扬了中国举办进口博览会以及推出的一系列扩大开放举措。三场平行论坛的观众共计2 400多名。

6日 中国国际进口博览会参展商联盟正式成立。参展商联盟定位为优质参展企业交流合作平台、连接参展各方信息与资源共享平台,以及为促进中国与世界各国(地区)之间经贸商务往来与发展建言献策的智囊平台。通过联盟各项功能的持续性发挥,将更加有效地拓展国际经贸合作领域空间和合作深度。

10日 国际邮轮服务贸易高峰论坛在沪举行。十年来,宝山大力发展邮轮,分别从创新"邮轮服务"、推动"邮轮制造"、发展"邮轮购物"、培育"邮轮文化"这四方面推进邮轮产业建设,让邮轮经济发展全面对接打响上海服务、上海制造、上海购物、上海文化"四大品牌"的宏伟目标。吴淞口国际邮轮港已成为全球第四大、亚洲第一大邮轮母港,是宝山乃至上海的一张崭新的"世界级名片"。

13日 "中国国际进口博览会'6天+365天'常年展示交易平台——绿地全球商品贸易港"正式开港。绿地全球商品贸易港建筑面积11万平方米,有来自41个国家的112家企业及组织入驻。平台将为客商提供商品清关、物流配送、加工仓储、商品分销、供需对接等一站式"保姆化"服务,促成"展品变商品",进一步放大进博会溢出效应,服务国家战略,打造"永不落幕的进口博览会"。

16日 长三角重要产品追溯联盟暨长三角区块链追溯联盟正式成立。该联盟将搭建苏、浙、沪、皖三省一市重要产品追溯的平台,利用区块链技术打造"源头可溯,环节可控,去向可查,人员可管,风险可防,安全可靠"的重要产品追溯体系。实现跨区域跨部门追溯信息互联、互通、互认、互查,增加重要产品信息追溯产业影响力,保障消费者生命安全。

22日 全国电子商务工作会议召开,提出全力抓好八项重点工作:一是加强《电子商务法》宣传贯彻和配套规章研究。二是发展数字商务,推动商务活动全链条的数字化、网络化、智能化。三是深入推进电子商务扶贫。四是务实推动"丝路电商"国际合作。五是促进跨境电子商务发展。六是完善电子商务示范体系建设。七是加强快递物流、人才培养等配套支撑体系建设。八是继续推进电商大数据共建共享。

28日 市商务委召开部分区商务发展形势座谈会。会上提出了下一步的工作重点:一是促消费,要聚焦打响"上海购物"品牌新要求,不断加快国际消费城市建设。二是稳外贸,促进外贸稳规模、提质量、优结构,加快培育外贸竞争新优势。三是稳外资,坚持扩大开放,着力打造法治化、国际化、便利化的一流营商环境,加快构建更高层次的开放型经济新体制。

十二月

7—9日 市商务委牵头举办的"老字号中华行"长三角快闪活动在南京玄武湖商圈正式启动。快闪店聚焦"老牌新品",旨在发挥长三角区域老字号品牌集聚的资源优势,在老字号的品牌宣传、市场开拓和政策保护等方面加强合作。回力、英雄钢笔、蝴蝶缝纫机、凤凰自行车、上海制皂、红心电器、阿咪和上海皮鞋厂9个老字号参与活动。

7日 上海市商务发展研究中心发布《上海城市商业综合体发展情况报告(2017—2018)》。显示如下现状:从数量和面积来看,仍然处在快速发展期;从经营水平指标来看,营业额增幅仍然处在较高水平;从空间分布来看,新增城市商业综合体向各区分散式扩增;从规模比较来看,大型城市商业综合体表现最为突出;从业态结构来看,零售业延续了一直以来的主导地位。

13日 商务部举行例行新闻发布会。发言人表示,下一步商务部将从4个方面着力推动服务交易发展。一是加快试点示范,完善政策体系。二是进一步推动文化出口。三是推动数字服务贸易的发展。四是加快服务外包转型升级。

18日 上海十大智慧城市应用新范式颁奖盛典上发布了《上海市智慧商圈建设指南》(2.0版),以政府、商圈、商城、商户和顾客"五位一体"为对象,构建了信息基础层、数据资源层、支撑平台层、智能应用层和融合展示层"五层合一"的建设架构。围绕协同平台类智能应用、综合管理类智能应用及综合服务类智能应用这"三大建设重点"建设智慧商圈,为上海市各级商圈在智慧商圈建设和运营过程中提供指引指导。

20日 市商务委主任尚玉英与浙江省商务厅厅长盛秋平一行举行专题座谈,围绕"支持长江三角洲区域一体化发展并上升为国家战略"这一重大任务,共商沪浙两地商务部门新形势下深化长三角区域商务合作的思路举措。双方就机构改革、市场建设、消费升级、外贸发展等问题进行了深入交流。

22—23日 全国商务工作会议在京召开。商务部钟山部长在会上表示:2018年我国商务运行稳中向好,高质量发展取得积极进展,贸易强国建设进程提速,消费升级步伐加快,双向投资亮点纷呈。2019年,我国将精心办好第二届中国国际进口博览会,加快自贸试验区和自由贸易港建设工作,持续推进商务改革发展"八大行动计划",加快经贸强国建设,以优异成绩迎接新中国成立70周年。

23日 《外商投资法(草案)》提请十三届全国人大常委会第七次会议审议。草案主要包括:一是明确对外商投资实行准入前国民待遇加负面清单的管理制度,把党的十八大以来外资管理体制的重大改革成果通过立法予以巩固。二是着力加强投资促进和保护。三是规范对象限定为外国投资者及其投资行为,不再规范企业的组织形式、经营活动等内容。

25日 国家发展改革委、商务部发布《市场准入负面清单(2018年版)》,清单主体包括"禁止准入类"和"许可准入类"两大类,共151个事项、581条具体管理措施,与此前的试点版负面清单相比,事项减少了177项,具体管理措施减少了288条。这标志着我国全面实施市场准入负面清单制度,负面清单以外的行业、领域、业务等,各类市场主体皆可依法平等进入。

27日 苏浙皖赣沪商务主管部门召开2018年推进长三角区域市场一体化发展工作会议。会议明确,下一步将围绕更好服务国家战略和全国发展大局,坚持高标准对接、高要求落实、高效率推进,深化长三角"三共三互"区域合作机制,加快实施《长三角地区市场创新发展三年行动计划(2018—2020年)》,力争在市场创新发展、口岸通关协作、联动服务保障进博会等方面形成更多成果,加快建设统一开放、竞争有序的现代市场体系,推进长三角更高质量一体化发展。

29日 商务部印发《关于开展步行街改造提升试点工作的通知》,决定在北京市王府井、上海市南京路步行街等11条步行街开展步行街改造提升试点工作,培育一批具有国际国内领先水平的步行街,满足人民日益增长的美好生活需要。

2019年

一月

1日 《中华人民共和国电子商务法》正式实施,主要内容包括:将微商、代购、网络直播纳入范畴;电商平台不得删除消费者评价;电商平台理应推出允许用户关闭"个性化推荐"的选项;禁止"默认勾选",应显著提示搭售;明示押金退还方式和程序;规范各类合同订立与履行的难点问题;平台不能强制商家"二选一";平台经营者自营应显著标记;强化经营者举证责任;平台经营者未尽义务应依法担责。

3日 苏浙沪皖共同签署了《长三角地区市场一体化建设合作备忘录》。会上强调:一要高水平建设统一大市场,复制推广自贸区经验,进一步打破地区封锁,清理妨碍市场准入的规定,推动资源整合,实现长三角地区商品和要素自由流动。二要高质量推进一体化,向规则、标准、政策等制度型开放努力,运用好互联网、大数据等最新技术手段,提高市场一体化质量。三要高层次对外开放。推进对内开放与对外开放联动,区域市场一体化与对外开放有机衔接,实现内外贸一体化加速发展。

22日 市府召开2019年上海市商务工作会议。会议指出，2018年，全市商务部门重点推进了七方面工作：一是聚焦服务国家战略，圆满完成首届中国国际进口博览会筹备保障任务。二是聚焦打响"上海购物"品牌。三是聚焦内贸流通创新发展。四是聚焦稳规模、提质量、优结构。五是聚焦打造对外开放新高地。六是聚焦创造高品质生活。七是聚焦新时代党建新要求。会议强调，2019年，全市商务系统要坚持稳中求进的工作总基调，重点做好抓机遇、强消费、畅流通、稳外贸、促投资、优环境、惠民生、讲政治等八方面工作。

28日 市商务委网站发布了上海市政府办公厅近日下发的《关于本市推进电子商务与快递物流协同发展的实施意见》，提出五方面重点工作任务：一是推动电商快递基础设施合理化布局，进一步提升集约水平。二是推动电商快递智能化发展，进一步提升协同水平。三是推动电商快递绿色化运营，进一步提升环保水平。四是推动电商快递标准化建设，进一步提升规范运营水平。五是推动电商快递便利化服务，进一步优化营商环境。

同日 国家发改委等十部委联合印发《进一步优化供给推动消费平稳增长促进形成强大国内市场的实施方案（2019年）》，提出6项主要任务：一要多措并举促进汽车消费，更好满足居民出行需要。二要补足城镇消费供给短板，更好满足城镇化和老龄化需求。三要促进农村消费提质升级，拉动城乡消费联动发展。四要加强引导支持，带动新品消费。五要扩大优质产品和服务供给，更好满足高品质消费需求。六要完善政策体系，进一步优化消费市场环境。

二月

12日 商务部召开2018年商务工作及运行情况新闻发布会，发布了2018年我国商务发展基本情况。一是消费对经济贡献加大。二是对外贸易创历史新高。三是利用外资量稳质优。四是对外投资质量效益稳步提升。五是商务扶贫取得积极成效。六是多双边经贸合作持续推进。

14日 市商务委召开上海市供应链创新与应用试点工作推进专题会。会议明确：要结合实施长三角一体化国家战略，持续打响"四大品牌"，对接好中国国际进口博览会平台，联合社会各方力量，系统集成推动制造供应链、流通供应链、农业供应链、供应链金融、绿色供应链、全球供应链等六大重点领域改革创新发展，同时聚焦信用、质量、标准等领域进一步完善政府治理和公共服务，加快在现代供应链领域培育新增长点、形成新动能。

15日 上海市外商投资协会举行"2019年会长会议"。市政府副秘书长、市商务委主任尚玉英出席会议并致辞。她指出,上海去年经济社会快速发展:新消费引领增长;吸引外资展现新活力;外贸规模再创历史新高。今年上海重中之重是要全力以赴实施好"三大任务、一大平台"。"三大任务"即增设自贸试验区新片区;在上交所设立科创板并试点注册制;落实长三角一体化战略。"一大平台"即中国国际进口博览会。

28日 市商务委召开上海特色小店发展现场推进会。会议提出要在支持特色小店发展方面积极探索。一是细化街区规划。二是创新监管模式。三是引入市场机制。四是加强政策支持,使上海特色小店独具个性、百花齐放。

三月

1日 商务部网站发布《家政服务业信用体系的指导意见(征求意见稿)》。《意见稿》透露,将建立家政服务业信用体系,同时建立家政服务领域守信主体"红名单"和失信惩戒"黑名单"制度,未来消费者选择家政服务人员时将可参考"红黑名单"。

1—4日 第29届华交会在沪举办,展会总规模12.65万平方米,展位数共计5 868个,累计成交23亿美元,与2018年基本持平。该届华交会新增一场"一带一路"买家卖家对接会,两场"大数据人工智能帮你轻松成交全球买家"和"海外社媒＋展会助力中国外贸卖向全球"主题论坛,以及"绿色搭建奖"评选活动。4场对接会共有139家采购商和287家参展商参加,配对活动976场,取得了良好的成绩。

5日 2019年上海商务情况通报会召开。会上总结了2018年上海经济社会发展的总体情况并提出2019年上海将全力以赴抓好四大战略支撑:一是增设自贸试验区新片区,推进投资和贸易自由化、便利化,形成更具国际市场影响力和竞争力的特殊经济功能区。二是在上交所设立科创板并试点注册制,优化服务科创企业和实体经济的环境,吸引培育更多科创企业。三是全力实施长三角一体化发展国家战略,发挥好龙头带动作用,推动长三角成为全球最有实力的城市群之一。四是精心办好第二届中国国际进口博览会。

6日 在十三届全国人大二次会议新闻中心举行的记者会上,国家发改委负责人表示:今年国家发改委将从四方面促进消费平稳增长:一是落实促进消费的政策,包括在养老、汽车等方面出台一系列措施。二是增强居民消费能力,多措并举促进城乡增收,让居民收入与经济增长同步。三是扩大重点领域消费,促进实物消费升级、加快老旧小区升级改造等。四是改善市场消费环境,加强消费者权益保护,加大对销售假冒伪劣商品的打击力度,促进线上线下融合发展。

12日 市商务委召开上海市政府实事项目2019年家政持证上门服务工作部署会,提出几点要求:一是工作联动,明确4万名家政员培训的建设任务,明确区商务主

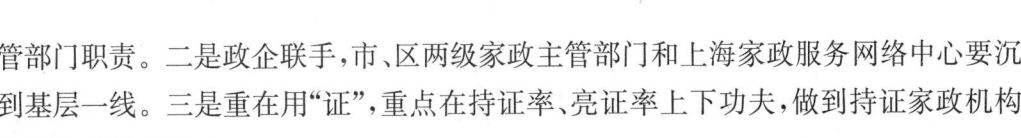

管部门职责。二是政企联手,市、区两级家政主管部门和上海家政服务网络中心要沉到基层一线。三是重在用"证",重点在持证率、亮证率上下功夫,做到持证家政机构和家政员的广覆盖。

21日 上海市副市长许昆林带队赴金山区调研老字号企业,高度肯定了金山区推进老字号"一品一策一方案"的阶段性成果,并要求因区制宜、因品施策,将"一品一策一方案"落到实处。一是要加强老字号知识产权跨区域保护,开展"老字号品牌打假专项行动"。二是要加快培育老字号人才梯队,开展人才技术培训和管理培训。三是要加大老字号企业改革力度,支持老字号开展股权所有制改革,引进战略投资者,形成良好的体制机制激发企业自主发展能力。

同日 市商务委召开2019年上海市早餐工程建设工作会议,总结交流2018年上海市早餐工程建设情况,部署2019年早餐工程建设工作任务。下一步,一是要更加深刻认识早餐工程作为民生工程对市民满意度和获得感的重要影响。二是要紧紧围绕"好不好"全面提升早餐工程的满意度和美誉度。三是要进一步完善协同,提升合作共治的效能。四是要加强宣传引导,扩大"上海早餐"城市名片的知名度。

27日 2019秋冬上海时装周在沪举办,呈现以下4个方面亮点。一是进一步引进国内外一流品牌和先进业态,形成新品首发集聚地。二是持续打造亚洲最大时装订货季。三是集聚一批形式丰富且兼备专业度和大众市场的主题活动。四是创新体验式大众时尚消费。

28日 商务部召开新闻发布会指出:商务部会同交通运输部等四部门开展了城乡高效配送专项行动,指导各地围绕建网络、抓协同、抓配套这三大方面开展试点,解决"最后一公里"问题,优化仓储运输综合成本。下一步,将积极推进专项行动,出台《城乡配送发展指引》,鼓励地方整合已经开展的供应链体系建设、物流标准化、冷链物流、电子商务等试点成果,着力推进首批城市建立高效、便捷的城乡配送体系,同时以点带面,推动全国的城乡配送体系建设,为进一步促进消费升级提供基础性保障。

四月

6—8日 市商务委领导出席上海时装周"时尚周末"新闻发布会并致辞。"时尚周末"作为上海时装周时尚产业平台的延伸,推动上海时装周逐步从B2B走向B2C,实现"零售+体验""线上+线下"的时尚消费发展。下一步,还将聚焦打造全球新品首发地,建设国际消费城市的目标,进一步将上海时装周打造成为与全球卓越城市地位相匹配的国际时尚风向标,吸引全球时尚人士、国内外品牌集聚的大平台。

10—12日 2019中国国际零售创新大会在沪举行,许昆林副市长出席主论坛活动并致辞。此次零售创新大会主要有四大亮点:一是打造零售创新国际交流的大平台。二是扩大"上海购物"品牌的国际影响力。三是提供创造高品质生活的新模式。四是开启现代商业文明建设的新篇章。

10—14日 市商务委组织召开上海家政立法系列座谈会,坚持开门立法,民主立法,倾听各方意见和建议。按照立法计划,将组织召开家政立法系列座谈会,针对家政企业(机构)经营的难点、痛点展开讨论,针对客户现实家政服务中存在的问题进行剖析,针对"三方"权利、责任、义务进行座谈。促进家政服务业的规范、健康发展,是适应社会老龄化和全面二孩政策实施需求的重要举措,有利于扩消费、增就业。

11日 大众点评发布2019"必逛榜"榜单。作为打响"上海购物"品牌系列活动之一,"必逛榜"榜单是依托消费大数据信息和用户真实评价等维度制定相关规则,上海共有32家商场荣登"必逛榜",成为12城中上榜商场最多的城市,占比近两成,是当之无愧的"时尚之都"。大众点评"必逛榜"的推出,将有利于挖掘年轻消费者的消费需求,助力打响"上海购物"品牌。

24日 市商务委等八部门联合发布《关于本市支持海派特色小店发展的若干意见》,意见为鼓励发展后街经济,打造一批展现工匠精神、凸显前店后厂、融合本土生活场景的特色主题街区,支持海派特色小店发展,提出发挥规划引领作用,完善特色主题街区布局等10条意见。

同日 市商务委等九部门联合发布《关于本市推动夜间经济发展的指导意见》,《意见》围绕打造"国际范""上海味""时尚潮"夜生活集聚区的目标,提出要借鉴国际经验,建立夜间经济发展协调机制等10条政策,推动上海"晚7点至次日6点"夜间经济繁荣发展。

25日 上海市副市长许昆林召开研究部署单用途预付消费卡管理工作有关事宜专题会议,提出了三项要求:一是要提高政治站位,始终坚持"以人民为中心"思想,打响上海"购物品牌"。二是要各司其职,市级行业主管部门要加强对各区行业主管部门的指导。三是要做好跟踪、服务和完善政策措施工作。

28日 市商务委组织召开上海赋能家政业座谈会,对下一步家政立法工作提出了三点要求:一是把握立法定位。根据行业现状和社会呼声,综合各方意见,暂定为《上海家政服务业条例》,或暂定为《上海促进发展家政服务业管理条例》。二是把握立法原则。主要坚持四个原则:管理规范原则;问题导向原则;改革创新原则;民主立法原则。三是把握时间节点。

五月

6日 "长三角供应链创新与应用大会"在上海成功召开,会议重点推出了四大功能平台:一是建立"长三角仓储布局数据库",发布《长三角仓储设施白皮书》。二是上海自贸区基金发起设立"长三角供应链创新与应用发展基金"。三是亚太示范电子口岸网络(APMEN)推出"亚太供应链互联互通平台"。四是中国人民银行征信中心推出"应收账款融资服务平台"。

9—10日 商务部在上海召开推进消费升级工作现场会,商务部副部长王炳南出席会议并讲话。会议强调重点做好以下五方面工作:一是提升城市消费,加快推进步行街改造提升。二是促进乡村消费,深化电子商务进农村综合示范。三是扩大服务消费,补齐城乡服务设施短板。四是创新流通方式,加快推动商品交易市场发展平台经济。五是优化消费环境,加强商务信用体系建设。

17日 市商务委召开《上海市公共资源拍卖管理办法》修订工作征求意见座谈会。上海市公共资源拍卖监督管理委员会成员单位负责同志出席了会议。与会人员充分肯定《办法》修订成果,认为《办法》体现了时效性、针对性和适用性。同时,也从各部门工作角度对《办法》提出了中肯的修改意见和建议。下一步,市商务委将在吸纳各单位意见的基础上再作修改,并提交法规部门进行适法性审核。

29日 市政府新闻办主持召开上海市单用途预付消费卡管理工作部门联合新闻通气会,通气会上,市商务委同步发布了单用途预付消费卡承保保险机构、预收资金专用存款账户开户银行和公共基础业务处理系统运营主体名单,并介绍了正式开通试运行的上海市单用途预付消费卡协同监管服务平台的主要功能。

30日 市商务委组织召开2019年上海市药品流通行业发展暨国际医药供应链平台建设推进会。会议提出三点要求:一是提高思想认识。该次会议是为了推进上海市"健康中国"国家战略实施,贯彻"上海扩大开放100条"部署。二是要抓住平台关键。要注重从底层抓起,加强现代供应链技术、物流服务技术应用,实现生产和流通、国际和国内、监管和追溯各环节信息共享。三是要加强规划指引。要结合商务诚信体系建设,在药品流通行业中推进完善征、评、用信用机制,引导行业自律发展。

31日 商务部等七部门联合印发《关于协同推进肉菜中药材等重要产品信息化追溯体系建设的意见》。《意见》提出7个协同要求:推进追溯工作机制协同,推进追溯信息平台协同,推进追溯应用协同,推动追溯建设运行投入协同,推动追溯法规制度建设协同,推动追溯政策配套协同,推动追溯培训宣传协同。

六月

19日 2019国际会展业CEO上海峰会所发布的《2018上海会展业白皮书》显示:2018年,上海市举办各类展览活动1 032个,展览总面积达1 880万平方米,比10年前即2008年分别增长了90%和166%;与此同时,2018年,上海展览业直接带动相关产业收入超过1 400亿元,会展业在短期内集聚大量人流,据估算,2018年由上海市入境的894万人次中参展等商务目的旅客占比在50%以上。

21日 市商务委主办的"迎进博 倡绿色 惠民生"2019年市政府实事项目社区智慧微菜场建设暨"追溯助力 放心消费"食品安全宣传周主题日活动在静安区闸北公园拉开帷幕。据统计,全市已新建社区智慧微菜场169家,顺利完成实事项目半年度目标任务。截至6月,全市共计2 167家社区智慧微菜场,服务近120万余户家庭。

25日 上海市副市长许昆林一行先后来到长宁、静安、黄浦区,专题调研全市夜间经济发展情况,并指出要抓紧落实政策措施,加大对有条件区域外摆位的支持力度,对外摆位、夜间集市活动实施包容审慎监管;要强化发展配套保障,改善夜间公共交通、夜间停车、夜间治安等问题,提升夜间经济品质;要降低企业经营成本,通过稳定租金等措施,降低夜市地标项目入驻企业的经营成本。

26日 国务院办公厅印发《关于促进家政服务业提质扩容的意见》。家政服务业作为新兴产业,对促进就业、精准脱贫、保障民生具有重要作用。近年来,我国家政服务业快速发展,但仍存在有效供给不足、行业发展不规范、群众满意度不高等问题。为促进家政服务业提质扩容,实现高质量发展,意见提出10个方面重点任务。

27日 商务部、国家发展改革委印发《关于建立家政服务业信用体系的指导意见》,指出要建立健全家政服务业行业信用体系,营造诚实守信的家政服务业发展环境。意见提出5项主要任务:一是建立家政服务员信用记录。二是建立家政企业信用记录。三是建立省级家政服务业信用信息平台。四是建立全国家政服务业信用信息数据库。五是实施家政服务领域守信激励和失信惩戒机制。

七月

3日 上海市副市长许昆林、市政府副秘书长尚玉英带队调研上海市文化行业知名老字号。许昆林表示,全市相关部门要加强协同,凝聚合力,加强老字号集聚发展,打造品牌良性发展的生态圈;加强老字号知识产权保护,打造良好的营商环境;加强老字号宣传推广,结合南京路、福州路等商业街改造,打造一批融合时尚潮流、传承品牌文化、凸显工匠精神、展现创新成果的老字号旗舰店和体验店。

9日 商务部办公厅印发《关于推动便利店品牌化连锁化发展的工作通知》,提出6项要求:一是高度重视品牌连锁便利店发展工作。二是结合实际确定重点推进城市。三是抓紧制定品牌连锁便利店发展工作方案。四是完善支持品牌连锁便利店发展的政策体系。五是加强组织保障。六是及时总结推广典型经验和做法。

10日 "2018全球时尚产业指数·时装周活力指数"发布会在沪举行,市商务委主任华源出席发布会并致辞。会上发布了由新华社中国经济信息社联合东方国际集团共同研制的《全球时尚产业指数·时装周活力指数报告(2018)》。根据报告,全球排名前十时装周依次为:巴黎、纽约、伦敦、米兰、上海、中国国际时装周、东京、首尔、俄罗斯和孟买,其中上海时装周排名已跃居全球第五位,较上年排名上升一位。

16日 市商务委主任华源主持召开"加快推进上海国际贸易中心建设"专家座谈会,指出市商务委将充分征求吸纳各区、各部门和专家的意见建议,坚持开门谋划、深入调研、集思广益,同时进一步提高站位、打开思路,坚持胆子大、步子稳、质量高地做好"十四五"规划编制及相关政策制定落实。

19日 市商务委主任华源带队赴长三角合作办公室开展对接。华源表示,市商务委将在长三角合作办公室的指导下,结合"不忘初心、牢记使命"主题教育活动,以推进建设具有全球贸易投资枢纽作用的上海国际贸易中心为抓手,紧扣"一体化"和"高质量"两个关键,坚持项目化、清单化推进,推进商务领域长三角一体化工作取得新成效,更好服务国家战略。

同日 中国国际进口博览会(上海交易团)跨境电商高峰会议举行。会议指出,2019年上半年上海跨境电商进出口增速高于2018年全年增速15.5个百分点,全市跨境电商交易规模加速增长。2019年全市跨境电商主要重点推进以下三方面工作:一是服务外贸大局,全力推动跨境电商规模化发展。二是对接国家战略,促进行业发展。三是以问题为导向,解决企业关切问题。

26日 市政府办公厅印发《上海市人民政府关于本市促进跨国公司地区总部发展的若干意见》,提出六大方面内容:一是为进一步鼓励总部集聚,调整总部和总部型机构认定标准。二是进一步提高跨国公司投资便利度。三是进一步提高跨国公司资金使用自由度和便利度。四是进一步提高跨国公司贸易和物流便利化。五是进一步提高跨国公司研发便利化。六是进一步加大对总部功能的配套保障。

八月

2日 市商务委主任华源赴日上免税行开展专题调研。华源特别了解了日上免税行即将在浦东机场综合保税区建成的25万平方米综合商业体项目进展情况,并就推动保税展示交易和免税政策的融合发展提出建议。华源表示市商务委将进一步做好服务企业工作,也希望日上继续利用免税、保税相关政策优惠,创新零售模式,更好地拉动消费增长。

13日 上海市委、市政府印发了《上海市新一轮服务业扩大开放若干措施》,提出七大板块主要内容:一是进一步放宽服务业外资市场准入限制,打造国际一流营商环境。二是实施跨境服务贸易高水平对外开放,引领服务消费转型升级。三是搭建开放型贸易便利化服务体系,提升国际贸易中心建设能级。四是提升对全球创新资源的集聚能力,助力科技创新中心建设。五是强化现代航运服务业对外辐射能力,提升全球航运资源配置能力。六是推进更高水平的金融服务业对外开放,加快国际金融中心建设速度。七是完善服务业国际化交流合作机制,构筑国际人才集聚高地。

23日 国新办举行进一步激发文化和旅游消费潜力吹风会,会议通报2019年上半年,全国居民人均教育文化娱乐消费支出1 033元,比2018年同期增长10.9%,占人均消费支出的比重为10.0%;预计国内旅游30.8亿人次,收入2.78万亿元,分别增长8.8%和13.5%;入境旅游7 269万人次,国际旅游收入649亿美元,均增长5%。消费对释放内需潜力、推动经济转型、保障和改善民生,都具有十分重要的意义。

同日 国务院办公厅印发《关于进一步激发文化和旅游消费潜力的意见》指出,提出了9项激发文化和旅游消费潜力的政策举措:一是推出消费惠民措施。二是提高消费便捷程度。三是提升入境旅游环境。四是推进消费试点示范。五是着力丰富产品供给。六是推动景区提质扩容。七是发展假日和夜间经济。八是促进产业融合发展。九是加强市场监管执法。

九月

20日 上海市重振老字号工作推进会议在上海举行。上海市委常委、常务副市长陈寅出席并讲话,副市长许昆林主持会议,市政府副秘书长尚玉英出席会议。许昆林要求,要持续深入完善"一品一策一方案",一是要细化方案、狠抓落实。二是要精准指导、主动服务。三是要激发活力、创新发展。

同日 2019上海购物节盛大开幕。开幕式发布2018—2019上海全球新品首发地人气榜单,10个新品首发活动、10个新品集聚地、10个首店旗舰店、5个新品发布平台都将为消费者带去新消费、新体验,展现上海大都市的摩登时尚范。上海市特色商业街区评选出20个彰显海派特色的上海特色商业街区,提升品牌集聚度,彰显上海国际化大都市独特的个性与品位。

24日 2018上海服务贸易运行指引系列报告发布会在上海市社科院召开。市商务委将以服务贸易运行指引系列报告的发布为契机,积极探索搭建海外推介和宣传平台,加大上海服务贸易企业的海外宣传力度,提升上海服务品牌的海外知名度,帮助企业进一步开拓海外市场;同时吸引越来越多的境外企业落户上海,开展跨境服务业务。

十月

9日 百联集团于百联集团时尚中心-衍庆里举行了第五届 FOB(Fashion of Bailian)暨"2019摩登中国时尚艺术季"开幕式。上海市副市长许昆林、市商务委副主任刘敏等领导出席开幕式并调研。此次在衍庆里举行的"2019摩登中国时尚艺术季"联合多位中国服装设计师和艺术家,聚焦中国山水与传统文化,通过时装周、艺术活动、设计师论坛和体验式演出等一系列活动,紧密结合中国传统文化与时尚产业,打造中国首个时尚艺术国潮 IP。

9—20日 2020春夏上海时装周举行,呈现四大亮点:一是改造升级发布平台。二是夯实"亚洲最大原创时装品牌订货季"。三是打造全球时尚"会客厅"。四是放大"上海购物品牌"溢出效应。

22日 中国国际进口博览会上海交易团举办"6天+365天"交易服务平台授牌仪式。上海市副市长、上海交易团团长许昆林为新认定的18家平台授牌,其中包括SCP小咖云国际康养产业创新中心、世界农产品交易平台、虹桥自贸城、希腊国家馆以及外服严选平台。

23日 国务院公布《优化营商环境条例》,着力加强对各类市场主体的平等保护,落实市场主体公平待遇。一是强调平等对待各类市场主体。二是强调为市场主体提供全方位的保护。三是强调为市场主体维权提供保障。在营造良好市场环境方面,《条例》着力净化市场环境。一是聚焦破除市场准入和市场退出障碍。二是聚焦落实减税降费政策。三是聚焦解决"融资难、融资贵"问题。

24日 世界银行发布了《2020年营商环境报告》。中国排名再次大幅上升15位,位列第31位。上海作为中国重要的样本城市,在办理建筑许可、保护中小投资者、办理破产、跨境贸易、纳税等指标的全球排名上均有显著提升。执行合同、获得电力、开办企业、财产登记、保护中小投资者等5个指标均进入全球前30位。

25日 商务部等14个部门印发《关于培育建设国际消费中心城市的指导意见》,提出培育建设国际消费中心城市的工作目标,即利用5年左右时间,指导基础条件好、消费潜力大、国际化水平较高、地方意愿强的城市开展培育建设,基本形成若干立足国内、辐射周边、面向世界的具有全球影响力、吸引力的综合性国际消费中心城市,带动形成一批专业化、特色化、区域性国际消费中心城市,使其成为扩大引领消费、促进产业结构升级、拉动经济增长的新载体和新引擎。

十一月

5日 国家主席习近平出席第二届中国国际进口博览会开幕式并发表主旨演讲。习近平提出,各国开放合作应该做到"三个坚持":坚持开放融通,拓展互利合作空间;坚持创新引领,加快新旧动能转换;坚持包容普惠,推动各国共同发展。并宣布了中国为进一步扩大开放的5个方面的举措,包括激发进口潜力、持续放宽市场准入、营造国际一流营商环境、打造对外开放新高地,以及推动多边和双边合作深入发展。在第二届进博会上,习近平对上海提出三项新任务:一是上海自贸试验区临港新片区要进行更深层次、更宽领域、更大力度的全方位高水平开放。二是设立科创板并试点注册制要坚守定位,提高上市公司质量。三是长三角三省一市要增强大局意识、全局观念,抓好《长江三角洲区域一体化发展规划纲要》贯彻落实,聚焦重点领域、重点区域、重大项目、重大平台,把一体化发展的文章做好。

13日 市委常委会审议通过《关于加快虹桥商务区建设,打造国际开放枢纽的实施方案》。《方案》明确了虹桥商务区的定位和目标:致力打造虹桥国际开放枢纽,提升服务国家发展大局能级,建设国际化的中央商务区和国际贸易中心新平台,形成服务长三角联通国际的枢纽功能。

25日 国家发展改革委、商务部发布《市场准入负面清单(2019年版)》。在保证稳定性和连续性的基础上,进一步缩减和优化了管理措施,丰富了信息公开内容,整个清单更加成熟完善,以清单为主要形式的市场准入负面清单制度体系不断健全。

29日 市商务委党组书记、主任华源主持召开各区商务工作座谈会,围绕高质量做好2020年全市商务工作听取16个区商务主管部门的思路举措和意见建议。华源强调,2020年是"十三五"规划收官之年,也是谋划"十四五"发展的布局之年。商务部门要重点围绕消费提质、外资增能、外贸稳量、市场保供等四大重点任务,以及办好进博会放大溢出带动效应、科学编制"十四五"规划等两大专项工作,研究谋划好2020年的思路目标和重点举措。

十二月

1日 上海自贸区开展"证照分离"改革全覆盖试点。自2019年12月1日起,在中国(上海)自由贸易试验区对全市所有涉企经营许可事项实行全覆盖清单管理,按照直接取消审批、审批改为备案、实行告知承诺、优化审批服务等4种方式分类推进改革,探索创新和加强事中事后监管的有效方式。在法律、行政法规和国务院决定允许范围内,按照"成熟一批、推广一批"的原则,将试点范围扩大到全市。

2日　全市服务业大会在上海展览中心举行。市委书记李强在会上强调,推动服务业高质量发展,事关上海城市能级和核心竞争力的全面提升,事关上海更好地服务全国发展大局。要深入贯彻落实习近平总书记考察上海重要讲话精神,在更高起点上谋划和推动上海服务业高质量发展,进一步提升能级、彰显特色,在发展新兴服务业、高端服务业、精细服务业、特色服务业上下更大功夫,全面增强上海服务业的支撑力、竞争力和引领力,努力开创上海服务业高质量发展新局面。

11日　上海市副市长许昆林前往国家会展中心、绿地全球贸易港、虹桥品汇,调研以国家会展中心为核心打造精品旅游路线相关工作。并做出了指示:一是要加快落实《放大中国国际进口博览会溢出带动效应的实施方案》,把重点项目做实做细。二是要以绿地全球贸易港、东浩兰生商品展销中心、虹桥品汇等平台为重点,把虹桥商务区打造成面向长三角、服务全国、辐射亚太的进口商品集散地的重要承载区。三是要积极挖掘国家会展中心及场馆周边资源,加快打造以国家会展中心为核心的常态化精品旅游路线,努力打造上海旅游新地标。

19日　市商务委主任华源会见了香港贸发局华东华中首席代表钟永喜一行。华源表示,上海不断优化营商环境,提升企业获得感和满意度。沪港两地经贸投资合作蓬勃发展。双方还就2020年进一步落实沪港两地合作的事宜进行了交流。

同日　上海市十五届人大常委会第十六次会议通过了《上海市家政服务条例》,共7章43条,从家政服务定义和适用范围、家政服务各方权利义务关系、强化监管促进行业规范、通过赋能促进行业发展、发挥行业组织作用等方面进行了明确的规定。《条例》将于2020年5月1日颁布实施。

29日　全国商务工作会议在北京召开。会议总结交流了2019年商务工作,并提出:要坚持依法行政,加强商务法制建设,增强制度执行力,把制度优势转化为治理效能;厉行勤俭节约,坚持过"紧日子",加强资金管理,提高使用效率,把钱用在刀刃上;形成工作合力,落实"大商务"要求,增进横向协作、纵向联动,发挥各方积极性,营造干事创业的浓厚氛围。

附录2 2018—2019年服务业主要政策法规一览表

分类	制定单位	政策法规名称	发布日期
国际贸易中心与自贸区建设	海关总署	关于推进全国海关通关一体化改革的公告	2018-1-1
	海关总署	关于以企业为单元加工贸易监管模式改革扩大试点的公告	2018-2-26
	国务院	《关于在自由贸易试验区暂时调整有关行政法规、国务院文件和经国务院批准的部门规章规定的决定》	2018-2-27
	国家质量监督检验检疫总局	质检总局关于做好《出入境检疫处理管理工作规定》实施有关工作的公告	2018-3-6
	市商务委、市委宣传部、市经济信息化委等	关于印发《上海市服务贸易促进指导目录(2017年版)》的通知	2018-3-7
	国家口岸管理办公室	关于印发《提升跨境贸易便利化水平的措施(试行)》的通知	2018-3-8
	财政部、商务部、文化和旅游部等	关于印发口岸进境免税店管理暂行办法补充规定的通知	2018-3-29
	海关总署	关于全面取消打印出口货物报关单证明联(出口退税专用)的公告	2018-4-9
	中国(上海)自由贸易试验区管理委员会保税区管理局	关于中国(上海)自由贸易试验区平行进口汽车试点企业动态调整的通知	2018-4-25
	国务院	国务院关于做好自由贸易试验区第四批改革试点经验复制推广工作的通知	2018-5-3
	国家税务总局	国家税务总局关于外贸综合服务企业办理出口货物退(免)税有关事项的公告	2018-5-14
	海关总署	关于调整中国—东盟自贸区项下有关商品协定税率的公告	2018-5-17

续表

分类	制定单位	政策法规名称	发布日期
国际贸易中心与自贸区建设	市商务委员会	关于印发《进一步优化上海市机电类自动进口许可证申领和通关工作完善跨境贸易营商环境实施办法》的通知	2018-5-18
	财政部、国家税务总局、商务部等	关于将服务贸易创新发展试点地区技术先进型服务企业所得税政策推广至全国实施的通知	2018-5-19
	国务院关税税则委员会	国务院关税税则委员会关于降低汽车整车及零部件进口关税的公告	2018-5-22
	海关总署	关于简化海关税费电子支付作业流程的公告	2018-5-22
	上海海关	关于深入推进查验作业无纸化改革的公告	2018-5-23
	上海市人民政府	上海市人民政府关于修改《上海市外商投资企业土地使用管理办法》的决定	2018-5-28
	海关总署	海关总署关于全面取消《入/出境货物通关单》有关事项的公告	2018-5-29
	国务院关税税则委员会	国务院关税税则委员会关于降低日用消费品进口关税的公告	2018-5-31
	海关总署	关于海关特殊监管区域和保税物流中心（B型）保税货物流转管理的公告	2018-6-1
	国务院	《关于积极有效利用外资推动经济高质量发展若干措施的通知》	2018-6-19
	商务部	关于修改《外商投资企业设立及变更备案管理暂行办法》的决定	2018-6-29
	发改委	《外商投资准入特别管理措施（负面清单）(2018年版)》	2018-6-29
	国务院办公厅	国务院办公厅转发商务部等部门关于扩大进口促进对外贸易平衡发展意见的通知	2018-7-2
	商务部、外交部、发改委	《关于扩大进口促进对外贸易平衡发展的意见》	2018-7-9
	商务部	关于印发《2018年商务信用建设工作要点》	2018-7-30
	市口岸服务办公室	关于印发《上海口岸开放范围内作业区临时接靠办理规程》的通知	2018-9-6
	海关总署	关于公布《中华人民共和国海关对免税商店及免税品监管办法》所涉及法律文书格式文本的公告	2018-9-17

续表

分类	制定单位	政策法规名称	发布日期
国际贸易中心与自贸区建设	国务院	国务院关于同意设立中国(海南)自由贸易试验区的批复	2018-9-24
	财政部、国家税务总局、商务部等	关于跨境电子商务综合试验区零售出口货物税收政策的通知	2018-9-28
	国务院关税税则委员会	国务院关税税则委员会关于降低部分商品进口关税的公告	2018-9-30
	上海市人民政府	关于印发《中国(上海)自由贸易试验区跨境服务贸易负面清单管理模式实施办法》的通知	2018-10-12
	国务院	国务院关于印发优化口岸营商环境促进跨境贸易便利化工作方案的通知	2018-10-13
	市口岸服务办公室	关于《上海口岸开放范围内作业区对外开通启用验收工作规程》的补充说明	2018-10-30
	国务院	关于支持自由贸易试验区深化改革创新若干措施的通知	2018-11-7
	财政部、发改委	关于调整重大技术装备进口税收政策有关目录的通知	2018-11-14
	商务部办公厅、财政部办公厅	关于支持服务贸易创新发展引导基金做好项目库工作的通知	2019-1-7
	上海市口岸服务办公室	关于印发《上海口岸开放范围内作业区临时接靠办理规程》的通知	2019-1-21
	海关总署	关于增列海关监管方式的公告	2019-1-23
	海关总署	关于实施综合保税区"四自一简"监管创新措施有关事项的公告	2019-1-29
	海关总署	关于支持综合保税区内企业承接境内(区外)企业委托加工业务的公告	2019-1-29
	海关总署	关于境外进入综合保税区食品检验放行有关事项的公告	2019-2-2
	商务部	关于进一步优化对外贸易经营者备案登记工作的通知	2019-2-18
	海关总署	关于境外进入综合保税区动植物产品检验项目实行"先入区、后检测"有关事项的公告	2019-2-27
	海关总署	中华人民共和国海关《中华人民共和国政府和智利共和国政府自由贸易协定》项下进出口货物原产地管理办法	2019-2-28
	上海市人民政府	关于印发《本市贯彻〈关于支持自由贸易试验区深化改革创新若干措施〉实施方案》的通知	2019-3-9

续表

分类	制定单位	政策法规名称	发布日期
国际贸易中心与自贸区建设	海关总署	关于简化综合保税区进出区管理的公告	2019-3-22
	国务院关税税则委员会	关于对原产于美国的汽车及零部件继续暂停加征关税的公告	2019-3-31
	国务院关税税则委员会	关于调整进境物品进口税有关问题的通知	2019-4-8
	国务院	关于做好自由贸易试验区第五批改革试点经验复制推广工作的通知	2019-4-14
	海关总署	关于发布《海关监管作业场所（场地）设置规范》的公告	2019-4-19
	海关总署	关于对免予办理强制性产品认证的进口汽车零部件试点实施"先声明后验证"便利化措施的公告	2019-5-11
	国务院关税税则委员会	关于对原产于美国的部分进口商品提高加征关税税率的公告	2019-5-13
	国务院关税税则委员会	关于试行开展对美加征关税商品排除工作的公告	2019-5-13
	财政部、商务部、文化和旅游部等	关于印发《口岸出境免税店管理暂行办法》的通知	2019-5-17
	国家发展和改革委员会、商务部	自由贸易试验区外商投资准入特别管理措施（负面清单）（2019年版）	2019-6-30
	市商务委、上海自贸试验区管委会	关于延长《中国（上海）自由贸易试验区贸易调整援助试点办法》	2019-7-5
	市商务委、市发改委、市经信委等九部门	关于印发《上海市数字贸易发展行动方案（2019—2021年）》的通知	2019-7-25
	国务院	关于印发中国（上海）自由贸易试验区临港新片区总体方案的通知	2019-7-27
	国务院	关于同意设立中国（上海）自由贸易试验区临港新片区的批复	2019-7-27
	国务院	关于印发6个新设自由贸易试验区总体方案的通知	2019-8-2
	国务院	关于同意新设6个自由贸易试验区的批复	2019-8-2
	商务部、工业和信息化部、公安部等	关于进一步促进汽车平行进口发展的意见	2019-8-19
	海关总署	中华人民共和国海关《中华人民共和国与东南亚国家联盟全面经济合作框架协议》项下经修订的进出口货物原产地管理办法	2019-8-19

续表

分类	制定单位	政策法规名称	发布日期
国际贸易中心与自贸区建设	上海市人民政府	中国（上海）自由贸易试验区临港新片区管理办法	2019-8-19
	国务院关税税则委员会	关于对原产于美国的部分进口商品（第三批）加征关税的公告	2019-8-23
	国务院关税税则委员会	关于对原产于美国的汽车及零部件恢复加征关税的公告	2019-8-23
	商务部办公厅、海关总署办公厅	关于二手车出口许可证申领无纸化作业有关事项的通知	2019-8-30
	国务院	关于中国—上海合作组织地方经贸合作示范区建设总体方案的批复	2019-9-20
	商务部办公厅、公安部办公厅、海关总署办公厅	关于加快推进二手车出口工作有关事项的通知	2019-10-28
	商务部	关于切实做好外贸领域减证便民、优化服务有关工作的通知	2019-11-11
	国务院	关于在自由贸易试验区开展"证照分离"改革全覆盖试点的通知	2019-11-15
	中共中央、国务院	关于推进贸易高质量发展的指导意见	2019-11-19
	海关总署	关于开展"证照分离"改革全覆盖试点的公告	2019-11-27
	上海市人民政府办公厅	《关于在中国（上海）自由贸易试验区开展"证照分离"改革全覆盖试点的实施方案》的通知	2019-12-2
	海关总署	关于发布《海关统计贸易方式代码》等5项海关行业标准的公告	2019-12-19
	海关总署	关于自由贸易协定项下进口农产品实施特殊保障措施有关问题的公告	2019-12-23
	海关总署	关于公布《中华人民共和国海关〈中华人民共和国政府和新加坡共和国政府自由贸易协定〉项下经修订的进出口货物原产地管理办法》的公告	2019-12-23
	海关总署	关于发布《海关指定监管场地管理规范》的公告	2019-12-23
	国务院关税税则委员会	关于发布《中华人民共和国进出口税则（2020）》的公告	2019-12-26
	海关总署	关于全面推广"两步申报"改革的公告	2019-12-26
	海关总署	关于推广实施进口汽车零部件产品检验监管便利化措施的公告	2019-12-30

续表

分类	制定单位	政策法规名称	发布日期
商贸服务	市政府办公厅	《上海市人民政府关于全面推进静安区国家服务业综合改革试点工作的若干意见》	2018-5-28
	商务部	《商务部办公厅关于推动高品位步行街建设的通知》	2018-7-10
	市商务委	《上海市鼓励跨国公司地区总部发展专项资金使用和管理办法》的通知	2018-7-10
	商务部	《2018年商务信用建设工作要点》	2018-7-30
	市商务委	《关于全力打响"上海购物"品牌合作协议》	2018-8-7
	市常委会	《上海市单用途预付消费卡管理规定》	2018-7-27
	中共中央、国务院	关于完善促进消费体制机制 进一步激发居民消费潜力的若干意见	2018-9-21
	国务院	国务院办公厅关于印发完善促进消费体制机制实施方案(2018—2020年)的通知	2018-9-24
	发展改革委等10部委	关于印发《进一步优化供给推动消费平稳增长 促进形成强大国内市场的实施方案(2019年)》的通知	2019-1-28
	商务部、科技部、工业和信息化部等12部门	关于推进商品交易市场发展平台经济的指导意见	2019-2-12
	国家发展改革委	关于培育发展现代化都市圈的指导意见	2019-2-19
	上海市人民政府	全力打响"上海购物"品牌加快国际消费城市建设三年行动计划(2018—2020年)	2019-3-12
	全国人民代表大会常务委员会	中华人民共和国外商投资法	2019-3-15
	中共中央办公厅、国务院办公厅	关于促进中小企业健康发展的指导意见	2019-4-7
	国务院	报废机动车回收管理办法	2019-4-22
	上海市商务委员会	上海市商务委等八部门关于本市支持海派特色小店发展的若干意见	2019-4-24
	上海市商务委员会	上海市商务委等九部门关于本市推动夜间经济发展的指导意见	2019-4-24
	中共上海市委办公厅、上海市人民政府	印发《关于进一步优化供给促进消费增长的实施方案》的通知	2019-5-29
	商务部	关于印发《推动重点消费品更新升级 畅通资源循环利用实施方案(2019—2020年)》的通知	2019-6-3

续表

分类	制定单位	政策法规名称	发布日期
商贸服务	商务部	关于发布直销备案产品、直销培训员和直销员复核登记结果的公告	2019-6-4
	国务院办公厅	关于同意建立完善促进消费体制机制部际联席会议制度的函	2019-7-15
	财政部	关于促进政府采购公平竞争优化营商环境的通知	2019-7-26
	国务院办公厅	关于印发全国深化"放管服"改革优化营商环境电视电话会议重点任务分工方案的通知	2019-8-1
	国务院办公厅	关于促进平台经济规范健康发展的指导意见	2019-8-8
	国务院办公厅	关于加快发展流通促进商业消费的意见	2019-8-16
	国务院办公厅	关于做好优化营商环境改革举措复制推广借鉴工作的通知	2019-9-3
	市国资委、市商务委	《关于推进本市国有企业重振老字号品牌的若干措施》的通知	2019-9-26
	发改委、市场监管总局	关于新时代服务业高质量发展的指导意见	2019-10-2
	商务部、外交部、发改委等14部门	关于培育建设国际消费中心城市的指导意见	2019-10-14
	发改委、工信部、中央网信办、教育部等	关于推动先进制造业和现代服务业深度融合发展的实施意见	2019-11-10
	商务部、宣传部、国家发改委等13部门	关于推动品牌连锁便利店加快发展的指导意见	2019-12-31
餐饮与食品安全	国家食品药品监督管理局办公厅	关于做好食品安全快检便民服务的通知	2018-1-17
	国家食品药品监督管理局	关于进一步加强食品药品标准工作的指导意见	2018-1-22
	国家食品药品监督管理局、公安部	关于加大食品药品安全执法力度严格落实食品药品违法行为处罚到人的规定的通知	2018-1-26
	国家食品药品监督管理局、科技部	关于加强和促进食品药品科技创新工作的指导意见	2018-1-30
	国家食品药品监督管理局办公厅	关于印发食品及保健食品专项抽检监测工作方案的通知	2018-4-3
	国家市场监督管理总局	市场监管总局关于印发餐饮服务明厨亮灶工作指导意见的通知	2018-4-26
	国务院食品安全办	关于继续做好食品保健食品欺诈和虚假宣传整治工作的通知	2018-7-2

续表

分类	制定单位	政策法规名称	发布日期
餐饮与食品安全	国务院食品安全办	关于开展2018年全国食品安全宣传周活动的通知	2018-7-9
	市监管总局办公厅	关于进一步规范食品安全监督抽检复检和异议工作的通知	2018-9-6
	市监管总局办公厅	关于开展网络餐饮服务食品安全专项检查的通知	2018-9-28
	市监管总局办公厅	关于加强冷藏冷冻食品经营监督管理的通知	2018-10-8
	国家市场监督管理总局	关于加快推进食品经营许可改革工作的通知	2018-11-9
	教育部、国家市场监督管理总局、国家卫生健康委员会	学校食品安全与营养健康管理规定	2019-2-20
	中共中央、国务院	关于深化改革加强食品安全工作的意见	2019-5-9
	国家市场监督管理总局	食品安全抽样检验管理办法	2019-8-8
	国家市场监督管理总局	关于食品安全投诉举报处理相关程序问题的答复意见	2019-10-16
	国家市场监督管理总局办公厅	关于规范使用食品添加剂的指导意见	2019-9-5
	国务院办公厅	关于稳定生猪生产促进转型升级的意见	2019-9-10
	国务院	中华人民共和国食品安全法实施条例	2019-10-31
	商务部	关于做好政府采购贫困地区农副产品工作的通知	2019-11-4
文化、旅游、会展业	市旅游局	关于印发《关于推进工业旅游标准化建设的若干意见》和《工业旅游景点达标评定办法》的通知	2018-1-4
	市旅游局	关于印发《关于推进体育旅游标准化建设的若干意见》和《体育旅游休闲基地等级评定办法》的通知	2018-1-4
	国家旅游局、商务部	关于废止《香港和澳门服务提供者在广东省设立旅行社申请审批办法》的决定	2018-2-5
	国务院办公厅	国务院办公厅关于促进全域旅游发展的指导意见	2018-3-9
	文化和旅游部、财政部	关于在旅游领域推广政府和社会资本合作模式的指导意见	2018-4-19
	市文化广播影视管理局	关于印发《关于促进上海影视产业发展的实施办法》的通知	2018-5-7
	市文化广播影视管理局	关于印发《关于促进上海艺术品产业发展的实施办法》的通知	2018-5-7

续表

分类	制定单位	政策法规名称	发布日期
文化、旅游、会展业	市文化广播影视管理局	关于印发《关于促进上海演艺产业发展的实施办法》的通知	2018-5-7
	市文化广播影视管理局	关于印发《关于促进上海网络视听产业发展的实施办法》的通知	2018-5-7
	市文化广播影视管理局	关于印发《关于促进上海动漫游戏产业发展的若干实施办法》的通知	2018-5-7
	国家发展和改革委员会、中国人民银行、文化和旅游部等	关于对旅游领域严重失信相关责任主体实施联合惩戒的合作备忘录	2018-5-18
	市委宣传部、市人力资源和社会保障局	关于印发《上海市文学创作系列网络文学专业职称评审办法(试行)》的通知	2018-6-13
	国家发展和改革委员会、文化和旅游部、中国人民银行	关于加强规范引导提升旅游支付便利化水平的通知	2018-9-1
	市商务委	《上海市建设国际会展之都专项行动计划》	2018-9-4
	市口岸服务办公室	关于促进本市邮轮经济深化发展若干意见新鲜出炉	2018-10-31
	市文化广播影视管理局	关于公示第六批上海市非物质文化遗产代表性项目名录推荐项目名单的公告	2018-11-3
	市文化广播影视管理局	关于进一步加强本市游艺娱乐场所管理的通知	2018-11-12
	市文化广播影视管理局	关于2018年度上海市文化广播影视管理局科技进步奖评审结果公示的通知	2018-11-15
	文化和旅游部办公厅	关于开展2019年"中国民族歌剧传承发展工程"重点扶持剧目申报工作的通知	2018-11-23
	文化和旅游部办公厅	关于开展2019年度国家舞台艺术精品创作扶持工程申报工作的通知	2018-11-26
	国务院	关于横琴国际休闲旅游岛建设方案的批复	2019-3-21
	国务院办公厅	关于进一步激发文化和旅游消费潜力的意见	2019-8-12
	科学技术部、财政部、文化和旅游部等	关于促进文化和科技深度融合的指导意见	2019-8-13
	国务院办公厅	关于促进全民健身和体育消费推动体育产业高质量发展的意见	2019-9-4
	国家发改委、组织部、教育部、公安部等	关于改善节假日旅游出行环境促进旅游消费的实施意见	2019-11-24

续表

分类	制定单位	政策法规名称	发布日期
生活服务	市人力资源和社会保障局、市医疗保险办公室	关于印发《上海市老年照护统一需求评估办理流程和协议管理实施细则(试行)》的通知	2018-1-5
	市民政局	关于本市长期护理保险试点有关个人负担费用补贴的通知	2018-2-24
	市民政局	关于进一步调整本市养老服务补贴政策的通知	2018-2-28
	发改委、中国人民银行、商务部等	《关于对家政服务领域相关失信责任主体实施联合惩戒的合作备忘录》的通知	2018-3-7
	市发改委	关于印发《上海市进一步优化电力接入营商环境实施办法(试行)》的通知	2018-3-16
	国务院办公厅	国务院办公厅关于促进"互联网＋医疗健康"发展的意见	2018-4-25
	市发改委	关于印发《上海市服务业发展引导资金项目申报指南2018—2019年》的通知	2018-6-6
	国家卫生健康委员会、国家中医药管理局	关于深入开展"互联网＋医疗健康"便民惠民活动的通知	2018-7-10
	市卫计委	关于印发《上海市建设健康城市三年行动计划(2018—2020年)》的通知	2018-10-12
	国家卫生健康委员会办公厅、国家中医药管理局办公室	关于优化医疗机构和医护人员准入服务的通知	2018-11-9
	市民政局	关于开展本市养老机构护理型床位认定的通知	2018-11-12
	国务院办公厅	关于全面推进生育保险和职工基本医疗保险合并实施的意见	2019-3-6
	商务部办公厅	关于支持建设家政劳务输出基地的通知	2019-3-8
	人力资源和社会保障部财政部	关于2019年调整退休人员基本养老金的通知	2019-3-13
	国务院办公厅	关于推进养老服务发展的意见	2019-3-29
	市民政局	关于发布《上海市城乡居民最低生活保障申请家庭经济状况核对实施细则》的通知	2019-4-3
	上海市发展和改革委员会	关于印发《促进和规范利用存量资源加大养老服务设施供给的工作指引》的通知	2019-4-4
	上海市人民政府	关于印发修订后的《上海市城乡居民基本养老保险办法》的通知	2019-4-10
	市民政局	关于调整本市城乡低保及相关社会救助标准的通知	2019-4-11

续表

分类	制定单位	政策法规名称	发布日期
生活服务	国务院办公厅	关于促进3岁以下婴幼儿照护服务发展的指导意见	2019-4-17
	市人力资源和社会保障局	关于实施《上海市城乡居民基本养老保险办法》若干问题处理意见的通知	2019-4-24
	民政部办公厅	关于印发社会救助和养老服务领域基层政务公开标准指引的通知	2019-4-30
	国务院办公厅	关于印发深化医药卫生体制改革2019年重点工作任务的通知	2019-5-23
	国家卫生健康委员会、国家发展和改革委员会、人力资源和社会保障部等	关于印发促进社会办医持续健康规范发展意见的通知	2019-6-13
	国务院办公厅	关于促进家政服务业提质扩容的意见	2019-6-16
	财政部、国家卫生健康委员会、国家医疗保障局	关于全面推行医疗收费电子票据管理改革的通知	2019-7-22
	国务院办公厅	关于同意建立养老服务部际联席会议制度的函	2019-7-27
	民政部、国家发展和改革委员会、财政部	关于实施特困人员供养服务设施(敬老院)改造提升工程的意见	2019-8-21
	国家发改委、教育部、科技部、工信部等	关于印发《促进健康产业高质量发展行动纲要(2019—2022年)》的通知	2019-8-28
	商务部	关于做好"家政服务信用信息平台"启用相关工作的通知	2019-9-4
	国务院办公厅	关于同意建立促进家政服务业提质扩容部际联席会议制度的函	2019-9-29
	国家发改委、国家卫健委	关于印发《支持社会力量发展普惠托育服务专项行动实施方案(试行)》的通知	2019-10-9
	国务院办公厅	关于同意建立促进家政服务业提质扩容部际联席会议制度的函	2019-10-17
	中共中央、国务院	国家积极应对人口老龄化中长期规划	2019-11-21
	发改委、教育部、民政部、商务部等	关于促进"互联网+社会服务"发展的意见	2019-12-6
物流业	国务院办公厅	关于推进电子商务与快递物流协同发展的意见	2018-1-23
	财政部办公厅、商务部办公厅	关于开展2018年流通领域现代供应链体系建设的通知	2018-5-16
	财政部、国家税务总局	关于物流企业承租用于大宗商品仓储设施的土地城镇土地使用税优惠政策的通知	2018-6-1

续表

分类	制定单位	政策法规名称	发布日期
物流业	市政府办公厅	关于本市积极推进供应链创新与应用的实施意见	2018-8-31
	商务部	《国务院办公厅关于积极推进供应链创新与应用的指导意见》	2018-10-17
	国家发展和改革委员会、公安部、财政部等	关于推动物流高质量发展促进形成强大国内市场的意见	2019-2-26
	国务院办公厅	转发交通运输部等部门关于加快道路货运行业转型升级促进高质量发展意见的通知	2019-4-21
	国家发展和改革委员会	关于进一步加强社会物流统计工作的通知	2019-4-24
电子商务	海关总署	关于规范跨境电子商务支付企业登记管理	2018-4-13
	工业和信息化部、国务院国有资产监督管理委员会	关于深入推进网络提速降费加快培育经济发展新动能 2018 专项行动的实施意见	2018-5-11
	国家发展和改革委员会、工业和信息化部、公安部等	关于加强对电子商务领域失信问题专项治理工作的通知	2018-5-14
	国务院	国务院关于同意在北京等 22 个城市设立跨境电子商务综合试验区的批复	2018-7-24
	全国人民代表大会常务委员会	中华人民共和国电子商务法	2018-8-31
	国务院办公厅	关于推进电子商务与快递物流协同发展的意见	2018-1-23
	市商务委员会	关于开展 2018—2019 年度电子商务示范企业创建工作的通知	2018-11-8
	财政部、海关总署、国家税务总局	关于完善跨境电子商务零售进口税收政策的通知	2018-11-29
	财政部、海关总署、国家税务总局	关于完善跨境电子商务零售进口监管有关工作的通知	2018-11-30
	上海市人民政府办公厅	印发《关于本市推进电子商务与快递物流协同发展的实施意见》的通知	2019-1-4
	商务部办公厅	关于做好 2019 年度典型电子商务服务企业统计调查工作的通知	2019-3-13
	国家邮政局、商务部	关于规范快递与电子商务数据互联共享的指导意见	2019-6-12
金融业	上海市人民政府办公厅	关于贯彻《国务院办公厅关于加快发展商业养老保险的若干意见》的实施意见	2018-2-9
	上海市人民政府办公厅	《关于推进本市区域性股权市场规范健康发展的若干意见》的通知	2018-3-13

续表

分类	制定单位	政策法规名称	发布日期
金融业	财政部	关于规范金融企业对地方政府和国有企业投融资行为有关问题的通知	2018-3-28
	中央网络安全和信息化委员会办公室、中国证券监督管理委员会	关于推动资本市场服务网络强国建设的指导意见	2018-3-30
	中国银行保险监督管理委员会、发改委等	关于印发《融资担保公司监督管理条例》四项配套制度的通知	2018-4-2
	国家发展和改革委员会、财政部、商务部等	关于引导对外投融资基金健康发展的意见	2018-4-10
	中国银行保险监督管理委员会、公安部等	关于规范民间借贷行为 维护经济金融秩序有关事项的通知	2018-4-16
	上海市人民政府	关于同意设立上海生物医药产业股权投资基金的批复	2018-4-27
	发改委、财政部	关于完善市场约束机制严格防范外债风险和地方债务风险的通知	2018-5-11
	中国人民银行、中国银行保险监督管理委员会等	关于进一步深化小微企业金融服务的意见	2018-6-26
	国务院	国务院关于推进国有资本投资、运营公司改革试点的实施意见	2018-7-14
	国家发展和改革委员会办公厅、中国人民银行办公厅	国家发展改革委办公厅、人民银行办公厅关于对失信主体加强信用监管的通知	2018-7-24
	国家外汇管理局	《"一带一路"国家外汇管理政策概览》	2018-7-31
	发改委、人民银行、财政局等	关于印发《2018年降低企业杠杆率工作要点》的通知	2018-8-9
	中国银行保险监督管理委员会办公厅	关于进一步做好信贷工作提升服务实体经济质效的通知	2018-8-21
	国务院办公厅	关于有效发挥政府性融资担保基金作用切实支持小微企业和"三农"发展的指导意见	2019-1-22
	最高人民法院、最高人民检察院	关于办理非法从事资金支付结算业务、非法买卖外汇刑事案件适用法律若干问题的解释	2019-1-31
	中国银行保险监督管理委员会	关于印发《商业银行净稳定资金比例信息披露办法》的通知	2019-3-4
	中国人民银行、国家外汇管理局	存托凭证跨境资金管理办法(试行)	2019-5-25

续表

分类	制定单位	政策法规名称	发布日期
金融业	中共中央办公厅、国务院办公厅	《关于做好地方政府专项债券发行及项目配套融资工作的通知》	2019-6-11
	最高人民法院、最高人民检察院	关于办理操纵证券、期货市场刑事案件适用法律若干问题的解释	2019-6-27
	中国银行保险监督管理委员会	《商业银行股权托管办法》	2019-7-12
	国家发展和改革委员会、中国人民银行、财政部等	关于印发《2019年降低企业杠杆率工作要点》的通知	2019-7-26
	中国证券监督管理委员会、中国人民银行、中国银行保险监督管理委员会	关于银行在证券交易所参与债券交易有关问题的通知	2019-8-2
	国家发展改革委、银保监会	关于深入开展"信易贷"支持中小微企业融资的通知	2019-9-12
	中国人民银行、国家外汇管理局	关于进一步便利境外机构投资者投资银行间债券市场有关事项的通知	2019-9-20
	中国银行保险监督管理委员会办公厅	关于进一步规范商业银行结构性存款业务的通知	2019-10-18
	中国人民银行、国家发展和改革委员会、财政部、中国证券监督管理委员会	《信用评级业管理暂行办法》	2019-11-29
	中国银保监会、商务部、国家外汇管理局	关于完善外贸金融服务的指导意见	2019-12-10
	中国人民银行、中国银行保险监督管理委员会、中国证券监督管理委员会、国家外汇管理局	关于进一步规范金融营销宣传行为的通知	2019-12-25
保险业	中国保险监督管理委员会	中国保监会关于印发《2018年保险消费者权益保护工作要点》的通知	2018-3-13
	中国银行保险监督管理委员会	中国银行保险监督管理委员会关于印发银行业金融机构联合授信管理办法(试行)的通知	2018-5-22
	中国银行保险监督管理委员会	中国银行保险监督管理委员会关于保险资金参与长租市场有关事项的通知	2018-5-28
	中国银行保险监督管理委员会办公厅	关于保险资金投资集合资金信托有关事项的通知	2019-6-19

续表

分类	制定单位	政策法规名称	发布日期
保险业	中国银行保险监督管理委员会	中国银保监会关于印发《个人税收递延型商业养老保险资金运用管理暂行办法》的通知	2018-6-22
	中国银行保险监督管理委员会	中国银保监会关于印发《保险机构独立董事管理办法》的通知	2018-6-30
	中国银行保险监督管理委员会	关于切实加强和改进保险服务的通知	2018-8-9
	中国银行保险监督管理委员会办公厅	关于财产保险公司备案产品条款费率非现场检查问题情况的通报	2019-7-17
	中国银行保险监督管理委员会	关于印发《保险资产负债管理监管暂行办法》的通知	2019-7-24
	中国银行保险监督管理委员会办公厅	关于印发《商业银行代理保险业务管理办法》的通知	2019-8-23
	中国银行保险监督管理委员会	关于印发保险公司关联交易管理办法的通知	2019-8-25
	财政部、农业农村部、中国银行保险监督管理委员会等	关于印发《关于加快农业保险高质量发展的指导意见》的通知	2019-9-19
	国务院	关于修改《中华人民共和国外资保险公司管理条例》和《中华人民共和国外资银行管理条例》的决定	2019-9-30
市场监管	国务院	关于加强质量认证体系建设促进全面质量管理的意见	2018-1-17
	工商总局	《关于推进全国统一"多证合一"改革的意见》	2018-3-6
	国家食品药品监督管理局办公厅	关于实施《医疗器械网络销售监督管理办法》有关事项的通知	2018-3-6
	国务院办公厅	《关于改革完善仿制药供应保障及使用政策的意见》	2018-4-3
	国家食品药品监督管理局	关于印发2018年严厉打击违法违规经营使用医疗器械专项整治工作方案的通知	2018-4-26
	市交通委员会	《关于加强网络预约出租汽车行业事中事后联合监管有关工作的通知》的政策解读	2018-5-30
	国家药品监督管理局	国家药品监督管理局关于进一步加强机构改革期间药品医疗器械化妆品监管工作的通知	2018-6-1
	国家食品药品监督管理局	关于进一步加强机构改革期间药品医疗器械化妆品监管工作的通知	2018-6-6

续表

分类	制定单位	政策法规名称	发布日期
市场监管	国家药品监督管理局	国家药品监督管理局关于药品上市许可持有人试点工作药品生产流通有关事宜的批复	2018-7-11
	国务院办公厅	关于部分地方优化营商环境典型做法的通报	2018-7-24
	国家市场监督管理总局、教育部、科学技术部等	市场监管总局等关于开展2018年全国"质量月"活动的通知	2018-8-14
	国家市场监督管理总局	市场监管总局关于加强认证检测市场监管工作的通知	2018-9-25
	国家食品药品监督管理局	关于贯彻落实国务院"证照分离"改革要求做好医疗器械上市后监管审批相关工作的通知	2018-11-10
	国家市场监督管理总局办公厅	关于请提供清理现行排除限制竞争政策措施和执行公平竞争审查制度情况的函	2018-11-12
	市食品药品监督管理局	关于印发《上海市药品零售企业许可验收实施细则》的通知	2018-11-23
	国家市场监督管理总局	关于开展进一步完善企业简易注销登记改革试点工作的通知	2018-12-3
	国家市场监督管理总局办公厅	关于做好药品、医疗器械、保健食品、特殊医学用途配方食品广告审查工作的通知	2018-12-4
	国家市场监督管理总局	关于全面实施定量包装商品生产企业计量保证能力自我声明制度的通知	2018-12-4
	国家市场监督管理总局办公厅	关于进一步加强危险化学品相关特种设备隐患排查治理工作的通知	2018-12-6
	国家市场监督管理总局办公厅	关于报送具备"三检合一"条件检验检测机构名单的通知	2018-12-10
	国家市场监督管理总局	关于印发《电子营业执照管理办法（试行）》的通知	2018-12-17
	国家市场监督管理总局	市场监管总局关于启用新版营业执照的通知	2018-12-19
	国家市场监督管理总局	市场监管总局关于修改《药品广告审查办法》等三部规章的决定	2018-12-21
	国务院	关于在市场监管领域全面推行部门联合"双随机、一公开"监管的意见	2019-1-27
	国家发展和改革委员会、工业和信息化部、自然资源部等	关于印发全国投资项目在线审批监管平台投资审批管理事项统一名称和申请材料清单的通知	2019-2-12
	国家市场监督管理总局办公厅	关于整合建设12315行政执法体系更好服务市场监管执法的意见	2019-2-25

续表

分类	制定单位	政策法规名称	发布日期
市场监管	国务院办公厅秘书局	关于印发政府网站与政务新媒体检查指标、监管工作年度考核指标的通知	2019-4-1
	市商务委	关于印发《上海市单用途预付消费卡信息对接专项行动工作方案》和《2019年度上海市单用途预付消费卡宣传方案》的函	2019-5-8
	市商务委、市发改委、市经信委、市工商业联合会	关于印发《上海市鼓励设立民营企业总部的若干意见》的通知	2019-5-9
	财政部、国家市场监督管理总局、国家药品监督管理局	关于印发《食品药品监管补助资金管理暂行办法》的通知	2019-5-20
	国家药品监督管理局	关于印发《国家药品监督管理局关于加快推进药品智慧监管的行动计划》的通知	2019-5-21
	国务院办公厅	关于加快推进社会信用体系建设构建以信用为基础的新型监管机制的指导意见	2019-7-9
	商务部	关于印发《商务信用联合惩戒对象名单管理办法》的通知	2019-7-17
	财政部	关于印发《中央部门预算绩效运行监控管理暂行办法》的通知	2019-7-26
	国家市场监督管理总局	市场监督管理行政许可程序暂行规定	2019-8-21
	上海市人民政府	上海市公共数据开放暂行办法	2019-9-4
	国务院	关于调整工业产品生产许可证管理目录加强事中事后监管的决定	2019-9-8
	国务院国有资产监督管理委员会	关于印发《中央企业国有资本经营预算支出执行监督管理暂行办法》的通知	2019-9-15
	市商务委、市教委、市交通委、市文化和旅游局、市体育局、市市场监督管理局	关于印发《上海市单用途预付消费卡严重失信主体认定工作指引》的通知	2019-10-8
	上海市商务委员会、上海市教育委员会、上海市交通委员会、上海市文化和旅游局、上海市体育局、上海市市场监督管理局	关于印发《上海市单用途预付消费卡协同监管服务平台管理（试行）办法》的通知	2019-10-8
	国务院	优化营商环境条例	2019-10-22

续表

分类	制定单位	政策法规名称	发布日期
市场监管	中共中央	关于坚持和完善中国特色社会主义制度推进国家治理体系和治理能力现代化若干重大问题的决定	2019-11-5
	市场监管总局	贯彻落实《优化营商环境条例》的意见	2019-12-30
	中共中央、国务院	关于营造更好发展环境支持民营企业改革发展的意见	2019-12-4
	市场监管总局、商务部、外汇局	关于做好年报"多报合一"改革有关工作的通知	2019-12-16
	市场监管总局、国家标准委	报废机动车回收拆解企业技术规范	2019-12-17
	国务院	关于进一步做好稳就业工作的意见	2019-12-24
价格管理	市物价局	发布《上海市旅行社行业价格行为指南》	2018-7-18
	市发改委	关于调整本市部分医疗服务价格的通知	2018-7-27
	市发改委	关于明确本市单位生活垃圾处理收费有关事宜的通知	2018-8-7
	市政府	《关于进口博览会期间实行临时价格干预措施的通告》	2018-8-15
	市物价局	关于利用扩大跨省区电力交易规模等措施降低工商业单一制目录电价的通知	2018-9-14
	市物价局	关于调整民用瓶装液化石油气最高零售价格的通知	2018-10-9
	市发改委	关于调整本市非居民用户天然气价格的通知	2018-12-10
	市发改委	关于延长《上海市供水成本公开实施意见》有效期的通知	2018-12-25
	上海市发展和改革委员会	关于本市电价政策信息发布有关事项的通知	2019-2-28
	国家发展改革委	关于调整天然气基准门站价格的通知	2019-3-27
	国家发展改革委	关于调整天然气跨省管道运输价格的通知	2019-3-27
	上海市发展和改革委员会	关于降低本市一般工商业电价有关事项的通知	2019-3-29
	上海市发展和改革委员会	关于开展政府部门下属单位涉企收费、中介机构收费清理整治工作的通知	2019-4-3
	上海市发展和改革委员会	关于印发《上海市〈政府制定价格听证办法〉实施细则》的通知	2019-4-12
	国家发展和改革委员会办公厅	关于优化电价政策发布机制的通知	2019-4-22
	国家发展改革委	关于完善光伏发电上网电价机制有关问题的通知	2019-4-28

续表

分类	制定单位	政策法规名称	发布日期
价格管理	国家发展改革委	关于进一步清理规范政府定价经营服务性收费的通知	2019-5-6
	国家发展改革委	关于完善风电上网电价政策的通知	2019-5-21
	上海市发展和改革委员会	关于调整本市民用瓶装液化石油气进销差价的通知	2019-5-24
	上海市发展和改革委员会	关于第二批降低本市一般工商业电价有关事项的通知	2019-5-31
	上海市发展和改革委员会	关于印发《建立健全上海市城镇非居民用水超定额累进加价制度的实施方案》的通知	2019-7-1
	上海市发展和改革委员会	关于优化调整本市天然气发电上网电价机制有关事项的通知	2019-7-16
	上海市发展和改革委员会	关于对大米加工企业执行农业生产电价的通知	2019-7-16
	上海市发展和改革委员会	关于第二届中国国际进口博览会期间实行临时价格干预措施有关事项的通知	2019-9-5
	上海市发展和改革委员会	关于调整跨省区核电、水电上网电价有关事项的通知	2019-9-6
	国务院办公厅	关于进一步做好短缺药品保供稳价工作的意见	2019-9-25
	上海市发展和改革委员会	关于印发《上海市管道天然气配气定价成本监审办法》的通知	2019-9-29
	上海市发展和改革委员会	关于调整民用瓶装液化石油气最高零售价格的通知	2019-10-9
	上海市发展和改革委员会	上海市发展和改革委员会关于车用汽、柴油价格的通知	2019-10-21
知识产权	国家知识产权局办公室	关于印发 2018 年国家知识产权示范城市工作计划的通知	2018-3-15
	国家知识产权局	关于同意上海市建设国家知识产权运营公共服务平台国际运营（上海）试点平台的函	2018-4-4
	国家知识产权局办公室	关于进一步加强产业知识产权联盟监督管理和业务指导工作的通知	2018-4-10
	国家知识产权局办公室	关于组织开展 2018 年度国家知识产权示范企业和优势企业考核复核申报工作的通知	2018-4-10
	国家知识产权局办公室	关于开展 2018 年知识产权分析评议服务示范机构培育工作的通知	2018-5-2
	财政部办公厅、国家知识产权局办公室	关于 2018 年继续利用服务业发展专项资金开展知识产权运营服务体系建设工作的通知	2018-5-8
	上海市人民政府	上海市人民政府关于废止《上海市著名商标认定和保护办法》的决定	2018-5-16

续表

分类	制定单位	政策法规名称	发布日期
知识产权	市知识产权局	关于印发《上海市专利资助办法》的通知	2018-9-20
	最高人民法院	关于设立知识产权法庭有关事项的公告	2019-1-1
	中共中央办公厅、国务院办公厅	关于统筹推进自然资源资产产权制度改革的指导意见	2019-4-14
	最高人民法院办公厅	关于印发2018年中国法院10大知识产权案件和50件典型知识产权案例的通知	2019-4-17
	国家知识产权局	关于调整专利收费减缴条件和商标注册收费标准的公告	2019-6-28
	中国银行保险监督管理委员会、国家知识产权局、国家版权局	关于进一步加强知识产权质押融资工作的通知	2019-8-6
	国家知识产权局	关于修改《专利审查指南》的决定	2019-9-23
	国家市场监督管理总局	规范商标申请注册行为若干规定	2019-10-11
	中共中央、国务院	关于强化知识产权保护的意见	2019-11-24
减费降税	财政部、国家税务总局	关于调整增值税税率的通知	2018-4-4
	财政部、国家税务总局	关于统一增值税小规模纳税人标准的通知	2018-4-4
	财政部、国家税务总局	关于对营业账簿减免印花税的通知	2018-5-3
	财政部、国家税务总局	关于企业职工教育经费税前扣除政策的通知	2018-5-7
	财政部、国家税务总局	关于创业投资企业和天使投资个人有关税收政策的通知	2018-5-14
	财政部、国家税务总局	关于2018年退还部分行业增值税留抵税额有关税收政策的通知	2018-6-27
	财政部、国家税务总局	关于增值税期末留抵退税有关城市维护建设税教育费附加和地方教育附加政策的通知	2018-7-27
	财政部、国家税务总局	关于金融机构小微企业贷款利息收入免征增值税政策的通知	2018-9-5
	财政部、国家税务总局	关于2018年第四季度个人所得税减除费用和税率适用问题的通知	2018-9-7
	国家税务总局	关于实施进一步支持和服务民营经济发展若干措施的通知	2018-11-16
	财政部、国家税务总局、人力资源和社会保障部	关于进一步落实重点群体创业就业税收政策的通知	2018-11-23

续表

分类	制定单位	政策法规名称	发布日期
减费降税	财政部、国家税务总局	关于个人所得税法修改后有关优惠政策衔接问题的通知	2018-12-27
	财政部、国家税务总局	关于实施小微企业普惠性税收减免政策的通知	2019-1-17
	财政部、国家税务总局、人力资源和社会保障部等	关于进一步支持和促进重点群体创业就业有关税收政策的通知	2019-2-2
	财政部、国家税务总局、中国人民银行	关于进一步加强代扣代收代征税款手续费管理的通知	2019-2-2
	财政部、国家税务总局、退役军人部	关于进一步扶持自主就业退役士兵创业就业有关税收政策的通知	2019-2-2
	财政部、国家税务总局	关于明确养老机构免征增值税等政策的通知	2019-2-2
	财政部、国家税务总局	关于非居民个人和无住所居民个人有关个人所得税政策的公告	2019-3-14
	财政部、国家税务总局	关于粤港澳大湾区个人所得税优惠政策的通知	2019-3-14
	财政部、国家税务总局、海关总署	关于深化增值税改革有关政策的公告	2019-3-20
	国家发展改革委	关于电网企业增值税税率调整相应降低一般工商业电价的通知	2019-3-27
	财政部、国家税务总局	关于上海国际能源交易中心有关风险准备金和期货投资者保障基金支出企业所得税税前扣除政策问题的通知	2019-3-29
	财政部、国家税务总局、国家发展和改革委员会等	关于从事污染防治的第三方企业所得税政策问题的公告	2019-4-13
	财政部、国家税务总局	关于公共租赁住房税收优惠政策的公告	2019-4-15
	财政部、国家税务总局	关于永续债企业所得税政策问题的公告	2019-4-16
	全国人民代表大会常务委员会	中华人民共和国车船税法	2019-4-23
	财政部、国家税务总局	关于车辆购置税有关具体政策的公告	2019-5-23
	国家发展改革委、财政部	关于降低部分行政事业性收费标准的通知	2019-5-24
	财政部、国家税务总局	关于保险企业手续费及佣金支出税前扣除政策的公告	2019-5-28
	财政部、国家税务总局	关于延续免征国产抗艾滋病病毒药品增值税政策的公告	2019-5-28

续表

分类	制定单位	政策法规名称	发布日期
减费降税	财政部、国家税务总局	关于个人取得有关收入适用个人所得税应税所得项目的公告	2019-6-13
	财政部、国家税务总局、国家发展和改革委员会等	关于养老、托育、家政等社区家庭服务业税费优惠政策的公告	2019-6-28
	财政部、国家税务总局	关于继续执行的车辆购置税优惠政策的公告	2019-6-28
	财政部、国家税务总局中国证券监督管理委员会	关于继续实施全国中小企业股份转让系统挂牌公司股息红利差别化个人所得税政策的公告	2019-7-12
	国家发展改革委	关于进一步降低中国人民银行征信中心服务收费标准的通知	2019-7-31
	财政部、国家税务总局	关于金融企业贷款损失准备金企业所得税税前扣除有关政策的公告	2019-8-23
	全国人民代表大会常务委员会	中华人民共和国资源税法	2019-8-26
	财政部、国家税务总局	关于继续执行边销茶增值税政策的公告	2019-8-28
	财政部、国家税务总局	关于明确部分先进制造业增值税期末留抵退税政策的公告	2019-8-31
	国务院	关于印发实施更大规模减税降费后调整中央与地方收入划分改革推进方案的通知	2019-9-26
	财政部、国家税务总局	关于明确生活性服务业增值税加计抵减政策的公告	2019-9-30
	财政部、商务部、税务总局	关于继续执行研发机构采购设备增值税政策的公告	2019-11-11

附录3 2018—2019年上海服务业发展主要数据

附表 3-1 2018—2019 年上海市生产总值及各大产业增加值

指标名称	2018 年/亿元	比上年增长/%	2019 年/亿元	比上年增长/%
上海市生产总值	32 679.87	6.6	38 155.32	6.0
其中:第一产业	104.37	−6.9	103.88	−5.0
第二产业	9 132.54	1.8	10 299.16	0.5
第三产业	22 842.96	8.7	27 752.28	8.2

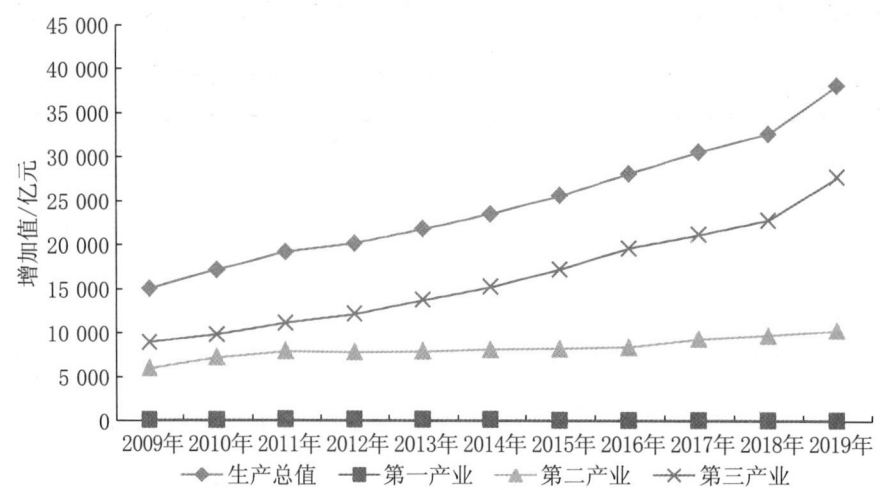

附图 3-1 上海市生产总值及各大产业增加值变化趋势

附表 3-2　2018—2019 年三次产业增加值对经济增长贡献率

指标名称	贡献率/%	
	2018 年	2019 年
生产总值贡献率	100	100
第一产业	−0.5	−0.3
第二产业	15.7	2.4
第三产业	84.9	97.8
♯批发零售业	9.0	5.7
交通运输、仓储和邮政业	7.2	2.8
住宿和餐饮业	0.3	−0.1
金融业	17.4	32.4
房地产业	5.5	6.4

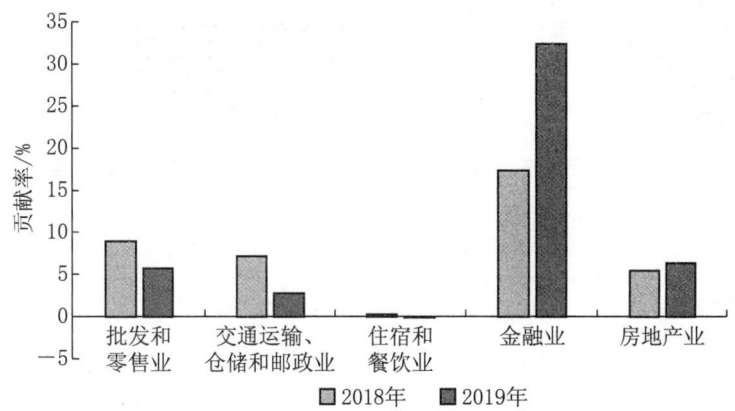

附图 3-2　第三产业增加值对经济增长贡献率

附表 3-3　2018—2019 年旅游产业增加值

指标名称	单位	2018 年	比上年增长/%	2019 年	比上年增长/%
旅游产业增加值	亿元	2 078.64	8.1	2 309.44	7.6
旅游住餐	亿元	225.12	5.5	418.15	6.1
旅客运输	亿元	277.91	3.9	313.42	7.6
旅游商业	亿元	720.26	13.5	773.54	5.5
景区游览	亿元	220.99	7.2	263.38	13.5
旅游产业增加值占 GDP 比重	%	6.4		6.1	

注：2018 年旅游住餐不含餐饮。

附表 3-4　2018—2019 年信息产业增加值

指标名称	单位	2018 年	比上年增长/%	2019 年	比上年增长/%
信息产业增加值	亿元	3 508.30	13.7	4 094.60	10.1
信息产品制造业	亿元	941.14	2.8	975.33	−1.4
信息产品销售业	亿元	179.29	8.6	256.15	6.4
信息服务业	亿元	2 387.87	18.5	2 863.12	15.0
信息产业增加值占 GDP 比重	%	10.7		10.7	

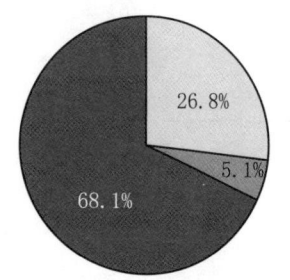

附图 3-3　2018 年信息产业增加值构成

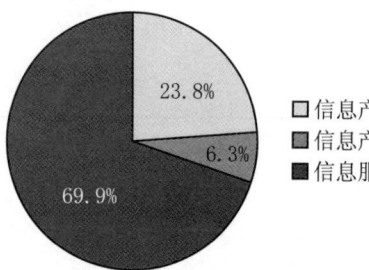

附图 3-4　2019 年信息产业增加值构成

附表 3-5　2018—2019 年上海进出口情况

指标名称	单位	2018 年	比上年增长/%	2019 年	比上年增长/%
上海关区货物进出口总额	亿元	64 064.29	7.3	63 457.78	−0.9
进　口	亿元	26 965.19	9.2	26 221.24	−2.8
出　口	亿元	37 099.10	6.0	37 236.54	0.4
上海市货物进出口总额	亿元	34 009.93	5.5	34 046.82	0.1
进　口	亿元	20 343.08	6.4	20 325.91	−0.1
♯国有企业	亿元	3 594.03	17.4	2 981.21	−17.1
外商投资企业	亿元	13 070.95	2.7	13 307.76	1.8
私营企业	亿元	3 527.52	9.6	3 862.24	9.5
出　口	亿元	13 666.85	4.2	13 720.91	0.4
♯国有企业	亿元	1 532.84	−1.0	1 565.02	2.1
外商投资企业	亿元	8 870.67	1.3	8 530.16	−3.8
私营企业	亿元	3 156.50	16.2	3 471.90	10.0

附表 3-6　2018—2019 年上海市外商直接投资情况

指标名称	2018 年	比上年增长/%	2019 年	比上年增长/%
外商直接投资合同项目/个	5 597	41.7	6 800	21.5
♯第三产业/个	5 422	40.9	6 604	21.8
♯批发和零售业/个	2 001	39.1	2 483	24.1
外商直接投资合同金额/亿美元	469.37	16.8	502.53	7.1
♯第三产业/亿美元	393.76	2.6	479.39	21.7
♯批发和零售业/亿美元	60.35	4.4	67.03	11.1
外商直接投资实际到位金额/亿美元	173.00	1.7	190.48	10.1
♯第三产业/亿美元	154.55	－4.3	172.86	11.6
♯批发和零售业/亿美元	23.00	－11.5	20.80	－9.7

附表 3-7　上海市社会消费品零售总额

类　　别	零售总额/亿元	
	2018 年	2019 年
社会消费品零售总额	12 668.69	13 497.21
1. 按商品类别分		
吃	2 517.31	2 912.69
穿	2 535.51	2 962.02
用	6 803.73	7 063.48
烧	812.13	559.03
2. 按行业分		
批发和零售	11 568.83	12 306.97
住宿和餐饮	1 099.86	1 190.25

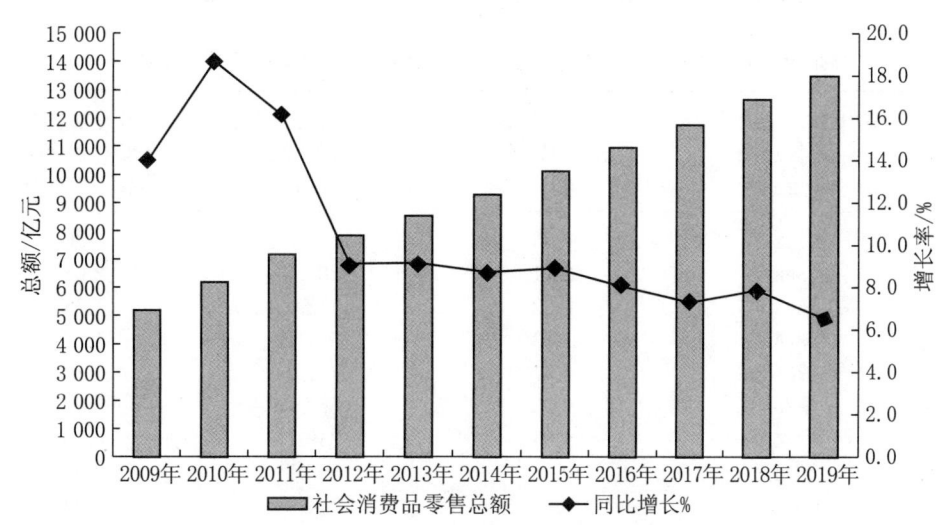

附图 3-5　上海市社会消费品零售总额及增长

附表 3-8　上海市社会消费品零售总额的用途结构

年 份	占比/%			
	吃	穿	用	烧
1990 年	42.6	15.7	41.1	0.6
1995 年	38.8	14.6	45.9	0.7
2000 年	39.8	13.3	46.0	0.8
2005 年	34.5	11.3	52.5	1.8
2010 年	25.9	13.6	51.9	8.6
2015 年	22.2	15.1	56.9	5.7
2016 年	20.6	14.3	59.6	5.4
2017 年	20.8	15.4	58.4	5.5
2018 年	20.3	16.5	57.4	5.8
2019 年	20.6	16.5	57.9	5.0

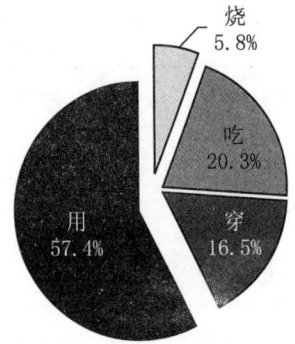

附图 3-6　2018 年上海市社会消费品零售总额的用途结构

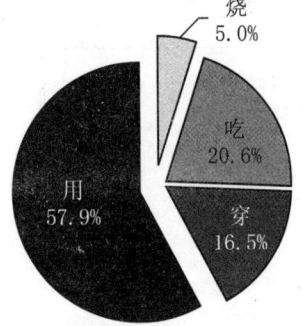

附图 3-7　2019 年上海市社会消费品零售总额的用途结构

附表 3-9　2018—2019 年各区社会消费品零售总额及吸引购买力指数

地 区	2018 年社会消费品零售总额/亿元	购买力指数（按 2018 年末常住人口计算）	2019 年社会消费品零售总额/亿元	购买力指数（按 2019 年末常住人口计算）
浦 东	2 312.51	0.86	2 454.75	0.86
黄 浦	855.01	2.71	882.36	2.65
徐 汇	688.37	1.32	715.92	1.28
长 宁	344.44	1.03	361.37	1.02
静 安	700.36	1.37	747.94	1.38
普 陀	575.18	0.93	569.48	0.87
虹 口	324.80	0.85	349.74	0.86
杨 浦	544.34	0.86	598.14	0.90
闵 行	1 047.95	0.85	1 144.80	0.88
宝 山	683.30	0.69	739.66	0.71

续表

地 区	2018年社会消费品零售总额/亿元	购买力指数(按2018年末常住人口计算)	2019年社会消费品零售总额/亿元	购买力指数(按2019年末常住人口计算)
嘉 定	1 203.57	1.57	1 302.52	1.59
金 山	497.02	1.28	540.56	1.31
松 江	623.89	0.73	656.34	0.72
青 浦	580.97	0.99	606.92	0.96
奉 贤	580.18	1.04	622.54	1.05
崇 明	125.67	0.38	134.48	0.38
平 均	730.47	1.00	776.72	1.00

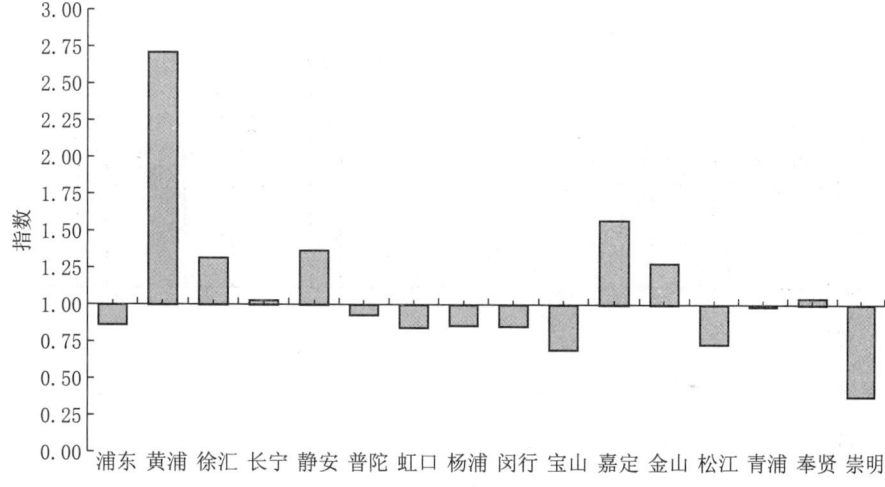

附图3-8　2018年各区购买力指数(按2018年末常住人口计算)

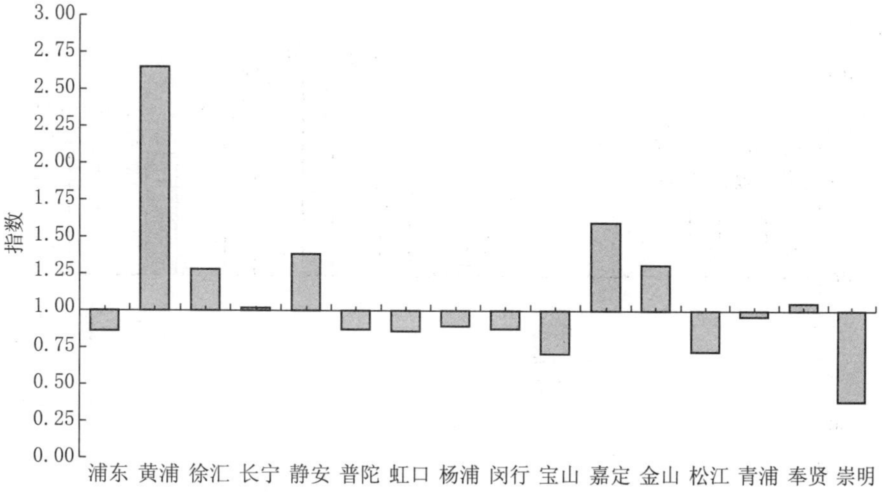

附图3-9　2019年各区购买力指数(按2019年末常住人口计算)

附表 3-10　2018—2019 年上海居民消费价格指数

类　　别	2018 价格指数 （以上年为 100）	2019 价格指数 （以上年为 100）
居民消费价格指数	101.6	102.5
♯服务项目价格指数	101.6	102.0
食品烟酒	102.3	105.0
衣着	98.3	103.2
居住	100.2	101.9
生活用品及服务	101.4	100.9
交通及通讯	104.0	97.8
教育文化和娱乐	103.1	101.2
医疗保健	102.4	103.3
其他用品和服务	102.4	103.3

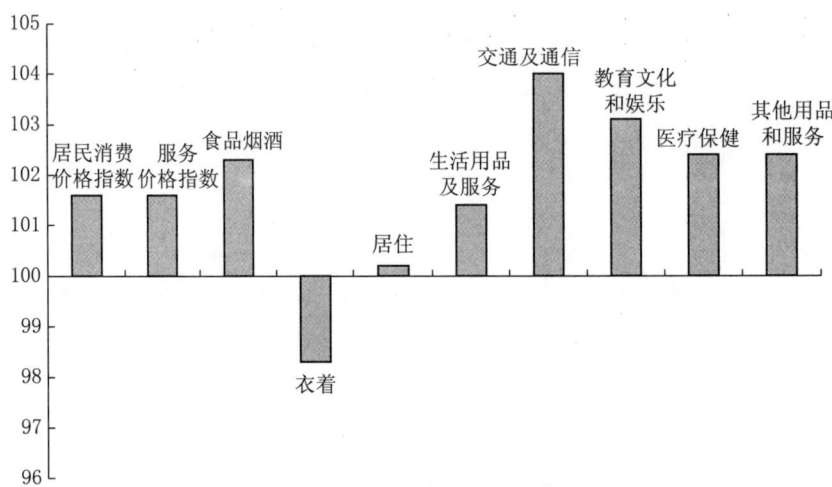

附图 3-10　2018 年居民消费价格指数

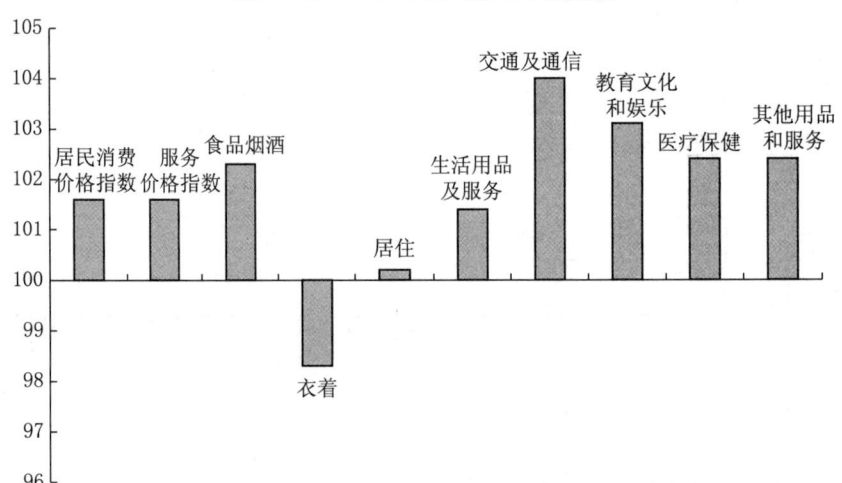

附图 3-11　2019 年居民消费价格指数

附表 3-11　上海市区居民家庭年人均收支变化

类　　别	人均收支变化/元					
	2000 年	2005 年	2010 年	2015 年	2018 年	2019 年
可支配收入	11 718	18 645	31 838	49 867	64 183	69 442
消费性支出	8 868	13 773	23 200	34 784	43 351	45 605
1. 食品烟酒	3 947	4 940	7 777	9 272	10 728	10 952
2. 衣着	567	940	1 794	1 623	2 037	2 072
3. 居住	794	1 412	2 166	11 308	14 209	15 046
4. 生活用品及服务	683	800	1 800	1 485	2 096	2 123
5. 交通和通信	759	1 984	4 076	4 206	4 881	5 356
6. 教育文化和娱乐	1 287	2 273	3 363	3 718	5 049	5 495
7. 医疗保健	501	797	1 006	2 268	3 070	3 205
8. 其他用品和服务	330	627	1 218	904	1 281	1 356
消费倾向(%)	75.7	73.9	72.9	69.8	67.5	65.7

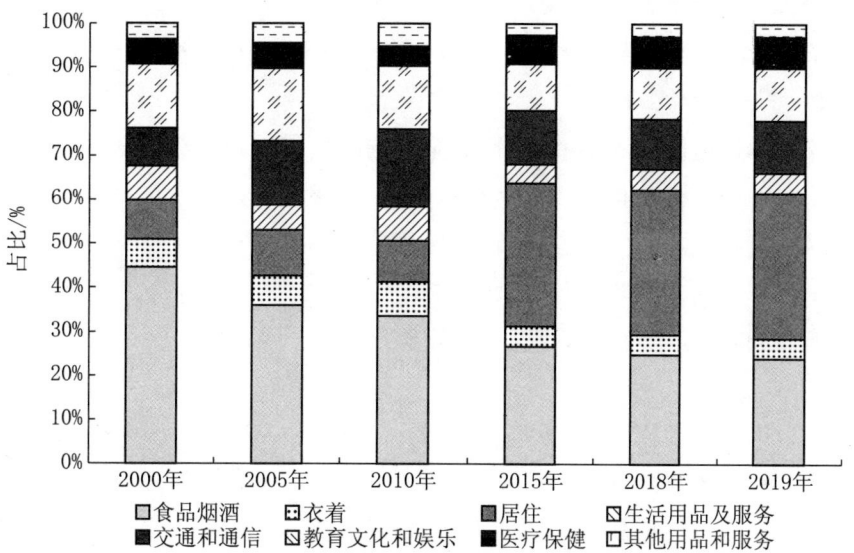

附图 3-12　上海市区居民家庭消费支出构成

附录4　案例索引

案例1　高效掌控全球供应链,深度吸引付费会员 ············ 33
　　　——开市客(Costco)

案例2　"Z世代"潮流文化的风向标 ············ 61
　　　——得物APP

案例3　承接进博会溢出效应,打造全球国际贸易创新枢纽 ············ 74
　　　——虹桥进口商品展示交易中心(虹桥品汇)

案例4　推动国际消费中心城市建设,打造高品位步行街 ············ 86
　　　——南京东路步行街改造提升

案例5　周末限时步行街,点亮城市夜经济 ············ 90
　　　——安义夜巷

案例6　引导消费回流,释放消费潜力 ············ 91
　　　——免税经济

案例7　解放思想创新机制,"回力"焕发新活力 ············ 94
　　　——回力鞋业

案例8　十六载磨一剑,打造城市时尚文化"金名片" ············ 117
　　　——上海时装周

案例9　以诚信为支撑,打响"上海购物"品牌 ············ 133
　　　——"上海购物"诚信指数